Schleswig-Holstein

Kiel
Bungsberg

Rostock

Lübeck

Mecklenburg-Vorpommern

Hamburg

Schwerin

Helpter Berg

Bremerhaven

Hamburg
Hasselbrack

Oldenburg

Erhebung im Friedehorstpark
Bremen

Bremen

Niedersachsen

Brandenburg

Hannover

Berlin

BERLIN

Potsdam

Großer Müggelberg

Osnabrück

Magdeburg

Münster

Sachsen-Anhalt

Nordrhein-

Wurmberg   Brocken

Cottbus

Essen   Dortmund

Göttingen

Westfalen

Langenberg

Halle (Saale)

Kutschenberg

Düsseldorf

Kassel

Leipzig

Sachsen   Dresden

Köln

Thüringen

Aachen

Bonn

Erfurt

Jena

Chemnitz

Großer Beerberg

Hessen

Fichtelberg

Koblenz

Wasserkuppe

Rheinland-

Wiesbaden

Frankfurt
am Main

Pfalz

Mainz

Trier   Erbeskopf

Darmstadt

Würzburg

Dollberg

Saarland

Nürnberg

Saarbrücken

Heilbronn

Bayern

Regensburg

Baden-

Karlsruhe

Stuttgart

Ingolstadt

Württemberg

Ulm

Augsburg

München

Freiburg
im Breisgau

Feldberg

Zugspitze

0km   100

© mapz.com · Map Data: OpenStreetMap (ODbL) · 220534-01

Aber warum Trübsal blasen, wenn das ganze
goldene Land vor einem liegt und alle möglichen
ungeahnten Ereignisse auf einen warten,
einen überraschen und glücklich machen wollen,
weil man lebt und sie erleben kann.

Jack Kerouac, *Unterwegs*

Inhalt

Vorwort

Es gibt riesige Berge wie den Mount Everest oder den K2. Es gibt hohe Berge wie den Mont Blanc oder das Matterhorn. Und es gibt Berge, die kennt kein Mensch, kein Tier, kein Eichhörnchen. Sie verdienen die Bezeichnung Berg nicht. Keiner vermisst sie, keiner besteigt sie. Sie liegen irgendwo in der deutschen Provinz und tragen Ehrentitel, von denen fast niemand weiß: die Erhebung im Friedehorstpark, der Hasselbrack, der Große Müggelberg – sie alle sind der jeweils höchste Berg ihres Bundeslandes. Zum Teil mitten im Wald gelegen, also total aussichtslos, unattraktiv und trotzdem rekordverdächtig. Diese Hundehügel sind genau mein Turf, meine Kragenweite – denn sportiv bin ich eine Null.

Klettern? Viel zu anstrengend. Der Meniskus schmerzt. Fußball? Lasse ich lieber spielen – rege mich aber umso mehr auf. Im Sportunterricht galt ich immer als das ewige Talent, nur ohne Talent. Ich bin der Mann, der halbhoch hinauswill. Ich will einer der ersten Menschen sein, der sämtliche sechzehn Summits der deutschen Bundesländer bestiegen hat. Das scheint sogar für einen alpinistischen Haubentaucher wie mich machbar. Und ganz nebenbei kann ich Deutschland kennenlernen, das Land, die Leute, von Ost bis

West, von oben bis unten. Ich bin zu allem bereit, es kann losgehen.

Wie alles anfing? Es war eine kleine Zeitungsmeldung, die mich elektrisierte, ja geradezu elektrifizierte. Ein vierundachtzigjähriger Rentner aus Sachsen-Anhalt, so hieß es da, sei gerade zum achttausendsten Mal in seinem Leben auf den Brocken gestiegen, den höchsten Berg seines Bundeslandes, immerhin über 1 100 Meter hoch. Und weil er das seit Jahrzehnten täglich mache, werde er von allen nur »Brocken-Benno« genannt. Ich konnte es gar nicht glauben, versuchte, mir diesen Wahnsinnigen vorzustellen, und wollte unbedingt erfahren, wieso, weshalb, warum? Wer hatte ihm das nur alles eingebrockt? Die Meldung jedenfalls ließ mir keine Ruhe, arbeitete in mir wie das Dauer-Tropfen auf einen Stalagmiten. Immer wieder flackerte der Brocken-Benno in meinen Gedanken auf, wenn ich ans Bergsteigen dachte, wenn ich durchs Mittelgebirge fuhr, wenn ich auf der A 1 das Schild *Harz* sah. Diesen Menschen wollte ich unbedingt kennenlernen – mit diesem Mittelgebirgs-Titan wollte ich gemeinsam auf den Brocken. Und konsequenterweise wollte ich anschließend auch auf die restlichen fünfzehn höchsten Berge der anderen Bundesländer. Wenn schon halbhoch hinaus, dann so richtig.

Zunächst musste ich herausfinden, ob der Brocken-Benno noch lebte. Ich hatte solche Angst davor, dass er nicht mehr unter den Lebenden weilte, dass ich es immer wieder verschob. Irgendwann fasste ich mir ein Herz – und rief an im Harz. Und ich hatte Glück: Benno Schmidt war höchstpersönlich an der Strippe – irgendwie war mir klar, es musste sich um ein beigefarbenes Kabeltelefon handeln. Ich erzählte ihm von meiner Idee der Tour auf die sechzehn höchsten deutschen Berge, und schon hatten sich zwei Bekloppte gefunden. Benno ging am Telefon sofort alpin vom Sie zum Du über und ordnete relativ forsch an, ich könne bzw. müsse an einem bestimmten Novembertag in Schierke mit ihm losgehen. Ich kannte kein Schierke. Ich war noch nie in Sachsen-Anhalt gewesen. Ich wusste nichts. Ich ahnte nicht, was kommen würde.

Von vornherein war es mein Plan, alle sechzehn Wanderungen mithilfe der Deutschen Bahn zu bestreiten. Ich war naiv. Die höchsten Gipfel der Bundesländer liegen nicht automatisch direkt neben Bahnhöfen, die von ICEs aus München angesteuert werden. Sie liegen – das darf ich an dieser Stelle schon verraten – eher weit weg von allen Bahnhöfen, in der Pampa, der Einöde, in deutschen Mittelgebirgswäldern. Trotzdem kaufte ich mir die BahnCard 100 – die schwarze BahnCard, die von Vielfahrern ehrfürchtig »schwarze Mamba« genannt wird. Mit dieser Scheckkarte kann man ein Jahr lang mit jedem Zug und Bus und sogar jeder Straßenbahn in Deutschland fahren – es ist ein Zauber mit diesem Ding, das allerdings auch so teuer ist wie ein japanischer Gebrauchtwagen. Der ist – noch eine Gemeinsamkeit – oft auch schon nach einem Jahr wertlos.

Die Bahnidee erwies sich als ein Hindernis von vielen, quasi so wie in dem Brettspiel *Malefiz*, bei dem einem ständig Steine in den Weg gelegt werden. Dort wo ich am Vortag anreisen musste, wollte ich mir außerdem kostenloses Couchsurfing organisieren – was ebenfalls gar nicht so einfach war. Und um meiner Vorliebe für selbst verursachte Schwierigkeiten noch eine weitere hinzuzufügen: Ich wollte nicht allein auf die Berge, sondern jeweils einen prominenten, ortskundigen Menschen hinzuziehen, quasi betreutes Wandern. Da aber Prominente vor allem deswegen prominent sind, weil man sie kennt, weil sie ständig irgendwo sind, irgendwo vorkommen, in Filmen mitspielen, Platten aufnehmen, Fußballvereine managen, Konzerte geben, Bücher schreiben, beruflich exzessiv Sport treiben – weil das so ist, warten Prominente nicht gerade Däumchen drehend darauf, dass ein Unbekannter aus München anruft, um mit ihnen auf einen Hundehügel am hintersten Ende ihres Bundeslandes zu steigen. Es kostete unzählige Mails, Anrufe, Nachfragen, sinnlose Korrespondenz mit Sekretärinnen, Assistenten, Bundestagsbüros, Agentinnen und Agenten, und es gab Myriaden von Absagen und Enttäuschungen. Die sechzehn Bergwanderinnen und -wanderer, die ich schließlich aber fand, sind die besten sechzehn, die es nur geben kann für diese Mission Impossible: die höchsten Gipfel Deutschlands zu erklimmen, auch wenn sie nur 32,5 Meter hoch sind. Dass mir am Ende die Pandemie in den Weg kam, war vielleicht der größte Berg, den ich abtragen musste. Dadurch dauerte alles viel länger als geplant, zweieinhalb Jahre. Egal.

Das Abenteuer konnte beginnen.

1

Der Brocken/Sachsen-Anhalt (1141,2 Meter)
Mit Benno Schmidt (»Brocken-Benno«)

21. November 2018
Fargo in Ostdeutschland mit dem Duracell-Rentner

Nicht: Ein Männlein steht im Walde. Sondern: Ein Männlein geht im Walde.

Wobei, das Männlein ging nicht. Es rannte. Ach was, es raste.

Ich sah zwischen verschneiten Fichtenstämmen in der Ferne einen olivgrünen Schatten, der durch den Wald den Berg hinaufflog. Ich versuchte, ihm mit aller Kraft zu folgen, schaffte es aber nicht, der Waldboden war vereist, ich rutschte weg, und immer wieder fegte der Sturm Schnee von den Bäumen und blies ihn mir in den Nacken. Bei jedem Schritt musste ich meine Füße erst aus dem Tiefschnee ziehen. Im Rest Deutschlands war Herbst. Lag kein Schnee. Schien die Sonne. Ich war in einer grellweiß verschneiten Zweitwelt. Es sah in diesem Wald genauso aus wie in *Drei Haselnüsse für Aschenbrödel*, in der Szene, als das schöne tschechische Aschenbrödel den Prinzen und seine beiden dämlichen Kumpel mit den Glamrock-Frisuren zum Narren hält, anschließend die Tannenzapfen aus etwa drei Kilometer Entfernung mit der Armbrust von der Baumspitze schießt und dann durch meterhohen Schnee davonläuft bzw. -reitet. Dies hier hätte der *Aschenbrödel*-Drehort im Böhmerwald oder im

Riesengebirge in der damaligen ČSSR sein können, es war aber der Harz.

Der Olivgrüne war Benno Schmidt, unfassbare sechsundachtzig Jahre alt. In Sachsen-Anhalt ist er weltberühmt – alle kennen ihn nur als »Brocken-Benno«. Seinetwegen war ich überhaupt hier.

Aber immer der Reihe nach.

Ich hatte Angst. Ich fuhr in den Osten. Ich musste in Halle umsteigen. Und das eine Woche nachdem etwa tausendfünfhundert Hooligans vom Halleschen FC mein geliebtes Grünwalder Stadion in München nach allen Regeln der Kunst auseinandergenommen hatten. Schon bei der Ankunft am Bahnhof waren die Hallenser aus dem Zug gestürmt und hatten ein paar Polizisten das Nasenbein gebrochen. Auf unserem Weg zum Stadion tauchte ein einsamer Zwei-Meter-Typ aus Halle auf, der aussah wie der verschollene dritte Klitschko-Bruder, er ging direkt vor meinem Freund Tom und dessen kleiner Tochter her und nietete kommentar- und ansatzlos drei Sechzger-Fans mit der Faust um. (Die Geschichte erinnerte mich an den legendären italienischen Siebzigerjahre-Film *Gewalt rast durch die Stadt*.) Im REWE-Supermarkt randalierte er weiter, wollte im Kassenbereich auch noch Tom eine aufs Maul bzw. auf die Schnauze hauen bzw. ihm so richtig die Fresse polieren. Als er aber das sechsjährige Mädchen an Toms Hand sah, erwachten plötzlich ungeahnte menschliche Instinkte in diesem Bud Spencer aus Mitteldeutschland, und er ließ die Fäuste sinken.

Während des Fußballspiels im Stadion gab es dann jede Menge Münz- und Becherwürfe aus der Auswärtskurve, Prügeleien mit der Polizei, dreitausend Mittelfinger Richtung Löwenfans, in der U-Bahn wurden Feuerlöscher geleert, alles war voller Pulver. Im Grunde genommen war es so wie bei Asterix, wenn die Bewohner des kleinen Dorfes über die

Römerlager Kleinbonum oder Babaorum hinwegfegen. Es fehlte nur der Wildschweinbraten am Schluss. Und der Humor.

Nun war ich also auf dem Weg nach Halle, quasi ins Feindesland. In München schien die Sonne (in München scheint immer die Sonne), und keine einzige Wolke trübte das Bild. In Bamberg begann sich der Himmel zu verfinstern. Coburg war schon mittelgrau, Erfurt dunkelgrau. In Halle ging die Sonne unter. Willkommen bei den Sch'tis. Ich saß nervös im Bahnhofscafé von Halle, hielt meine Wertsachen fest und wartete auf meinen Anschlusszug. Im Bahnhofsgebäude war es eiskalt, und ich hatte noch eine Stunde Zeit, also trank ich meinen Kaffee in einem To-go-Café mit Heizstrahlern an der Decke, einer Art Glaskubus, in dem man sich fühlte wie ein Grillhähnchen – oder meinetwegen Broiler – in der Vitrine eines Foodtrucks. Außer mir befanden sich noch ein paar andere durchgefrorene Reisende im Glaswürfel. Ein langhaariger Doktorand, der in sein Handy plärrte: »Ich habe heute meinen Doktoranden-Vertrag unterschrieben«, und der auf dem Weg in den Harz war (»Ich bin auf dem Weg in den Harz!«). Ein einsamer Vietnamese mit ganz vielen Koffern, die alle mehrfach mit bläulicher Zellophan-Folie umwickelt waren. Und eine Dreadlock-Afroamerikanerin, die die ganze Zeit mit ihrem Zeigefinger an ihren Haaren drehte.

Diese kleine Solidargemeinschaft wärmte sich in dem Glühkasten auf, und wir alle hatten ein bisschen Angst vor der kalten Welt da draußen; keiner von uns war gekommen, um in Halle zu bleiben. Halle ist übrigens die deutsche Stadt, in der mit Abstand die meisten Fahrräder geklaut werden, diese Statistik hatte ich vor ein paar Tagen in der Zeitung gelesen, und sie fiel mir gerade wieder ein. Andererseits habe ich mal einen Archäologie-Professor aus Bayern kennengelernt, der schon seit vielen Jahren in Halle lebte und mir vorschwärmte, es sei »echt prima hier«, »alles super«, es gebe »keine bessere Stadt in ganz Deutschland«. Trotzdem schrieb ich in diesem Café an diesem frühen Abend im November mein Testament. Für alle Fälle.

Währenddessen bemühte sich hinter dem Tresen eine junge Hallenserin mit Brille, an der Kaffeemaschine ein bisschen Struktur in den Milchschaum zu bekommen. Heißer Dampf zischte aus dem Edelstahltöpfchen, und der Schaumzapfhahn jaulte wie ein sterbender Fischreiher. Die Milch war zu heiß, Barista-Weltmeisterin würde die junge Frau nicht mehr werden. Während andere Blumen, Hufeisen, Herzchen in den Schaum zaubern, zauberte sie nur Schaum, der beim bloßen Hinschauen zerplatzte. Dennoch freuten wir uns, dass etwas passierte in diesem grauen Bahnhofsgebäude.

Ich musste von Halle aus noch tiefer in die Ex-DDR, nach Wernigerode im Harz. Der Regionalzug nannte sich HEX, und ich dachte spontan an die Brocken-Hexe, von der ich gelesen hatte. War sie die Namenspatronin? Es war viel profaner. HEX steht für Harz-Elbe-Express, wobei Halle an der Saale liegt. Egal. Dieser HEX würgte sich durch Sachsen-Anhalt, durch Orte, von denen ich noch nie in meinem Leben gehört hatte, die aber ganz viel Leben in sich trugen: Belleben, Sandersleben, Freckleben, Aschersleben, Gatersleben, Hedersleben, Wegeleben. Und leben lassen, hoffentlich.

Der Zug raste und rüttelte, und die Lok pfiff die ganze Zeit sehr verdächtig. Warum nur? Ausschließlich unbeschrankte Bahnübergänge? Schneetreiben? Schlechte Sicht? Überhöhte Geschwindigkeit? Falsch gestellte Weichen? Menschliches Versagen? Ineinander verkeilte Waggons? Erste Meldung in der *Tagesschau*: Grotesk verformte Körperteile, schreiende Menschen, vollkommen überforderte Rettungskräfte, eine schwer zu erreichende Unglücksstelle in den Wäldern des Vorharz, Kriseninterventionsteams, Katastrophenblogger und mittendrin mein olivgrünes Notizbuch mit dem Testament, das vom Löschwasser unleserlich geworden war.

Aber auch ohne Zugunglück war dieser HEX ein Irrsinn. Ein Besoffener wollte eine Fahrkarte von »Halle nach Ralle« nachlösen, eine Oma mir schräg gegenüber hatte eine ungültige Karte vom Vortag dabei, murmelte immer wieder »Dat is'n Ding«, als ihr die Schaffnerin sagte »Die is nich gültich«. Ein bronchial hustender Familienvater am Ende des Gangs – zum Glück noch VOR Corona –, überall volle Plastiktüten vom Einkauf in der Großstadt, der Doktorand auf dem Weg in den Harz, ein Afrikaner mit Klampfe, eine Blondierte mit blauem Auge und immer wieder die Oma, die »Dat is'n Ding« sagte, während sie eine Packung Schogetten verspeiste. Ein letztes Mal setzte sie zu einer Verteidigungsrede an: »Wir waren 'ne Gruppe. Und alle hatten Fünferkarten aus dem Automaten. Nur ich nich, ich hatte 'ne Einzelkarte. Dat is doch gemein.« Die Zugbegleiterin kannte keine Gnade, sechzehn Euro für die Fahrkarte nach Wernigerode.

In den sozialen Netzwerken hatte ich eine Woche zuvor herumgefragt, wer einen allein reisenden Mittelgebirgs-Bergsteiger kostenlos in Wernigerode beherbergen würde. Und hatte damit eine überraschende Solidaritätswelle ausgelöst. Mehrere mir völlig unbekannte Menschen boten mir ein Nachtlager an. Ich entschied mich zunächst für eine Familie mit schottischem Nachnamen, erhoffte mir Weltoffenheit und interessante Lebensgeschichten, die von Glasgow nach Wernigerode führten. Beim Hin-und-her-Mailen stellte sich jedoch heraus, dass die Gastgeberin lediglich »mal als Au-pair in den USA« gewesen war und sich »von dort den Namen der Gasteltern mitgebracht« hatte. Aha.

Es gab noch ein paar andere Übernachtungsangebote. Eine Studentin namens Sophia, die in Jena studierte und dann doch absagte, weil sie in Jena und nicht in Wernigerode war an diesem Tag. Henriette, der mein Besuch aber nur am Wochenende recht war. Eine Anne bot mir ein christliches Hotel an, musste das aber erst mal mit den Christen klären, und das würde dauern. Und so landete ich schließlich bei KathiPe Nummer soundsoviel, so ihr Username. Kathi, einer dieser Kultnamen im Osten, so wie Maik, Ronny, Silvio, Mario, oder Annett, Kathleen und Mandy. Auch wenn sonst vieles verboten oder unerwünscht war in der DDR, FKK und Namenswahl gehörten zu den kleinen Freiheiten. Kathi benutzte in unserem Chatverlauf vor allem Emojis jeglicher Art. Breit lächelnder Smiley, kotzender Smiley, Smiley mit Zornwolke, Daumen hoch, Kann-nicht-vor-Lachen-Smiley-mit-Tränen-im-Auge, Herzchen. Sie schrieb mir, sie habe eine Katze (Katzen-Emoji), und fragte, ob mir das allergie-mäßig etwas ausmache. Ich log und antwortete »Nein«, weil sie die letzte verbleibende Unterkunftsmöglichkeit war. Sie wolle noch Staub saugen, schrieb sie (Smiley), gegen den Schmutz (Doppelsmiley), und fragte, ob ich in der Früh Aufschnitt wolle (igitt!). Ich schrieb zurück: »Vielleicht« (Zwinker-Smiley). Sie schrieb, da sei jedenfalls ein Lidl gegenüber, sie könne uns in der Früh Brötchen holen. Brötchen-Emoji. Und abends würden noch »zwei Freunde in der Wohnung auf mich warten«. Kein Smiley. Je näher mein Aufenthalt rückte, desto größer wurden meine Bedenken. Wer war Kathi? War das alles nur ein Fake? Der Enkeltrick? Ein Fall für *Aktenzeichen XY*? Ich fantasierte vor mich hin, wer da auf mich warten würde. Zwei rechtsextreme Bodybuilder-Brüder, die mich foltern, ausrauben und bei Gegenwehr zersägen und meine Überreste im Wald unterhalb vom Brocken im Fußboden einer alten VEB-Plastefabrik einbetonieren würden? Wer war KathiPe wirklich? Je näher der Zug Wernigerode kam, desto klarer wurde mir, dass es gar nicht anders sein konnte: Ich würde in mein Verderben fahren. Ich hatte keine

Adresse, keine Telefonnummer, kein Foto, nüscht. Ich bekam Panik.

Auch meine Recherchen in Kathis Timeline hatten die Zweifel nicht ausgeräumt. Da war viel seltsamer Krempel. Bilder von Bobbycar-Rennen und etwas ekligen Cheeseburger-Wettessen, Katzenvideos, GIFs, die mit Unfällen zu tun hatten, ein Gegenlichtfoto von ihr, auf dem sie auch ein Biber, ein Weißbrot oder ein Mann hätte sein können, so unscharf war es. Und niemand in München wusste, wo ich unterkommen würde oder wo ich mich aufhielt. Ich war verzweifelt.

In diesem Moment bremste der HEX abrupt. Für einen kurzen Moment stoppten alle Unterhaltungen, alle Telefonate, das Gerüttel und Geklapper. Es war mucksmäuschenstill, nicht mal mehr der Doktorand brüllte in sein Handy. In diese gefrorene Akustik ertönte scheppernd die Ansage: »Sehr geehrte Fahrgäste, dieser Zug wird auf unbestimmte Zeit halten. Der Grund hierfür sind Kühe auf der Strecke nach Goslar.« Und in eine neuerliche Stille hinein sagte ein junger Typ neben mir: »Willkommen im Harz.«

Ein paar Minuten später ging es dann doch weiter, und der Zug fuhr schließlich im Bahnhof von Wernigerode ein. Im Dunkeln versuchte ich, auf dem Bahnsteig meine Gastgeberin ausfindig zu machen. Ich sah nur eine einzige Person, die auf jemanden zu warten schien. Es war KathiPe, die mich anlächelte. Ende zwanzig, Hornbrille, blonder Zopf, Strickjacke. Meine Ängste verflüchtigten sich schlagartig. Kathi hatte mir während der Fahrt bereits geschrieben, ich solle eine Pizzabestellung bei ihr aufgeben, sie würde die Pizza dann gleich mit mir zusammen abholen. Direkt neben dem Bahnhof befand sich *Freddy Fresh Pizza*, ein Imbiss in einem schwarzen würfelähnlichen Neubau, der ausschließlich Take-away bot. Die junge Frau hinterm Tresen, mit Nasenring und aubergine gefärbten Haaren, übergab Kathi gleich einen »Freddy Fresh

Pizza-Adventskalender mit 1a-Gutscheinen« und sagte: »Sind echt top Sachen drin, hab schon eenen Kalenda uffjemacht, darf leider selber nüscht davon nutzen.«

Weil Freddy, oder wer auch immer, uns die falschen Pizzas gemacht hatte, verzögerte sich alles. Währenddessen füllte sich der Imbiss. Ein völlig verspulter Nerd mit Vollbart trat ein; er hatte draußen durch hektisches Fuchteln versucht, die Tür zu öffnen, bis er feststellen musste, dass es sich nicht um eine Automatik-Tür handelte, sondern um eine altmodisch analoge mit den beiden Funktionen *Drücken* und *Ziehen*. Ein Taxifahrer stürzte herein, in brutaler Eile, zum Verzehr seiner Pizza Funghi blieben ihm, wie er der Bedienung zurief, nur zwei Minuten, »bis der Zug aus Goslar kommt!« Er wusste noch nichts von den Kühen. Und dann war da ein etwa Vierzigjähriger mit kurz geschorenen Haaren und Thor-Steinar-Jacke. Willkommen im Harz? Thor Steinar ist eine Bekleidungsmarke, die hierzulande als Erkennungszeichen der rechtsextremen Szene gewertet wird und die beispielsweise im Deutschen Bundestag nicht getragen werden darf. Die Jusos haben sich als ironischen Konter einen fiktiven Vogel namens »Storch Heinar« ausgedacht, mit Stahlhelm, Hitlerbärtchen und einer »Froschfleisch-Intoleranz«, der zu einer eigenen Modemarke wurde.

Mit unseren Pizzakartons ging es zu Kathis Kleinwagen und dann durch den Ort. KathiPe sagte, dass es ganz gut passe mit meinem Besuch, denn sie habe gerade keine Nachtschicht. »Nachtschicht? Bist du Krankenschwester?«, wollte ich wissen. »Nein, Polizistin«, antwortete sie. Mir fiel ein Stein vom Herzen, und ich war zugleich ziemlich beschämt. Meine Vorurteile taten mir in diesem Moment sehr leid. Errare humanum est. Ich war in guten Händen.

Ich verriet ihr nichts von meinen Befürchtungen, sondern erzählte von den Kühen auf den Gleisen. Sie sagte, sie habe bei ihren Einsätzen mit dem Streifenwagen auf dem Land öfters Ziegen auf den Schienen. »Aber immer noch lieber Ziegen als Hooligans.« Ich berichtete ihr von Bud Spencer aus Halle, sie konterte mit der Geschichte von einem ihrer ersten Einsätze während ihrer Ausbildung im Rhein-Main-Gebiet. Sie und ihre Kollegin waren »wegen einer Schlägerei« zum Bieberer Berg gerufen worden, wo die Offenbacher Kickers spielen. Die beiden Frauen kamen als Erste an. Eine Meute von Hooligans, alle mit schwarzen Sturmhauben maskiert, hatte zwei Männer so verprügelt, dass diese bewusstlos und blutend mitten auf der Fahrbahn lagen. »Da war kein SEK, keine Hundertschaft, nur meine Kollegin und ich. Wir sind ausgestiegen und haben den Typen signalisiert, dass wir nur den Verletzten helfen wollten. Es ging alles gut, aber da war uns ziemlich mulmig zumute. Ganz schön übel, dass die Leute einfach keinen Respekt mehr vor der Polizei haben«, meinte sie. Wir fuhren gerade an einer Straße namens An der schönen Ecke vorbei. Wernigerode oder kurz Werni, wie die Einheimischen sagen, ist ein pittoresker Fachwerk-Ort, bekannt durch sein neugotisches Schloss, das oberhalb der Stadt auf einem steilen Hügel thront, und durch das sogenannte »Kleinste Haus«, ein extrem schmales und schiefes Haus, das zwischen anderen schiefen Häusern klemmt und noch viel schiefer ist als alle anderen. Passend dazu ist auch das Dach möglicherweise mit Schiefer gedeckt.

Als wir zu Kathis Wohnung kamen, waren ihre beiden Freunde schon da. Das Pärchen saß auf einer Sofalandschaft, der Fernseher lief nebenher, ohne Ton sangen beim MDR Schlagerstars von einst, und die Raumtemperatur lag bei ungefähr fünfunddreißig Grad. Wir packten die Pizzas aus, die sich durch die Heizungshitze wieder erwärmten, und schon ging es mit den Überraschungen los. Welche Pizza isst man in Sachsen-Anhalt? In diesem Fall waren es folgende

Variationen: eine mit Rindersteakstreifen und Sauce hollandaise, eine mit Würstchen und Röstzwiebeln – ich glaube, sie hieß Kapstadt, warum auch immer – und eine Pizza Saloniki mit Gyros, Zaziki, Hirtenkäse und Gouda. Ich konnte es nicht fassen. Ich war heilfroh, mich für die gute alte Margherita entschieden zu haben. Wir aßen und zogen Käsefäden durchs Wohnzimmer.

Und ich erfuhr einiges über das Leben der drei in Wernigerode, über ihre obsessive Leidenschaft für Weihnachtsmärkte und über ihre Liebe zum Wandern. Auf all diesen Touren gibt es offizielle Stempelstellen, und ihr großes Ziel war es, die »Harzer Wandernadel« durchgestempelt zu bekommen, als Beweis dafür, dass sie schon jeden Berg und jede Hütte im Harz besucht hatten. »Dann bekommt man nämlich den Harzer Wanderkaiser.« Ehrfürchtig sprachen sie von diesem Ehrentitel, für den man 222 verschiedene Stempel brauchte. Wir sprachen über die Natur, über Stürme, die die Bäume im Harz wie Grashalme umgeblasen hatten. Es ging um die großen und kleinen Nöte des Alltags, fehlendes Geld, Träume von der Zukunft, um die Polizei. Kathi erzählte von Verfolgungsjagden, bei denen die VW-Bullis der Polizisten irgendwelchen 500-PS-Boliden von Bankräubern hinterherfuhren. Und ganz nebenbei tranken wir Stachelbeersaft von Kathis Oma. Meine Güte. In mir türmten sich sofort Gerüche und Bilder aus der frühesten Kindheit, von Obst- und Gemüsegärten von Tanten im Fränkischen, wo die Stachelbeere die Kiwi der Nachkriegszeit war. Danach arbeiteten wir mit regionalem Mineralwasser gegen die Gluthitze in der Wohnung an, anschließend kamen verschiedene Biere zum Einsatz. Später wurde eine Flasche Schierker Feuerstein geöffnet, Willy Drubes legendärer Kräuter-Halb-Bitter, ein Heilgetränk mit fünfunddreißig Prozent Alkohol, das mir in die Blutbahn fuhr wie die Achterbahn in die Schlusskurve. Als dann Kathi noch »ein tolles Starkbier aus deiner Heimat« aus dem Kühlschrank zog, seltsamerweise als Dosenbier, gingen bei mir die Lichter aus. Der Rest versank in komplettem Schwarz.

Am nächsten Morgen wachte ich auf, weil mein Handy piepte. Es piepte und piepte, und für einen langen Moment wusste ich weder, wo ich war, noch wie viele. Als ich mich aufrichtete, traf mich mein Kater wie eine Faust den Boxsack. Mein Kopf fühlte sich an wie ein morscher Baum, auf den ein Specht mit ADHS einhackte. Es kam mir vor, als wäre mein Gehirn mit Bauschaum gefüllt, der sich ausdehnte und von innen gegen die Schädeldecke drückte. Mir war, als würde ich in Brackwasser tauchen. Hinter den Schläfen pochte und drückte es, und mein Magen hatte Wehen. Als mir klar wurde, dass ich heute auf den Brocken steigen musste, wurde mir übel.

Es brauchte eine lange Dusche und einen starken Kaffee, um mich halbwegs wiederherzustellen. Kathi war freundlicherweise auch aufgestanden, obwohl sie erst nachmittags Schichtbeginn bei der Polizei hatte. Statt Brötchen von Lidl gab es abgepacktes Plastikbrot und abgepackten Wurstaufschnitt. Mich würgte es. Aber ohne Essen würde ich es nicht auf den Berg schaffen. Draußen fing es leicht an zu schneien, und jetzt bekam ich tatsächlich so etwas wie Panik. Kathi und ich verabschiedeten uns an ihrer Haustür, ich dankte ihr für ihre Gastfreundschaft und das Dosenbier. Emoji: Daumen hoch. Ich spürte die kalte Luft, taumelte kurz und versuchte, meinen Zustand positiv umzudeuten. Und zwar mit dem Aphorismus eines lieben Radiokollegen, den er selbst erdacht hatte und um den ich ihn sehr beneide: »Der Kater ist der Jetlag des kleinen Mannes.« Copyright: Christian Schiffer.

Ich ging also mit meinem Harz-Jetlag zu Fuß einen Bach entlang, dann durch viel Fachwerk bis zum Haus vom Brocken-Benno. Es war leicht zu erkennen: Am Klingelschild stand nicht Schmidt, sondern »Brocken-Benno«. Es fühlte sich ein bisschen so an wie ein Blind Date mit einem Sechsundachtzigjährigen. Benno war schlank, trug eine Brille Modell Erich Honecker 1977 und einen verwitterten graugrünen Parka, der vermutlich schon vieles miterlebt hatte, vielleicht war er auch ursprünglich mal weiß gewesen. Schnell waren Benno und ich im Gespräch. Ich erzählte ihm ausführlich von meinem Plan mit den sechzehn höchsten Bergen und er mir von Reinhold Messner, mit dem er auch schon mal auf den Brocken gewandert war. Wir stiegen in sein Auto und fuhren nach Schierke, im Hintergrund lief leise das Autoradio. Kling, klang, die Straße entlang. Jede Kurve schaukelte mein Hirn durcheinander, als wäre es eine Lavalampe, und ich versuchte, mich angestrengt auf einen bestimmten Punkt im Wald oder auf der Straße zu konzentrieren, um mich nicht auf den Beifahrersitz oder die Gangschaltung zu erbrechen. Es ging immer weiter bergauf, die Zahl der Autos und Menschen, denen wir begegneten, nahm kontinuierlich ab. Ein einsamer Fuchs überquerte die Straße, hier gab es nicht mal einen Hasen zum Gute-Nacht-Sagen. Wir befanden uns im ehemaligen Sperrgebiet, passierten ein schattiges Örtchen namens Drei Annen Hohne. Wenn hier zu DDR-Zeiten jemand langwollte, dann konnte er das nur mit Sondergenehmigung. Damals galt: Wer hier unterwegs war, konnte nur Grenzsoldat oder Republikflüchtling sein.

Über achttausendmal war Benno diese Strecke seit 1989 schon gefahren. Ich versuchte, Zeichen der Abnutzung bei ihm zu finden, aber da war nichts. Irgendein innerer Mechanismus, ein unsichtbarer Magnetismus, zog den Brocken-Benno immer wieder auf seinen Sehnsuchtsberg. »Warum?«, fragte ich mich, fragten sich alle, fragte ich ihn, vermutlich die meistgestellte Frage in seinem Leben. Tatsächlich gab es mehrere Gründe für seine Brocken-Obsession. Der erste und vielleicht wichtigste: Als Kind und junger Mann hatte er den Brocken, seinen geliebten Berg, oft besteigen dürfen. Doch dann wurde der Berg jahrelang zur verbotenen Zone. Zu DDR-Zeiten sah Benno ihn von Wernigerode aus nur noch in der Ferne. Auf dem Gipfel standen Abhöranlagen der Russen, und weil der Brocken nur wenige Kilometer von der Zonengrenze entfernt lag, war der Berg für die Bürger des Arbeiter- und Bauernstaates absolute No-go-Area, man ließ sie noch nicht mal in die Nähe. Während Benno das erzählte und ich spüren konnte, wie es ihn noch immer bewegte, kamen wir an einen ehemaligen Checkpoint im Wald, und es sah original aus wie zu alten DDR-Zeiten.

Ich hatte früher Bekannte aus West-Berlin, die wie viele andere Berliner durchaus streitbar waren, um nicht zu sagen, ihre Zündschnur war recht kurz. Als sie wieder mal über die alte Transitstrecke fuhren und an der DDR-Grenze aufs Übelste schikaniert wurden, sagten sie zu dem Grenzsoldaten: »Uns reicht's, wir wollen jetzt mal Ihren Vorgesetzten sprechen.« Der Soldat sächselte ihnen entgegen: »Bei üns gibts keene Vorgesedzdn, wir sind 'n Arbeider- ünd Bauernschdaad.« Meine Bekannten konterten: »Dann bringen Sie uns bitte einen Arbeiter oder Bauern.« Vier Stunden lang wurde danach ihr Auto gefilzt, zerschraubt, zerlegt, und sie wurden verhört und belehrt. So war das an der Grenze.

Die Berliner Mauer hatte der Brocken-Benno nie persönlich erlebt, aber auf dem Brocken gab es eine eigene Version davon: Um das ganze Abhör-Areal der Russen, um den kompletten Gipfel herum, stand eine weitere Mauer. Und als im November 1989 die Berliner Mauer fiel, blieb die Mauer auf dem Brocken stehen. Am 3. Dezember 1989 versammelte sich deshalb eine große Menschenmenge aus Bürgern und Wanderern – oder meinetwegen auch Arbeitern und Bauern – aus der DDR rund um den Gipfel und forderte lautstark »Tor auf!« und »Die Mauer muss weg!«. Denn sie wollten ihren Brocken wiederhaben, diesen außergewöhnlichen Berg, den alle kannten, alle liebten, aber eben nur als Fernbeziehung. Benno Schmidt war unter den Demonstranten, er stand gewissermaßen in der ersten Reihe. Nach langen Stunden des Schiebens und Drückens, der Sprechchöre und des Verharrens war es dann so weit: Die Brocken-Mauer fiel, und das war zugleich der Beginn der außergewöhnlichen Wandergeschichte vom Brocken-Benno.

Am Anfang war es noch ein kleiner Kreis, der versuchte, täglich aufzusteigen und sich zum Beweis einen Stempel im Gipfellokal abzuholen, im sogenannten Brocken-Pass, den der Wirt herausgegeben hatte. Nach und nach dünnte sich der Kreis der Konkurrenten aus, und es blieb vor allem einer übrig. »Wir hatten uns alle immer untereinander gefragt, wie viele Aufstiege hast du, wie viele hast du?«, erklärte mir Benno. »Aber einer hatte nie etwas gesagt und hat uns irgendwann überrascht mit hundert Aufstiegen, ich hatte zu dem Zeitpunkt erst sechzig. Das war aber nicht das Schlimmste. Er war ein bisschen eingebildet und verkündete im Fernsehen, er sei der Brocken-König und er bleibe es für alle Zeiten. Und das hätte er nicht sagen dürfen. Ich habe da zu meiner Frau gesagt, diesen eingebildeten König hole ich von seinem Thron.«

Und so begann die unglaubliche Aufholjagd des Benno Schmidt, denn der selbst ernannte Brocken-König hatte vierzig Wanderungen mehr als er und wanderte täglich hinauf. »Ja, und dann musste ich zweimal am Tag hochgehen. Dann ging er auch zweimal. Dann ging ich dreimal. Wenn ich tagsüber mal keine Zeit hatte, bin ich nachts gegangen. Ich hab dann einen Zettel beim Wirt hinterlegt, dass ich mir den Stempel später hole. Und so habe ich nach und nach den Brocken-König überholt. Ich habe seinen Titel aber nicht übernommen, ich hatte bald meinen tausendsten Aufstieg, und da haben mir meine Freunde eine Urkunde übergeben mit dem Namen ›Brocken-Benno‹, und der blieb mir.«

Während Benno mit glänzenden Augen vom Wanderwahnsinn der frühen Neunzigerjahre erzählte, waren meine Augen ebenfalls glänzend – oder glasig, und zwar vom Schnaps der letzten Nacht und von der Aussicht, jetzt stundenlang durch den Schnee aufsteigen zu müssen. Wir stellten das Auto ab. Benno hatte eine Sonder-Parkgenehmigung des Bürgermeisters, er musste »nüscht« bezahlen statt fünf Euro wie alle anderen Wanderer. Und dann brachen wir von der Bildungsstätte der Berufsgenossenschaft Holz und Metall zu Fuß auf Richtung Brocken. Noch ahnte ich nicht, welche unfassbare Kondition dieser Wanderrentner hatte. Der Brocken-Benno ging los, ach was, rannte los, raste los, er wirkte wie der gedopte Kanadier Ben Johnson bei seinem 9,79-Sekunden-Lauf bei den Olympischen Spielen 1988 in Seoul, er kam mir vor wie die Cartoonfigur Road Runner, es machte »miep-miep«, und ich sah nur noch einen olivgrünen Schatten im Wald verschwinden. Ich hechtete hinterher. Wir ließen Schierke hinter uns.

Jahrzehntelang galt der Ort im Oberharz als das St. Moritz des Nordens, nach dem Zweiten Weltkrieg wurde Schierke zum »Kurort der Werktätigen«. Geblieben sind ehemalige FDGB-Urlaubsanlagen, die auch heute noch aussehen wie ehemalige FDGB-Urlaubsanlagen. Fahlgrau bröckelnde Fassaden, mit mittelgrauen und dunkelgrauen Farbelementen und ganz viel Sichtbeton. Die jetzige Jugendherberge war früher ein Erholungsheim der Nationalen Volksarmee, ein Hotel diente früher als »Objekt des Zentralrats der FDJ«, ein anderes als »Erholungsheim der Staatssicherheit«. Schierke war einst das Paradies für SED-Bonzen, der Harz die Karibik für Parteikader. Beim Blick auf schattige Tannen und den

Nebel im Harz ließen die Sozialisten mal für ein paar Tage die Planerfüllung baumeln. Beim Frühstücksbüfett versuchten sie dann, aus kubanischen Strohorangen zwei oder drei Milliliter Saft herauszuquetschen. Fast wie Kaktusmelken in der Wüste.

Und trotzdem war Urlaub in Schierke begehrt. Werktätige konnten sich beim Kreisvorstand des Freien Deutschen Gewerkschaftsbundes bewerben, der das Ganze komplett unbürokratisch an die Ferienkommission der Betriebsgenossenschaftsleitung weitergab, wo unter Berücksichtigung des gesellschaftlichen und sozialistischen Engagements entschieden wurde, wer zur Erholung fahren durfte und wer nicht. Wer sich laut FDGB-Satzung »für die bewusste Teilnahme am Kampf um die ständige Steigerung der Arbeitsproduktivität auf der Basis der fortgeschrittensten Wissenschaft und Technik« gewinnen ließ und »die ganze Arbeiterklasse und die Intelligenz zur Erfüllung der Volkswirtschaftspläne« mobilisierte, »mit dem Ziel der immer besseren Befriedigung der materiellen und kulturellen Bedürfnisse der Werktätigen und der allseitigen Entwicklung des Menschen der sozialistischen Gesellschaft«, der durfte – möglicherweise – in den Harz. Es gab sogar die High-End-Urlaubsvariante: Drei DDR-Kreuzfahrtschiffe waren für besonders verdiente Werktätige (oder solche mit besten Beziehungen) unterwegs, eines dieser DDR-Traumschiffe war die *Völkerfreundschaft*. Bevor es unter DDR-Flagge fuhr, hieß das Schiff noch *Stockholm*, es stammte aus Schweden und wurde weltberühmt, weil es 1956 vor der Ostküste der USA im Nebel das italienische Passagierschiff *Andrea Doria* rammte, das dann Schlagseite bekam und sank. Einundfünfzig Menschen starben bei dem Unglück.

Die DDR kaufte die kaputte und auch vom Renommee her stark ramponierte *Stockholm*, restaurierte sie und benannte sie 1960 um in *Völkerfreundschaft*. Fortan durften verdiente

Parteikader um die (östliche) Welt fahren: nach Gdynia (VR Polen), Warna in Bulgarien oder Sotschi in der UdSSR. Man konnte unterwegs in einem Kinosaal die neuesten DEFA-Filme anschauen oder an Deck Volleyball spielen, der Ball war an einer langen Schnur befestigt, damit er nicht über Bord ging; Volleybälle waren knapp in der real existierenden Planwirtschaft. Die Stasi befand sich auch immer mit an Deck, damit beispielsweise bei der Durchfahrt durch den engen Bosporus kein Passagier über Bord ging und zum Republikflüchtling wurde. Trotzdem gelangen über zweihundert Fluchtversuche auf den DDR-Traumschiffen.

Aber nicht deswegen, sondern aufgrund der klammen DDR-Staatskasse wurde die *Völkerfreundschaft* nach fünfundzwanzig Jahren im Dienst schließlich verkauft. Ab 1985 hieß das Schiff *Volker*, fuhr nun für eine amerikanische Kreuzfahrtfirma, wurde ein Jahr später in *Fridtjof Nansen* umbenannt, 1989 an Italiener weiterverkauft und in *Surriento* umgetauft. Danach hieß es *Italia Uno*, dann *Italia Prima*, anschließend *Valtur Prima*, danach *Caribe*. Nach einem weiteren Verkauf, diesmal an Griechen, wurde die ehemalige *Völkerfreundschaft* 2005 zur *Athena*, später zur *Azores*, und mittlerweile fährt sie als *Astoria* für eine britische Reederei unter der Flagge von Panama. Die ehemalige *Völkerfreundschaft* ist das älteste noch in Betrieb befindliche Transatlantikschiff der Welt. Hier lebt die DDR auf dem Meer weiter.

Zurück im Harz. Ich hatte kurzzeitig den Brocken-Benno wieder eingeholt, wir wanderten durch schneebedeckte Wälder am Fuße des Berges, in denen die Bäume nicht vertikal, sondern horizontal angeordnet waren. Mit anderen Worten: Der komplette Wald war zerstört, die Bäume von Borkenkäfern zerfressen oder bei Stürmen umgestürzt, die Stämme lagen wie Mikado-Stäbchen übereinander. »Schön ist das nicht«, sagte Benno. »Aber das ist Konzept im Nationalpark

Harz. Das wird schon wieder.« Es sah allerdings nicht danach aus. Ein Hinweisschild schickte uns nach rechts, entlang eines kleinen Flusses namens Schwarzes Schluftwasser oder auch Die Schwarze Schluftwasser. Für alle Schluchthasser wurde es nun unangenehm, denn es ging über den Eckerlochstieg, den anspruchsvollsten Aufstieg Richtung Brocken, steil bergauf durch den Wald und durch herumliegende gigantische Findlinge aus Granit.

Aufgrund des vielen Schnees wurde die Sache nicht leichter. Ich rutschte und schlitterte dem Wandertitan hinterher, um mich herum rauschte das Wasser, bogen sich die Bäume unter dem Sturm, fiel der Schnee waagerecht durchs Bild, und mir war immer noch übel. Das Eckerloch, eine Talmulde südlich des Brocken, wurde schon von Johann Wolfgang von Goethe in seinem *Faust* erwähnt. Auf unserer Route erwarteten uns jetzt sechs Kilometer Wanderung über fünfhundert Höhenmeter bis zum Gipfel. Hochalpinisten lächeln an dieser Stelle möglicherweise mitleidig, für mich und in meinem Zustand war das hier Matterhorn Nordwand. Für Benno war es reine Routine. Es war seine 8619. Besteigung, zusammengerechnet 113000 Kilometer über die Jahre. Ob das nicht langweilig sei, immer wieder der gleiche Aufstieg, wollte ich wissen. »Ich will mal meine Motive nennen, es gibt sechs Stück«, sagte Benno. »Man kann sie auch nachlesen in meinem neuen Buch *Brocken-Benno. Der einzige Achttausender im Harz. Erlebnisse und Tipps eines Rekordwanderers,* 244 Seiten mit vielen Bildern, kann ich wirklich empfehlen.« Er klang auf einmal seltsam geschäftstüchtig. »Erstens: der Mythos Brocken, der deutscheste aller deutschen Berge. Zweitens: die fantastische Natur. Drittens: die Begegnung mit vielen Menschen. Viertens: meine Gesundheit. Fünftens: der Rekord. Ich stand schon mehrfach im Guinness-Buch. Sechstens: der Name Brocken-Benno verpflichtet.«

Mir wurde ganz schwindelig von den vielen Zahlen, von der Kälte und vom vielen Schnee, vom Reden, Schauen, Atmen und Bergsteigen, das war mir gerade zu viel auf einmal. In einer dunkelbraunen Schutzhütte, die ein bisschen aussah wie ein Tipi aus Holz, erholte ich mich kurz, trank eiskaltes Wasser und hörte, wie sich Benno lautstark empörte, dass »da irgendwelche Halunken« ein Schild geklaut hätten. Was für ein geniales Wort: Halunken! Ich kicherte in mich hinein, da war mein Bergfreund schon wieder im Wald verschwunden, wie ein Trapper im Wilden Westen folgte ich der Spur vom Brocken-Benno, der wie eine Maschine wanderte. Wir überquerten einen vereisten Bach, jeder Schritt im Schnee hörte sich an, als drücke man Styropor zusammen. Wir kamen an einer ehemaligen Skischanze vorbei und erreichten die breite, planierte Brockenstraße. Aus der Ferne hörten wir das Pfeifen der Dampflokomotive, die auf Schmalspurgleisen zum Brocken hinauffuhr. Sehen konnten wir sie nicht, alles versank mittlerweile in einem Eisnebel, der die Schilder am Straßenrand mit einer Armee aus winzigen Schneeblumen kristallisierte und die gebogenen Tannenbäume aussehen ließ wie überfrorene Dinosaurier. Benno und ich gingen schnaufend nebeneinanderher, und er erzählte mir von der Zeit, bevor er zum Brocken-Benno wurde.

Er war früher Bereichsdirektor der Konsumgenossenschaft gewesen, also quasi der DDR-Supermärkte in der Gegend. Als die Wende kam, war er siebenundfünfzig und wurde knallhart aussortiert und degradiert. Er musste Regale auffüllen wie ein Lehrjunge, machte das aber klaglos und demütig, was ihm von allen Kollegen Respekt und Bewunderung einbrachte. Und als er schließlich in den Vorruhestand geschickt wurde, begann sein zweites Leben, das ihm einen märchenhaften Aufstieg zum Star und Sympathieträger bescherte. Er war bei Johannes B. Kerner im Fernsehen, traf

Joko und Klaas, Edmund Stoiber wanderte mit ihm, der MDR widmete dem Brocken-Benno mehrere Sondersendungen, er bekam den Verdienstorden des Landes Sachsen-Anhalt, wie vor ihm nur ganz wenige Menschen, zum Beispiel Hans-Dietrich Genscher oder Neo Rauch, er erhielt das Bundesverdienstkreuz, wurde Tourismusbotschafter für den Harz und wird andauernd wiedererkannt. Je näher wir dem Gipfel kamen, desto öfter musste er Autogrammkarten unterschreiben. Leute wollten ihm die Hand schütteln, Selfies machen, ihm Geschichten erzählen. Es war, als würde man mit Cristiano Ronaldo wandern und nicht mit einem Rentner aus Wernigerode.

Benno war so oft am Brocken gewesen, dass er hier buchstäblich schon alles erlebt hatte. Hundertfünfzig Wanderer hatten ihn zu seiner achttausendsten Besteigung vom Tal bis zum Gipfel eskortiert, es gab Hochzeiten auf dem Gipfel, Schornsteinfegertreffen und Orkane, die die Mikrofon-Puschel der ARD-Wetterreporter zum Oszillieren brachten. Aber es gab auch Tragödien. Ein Mountainbiker knallte auf einen Granitstein, sagte noch »Ich bin schon oft gestürzt«, dann starb er. Ein älterer Herr unterhielt sich im Wald mit Benno und fiel dann tot um, Herzinfarkt. »Der Rettungshubschrauber kam zu spät«, sagte Benno und warnte vor Überanstrengung. Ich musste kurz schlucken, denn ich war fix und fertig und hatte schon Visionen von Brockenhexen, die durch die Baumwipfel flogen. »Alles in Ordnung?«, fragte Benno mich. »Alles in Ordnung«, wiederholte ich stumpf. Als wir schließlich oben ankamen, ich mit letzten Kräften, Benno putzmunter wie ein gut gelauntes Eichhörnchen, fegte ein Eiswind über den Gipfel, und die Sicht war gleich null. Wir holten uns beim Brockenwirt unseren Bestätigungsstempel, ich meinen allerersten, Benno Nummer 8 619, und dann aßen wir eine Erbsensuppe mit Bockwurst, die grauenhaft schmeckte, aber die Lebensgeister in mir weckte. Zurück im Freien beim Gipfelstein, war der Nebel so dicht, dass wir die riesige, rotweiß gestreifte Sendeanlage, die wie eine NASA-Rakete aussah, nicht sehen konnten. Sie war nur fünfzig Meter entfernt, aber völlig unsichtbar. Die zeitlosen Worte von Heinrich Heine, die der Dichter im Jahr 1824 bei seiner Brockenwanderung geäußert hatte, kamen mir in den Sinn: »Viele Steine, müde Beine, Aussicht keine, Heinrich Heine.«

Ein oder zwei Wochen nach der Wanderung bekam ich eine Benachrichtigung von meinem Postamt, dass ich etwas abholen solle. Es waren meine dicken Winterhandschuhe, die ich im Auto vom Brocken-Benno vergessen hatte. Benno hatte sie in original DDR-Packpapier eingewickelt, sie kamen zu mir wie aus einer Zeitmaschine.

2

Der Dollberg/Saarland (695,4 Meter)

Mit Manuel Andrack (früher Harald Schmidts
Late-Night-Assistent, heute Wanderguru)

14. März 2019
Die längste Wanderung der Welt im schlimmsten
Regen der Welt am einsamsten See der Welt

Das Saarland verbinde ich nur mit Katastrophen. Die Schlagerstars Cindy und Bert (»Immer wieder sonntags«), Nicole (»Ein bisschen Frieden«) und Annegret Kramp-Karrenbauer (Ex-CDU-Vorsitzende) – sie alle stammen aus dem Saarland. Und wann immer irgendwo auf dieser Welt ein Wald brennt, eine Gegend nach einer Überschwemmung überflutet ist oder Regenwälder illegal gerodet werden, heißt es in den Nachrichten: »Eine Fläche so groß wie das Saarland« sei abgebrannt, unter Wasser, abgeholzt. Und wenn es richtig schlimm ist: »Eine Fläche doppelt so groß wie das Saarland«. Das Saarland dient eigentlich nur als Vergleichsgröße bei Naturkatastrophen, ist eine Maßeinheit wie die (nach oben offene) Richterskala bei Erdbeben. Es muss schrecklich sein, in seiner Existenz permanent statistisch auf Negativereignisse reduziert zu werden. Ich hatte leider noch nie die Gelegenheit, mit einem Saarländer darüber zu reden. Und ich frage mich, was passiert, wenn es im Saarland brennt oder Überschwemmungen gibt? Was ist dann die Vergleichsgröße? (Nachrichtensprecher: »Bei einem Waldbrand in der

Nähe von Völklingen steht eine Fläche in Flammen, so groß wie Bremen.«) Ich weiß noch aus dem Erdkundeunterricht, dass der Landkreis Ansbach in Mittelfranken genauso groß ist wie das komplette Saarland. Ansbach ist übrigens alles andere als eine Katastrophe, auch wenn es hier gerade mit dem Saarland verglichen wurde.

Meine Katastrophenwanderung im Saarland begann so: Als ich mal für ein Radiointerview den unumstrittenen Großmeister der Late-Night-Fernsehunterhaltung Harald Schmidt traf und wir am Rande über meine Bergwanderungen sprachen, empfahl mir Schmidt sofort Manuel Andrack als Wanderpartner für das Saarland. Sein ehemaliger Fernseh-Sidekick lebe jetzt dort und schreibe Wanderbücher, sei somit genau der Richtige für mich.

Manuel Andrack: der Mann, der auf alles eine Antwort weiß. So hatte ich ihn in Erinnerung. Manuel Andrack war der Allwissende, der Almanach, der Redakteur an dem kleinen Schreibtisch am rechten Rand der Bühne bei der *Harald Schmidt Show*. Andrack war eine lebende Enzyklopädie mit Dreitagebart. Wenn Schmidt mal nicht weiterwusste, und das kam äußerst selten vor, dann schlenderte er zu dem Tischchen, wo der Mann mit Brille und Stoppelbart und dem Babyspeck um die Backen an einem Laptop geparkt war und in Sekundenschnelle die nötigen Infos parat hatte. Er war Inspiration und ein wunderbarer Gesprächspartner für Schmidt. Einmal moderierten sie die komplette Show auf Französisch. Die zwei bildeten ein eingespieltes Team. Manuel Andrack hatte auch eine Antwort auf meine Wanderanfrage, und zum Glück lautete sie: Ja, er habe Lust, und ja, er habe bald Zeit, und nein, dem stehe nichts im Wege.

Also fuhr ich an einem Märztag, am Vortag der Wanderung, mit dem Zug ins Saarland. Bei dieser Zugfahrt passierte rein gar nichts, außer dass zwischen Mannheim und Kaiserslautern zwei Fans der Roten Teufel zustiegen. An diesem Abend hatte der 1. FC Kaiserslautern ein Nachholspiel, und die beiden Anhänger waren sehr euphorisch. Das muss man erst mal schaffen, jahrelang nur Rückschläge, Niederlagen, Abstiege, Fast-Insolvenzen, aber Lautern-Fans haben immer diese bacchusartige gute Laune. Ich schränke ein: Lautern-Fans VOR einem Spiel. Nach dem Spiel, wenn es wieder mal übel ausgegangen ist, ähneln Lautern-Fans eher Menschen mit Kater vom Vorabend. Oder gereizten Angorakatzen, die man zu lange streichelt. Oder Klaus Kinski, dem der Reporter gerade die falsche Frage gestellt hat. Rote Teufel. Die Fans im Zug waren unterwegs zum Abendspiel gegen Eintracht Braunschweig, am Ende würden sie nach einem null zu null nach Hause fahren, weder gut noch schlecht gelaunt, sondern gar nicht gelaunt.

Der Zug fuhr nun von Landstuhl nach Hauptstuhl, was irgendwie eklig klang. Und dann überquerten wir die Grenze, kamen von der Pfalz ins Saarland, nach Homburg. Der hiesige FC 08 Homburg war früher mal ziemlich erfolgreich, spielte kurzzeitig sogar in der Bundesliga und kam 1987 ins Gerede, weil er Trikotwerbung für einen Kondomhersteller machte. Das ließ den gegnerischen sowie den kritischen eigenen Fans ganz viel Raum für dumme Witzchen der Marke »wieder eine Chance hauchdünn vergeben«, »die wirken heute irgendwie so steif«, »den muss er doch reinmachen«, »Wahnsinn, schon wieder Latte« usw. Jedenfalls muss es damals irre peinlich gewesen sein, so ein Trikot zu tragen. Zum Glück konnte man sich auf die Sittenhüter beim DFB verlassen, die die Werbung für London-Kondome verboten. Darum liefen die Spieler in weiß-grünen Trikots mit einem schwarzen Balken auf der Brust auf. »Jeder wusste sowieso, was drunterstand«, sagte Christian Streich dem Fußballmagazin *Kicker*.

Der langjährige Trainer des SC Freiburg spielte damals für den FC Homburg.

Die Bewohner des Saarlands identifizieren sich besonders stark mit ihrem Bundesland. Aber warum? Vielleicht weil es der kleinste Flächenstaat Deutschlands ist und weil den Dialekt anderswo kein Mensch versteht. Vielleicht auch, weil das Saarland erst 1957 als letztes Bundesland vor der Wende der Bundesrepublik beitrat. Das Saargebiet war nach dem Krieg zunächst französische Besatzungszone und dann selbstständig. Mitte der Fünfzigerjahre gab es noch eigene Saar-Briefmarken, eigene Münzen (Saar-Franken), und bei den Olympischen Sommerspielen 1952 in Helsinki trat das Saarland mit einer eigenen Delegation an. Allerdings ohne jede Medaille – der Turner Fred Wiedersporn landete am Barren auf Platz 176, und im Ruder-Zweier reichte es nur für den Hoffnungslauf. Es gab damals sogar eine eigene Fußball-Nationalmannschaft. Und hätte das Saarland in der Qualifikation für die Fußball-WM 1954 nicht zweimal gegen die deutsche Nationalmannschaft verloren, sondern gewonnen – wer weiß, vielleicht hätte es ein ganz anderes Wunder von Bern gegeben, und nicht Deutschland wäre mit Fritz Walter, Helmut Rahn und Max Morlock Weltmeister geworden, sondern das Saarland mit Erwin Strempel, Peter Momber und Waldemar Philippi.

Vor zwei Jahren las ich in der Zeitung von einem ganz besonderen Fall von Heimatliebe. Eine achtundzwanzigjährige Saarländerin namens Kristina Schappert hatte sich ein Saar-Tattoo auf den rechten Oberschenkel stechen lassen. Darauf zu sehen waren zwei der Leibspeisen der Saarländer: ein Ring Lyoner-Fleischwurst und eine große Flasche Maggi. Dazu zwei grüne Comic-Männchen, die sogenannten Saarlodris, bekannt aus dem Regionalfernsehen, und darüber der Spruch »Hauptsach gudd gess« (Hauptsache, gut gegessen). Fünf Stunden habe das Tätowieren gedauert, und sie »wollte schon immer was Saarländisches haben«, wurde die Tierarzthelferin in der BILD-Zeitung zitiert. Sie stehe total auf Speisewürze, und »ein Fläschchen muss immer mit«, sagte sie. Maggi wurde nicht im Saarland erfunden und wird auch nicht dort produziert, aber die Saarländer sind völlig verrückt danach. Fast einen Liter pro Jahr verbrauchen sie pro Kopf, statistisch gesehen weit mehr als in jedem anderen Bundesland, zum Beispiel zweieinhalbmal mehr als in Niedersachsen. Magisch! Das könnte interessant werden im Saarland.

Ich kam abends in Saarbrücken an, es regnete in Strömen. Mein Weg führte mich vom Bahnhof durch die Innenstadt. Ich war noch nie zuvor in Saarbrücken gewesen und war völlig überrascht: Die komplette Gegend um den Bahnhof bestand aus großen Geschäftshäusern – vermutlich aus den frühen Sechzigerjahren – mit eingebauten Kolonnaden. So etwas kannte ich bislang nur von den Arkaden in italienischen Städten wie Bozen, Livorno oder Bologna. Man konnte durch diese endlosen Säulengänge vorbei an Spielotheken, Apotheken und Kneipen schlendern und wurde nicht nass. Ich pfiff ein Liedchen und freute mich über die höhlenartige Akustik, bis ich merkte, dass es die Melodie von »Ein bisschen Frieden« war. Irgendwann war aber Schluss mit der Überdachung, ich kam in Altbaugebiete, erst ins Nauwieser Viertel und dann ins Sankt-Johanner-Markt-Viertel, wo ich übernachten sollte und wo es streckenweise aussah wie in einem historischen Film, der kurz nach Kriegsende spielt. Knorrige Holzeingangstüren wie einst, jede Delle, jeder Kratzer erzählte eine Geschichte, aus einem Fenster roch es nach Königsberger Klopsen, aus einem anderen nach Koriander und Knoblauch, die Saarländer schienen tatsächlich gerne zu kochen. Ich kam vorbei an einem Bestattungsinstitut namens *Pietät von Rüden*, und es klang für mich nach Hunden, die trauern. Eine einsame Urne stand im Schaufenster.

Im Vorfeld hatte ich über das Internet herumgefragt, wer mich kostenlos beherbergen könnte. Es hatte sich jemand gefunden, den ich überhaupt nicht kannte, der auch an diesem Abend gar nicht da war, der aber wiederum seinem WG-Mitbewohner Bescheid gesagt hatte, damit der mich reinlassen würde. Im Treppenhaus roch es wie früher im Fachwerkhaus meiner längst verstorbenen Großeltern, ein Geruch, der mir seit meiner Kindheit nicht mehr begegnet war, der mich packte und rüttelte. Eine Mischung aus feuchtem Kalk, Staub und Bohnerwachs. Dass es so etwas noch gab, ich war ganz durcheinander, und Erinnerungen purzelten durch meinen Kopf wie die Würfel beim *Yatzy* im Becher. Ich klingelte an der Tür. Es dauerte eine ganze Weile, dann erschien ein junger Mann, hielt sich die Hand vor den Mund und rief mir zu, ich solle unbedingt Abstand halten, er habe eine »ganz furchtbare Norovirus-Erkrankung« und die letzten beiden Tage praktisch »nonstop auf dem Klo« verbracht. Das mit der Übernachtung gehe natürlich »trotzdem klar«, aber ich solle mich unbedingt von ihm fernhalten, denn es sei ein extrem aggressives Virus, und die ganze Angelegenheit sei »wirklich unangenehm«, alleine heute sei er schon »etwa fünfundzwanzigmal auf dem Topf« gewesen, und es komme »unten und oben raus«. Ich war entsetzt, konsterniert, kurz davor, mich aus dem Fenster zu stürzen oder zumindest im Freien zu übernachten. Aber es schüttete draußen, und ich entschloss mich, trotzdem zu bleiben. Der WG-Typ bat mich herein, wich sofort ein paar Schritte zurück und dirigierte mich in das Zimmer seines Mitbewohners.

Ich stand im Türrahmen, drehte mich um und unterhielt mich quer über den Gang mit dem Noro-Mann, so als befände er sich auf der anderen Uferseite eines Flusses. Ich fragte ihn, was er denn sonst so mache, wenn er mal keinen Brechdurchfall habe. Er studiere an der Uni Filmwissenschaften.

Und im Nu führten wir wilde Diskussionen über die Schwarz-Weiß-Filme von Jim Jarmusch, über das geniale Werk von Wes Anderson und über David Lynch. Ein Kommilitone von ihm schreibe gerade an seiner Promotion über das Motiv der Traumerzählung bei David Lynch, sagte er. Ich musste spontan an den Film *Lost Highway* denken, an die Szene, in der ein Ehepaar einen dicken Umschlag im Briefkasten entdeckt und öffnet, und darin befindet sich eine geheimnisvolle Videokassette. Als sich die beiden die Aufnahmen zusammen anschauen, sehen sie sich selbst im Bett liegen, gefilmt von jemandem, der durch ihre dunkle Wohnung wandert. Sehr gruselig. Im Gespräch mit dem Studenten erfuhr ich, dass es eine ganze Reihe von Forscherinnen und Forschern weltweit gibt, die sich nur mit der Deutung einzelner Aspekte des Schaffens von David Lynch auseinandersetzen, und ich malte mir ein David-Lynch-Symposium an der Universität in Perugia aus, mit Menschen aus der ganzen Welt, die ausschließlich über parapsychologische, mathematische, geologische und architektonische Aspekte der Filmografie von Lynch sprachen, nervtötende drei Wochen lang. Vielleicht träumte ich das auch nur. Ganz in echt gibt es Fachbücher mit Titeln wie *Figurationen des Nichtwissens bei David Lynch*.

David Lynch hat übrigens Verbindungen zu Deutschland, in Goslar im Harz (unterhalb vom Wurmberg, dem höchsten Berg Niedersachsens!) wurde ihm der dortige Kaiserring verliehen. Und auf dem zweithöchsten Berg Berlins, dem Teufelsberg, wollte er mal ein Plateau errichten lassen, angeblich sogar den Berg erwerben, was aus unterschiedlichen Gründen nicht klappte. Aber irgendwie scheint dieser amerikanische Regisseur ein Herz für die deutschen Berge zu haben. Sollte man mal erforschen. Der WG-Mann schaute mich jetzt etwas gequält an, er musste mal wieder, ins Badezimmer, ich verabschiedete mich, denn ich hatte auch noch etwas vor.

Abends spielte der FC Bayern im Champions-League-Halbfinale im Rückspiel »dahoam« gegen den FC Liverpool. Ich habe es mir über die Jahre abgewöhnt, mir Bayernspiele im Fernsehen anzuschauen. Es tut mir nicht gut, den Rekordmeister siegen zu sehen, und auch für die Menschen um mich herum ist es eher unangenehm, mich so entmenscht schreien und fluchen zu hören. Ich ärgere mich rückblickend maßlos über die vielen Stunden Lebenszeit, die mir vom FC Bayern gestohlen wurden. In denen ich Spiele anschaute und irrational darauf hoffte, Dortmund, Leverkusen, Schalke oder sonst jemand würde den Roten mal so richtig die Lederhosen ausziehen. Es ging immer schief. Eine Ausnahme mache ich für Spiele, bei denen die gegnerische Mannschaft realistische Chancen hat, gegen die Bayern zu gewinnen. So ein Spiel fand heute statt, Liverpools Trainer Jürgen Klopp hatte in der Vergangenheit schon mehrfach bewiesen, dass er die Unaussprechlichen von der Säbener Straße ärgern konnte. Das Spiel wurde ausschließlich im Pay-TV übertragen, und ich hatte herausgefunden, wo ich es in Saarbrücken anschauen konnte.

Und so verließ ich die Wohnung mit dem maladen Filmforscher und ging in einen Irish Pub. JEDE deutsche Stadt mit mehr als fünfzehntausend Einwohnern verfügt über einen Irish Pub, der dann immer entweder *The Dubliner* heißt oder *Murphy's* oder *O'Connell* oder *O'Donnell* oder einfach nur *The Irish Pub*. Irgendwelche Wagenräder, Fischernetze oder Fässer hängen dort von der Decke, alles ist in dunklem Holz gehalten, und immer gibt es eine lange, ums Eck gezogene Theke mit unzähligen Whiskeyflaschen im Regal dahinter und dem obligatorischen *Guinness*-Zapfhahn. Und irgendwas ist immer in Hellgrün gestrichen, mindestens ein Kleeblatt an der Wand, das den Weg zu den Toiletten weist. Kennt man einen Irish Pub, kennt man alle. Ich ging durch den Saarbrücker Regen, es schüttete, es goss, es tropfte und floss.

Der Regen flog einem horizontal in Mund und Nasenlöcher, und ich hoffte inständig, dass sich das Wetter bis zur Wanderung am darauffolgenden Morgen wieder beruhigen würde. Und so betrat ich Wally's Irish Pub in der Katholisch-Kirch-Straße und fühlte mich sofort wie daheim. Es war warm und gemütlich, eine lange Theke zog sich ums Eck, es gab viel Holz und einen Guinness-Zapfhahn, und ich war sehr beruhigt, dass niemand der hier Anwesenden ein FC-Bayern-Trikot trug. Es war wie eine Oase, und es kam noch besser: Die Bayern verloren daheim. Die Stimmung im Pub war prächtig, alle hassten den FCB, und wir feierten Liverpools Auswärtssieg, als wäre es der unserer eigenen Mannschaft. Lautern-Fans mischten sich mit Saarbrücken- und Elversberg-Fans. Lauter Underdogs, Loser, Zukurzgekommene, und dieses eine Mal war das Leben auf unserer Seite. Ich kam als Fremder, ich ging als Freund. Dieser Werbespruch eines Münchner Bordells wurde in Saarbrücken zur Wirklichkeit. Als ich spät nachts angetrunken und glückselig in meine Couchsurfing-WG wankte, versuchte ich, die Türen nur mit dem Ellbogen zu öffnen und Wasserhahn, Klobrille und -spülung nicht zu berühren. Alles ging gut.

Am nächsten Morgen fuhr ich mit der Straßenbahn raus aus Saarbrücken. Es erwies sich als praktisch, dass es im ganzen Saarland nur eine einzige Straßenbahnlinie gibt, Linie 1, ich konnte also nichts falsch machen, höchstens in die verkehrte Richtung fahren. Die Ansagen kamen auf Deutsch und Französisch – »Sortie à gauche«. Und so verließ ich die Stadt, und der Regen hatte über Nacht nicht aufgehört. Aus einem Schauer war deprimierender Dauerregen geworden, dazu kam ein brutaler Sturm, der den Regen böig gegen die Straßenbahnfenster peitschte. Meine gute Laune hatte sich verflüchtigt bzw. verflüssigt. Ich fluchte in mich hinein und hatte ein schlechtes Gewissen gegenüber meinem Wanderpartner.

Ich war mit Manuel Andrack an einer Haltestelle namens Heinrichshaus verabredet (auf Amerikanisch würde man sagen »in the back of beyond«), ein seltsamer Haltepunkt mitten im Grünen, weit draußen vor den Toren Saarbrückens neben einer Autobahn. Die Sorte Treffpunkt, wo dich die Camorra um Mitternacht hinbestellt, um dich zu eliminieren und spurlos verschwinden zu lassen. Manuel Andrack hatte natürlich nur gute Absichten, er kam in einem knallroten Kleinwagen angefahren. Die Farbe hatte mit seiner Liebe zum Fußball zu tun, aber nicht zum FC Bayern, sondern zum 1. FC Köln, dem Verein seiner Geburtsstadt. Ich stieg ein, wir labten uns an der Niederlage der Münchner vom Vorabend und feierten unsere erfolglosen, aber grundsympathischen Lieblingsklubs Effzee und Sechzig. Manuel Andrack fand es faszinierend, dass ich hochoffiziell den Künstlernamen »Sechzig« trage, und ließ sich meinen Personalausweis zeigen, um es mit eigenen Augen zu sehen. Ich musste ihm die Geschichte, wie das gelaufen war bei der Passbehörde in München, im Detail erzählen. Und er stellte die Frage, wie es überhaupt so weit kommen konnte.

Wenn ich das nur selbst wüsste. Mein geliebter TSV 1860 München ist ein Phänomen, ein ewig während Mysterium. Das Licht am Ende des Tunnels ist bei den Löwen im Zweifelsfall immer ein entgegenkommender Zug. Seit mehr als fünfzig Jahren sind meine Sechzger ohne Titel, aber kaum gewinnen wir zweimal in Folge, redet ganz Giesing nur noch von der Champions League, selbst wenn man gerade in der dritten oder vierten Liga spielt. Es läuft in der Regel so ab: Vor dem Heimspiel trinkt man Bier im Schaumamoi, beim Trepperlwirt oder lange Zeit auch in einem Beiserl namens Zum Tony's Stüberl, die Euphorie steigert sich in einen Rausch, in totalen Größenwahn: Die haun wir weg, mit sechs zu null. Mindestens. Dann das Spiel, erste leise Zweifel, was ist mit der Abwehr los, ein Gegentor, nur Fehlpässe, der Wurm ist drin. Aus Gesängen wird Geschrei, aus Euphorie wird Wut, erst auf den Gegner, dann den Schiri, dann auf uns selbst. Scheiß-Mannschaft, Scheiß-Trainer, Scheiß-Investor. Der gute alte Selbsthass wird wach, warum bin ich überhaupt hier, Rote Karte für uns, dann das Null-zu-zwei, Regen setzt ein, der Schlusspfiff, die Resignation, der Stumpfsinn, die Depression. Schon wieder Heimniederlage, Frustsaufen in allen Giesinger Kneipen. Aber beim Bier schon wieder erste leise Hoffnung, nächsten Samstag wird alles anders, besser, natürlich, klar, also: Auf die Löwen, Prost und Deutscher Meister wird nur der TSV! So ein Tag, so wunderschön wie heute. Andrack musste grinsen, das kam ihm alles irgendwie bekannt vor.

Er selbst hat ein Autokennzeichen, so viel darf ich verraten, das mit zentralen Elementen des 1. FC Köln zu tun hat, ein Kölner Fan wüsste sofort, dass da ein anderer Kölner Fan am Steuer sitzen muss. Vor ein paar Jahren hat Andrack ein Buch über Fußballbekloppte geschrieben, *Lebenslänglich Fußball*, in dem er alle möglichen Allesfahrer, polyamouröse Mehrfachfans und Ultras porträtiert hat. Unter anderem geht es um Die-hard-Fans von Eintracht Braunschweig, die aus Prinzip keine Rechnung bezahlen, wenn die Zahl 96 darin auftaucht. Wegen Hannover 96.

Der Regen schlug hart gegen die Windschutzscheibe, der Scheibenwischer kam kaum mit seiner Arbeit hinterher, obwohl er auf höchster Frequenz wischte. Wir fuhren durch den strömenden Regen vorbei an Sotzweiler, Bergweiler, Dautweiler, ließen Nuhweiler und Buweiler links liegen und bewegten uns Richtung Norden. In der Nähe des Örtchens Nonnweiler stellten wir das Auto ab. Es war das einzige auf dem riesigen Wanderparkplatz, heute wollte keiner wandern.

Und dann begann das Schlamassel. Andrack trug nur ein

dünnes Windjäckchen (natürlich in Effzeh-Rot) und einen kleinen schwarzen, vorher noch eilig erworbenen Klappschirm (2,99 Euro). Er machte den Eindruck, als sei diese Dollberg-Wanderung nur eine kleine Fingerübung für ihn, den Guru unter den deutschen Mittelgebirgswanderern, eigentlich unter seinem Niveau, er sprach vom Doll-»Berg« nur in Anführungszeichen. »Seit zehn Jahren lebe ich im Saarland und kenne mich deswegen aus mit den saarländischen Bergen, und jetzt gehen wir mal hoch und schauen uns das an. Gähn!«, sagte er ostentativ gelangweilt. »Wir müssen uns aber ein bisschen beeilen, weil ab Mittag ist ein heftiger Sturm vorhergesagt. Den will man nicht erleben, von wegen umknickender Bäume im Genick.« Wie zum Beweis fegten kurz darauf zwei Sturmböen über uns hinweg und zerlegten seinen Schirm in seine Einzelteile, er sah plötzlich aus wie eine Art Fernsehantenne, mit abgerissenen Speichen, die in alle Richtungen abstanden, sowie einem Fetzen dunklen Stoffes, der traurig herunterhing. »Öha«, sagte Andrack, entsorgte die Schirmruine, und von nun an prasselte der Regen gnadenlos auf das Windjäckchen, das sich wie nasses Löschpapier um seinen Oberkörper legte. Ich musste ihn irgendwie ablenken, aufheitern. Ob er sich denn noch an den Dollberg erinnern könne, der mal für den 1. FC Köln gespielt hatte? Andracks Miene hellte sich sofort auf, und er musste lachen. »Hammer! Du bist ja gut informiert, den hätte ich beinahe vergessen«, platzte es aus ihm raus.

Christian Juan Dollberg war ein argentinischer Neuzugang in der Saison 1995/96, der (wieder mal) als neuer Maradona gefeiert wurde. Man kannte nur Videos von ihm, Zusammenschnitte brillanter Szenen, die irgendein Spielerberater vermutlich mit einem Double gedreht hatte, Fallrückzieher, Tore vom Mittelkreis aus, Übersteiger, Sprints über hundert Meter in sieben Sekunden. Tatsächlich stellte sich heraus,

dass Dollberg eine komplette Niete war. »Der einzige Süd-
amerikaner ohne Ballgefühl«, wie die Presse damals schrieb.
Ganze elf Spiele machte Dollberg für den 1. FC Köln, und als
dann der neue Trainer auch noch von Raum- auf Manndeckung
umstellte, war es mit dem Mann aus Buenos Aires endgültig
vorbei. Er ging frustriert zurück nach Argentinien, und dort
verliert sich die Spur von Dollberg, angeblich betreibt er
heute eine deutsche Bäckerei. Nun fiel Manuel Andrack auch
wieder ein, dass er von Freunden zum fünfzigsten Geburtstag elf verschiedene Flaschen Bier geschenkt bekommen
hatte, die die Namen der größten Kölner Fehleinkäufe aller
Zeiten trugen, und eine dieser Flaschen hieß Dollberg. »Diese
Namensgleichheit des höchsten saarländischen Berges mit
einem Versager im FC-Trikot – was hat es zu bedeuten?«,
fragte Andrack. Vielleicht würden wir es noch erfahren.

Unser Weg führte uns über Serpentinen durch einen bemoosten uralten Buchenwald, die riesigen Baumstämme glänz-
ten schwarz im Regen, als wären sie glasiert. Ein Schild zeigte
in Richtung des Erbeskopfs, des höchsten Bergs von Rheinland-Pfalz in 18,60 Kilometer Entfernung. Ich konnte mein
Zahlenglück kaum fassen. Manuel schüttelte den Kopf: »Das
wäre mir nie im Leben aufgefallen!« Der eigentliche Haus-
und Lieblingsberg der Saarländer ist der Schaumberg, weiter
südlich, weil der nicht bewaldet ist wie der Dollberg und eine
eigene Alm hat, mit Blasmusikevents im Stadel und einem
360-Grad-Blick vom höchsten Biergarten des Saarlands aus.

Manuel erläuterte mir nun die Geschichte seiner Wahlheimat, erzählte vom Saargebiet, das als Folge des Ersten
Weltkriegs entstanden war. In den Versailler Verträgen wurde
schon 1920 festgelegt, dass die Bevölkerung im sogenannten
Territoire du Bassin de la Sarre im Jahr 1935 – also nach
fünfzehn Jahren Fremdverwaltung durch den Völkerbund –
abstimmen sollte, wohin das Saargebiet dann gehören möge,

zu Frankreich oder Deutschland. »Unglücklicherweise wusste man 1920 noch nicht, wer 1935 an der Macht sein würde«, sagte Andrack. Und so entschieden sich letztlich neunzig Prozent der Menschen an der Saar für das Hitler-Deutschland, und nur 0,4 Prozent stimmten für Frankreich, der Rest favorisierte den Status quo mit der Fremdverwaltung. Nach dem Zweiten Weltkrieg gehörte das Saarland wieder nicht zu Deutschland, sondern wurde ein formell autonomer Staat in Zoll- und Währungsunion mit Frankreich. In dieser Zeit bekamen die Saarländer das Autokennzeichen OE, mit weißer Schrift auf schwarzem Grund, wie damals in Frankreich üblich. Das OE kam zustande, weil die Buchstabenkombinationen in Frankreich nach Départements fortlaufend zugeteilt wurden, ohne jeglichen lokalen Bezug wie heute (SB = Saarbrücken). Die Menschen an der Saar wunderten sich und entwickelten eigene Theorien, wofür OE stehen könnte: Für »Ordentlich entnazifiziert«, für »Ost-Elsass«, »Occupation Est«, »Ober-Esel« oder »Ohne Einkommen«. Das alles endete 1955, als es wieder eine Volksbefragung gab, ob man zu Deutschland gehören oder ein eigenständiges Land wie Luxemburg sein wolle. Der Rest ist Geschichte.

Als Manuel vor zehn Jahren ins Saarland gezogen war – »es gibt dafür nur zwei mögliche Gründe, Job oder Liebe, bei mir war es Letzteres« –, hatte er für den Saarländischen Rundfunk eine Serie mit dem Titel »Ich werde Saarländer« machen dürfen. Mit der Conclusio: »Eigentlich sind die Saarländer wie die Rheinländer: sehr kontaktfreudig, sehr trinkfreudig, sehr feierfreudig.« Manuel Andrack schaffte es, sich subtil selbst zu loben, als Rhein- und Wahl-Saarländer zugleich. Hätte nicht viel gefehlt, und er hätte gesagt: »Die Leute hier sind wie die Kölner. Sehen fantastisch aus, haben Humor, Geist und Esprit und sind zudem irrsinnig bescheiden.« Sagte er aber nicht.

Wir sprachen über Politiker aus dem Saarland. Mir war aufgefallen, dass im letzten Bundeskabinett von Kanzlerin Angela Merkel nicht weniger als drei Menschen aus dem Saarland saßen, namentlich Außenminister Heiko Maas, Verteidigungsministerin Annegret Kramp-Karrenbauer und Wirtschaftsminister Peter Altmaier. Gemessen an seiner Größe bzw. Kleine, war das Saarland bombastisch überrepräsentiert in Berlin. »Was heißt hier überrepräsentiert?«, intervenierte Andrack empört. Aha, er war also wirklich schon mit dem Herzen im Saarland angekommen. »Ich glaube«, fuhr er fort, »es hat was damit zu tun, dass man durch die Randlage gelernt hat, demütig zu sein, Kompromisse einzugehen. Alles Eigenschaften, die in der Bundespolitik gefragt sind. Das Gute ist, das sind alles Leute, die man hier kennt, also nicht ›die da oben‹, sondern: der Altmaier Peter und s'Annegret. Im Dorf neben mir wohnte die Oma von Heiko Maas. Und s'Annegret kommt aus dem gleichen Dorf, wo ich wohne. s'Annegret ist in die gleiche Muckibude gegangen wie meine Frau. Man kennt sich.«

AKK tat also was für ihre Fitness, genau wie wir jetzt. Wir erreichten einen Streckenabschnitt, an dem sich der Laubwald zu einem gigantischen Steinfeld öffnete. Wir befanden uns unterhalb eines Keltenwalls, und das muss man sich so vorstellen: Irgendwann in grauer Vorzeit hatten Kelten, die sich damals vermutlich noch in Frakturschrift unterhielten, einen Wall aus Steinen erbaut. Aber nicht etwa ein kleines Mäuerchen oder eine Mauer, sondern ein riesiges Gebilde, das aussah wie ein Deich, der sogenannte Ringwall von Otzenhausen, vierzig Meter breit, zehn Meter hoch, zweieinhalb Kilometer lang. Es mussten Millionen von Steinen sein, die hier ab dem 4. Jahrhundert v. Chr. aufgetürmt worden waren, um eine Siedlung zu schützen. »Als ich das zum ersten Mal sah, dachte ich, dass Hartmut Mehdorn von der

Deutschen Bahn hier eine ICE-Trasse durch den Wald bauen wollte«, sagte Manuel. Die Steinflut war maximal beeindruckend, und wir mussten den Wall vorsichtig überqueren, weil er äußerst glitschig war, es erinnerte an einen Kar in den Dolomiten. Früher nannte man diesen Wall auch den »Hunnenring«, was historisch überhaupt nicht haltbar war, weil kein Hunne je Otzenhausen besucht hatte. Zweieinhalb Jahrtausende stand dieses Bauunikat unverändert im Wald, doch seit es Selfies und Instagram gibt, ziehen Touristen immer wieder Steine aus dem Wall und bauen Türmchen auf, woraufhin Nationalpark-Ranger versuchen, den Urzustand wiederherzustellen. Sisyphos lässt grüßen.

Und weil es gerade so steil war, den Wall hinauf, und wir so keuchten, und der Wind so brutal über uns hinwegfegte, kamen wir auf den Brocken-Benno zu sprechen, den Andrack auch kannte. Auch er hatte das Martyrium einer gemeinsamen Brockenwanderung hinter sich gebracht, auch er war der Meinung, dass »einmal Brocken reicht«, und wir waren gemeinsam voll der Bewunderung, dass Benno Schmidt über achttausend Mal auf diesen Mittelgebirgsgiganten gestiegen war. Einen Gipfelstempel von dort hatte Andrack übrigens nicht, weil die Brockenbahn fünf Minuten nach seiner Bergankunft nach unten gefahren war, er den Brocken also sofort wieder verlassen musste. Ob er denn ähnlich oft wie der Brocken-Benno in der Öffentlichkeit erkannt werde, wollte ich wissen. »Du hast ja immerhin zwei Karrieren, die eine mit der *Harald Schmidt Show* und die andere als Wanderer?«, fragte ich ihn. »Ab und an. Aber nicht so, dass es unangenehm ist. Es sind ja meistens Menschen, die sich gerne an die gute alte Late-Night-Zeit erinnern. Und heutzutage ist es schön, als Wanderer erkannt zu werden, weil immer nur der Ex zu sein, ist ja auch kein schönes Schicksal.«

Manuel Andrack ist im zweiten Leben gut angekommen,

er ist inzwischen eine feste Größe in der Wanderwelt. Zum Wandern kam er übrigens so: »Das ist biografisch angelegt. Ich bin schon mit meinen Eltern regelmäßig gewandert, in meinem Fall sogar gerne, einige finden das verhaltensgestört. Und dann habe ich das Wandern nach einer längeren postpubertären Wanderpause bis Ende zwanzig wieder für mich entdeckt, und inzwischen ist es mein Beruf.«

Er hat etliche Bücher über das Wandern im Mittelgebirge geschrieben, und wann immer ein Premium-Wanderweg in Deutschland eröffnet wird, lädt man Andrack als Paten, Rotes-Band-Zerschneider oder als Berichterstatter ein. Er war Bierbotschafter und hat im Auftrag des deutschen Weininstituts Weinwanderungen durchgeführt. Die Wanderfans freuen sich über den eloquenten und humorvollen Seiteneinsteiger. Andrack kennt und liebt den Lieserpfad und den Malerweg, den Wiesensteig und den Felsenweg. Kenner wissen sofort, was gemeint ist, und die Gruppe von Wanderern dahoam nimmt stetig zu. 2005 hat Manuel Andrack sein erstes Buch zum Thema geschrieben, ein Werk mit dem apodiktisch anmutenden Titel *Du musst wandern*. Darin geht es um Dinge wie WDG, die Wanderdurchschnittsgeschwindigkeit, die bei ihm inzwischen kontinuierlich sinkt. Seine damalige Prämisse, jede gute Wandertour habe mindestens dreißig Kilometer lang zu sein, lehnt er heute ab. (»Was soll der Scheiß?«) Er ist laut eigener Aussage vom »Sport- zum Genusswanderer geworden«.

Von Genuss war jetzt aber nichts zu spüren, der Wind tobte, Regentropfen flogen uns direkt in die Augen, sie fühlten sich an wie kleine Nadelstiche. Wir wanderten vorbei an einer Sinnenbank, wie Manuel meinte, ich hatte zuerst Sonnenbank verstanden und es für puren Zynismus gehalten. »Ursprünglich wurde sie auf dem Rothaarsteig erfunden. Man kann zu zweit oder zu dritt drauf kuscheln, und durch ihre ergonomische Form sollen alle Sinne angesprochen werden«, erklärte er mir. Im Moment war diese geschwungene Holzliege patschnass, eine Pfütze stand in ihrer Senke, und es wäre nur der Sinn »fühlen-wie-kalt-und-nass-sie-ist« angesprochen worden und später vielleicht der Sinn »Schmerzen-durch-Blasen-und-Nierenentzündung«. Wir ließen sie einfach links liegen und wanderten weiter.

Manuel sah durch die Bäume einen See, den ich nicht sah. »Siehst du nicht den See?«, fragte er.

»Ich sehe keinen See«, sagte ich.

»Du musst doch den See sehen«, sagte er.

Wir kamen in diesem Punkt einfach nicht zusammen. Ich sah nur Nebel. Manuel lobte diesen »Premium-Wanderweg« und erklärte mir, das sei per Definition ein »zertifizierter Weg vom deutschen Wanderinstitut, der eine gewisse Anzahl von Punkten bekommt, je nachdem, wie erlebnisreich er ist. Schmal? Breit? Interessant? Ausblicke und so Sachen.« Irgendwie typisch deutsch, dachte ich mir. Mich wunderte direkt, dass der TÜV nicht seine Hände mit im Spiel hatte. Ob es wohl auch in Andorra oder Zypern zertifizierte Wanderwege gab? Zweifel. »Wir gehen heute den Premiumwanderweg Dollbergschleife, der benannt ist nach diesem FANTASTISCHEN saarländischen Berg.« Wieder bekam Manuel so einen leicht ironischen Unterton, das gefiel mir. Elf Kilometer war unsere Route lang. »Aber das Schöne ist, wir brauchen keine Wanderkarte, ich hab kein GPS-Gerät dabei, ich bin die Dollbergschleife auch noch nie gegangen, aber das ist auch kein Problem, weil es überall diese lila Wegmarkierungen gibt, denen müssen wir nur folgen«, sagte Andrack und zeigte auf ein Schild. »Dieser Weg ist unverlaufbar, das ist auch eine der Ideen der Premiumwanderwege, und dass man sich auf einen gewissen Erlebniswert der Wanderung freuen darf«, tönte Manuel. Einige Stunden später klangen mir seine Worte »unverlaufbar« und »echt gut markiert« und »erlebnisreich« in den Ohren. Doch dazu kommen wir gleich.

Jetzt sah auch ich den See unterhalb des Waldes. Manuel Andrack redete sich inzwischen unsere Tour schön, fabulierte, »das hat schon was, die Geräuschkulisse, der Regen, der Nebel«, da liege ein Zauber in der Luft. Hatte er irgendeine bewusstseinserweiternde Substanz zu sich genommen? »Ich bin schon richtig in Schwung gekommen«, bestärkte ich ihn und schwindelte weiter: »Mir macht's echt Spaß hier! Saarland: okay!«, und zeigte mit beiden Daumen nach oben. Wie unendlich peinlich. Was war nur mit mir los?

Andrack erzählte von seiner Erfahrung mit Wetterextremen, von unglaublicher Hitze beim Wandern in der Wüste Algeriens etwa. »Man muss ja auch sagen, so 'ne Wüste ist unfassbar hässlich. Ich hatte mir Stille vorgestellt und feinkörnigen Sand. Nix da. Überall weht Plastik rum und Plastikflaschen, kein Baum, kein Schatten.« Ein anderes Mal wanderte er im Teutoburger Wald, in der Nähe des Hermannsdenkmals, »und auf einmal dachte ich mir, warum sieht denn der Himmel so gelb aus?« Kurz darauf stand er mitten in einem brutalen Gewitter und dachte an die üblichen Gewittersprüche, Buchen, die man suchen, Weiden, die man meiden, und Eichen, denen man weichen solle, und »unter Fichten mitnichten«. Das sei jedoch »alles Quatsch«. Tipp von Andrack: Die Überlebenschancen werden eindeutig erhöht, wenn man sich in einem Wald mit vielen Bäumen einfach für einen bestimmten Baum entscheidet, bei dem man sich unterstellt. Denn dort gelte der Merksatz: »Unter den Bäumen, als einer von vielen, da fragt sich der Blitz, wie soll ich da zielen?«

Wir erreichten nun eine Art Hochplateau. »Das war, wenn ich mich nicht täusche, der Siedlungsplatz der Kelten.« Hier befand sich auch ein Rastplatz, aber Manuel mahnte mich zur Eile, der Orkan sei schon auf dem Weg. Er wusste nur nicht, ob er Ferdinand hieß oder ob wir schon beim Buchstaben G wie Gerhard, Günther oder Gustav angelangt waren. Manuel erinnerte sich an ganz besonders schlimme Wanderungen, einmal war er gemeinsam mit einem Extremwanderer unterwegs gewesen, einem Irren, einem Kilometerfresser: »Das war Thorsten Hoyer, der gerne mal so zweihundertfünfzig Kilometer am Stück geht. Zuletzt hat er wohl einen Weltrekord aufgestellt mit dreihundert Kilometer Nonstop-Wanderung ohne Schlaf. Und einmal hat er mit mir eine Kurzstrecke gemacht, zweiundachtzig Kilometer, im Westerwald, von Herborn in Hessen bis nach Rheinland-Pfalz.« Um zehn Uhr früh waren die beiden gestartet, und am nächsten Morgen um acht kamen sie am Ziel an, nach zweiundzwanzig Stunden Wandern am Stück. »Insgesamt habe ich keine bleibenden Schäden davongetragen, aber diese durchwanderte Nacht, die fand ich echt zum Kotzen.« Sein Mitwanderer, der aussah wie Kurt Cobain, trug eine grell leuchtende Stirnlampe, von einem Sponsor namens Gigalux, und mit dieser Lampe leuchtete der verrückte Nachtwanderer mit kreisenden Bewegungen mal zu den Bäumen, dann auf den Boden und dann in seine Richtung, um ihn ein bisschen zu ärgern, und Andrack wurde »wanderseekrank«.

In diesem Moment ging der Regen in Schneeregen über, und nach etwa anderthalb Kilometern durch den dichten Laubwald hatten wir den Gipfel des Dollbergs erreicht. Schon aus der Entfernung konnten wir sehen, dass ein großer Baum im Sturm der letzten Stunden umgeknickt und mit seiner Baumkrone mitten hinein in das braune Gipfelschild des Dollbergs gestürzt war. Manuel Andrack war genauso baff wie ich und begann zu spekulieren: »Ich glaube«, sagte er, »es ist ein Hinweis, sich zu verpissen, bevor der Sturm kommt.«

Ich hatte mir von Anfang an das Ziel gesetzt, an jedem der sechzehn Gipfel eine kleine Flasche Schnaps zu verstecken oder zu vergraben, entweder als Anreiz für mich, irgendwann zurückzukehren und diesen Schatz zu heben, oder als kleine Belohnung für aufmerksame Erstleser dieses Buches. Ich versteckte also schnell noch meinen Gipfelschnaps, in diesem Fall war es ein Fläschchen Kirschwasser, aber eigentlich hätte ich es lieber getrunken, um mich von innen zu wärmen. Der Schneeregen und der Sturm nahmen zu, wir wollten keine umstürzende Buche auf den Kopf bekommen und stiegen ab, entlang einer etwa dreihundert Meter langen Skipiste, die mitten durch den Wald gerodet worden war. Keine Ahnung, ob das die »Mausefalle« war, das »Karussell« oder die »Hausbergkante«. Nach Manuel ist zwar keine Skipiste benannt, aber immerhin ein Wanderweg in Luxemburg. Er hatte in seinem zweiten Wanderbuch über eine Wanderung in der Kleinen Luxemburger Schweiz geschrieben und die Überschrift »Douze points« gewählt, also volle Punktzahl wie beim Eurovision Song Contest, weil ihm die Strecke so gefallen hatte. Das wiederum gefiel den Luxemburgern so gut, dass sie Manuel Andrack einluden und ihm den Mëllerdaler Reesbengel überreichten, ein knorriger Wanderstock, gewachsen aus dem Stamm einer Klimatis. Im Zuge dessen wurde eine Felsformation mit schmalem Durchgang »Mandrack-Passage« getauft.

Einmal hätte Manuel Andrack fast der Fuß amputiert werden müssen. Es war in den goldenen Tagen der Tour de France, als alle Deutschen Jan Ullrich liebten und alle glaubten, er fahre nur deswegen so schnell, weil er zum Frühstück so viele Nudeln gegessen hatte. Andrack stieg mit Sandalen durch die französischen Alpen, holte sich »eine tierische Blase«, stach sie auf, Dreck kam hinein, die Wunde entzündete sich, und am Ende wuchs sein Fuß auf die Größe eines

Ballons an. »Mein Glück war, dass ich von Erik Zabel eingeladen worden war, mir die Schlussetappe der Tour in Paris als VIP-Gast vom Team Telekom auf einem Boot an der Seine anzuschauen.« Dort sprach er spontan einen »dieser Rennstallärzte, dieser berüchtigten Ärzte aus Freiburg« an und zeigte ihm seinen Fuß. Der Arzt ließ sofort eine Hostess kommen, die wiederum ein »hammermäßiges Antibiotikum« von einer Notfallapotheke heranschleppte, das Andracks Fuß rettete und gewissermaßen sein Leben als Wanderspezialist. »Wandern kann gefährlich sein.«

Wir erreichten die Peripherie einer kleinen Siedlung. In diesem Örtchen namens Neuhütten-Schmelz befand sich ein Feinschmeckerlokal namens Le Temple, Manuel wusste das. Wir hatten zwar beide großen Hunger, wollten aber erst am Ende unserer Bergtour einkehren, und zwar eher zu Bratkartoffeln als zu gelackter Wachtelbrust mit Muskatblütenschaum an Gänseleber-Eis. Also wanderten wir weiter, malten uns eine Brotzeit und einen heißen Kaffee aus, versuchten, das Wetter zu ignorieren. Durch Pfützen und Lehm wateten wir über einen kleinen Feldweg, es ging bergab, und wir strauchelten und rutschten.

Wir waren schon ziemlich erschöpft und vollkommen durchnässt, als wir zu einem großen Stausee kamen, der Talsperre Nonnweiler oder auch Primstalsperre. Wir standen auf der Brücke über den Fluss, der den Stausee speist, und hätten einfach auf der linken Seeuferseite zurück zum Wanderparkplatz gehen sollen, können, müssen, es wären gerade mal ein bis zwei Kilometer gewesen. Ich weiß nicht, was Manuel letztlich bewogen hat, das andere Seeufer zu wählen, vielleicht waren es umgestürzte Bäume auf der linken Seite, vielleicht sah die rechte Seite sympathischer aus, vielleicht hatte er auch schlichtweg das lila Schild übersehen. So oder so, es entpuppte sich als fatale Fehlentscheidung.

Auf der rechten Seeseite führte eine breite Kiesstraße am Ufer entlang, auf der wir nun durch Regen und Nebel wanderten. Die Steine knirschten bei jedem Schritt unter unseren Füßen, und wir wunderten uns ein bisschen, dass der Weg in einer stetigen Kurve immer weiter nach rechts, also weg vom linken Seeufer, führte, aber wir dachten uns nichts dabei. Es wirkte wie ein kleiner Fjord, der sich seitlich vom Hauptsee verzweigte. Eine Linkskurve noch, dann würde alles gut werden. Es kam aber keine Linkskurve. So gingen wir und gingen wir, sprachen nicht mehr viel, unsere Hosen und Jacken hingen schwer wie nasse Handtücher an uns, und wir sehnten uns nach etwas zu essen und einem geheizten Gastraum. Irgendwann, wir waren schon mehrere Kilometer gewandert, hatten wir das Ende des Fjordes erreicht und liefen im 180-Grad-Winkel den Weg wieder zurück, nur eben auf der anderen Fjordseite. Und als wir endlich wieder am Hauptsee ankamen, zweigte ein neuer Seitenarm ab, und wir entfernten uns erneut von der Talsperre. Zum Umdrehen war es jetzt längst zu spät, zum Schwimmen zu kühl. Das gegenüberliegende Ufer dieses neuen Nebenarms, also da, wo wir hinwollten, war nur einen halben Kilometer entfernt, und blieb es und blieb es. Der Seitenarm zog sich und schien kein Ende mehr zu nehmen, Andrack schrie »Scheiße!« in den Wald, und von der gegenüberliegenden Seite konnte man sein Echo hören. Wir hatten kein Handynetz mehr, keine Orientierung, Manuel war ultimativ schlecht gelaunt und mutmaßte, wir befänden uns möglicherweise schon in Luxemburg oder in Rheinland-Pfalz. Angesichts der vielen Kilometer, die wir an diesem Fjord gewandert waren, dachte ich eher an Norwegen.

Um es kurz zu machen: Am vermeintlichen Ende dieses Nebenarms folgte eine nächste Verästelung. Es war wie bei Kafka, hinter der Mauer kam eine Mauer. Andrack wanderte nun vorneweg, ich hatte ehrlich gesagt ein bisschen Angst vor ihm, ohne mich wäre er ja gar nicht hier, er musste mich innerlich verfluchen. Oder seinen Orientierungssinn. Etwa dreihundert Meter hinter ihm ging ich wie in Trance, meine Beine gehörten nicht mehr mir, sie waren wie Fremdkörper, die mechanisch ihren Dienst verrichteten. Um mich zu motivieren, begann ich, meine Schritte zu zählen, immer von eins bis hundert, dann streckte ich einen Finger meiner Hand aus, dann wieder von eins bis hundert, bis ich irgendwann bei zehn Fingern war und somit bei eintausend Schritten. Dann fing ich wieder von vorne an. Ich versuchte, diese Schrittzählung in Kilometer umzurechnen, konnte mich aber nicht konzentrieren. Und wieder zehn Finger, wieder eintausend. Ich war nicht mehr ich, ich war eine Maschine, ich war Lady Gaga, ich war Radio Gaga, Radio Gugu, ich hatte Angst, meinen Verstand zu verlieren. Dieser megamonotone Kiesweg um den Fjord war, um ihn irgendwie aufzuwerten, zum Planetenwanderweg erklärt worden und mit entsprechenden Schildern garniert, das Sonnensystem war im Maßstab eins zu einer Milliarde abgebildet. Wir umkreisten quasi die Sonne, waren aber verloren im All. Wir kamen jetzt am Merkur vorbei und später auch an der Venus. Mir war das so was von egal, ich bekam einen Hass auf diesen Planetenwanderweg, auf Pluto, auf das Saarland, das Wetter, die Schrittzählung, die nun schon bei 14500 war, ich hätte am liebsten die Schilder abgerissen, zertrümmert und im Stausee versenkt. Ich war so wütend. Und ich spürte meine Beine nicht mehr. Andrack war auch nicht mehr da. Ich hatte Wahrnehmungsstörungen, ich sah ihn in der Ferne mit seinem roten Jäckchen, konnte aber nicht unterscheiden, ob er sich von mir entfernte oder mir entgegenkam. Aber egal wie schnell ich ging, er blieb ein roter Fleck am Horizont. Das hier war Bundeswehr, Strafwanderung, Schinderei und

Stumpfsinn, und bei dem ganzen Wahnsinn irritierte es mich, dass wir in all den vielen Stunden unserer Wanderung nicht einen einzigen Menschen getroffen hatten. Keinen Jogger, keinen Wanderer, keinen Förster. Hätte sich einer von uns den Fuß gebrochen, wir wären verloren gewesen.

Irgendwann tauchte die riesige Staumauer aus Beton auf, die das Ende der Talsperre markierte. Der Sturm fegte das Wasser des Stausees über sie hinweg wie Wellen, die bei Windstärke zwölf gegen die Hafenmauer in Helgoland prallen, man musste aktiv gegensteuern, um nicht über das Geländer geblasen zu werden. Am Ende waren es etwa fünfzehn Kilometer Umweg, die uns diese vermaledeite Talsperre kostete. Ich hätte nicht gedacht, dass das Saarland so groß ist. Nach insgesamt über sechsundzwanzig Kilometer Wanderei durch den kalten Dauerregen setzten wir uns wortlos ins rote Auto und fuhren nass bis auf die Unterhose zu einem Naturfreundehaus, wo es Hausmannskost gab und Manuel Stammkunde war. Es war warm, der Ofen kachelte, das Essen köchelte. Und auf einmal fingen wir beide zu lachen an. Und konnten nicht mehr aufhören.

Nonnweiler-Talsperre, du blöde Sau.

PS: Manuel Andrack hat übrigens seine Sicht unserer Regenwanderung aufgeschrieben, schaut unbedingt mal auf seinen Blog andrackblog.de. Überschrift: »Die Fehler«.

Auch nach dem Ende unsere Wanderung konnte ich das Saarland nicht vergessen – und kann es bis heute nicht. Ich meide seitdem grundsätzlich Seeumrundungen an Talsperren und Stauseen. Ich freue mich über jeden Größenvergleich in der *Tagesschau* bei einem Waldbrand. Und ich sauge Meldungen auf, wie die, dass im Saarland eine sturzbetrunkene Altenpflegerin sich ins Bett neben die zu betreuende fünfundachtzigjährige Patientin legte, um ihren Rausch auszuschlafen.

3

Die Erhebung im Friedehorstpark/Bremen (32,5 Meter)

Mit Henning Scherf (Altbürgermeister von Bremen)

3. April 2019

Der niedrigste höchste Berg aller deutschen Bundesländer
und der größte aller deutschen Bürgermeister

Bremen ist das kleinste Bundesland der Republik, und konsequenterweise hat Bremen auch den niedrigsten höchsten Berg Deutschlands. Ganze 32,5 Meter hoch ist die Erhebung im Friedehorstpark, und bei der Vorstellung, man würde irgendwo am Nordseestrand siebzehn ausgewachsene Männer übereinanderstapeln und hätte damit schon die gleiche Höhe erreicht, musste ich schmunzeln. Nun brauchte ich aber nicht siebzehn ausgewachsene Bremer, sondern nur einen einzigen, der mich begleitete, und dieser eine sollte Henning Scherf sein.

Zehn Jahre lang war Scherf für die SPD Bürgermeister der Stadt Bremen und als solcher bundesweit bekannt. Sowohl sein Amtsvorgänger Wedemeier als auch seine Nachfolger Böhrnsen, Sieling oder Bovenschulte dagegen klangen für die breite Öffentlichkeit eher wie die Namen irgendwelcher *Tatort*-Kommissare. Als Bürgermeister ist nur Henning Scherf in Erinnerung geblieben, viele Menschen denken tatsächlich, er sei immer noch im Amt.

Ich rief also in seinem Büro an, schilderte mein Anliegen und erntete lautes Gelächter sowie gleich am nächsten Tag eine Zusage. Der Mann hatte offenbar Humor. Bis zu unserer Wanderung verging noch einige Zeit, in der ich unter anderem herausfand, dass es allein neunundsechzig Gebäude in Bremen gibt, die höher als der höchste Berg des Bundeslandes sind. Ich hätte also mit Henning Scherf das Wohnhochhaus Grohner Düne in Bremen-Vegesack (55 Meter), den Kamin des Heizkraftwerks Hastedt (96 Meter), den St.-Petri-Dom (98 Meter) oder die Windkraftanlage Bremer Kreuz (179 Meter) besteigen können – wir wären um ein Vielfaches höher gewesen, hätten vielleicht sogar bis zum Meer schauen können. Sogar der Müllberg in Bremen hat mehr Höhenmeter, ich hielt mich dagegen stur an das, was die Natur erschaffen hatte, und auf eine Mülldeponie hatte ich auch keine Lust. Nun musste ich nur noch nach Bremen kommen, das war das größte Hindernis. Und zugegeben, es fühlte sich ein bisschen grotesk an, in einen ICE zu steigen, aus dem Fenster zu schauen und schneebedeckte Berge in den Alpen zu sehen, wunderschöne, spektakuläre Gipfel, die weit über zweitausend Meter hoch sind, und zugleich zu wissen, man fährt jetzt acht Stunden lang mit dem Zug in den hohen Norden, um am Ende einen Berg zu erklimmen, der nicht mal dreiunddreißig Meter hoch ist. Aber auch Bremen ist ein Bundesland. Und wat mutt, dat mutt.

Ich sah aus dem Fenster, und meine Gedanken kreisten um das wenige, was ich über Bremen wusste. Scherf, den hatten wir ja schon. Werder Bremen, jenes grün-weiße Mysterium, das »nach Fisch stinkt«, wie ich aus diversen Fangesängen im Stadion wusste, und das sich seit Jahren auf der schiefen Ebene von Deutscher Meister zu Pokalsieger zu Europa League zu Mittelmaß zu Abstiegskampf zu Abstieg befindet. Tragisch. Genauso tragisch wie der Bremer Automobilhersteller Borgward, der in den Fünfzigerjahren über zweihunderttausend Exemplare des Borgward Isabella baute, bevor das

Unternehmen 1961 pleiteging. Die Markenrechte wurden übrigens vor ein paar Jahren nach China verkauft.

Zu Bremen fiel mir auch Rudi Carrell ein, der TV-Showmaster aus Holland, der bei Radio Bremen am laufenden Band Karriere machte. Der in der Liebes-Kuppelshow *Herzblatt* seine Kandidaten immer so charmant-lustlos fragte: »Was mache Sie beruflich?«, um sie dann später nach dem Wegfahren der Trennwand und dem »Oho-aha-hihi-so-sieht-sie-also-aus-das-ist-ja-toll« mit dem Herzblatt-Hubschrauber irgendwo in den Bayerischen Wald zum Ponyreiten oder zum romantischen Kneippwandern in den Odenwald zu schicken. Und natürlich musste ich an die Bremer Stadtmusikanten denken, die mich seit meiner Kindheit faszinierten. Vier abgetakelte, für völlig untalentiert gehaltene und nur noch für den Suppentopf geeignete Musiker. Und dann der Mut, der Zusammenhalt, die Wiederauferstehung im Wald, im Angesicht des Feindes, der Räuber. Es hätte ja auch sein können, dass nach den vieren kein Hahn kräht. Interessanterweise wurde das alte Grimm-Märchen später sowohl von Walt Disney verfilmt (*The Four Musicians of Bremen*, 1922) als auch in dem sowjetischen Zeichentrick-Musical Бременские музыканты (*Bremenskie Musykanty*, 1969) verarbeitet. Jeder deutete diese Sozialutopie für sich, die freiheitsliebenden Underdogs, die allen Widernissen zum Trotz überleben und für das Gute kämpfen. Egal welcher Ideologie man anhing, darin konnten sich Kommunisten und Kapitalisten wiederfinden. Etwas Besseres als den Tod findest du überall – darauf hoffen letztlich alle Menschen.

Ich fuhr mittlerweile mit dem Zug durch Hessen. Ein Italiener, etwa Mitte fünfzig, hatte sich neben mich gesetzt, und wir sprachen angeregt über Möbel. Seit dreißig Jahren arbeitete der Mann schon für eine italienische Möbelfirma und kam regelmäßig als Großhandelsvertreter nach

Deutschland, nach Bielefeld, nach Franken, an den Rhein. Sein Deutsch war fantastisch. Manchmal hörte man noch leise einen Akzent, aber wann immer es um Polster ging, um Lehne, Stühle, Sofas, Sessel, Tisch, Regal, Muster, Farben, Formen, Bett, wäre man nicht im Traum darauf gekommen, dass er aus Padua bei Venedig stammte. Er hatte all diese Wörter schon oft gesprochen und trug trotzdem eine solche Freude und Euphorie in sich, wenn es um Möbel ging, es war ansteckend. Ich hätte ihm auf der Stelle etwas abgekauft. Er zeigte mir auf seinem Mobiltelefon Bilder seiner Familie, und auf einmal klang er sehr italienisch. »Meinä Sohn-ä, meinä andere Sohn-ä«, wieder schwärmte er, aber ein bisschen Melancholie schwang mit, die Söhne waren schon groß und keine Kinder mehr, einer hatte rote Haare und trug ein Juve-Trikot, Stolz und Wehmut mischten sich in die Erzählungen des Mannes. Ruggero hieß er (Italienisch für: Rüdiger), und er war unterwegs zu einem Möbelhersteller in Minden. In Hannover verabschiedeten wir uns herzlich, nach einer weiteren langen Debatte, diesmal über Kaffee und das, was seiner Meinung nach kein Kaffee sei; jemand hatte zuvor dampfende Pappbecher der Deutschen Bahn vorbeigetragen.

In Bremen musste ich umsteigen, denn ich hatte für den Vorabend der Wanderung eine Übernachtung bei Bekannten in einem kleinen Dorf außerhalb der Stadt verabredet. Im Regionalexpress dorthin sagte eine freundliche Lautsprecherstimme »Willkommen auf der Fahrt nach Bremerhaven an diesem verregneten Abend«, und ich wunderte mich, denn ich hatte während der achtstündigen Zugfahrt nicht einen einzigen Regentropfen gesehen. Als ich ausstieg, schüttete es, es fühlte sich an, als stünde ich direkt unterhalb der Niagarafälle. Es war die Sorte Regen und Sturm, bei der es einen schaurig gruselt, wenn man an Seeleute auf dem Meer denkt, über deren Trawler in genau diesem Moment ein Kaventsmann hinwegfegt. Die Nordsee war von hier nur gute vierzig Kilometer entfernt, es roch schon nach Salz und Meer. Oder ich bildete es mir ein, auch gut.

Meine Gastgeber waren erst ein Jahr zuvor hierhergezogen. Alex ist eine der originellsten Frauen, die ich kenne, und relativ klein, Sebastian einer der größten Männer, die ich je traf. Alex kam mir mit einem rosafarbenen Kinderschirm entgegen, der nicht viel größer war als eine Frisbee-Scheibe, der Regen flutete großzügig darüber hinweg. Wir rannten zu ihrem Auto. Nun möchte ich meiner Gastgeberin nicht zu nahe treten, aber ihr Renault war eine unfassbare Müllhalde. Am Boden Getränkedosen, Lehm, zermatschte Brötchen, Blumenreste, mumifizierte Gummibärchen, ein Jojo, die *ADAC Motorwelt*, bzw. was davon übrig war, vorne in der Mittelablage ein anklippbares Mäuseplüschohr vom letzten Fasching, ein Hundefutterriegel, ein Zauberwürfel, eine Flasche Insektenvernichter, Entwurmungstabletten für Schafe. »Alles, was man halt so braucht«, sagte Alex und lachte. Herrlich. Wir fuhren durch flaches Marschland, durchzogen von Kanälen. Immer wenn der Scheibenwischer seine Bahn gezogen hatte, konnte ich für einen kurzen Moment etwas durch die beschlagene Scheibe sehen: Moore mit ein paar Birken dazwischen, reetgedeckte Ziegelhäuser, die auf dem Schornstein Storchennester trugen. Da war eine Weite, die mir gefiel, die ich nicht gewohnt war und die mich an den Norden Polens erinnerte.

Der Regen ließ nach. Wir erreichten das Anwesen, auf dem Alex und Sebastian wohnten, ein alter norddeutscher Bauernhof, sehr stilvoll umgebaut, mit einem riesigen Garten und einigen kleinen Nebengebäuden. Alex hatte lange bei einem Schafzüchter gearbeitet und als Quereinsteigerin aus der Großstadt eine Liebe zu den kleinen Lämmern entwickelt, gerade zu denen, die dem Tode geweiht waren. Eines dieser verstoßenen Lämmchen, die nicht hätten überleben können, nahm sie mit zu sich nach Hause in ihre Großstadtwohnung und päppelte es liebevoll und äußerst mühsam mit dem Milchfläschchen auf. Erst wohnte das winzige Lämmchen in einem großen ausgepolsterten Umzugskarton, dann im Wohnzimmer im Babystall der Tochter, die dem Krabbelalter längst entwachsen war. Es war ein kurioses Bild, ein Schaf im Holzgitter auf dem teuren Wohnzimmer-Eichenparkett, das hinterher auch nicht mehr so aussah wie vorher. Das Stroh, die kratzenden Hufe, die Schafskötel, das alles blieb nicht ohne Wirkung. Irgendwann siegte bei Alex und Sebastian die Erkenntnis, dass die Natur nicht auf Dauer in der Großstadt Einzug halten konnte, sondern dass die beiden Städter mitsamt Schaf in die Natur ziehen mussten. Und so hatten die zwei irgendwann ihr Paradies im hohen Norden gefunden, nahmen das Wohnzimmerschaf und noch vier weitere bayerische Lämmchen (Wolke, Frieda, Fridolin und Freddy) mit und widmeten sich fortan mit Hingabe dem Garten und den Tieren. Das Lämmchen aus dem Laufstall war inzwischen zum ausgewachsenen Schafbock geworden. In einem der Ställe konnte ich ihn besuchen und traute meinen Augen nicht, was für ein riesiger und grimmiger Bock aus dem süßen Wollknäuel von damals geworden war. Blacky, so hieß er, drehte immer vollkommen durch, wenn er auch nur in der Ferne Sebastian sah, haute dann seinen Schädel oder seine Hörner gegen Zäune, Gatter, was auch immer. »Wahrscheinlich eine Mischung aus Eifersucht und ödipalem Verhalten«, meinte Alex, die ihn ja von Geburt an kannte. Der Schafbock schien sie für Mutter, Ehefrau und Göttin zugleich zu halten. Sebastian erschien nun draußen vor dem Stall und fragte: »Redet ihr gerade über mich?« Blacky bekam einen Wutanfall und rammte sein ganzes Gewicht gegen die Stallwand, dass es schepperte und dröhnte. »Sebastian ist

Nebenbuhler und Widersacher in einem«, analysierte Alex kühl. Sebastian schmollte: »Undank ist der Welten Lohn. Dafür habe ich ihn also mit dem Fläschchen großgezogen.«

Zum Glück hatten die beiden noch weitere Schafe und viele andere Tiere, die Sebastian weitaus gewogener waren. Zum Beispiel die vielen Hühner, die in einem anderen Holzstall wohnten. Blöderweise hatte sich herausgestellt, dass aus ein paar der süßen Küken von einst drei Hähne geworden waren, die sich nicht leiden konnten und in ihrem erbitterten Balz- und Machtkampf vor allem ein Instrument einsetzten: ihre Stimmbänder. Nun wohnten Alex und Sebastian zwar auf dem Land, aber auch hier gab es Nachbarn, und der morgendliche Dauerwettkampf im Krähen hatte für eine gewisse Verstimmung gesorgt, die im untertemperierten Norden natürlich eher subtil ausgedrückt wurde: »Einen sehr lebhaften Tierpark haben Sie, Gratulation!« Nun wollten Alex und Sebastian also mindestens zwei der drei Hähne loswerden, das Problem war nur: Hähne will eigentlich keiner, aus besagten Gründen. (So war das ja schon bei den Bremer Stadtmusikanten.) Man hätte die drei Schreihälse natürlich auch ganz diskret im Vogelpark Walsrode, dem größten Vogelpark der Welt, knapp fünfzig Kilometer südlich von hier aussetzen können, aber das wäre vermutlich schnell – um im Bild zu bleiben – aufgeflogen. Also beschloss Alex, gewissermaßen als Mitgift weitere Hennen und Zwerghühner zu kaufen, um anderen Agrar-Amateuren die Übernahme eines Hahnes schmackhaft zu machen. Diese Extra-Hühner bekamen nun im Vergleich zum Rest ihres Tierparks keine Eigennamen, sondern wurden pauschal nur »Fraggles« genannt, »damit der Abschied nicht so schwer wird, wie wenn sie schon eine Persönlichkeit entwickelt haben«, wie sie sagte.

Das hier war wie ein großes psychologisches Testlabor für Tier und Mensch, was sich ein weiteres Mal herausstellte, als ich das Hauptgebäude des Hofes betreten wollte. Schon vorher hörte ich durch die dicken Wände des alten Bauernhauses völlig irres, hektisches, röchelndes Gekläffe: Wilma. Die von Alex bereits angekündigt war als Hündchen, das mit Gästen »gewisse Probleme« habe. Wuff, wuff, wuff, machte es, dann kläff, kläff, kläff, dann BELL, BELL, BELL und dann BRÜLL, BRÜLL, BRÜLL. Ich bekam Angst. Ich fühlte mich wie ein Postbote. Wilma war zu diesem Zeitpunkt noch durch zwei Türen von mir getrennt, eingesperrt im Badezimmer. »Ich mach jetzt auf, aber nicht berühren, sonst beißt sie«, sagte Alex. Vorher überreichte sie mir noch eine Handvoll kleiner Hundekekse in Form von Knochen, die aussahen wie Russisch Brot und die ich Wilma zuwerfen sollte, als vertrauensbildende Maßnahme. »Aber nicht täuschen lassen, auch wenn sie ruhig wird, sie beißt«, ergänzte Alex. Die Tür ging auf, und Wilma erschien, ein kleiner weißer sogenannter Baumwollhund, der so ähnlich aussieht wie die sympathischen Hunde, die auf englischen Gin-Flaschen oder schottischen Shortbread-Keksdosen zu sehen sind, meistens mit Schleife im Haar, und die sofort die Assoziation »süß« auslösen. Wilma nicht, sie drehte vollkommen durch, als sie mich sah. BRÜLL, BRÜLL, BRÜLL. Doch als sie die Miniknochenkekse in meiner Hand entdeckte, wurde ihr Hass kurzzeitig durch die Hirnschaltung Happi, Happi eliminiert. Ich warf Hundekekse den Gang hinunter, Wilma schlitterte meterweit über den Kachelboden und saugte sie auf wie ein Industriestaubsauger.

Wilma hatte einen Vorgängerhund, der identisch aussah und den ich wirklich liebte. Alfi war ein Geschenk des Universums, eine Seele von Hund. Alex ahnte vielleicht meine Gedanken, sagte: »Wir würden ja einen Personal Trainer für Wilma engagieren, aber es würde etwa ein Jahr lang dauern, bis er sie verändert. So lange könnten wir nicht verreisen.«

So aber auch nicht, dachte ich mir. Alex machte sich Gedanken über eine spezielle Hundeleine, bei der man auf Knopfdruck einen unangenehmen Kräutergeruch aus der Halskette auslösen konnte, dann müsste man »exakt den Moment abpassen, wenn Wilma bellt«, quasi wie ein pawlowscher Reflex, aber wenn man im falschen Moment drückte, könnte alles noch viel schlimmer werden. Dann wäre Wilma ein Fall für den Hundepsychologen oder sogar -psychiater. Ich fragte mich, ob sich Wilma genauso viele Gedanken über Alex machte wie Alex über sie. Wilma knurrte wütend. Ich war der Meinung: nein. Das Problem war, kein großer Mann im Haus wurde geduldet außer Sebastian. Der durfte mit Wilma sogar schmusen. Wenigstens ein Ersatz für die entzogene Liebe von Blacky, dem Schaf, dachte ich mir. Irgendwann war Wilma vom vielen Kläffen müde und schlief ein, und wir konnten trinken, lachen und reden, bis wir nicht mehr konnten. Es war ein toller Abend. Am nächsten Morgen wurde ich geweckt von wütendem Gebell vor meinem Gästezimmer. Ich warf noch schnell ein paar Hundekekse durch die Gegend, packte eilig meine Sachen zusammen, und Alex fuhr mich zum Bahnhof für meine Mission niedrigster höchster Berg Deutschlands.

Ich war mit Henning Scherf um neun Uhr in der Haupthalle des Bremer Bahnhofs verabredet. Ob das nicht ein zu vager Treffpunkt sei, hatte ich mich unterwegs gefragt. Aber die Haupthalle im Bremer Hauptbahnhof stellte sich als ausnehmend kleine Haupthalle heraus, und Henning Scherf wiederum mit seinen 2,04 Meter Körpergröße wirkte wie ein Leuchtturm in der Brandung, ich hatte ihn sofort entdeckt und erkannt. Um ihn herum schoben und drängten sich Pendler, die ihren Ex-Bürgermeister nicht sahen, sie steckten im Tunnel des Alltags. Mitten in diesem morgendlichen Geschiebe und Geschubse hatte sich eine Grundschulklasse in der Mitte der Halle auf dem Boden niedergelassen und hielt dort ein Picknick ab. Die Lehrerinnen und etwa dreißig Erstklässler hatten ihre Rucksäcke geöffnet und entnahmen ihnen nun Brotzeittüten, Trinkflaschen und Obst. Dann hielten alle inne, und eine Lehrerin sprach ein Gebet. Angesichts der Menschenmassen, die um diese kleine Kinderoase herumfluteten, mutete das fast wie ein kleines biblisches Wunder an. Die Zeit schien für einen Moment gefroren zu sein, das Herz besiegte den Verstand. Nun sah Henning Scherf auch mich, lächelte kurz, deutete auf die Kinder, hielt sich den Zeigefinger vor die Lippen und schaute gebannt zu, wie die Kinder nun ein kleines gemeinsames Morgenlied sangen. Dann sprach er die Erzieherinnen an, die mit der Kindergruppe auf einem Schulausflug waren, irgendwoher aus der niedersächsischen Provinz kamen und den groß gewachsenen älteren Herrn nicht gleich einordnen konnten. »Guten Morgen«, sagte er mit seiner ruhigen, sonoren Stimme. »Ich war mal der Bürgermeister von Bremen, und ich freue mich so, dass Sie hier sind und beten und singen.« Die Lehrerinnen grüßten ihn freundlich, und Henning Scherf kam mit ihnen ins Gespräch und fragte auch die Kinder nach ihrer Schule, ihren Namen, ihrem ersten Eindruck von Bremen. Als er sich später von allen verabschiedete, winkten ihm die Kinder fröhlich nach, und Scherf war immer noch ganz gerührt.

Wir fuhren mit der S-Bahn Richtung Stadtrand, und es dauerte nur wenige Minuten, bis Henning Scherf wieder im Gespräch war. Uns gegenüber saß ein junges Pärchen, vielleicht siebzehn, achtzehn Jahre alt. Mit seiner Neugierde, seiner großväterlichen Güte und Zugewandtheit hatte der Ex-Bürgermeister schnell herausgefunden, dass die beiden aus Afghanistan stammten und in Bremen ihr neues Zuhause gefunden hatten, gerade ihre Ausbildung begonnen hatten und frisch verliebt waren. Als Scherf aus dem Amt schied, waren sie noch Grundschulkinder in Kabul gewesen, und wussten daher nicht, wer er war. Vielleicht bemerkten sie es, als das halbe S-Bahn-Abteil beim Aussteigen »Tach, Herr Bürgermeister!« zu dem älteren Herrn rief, der gerade mit ihnen gesprochen hatte. Mir wurde jedenfalls schnell klar, wie Scherf einst die Herzen der Bremerinnen und Bremer erobert hatte – durch seine freundliche, kommunikative Art –, und das war kein Politikergebluffe im Wahlkampf, das kam von Herzen.

»Wir kommen gleich nach Bremen-Walle, das ist ein Arbeiterviertel, und dann kommen wir nach Oslebshausen, da ist unser Gefängnis, sieht aus wie eine Benediktinerabtei, dann geht es in den Stadtteil Lesum, einen der schöneren Vororte von Bremen.« Das alles erklärte mir der Ex-Bürgermeister in der S-Bahn, als plötzlich ein Kontrolleur auftauchte. Scherf errötete, er hatte seine Fahrkarte nicht entwertet. Er lachte verlegen und sagte: »Wir haben die ganze Zeit diskutiert, und da habe ich einfach vergessen zu stempeln. Entschuldigung.« Der Kontrolleur ließ es ihm durchgehen. In seiner geöffneten Geldbörse zeigte mir Scherf nun Fotos seiner zahlreichen Enkel, unter anderem zwei aus Berlin, die er später an diesem Tag noch mit dem Zug besuchen wolle. »Wir dürfen also nicht zu lange plauschen und plaudern«, sagte er. Seine Wortwahl war wunderbar altmodisch. Potz Blitz! Ei der Daus! Fürderhin obsiegte in mir die Überzeugung, die ganze Chose mit diesem begnadeten Tausendsassa würde kommod, vielleicht sogar nachgerade fulminant werden. Dufte!

Wir stiegen aus und befanden uns nun auf einer Autobahnbrücke über die A 270, die »grüne Küstenstraße«, die Schilder zeigten nach Platjenwerbe und Elsfleth an der Hunte, mehr Norden ging nicht. Elsfleth befand sich »links der Weser«, dort stand »das erste Druckluftspeicherkraftwerk der Welt«. Keine Ahnung, was da genau gemacht wurde, mich erinnerte der Titel an das deutsche Wort mit den meisten Buchstaben, von denen kein einziger zweimal vorkommt: Heizölrückstoßabdämpfung.

Zu Fuß begaben wir uns nun auf unsere Wanderung, und die verlief einigermaßen kurios. Zum einen durch das andauernde »Moin« und »Tach«, das abwechselnd von Scherf zu Passantinnen, Handwerkern und älteren Leuten und zurückschallte. Jeder kannte, jeder mochte den Ex-Bürgermeister. Zum anderen kam einfach keine alpine Stimmung auf. Wir befanden uns in einem Wohnviertel, ca. zwanzig Meter über dem Meeresspiegel. Uns stand nun also ein Aufstieg bevor, der zwölf Meter Höhenunterschied betragen sollte. Kurzzeitig dachten wir über ein Biwak im Basislager und über den Einsatz von Sauerstoffflaschen nach, verwarfen das aber schnell wieder. Wir befanden uns auf dem ehemaligen »Geestrücken«, wie mir Scherf erklärte. In der vorletzten Eiszeit, vor etwa hunderttausend Jahren, hatte das Eis von Norden her Gestein, Sand und Erde vor sich hergeschoben; da, wo es sich auftürmte, entstanden Heidelandschaften mit sandigem, eher unfruchtbarem Boden, die sogenannte Geest.

Das tiefer gelegene Marschland findet sich an den Küsten und rund um Flüsse wie die Elbe oder die Weser und ist wiederum extrem fruchtbar, zum Beispiel das Alte Land mit seinen endlosen Apfelbaumreihen in der Nähe von Hamburg. Hier also war nicht Marsch, sondern Geest, und so wie Henning Scherf es mir erklärte, war das der Platz, an dem Menschen früher gerne gesiedelt hatten, weil sie hier sicher vor den Sturmfluten waren. Und der höchste Punkt des Bremer Geestrückens war - die Erhebung im Friedehorstpark. Scherf fragte mich, ob die Hamburger und Schleswig-Holsteiner Rekordberge kleiner oder größer seien, ich sagte ihm die bittere Wahrheit. »Sieh mal an, sind wir wieder mal die Kleinsten, wir sind eigentlich immer die Kleinsten«, meinte er leicht resigniert, er schien es gewohnt zu sein. Immerhin: Er war mit 2,04 Meter mein größter Mitwanderer, auch wenn er laut eigenen Aussagen im Alter schrumpfte. »Aber die anderen alten Leute schrumpfen mit mir mit, der Abstand bleibt.« Er schmunzelte.

Jetzt mussten wir sie nur noch finden, die Erhebung. Scherf wusste auch nicht genau, wo sie sich befand. Und so wanderten wir, na ja, gingen wir, also gut, wir spazierten, man könnte auch sagen, wir flanierten durch den Stadtteil Lesum. »Tach, Herr Bürgermeister!« »Moin!« Viele Häuser in diesem Stadtteil waren bunt angestrichen, von Rostrot bis Ocker und Hell- bis Mittelbraun reichten die Varianten, eins war sogar pink, der Bremer kann also durchaus auch mal wild sein. Dominant war aber der dunkelrote Klinker, den man so fast nur im Norden findet und der mir immer ein wohliges Buddenbrooks-Gefühl gibt. »Ich mag das, dass die Häuser hier nicht so uniform aussehen, dass jedes ein Gesicht hat«, sagte der Altbürgermeister.

Henning Scherf erzählte mir von seiner politischen Karriere in Bremen, wo er seit seiner Geburt 1938 lebt und schon nahezu alle Stadt-Ministerien innehatte: »Erst war ich Finanzsenator, denn Senator für Soziales, Jugend und Sport, dann Senator für Bildung, Wissenschaft und Kunst, später Gesundheitssenator. Außerdem bin ich jahrelang nebenbei auch noch Justizsenator gewesen, und 1995 bin ich Regierungschef geworden.« Damit kein falscher Eindruck entsteht, Scherf ist kein überambitionierter Machtmensch, sondern ein bescheidener Mann, der einfach das tat, was Partei und Hansestadt von ihm wollten. Eine Oma winkte ihm aus einem Geranienbeet von der Gartenarbeit zu. »Moin, Herr Bürgermeister, wir vermissen Sie sehr!« Henning Scherf schloss mit den Worten: »Ich bin jetzt wie alle, ein Bürger dieser Stadt, gleiche Sorgen, gleiche Hoffnungen.«

Scherf ist schon seit 2005 im Ruhestand – übrigens auf eigenen Wunsch, ohne Wahlniederlage oder Entlassung nach einem Skandal – und schreibt Bücher »darüber, wie wir mit unserem eigenen Altern umgehen. Ich schreibe auch gerne über unser eigenes Haus, wir haben seit über dreißig Jahren ein Wohnprojekt mit zehn Leuten.« Die berühmte Alters-WG in der Bremer Innenstadt, auf die er bundesweit immer wieder angesprochen wird. Wir gingen durch Bremen-Nord, und Scherf zeigte mir alte Reeder-Häuser, die Reichtum ausstrahlten, aber kein bisschen Protz. Wir kamen an einem Laden mit dem seltsamen Namen Pizza Protein vorbei und wanderten weiter entlang der Rotdornallee auf dem Weg nach Friedehorst.

Das Gelände war bis 1945 eine große Kaserne, danach ein amerikanisches Militärkrankenhaus. 1947 wurde es von der evangelischen Kirche übernommen, die hier Altersheime, Einrichtungen für Menschen mit Behinderung und andere diakonische Häuser unterbrachte. Den Fantasienamen »Friedehorst« hatte sich ein Bremer Theologe ausgedacht, als Verbindung von »Frieden«, nach den Erfahrungen des Zweiten Weltkriegs, und »Horst« als sicherem, geschützten Ort wie ein Vogelnest. Wir kamen an die Pforte dieses idyllischen Campusgeländes mitten im Grünen. Henning Scherf fragte über die Gegensprechanlage, wo sich denn genau die Erhebung im Friedehorstpark befinde, deutete auf mich und ergänzte, da sei ein Reporter extra aus Bayern angereist, um diesen Hügel zu besteigen. Die Pförtnerin sah uns durch die Glasscheibe völlig entgeistert an. »Kenn ich nich«, schnarrte es durch den kleinen Lautsprecher zurück. »Es ist der höchste Punkt Bremens«, versuchte es Scherf noch einmal. Wir blickten in das leere Gesicht der Pförtnerin. Also machten wir uns orientierungsarm auf den Weg durch das weitläufige Friedehorst-Gelände, es hatte die Ausstrahlung eines Sanatoriums.

Lauter verstreute Gebäude, viele davon in den Fünfzigerjahren gebaut, dazwischen alter Baumbestand. Viele Menschen waren seitdem gekommen und gegangen in den Altersheimen und Krankenhäusern der Diakonie. »Ich weiß noch, wie ich als Junge mit der evangelischen Jugend hier einen ganzen Tag verbracht habe und wir in der Nähe auf dem Feld einen Gottesdienst gefeiert haben«, erinnerte sich Henning Scherf. »Wir waren ganz viele. Tach auch«, sagte er, als uns eine Diakonisse begegnete. Sie war alt und gebrechlich und ging wie eine Taube, ihr Kopf wackelte vor und zurück.

Am Rande einer der Versorgungsstraßen stand eine kleine Holzkirche mit einem winzigen Glockenturm. Die Tür war offen, und wir betraten das Kirchenschiff aus Holz, dessen Dachstuhl aussah wie ein großes Rettungsboot, das man auf den Kopf gestellt hatte. Während draußen Sägen sangen (»Die bauen und bauen und bauen hier«, meinte Scherf), herrschte hier vollkommene Ruhe. Scherf erzählte mir, dass er hier sogar schon mal gepredigt hatte. »Manchmal bringen die so Laien wie mich dazu, auf die Kanzel zu steigen und über die Bibel zu sprechen.« Die Kapelle war spartanisch eingerichtet, die Kasernenvergangenheit sah man ihr an; hier stand nur das Nötigste. Im Grunde genommen war es der größte denkbare Gegensatz zu bayerischen Barockkirchen wie der Wieskirche im Pfaffenwinkel, der sogenannten Wallfahrtskirche zum Geißelten Heiland mit ihren Hunderten von Goldputten, Engeln und der Lüftlmalerei. Am einen Ende des langen rechteckigen Raums in der Friedehorstkirche stand eine Orgel. Sonst nichts. Henning Scherf hatte im Ruhestand angefangen, das Orgelspiel zu erlernen, es aber wieder beenden müssen. »Schauen Sie sich meine Hände an, die Finger sind ganz krumm, ist eine Sehnenverkürzung. Tut zwar nicht weh, schaut aber blöde aus, und es hindert mich daran, Orgel zu spielen. Das ist leider Vergangenheit.«

Trotzdem konnte man von Ruhestand bei ihm beileibe nicht reden; er ist ehrenamtlich aktiv für ein Kinderhilfswerk in Nicaragua, für *Help Age*, eine Entwicklungshilfeorganisation für ältere Menschen, er ist Vorsitzender im Kuratorium des Gustav-Heinemann-Preises für Menschenrechte, Schirmherr für eine Demenz-Stiftung. Außerdem für Parkinson-Erkrankte und diverse andere Vereine. Er liest regelmäßig jeden Montag in einem Lesezirkel Senioren aus Büchern vor (»Das macht mir große Freude«), und an anderen Tagen tut er dasselbe in einer Grundschule in einem sozialen Brennpunktviertel für Kinder. (»Ich mag die gerne, und die mögen mich, glaube ich, auch.«) In der Neubausiedlung Neue Vahr Süd (bekannt durch Sven Regeners Buch) ist er auch sozial engagiert. »Lauter kleine Aufgaben, jede für sich eigentlich winzig, aber die fügen sich in eine Konstruktion, die mich trägt«, meinte er. Das alles macht er ehrenamtlich, man spürte förmlich den Humanisten und Überzeugungstäter, mein Respekt wuchs und wuchs. Zu einer Segelgruppe gehört er auch noch, er war schon mal in Grönland gewesen und hatte dort vor der Ostküste, im arktischen Meer, eine Grenzerfahrung gemacht. Ein Orkan war aufgezogen. »Gewaltig, wir haben alle Segel eingezogen, das Steuer festgezurrt und uns alle unter Deck verkrochen.« Die Angst, in einen Eisberg getrieben zu werden, zu zerschellen und im eiskalten Meer zu versinken, war riesengroß: »Ich dachte, das ist das Ende. Es macht gluck, gluck, gluck, und wir sind abgebuddelt.« Viele Stunden lang verkroch er sich in seiner Koje und »litt unter Albträumen, mein ganzes Leben zog an mir vorbei, es hat mich richtig aufgemischt«. Später kroch er ins Freie, der Sturm hatte sich gelegt, und das Schiff trieb parallel zu den Eisbergen durch den Nordatlantik. »Es war wie ein Wunder, man kuckt in sein eigenes Ende und erlebt eine Wiederauferstehung. Und man denkt sich: Jetzt kann ich mich über den blauen Himmel freuen, über all die wunderbaren Farben im Eismeer, die Winde, die Wale, die Gerüche und auch die Einsamkeit.« Scherf sprach weiter: »Ich habe darüber auch Tagebuch geführt, und mir kommen da Schöpfungsgedanken, weil das eine Begegnung mit der Ewigkeit ist.« Nun hatte er wieder mehrere Segeltörns vor sich, unter anderem nach Norwegen, Schottland und Island über den Nordatlantik, wollte da wieder »navigieren und kochen, eine wunderbare Erfahrung«. Wie viel man aus seinem Leben machen kann.

Wir beendeten unsere Rast in der kleinen Holzkirche und suchten weiter nach dem höchsten Gipfel Bremens. Scherf erzählte von seiner Kindheit in Bremen, von seiner ersten Wanderung mit der Familie im Teutoburger Wald mit neun Jahren, als er das erste Mal im Leben Berge erlebte, »die Möglichkeit, von irgendwo runterzuschauen. Guten Morgen.« Eine Frau kam vorbei. »Aber ohne Berge fehlt mir nichts, hier ist alles platt, hier fühle ich mich wohl. Tach auch.« Ein Altenpfleger stand rauchend in einer Einfahrt.

Als Henning Scherf ein Kind war, hatte er als Berufswunsch »Pferd«. Die Familie war ausgebombt, wohnte zeitweise außerhalb Bremens in Osterholz-Scharmbeck. In der Nachbarschaft gab es eine Pferdeschlachterei, »und mir haben die Pferde so leidgetan. Ich glaube, ich habe mich da solidarisieren wollen mit ihnen. Ich will auch Pferd werden. So habe ich als kleiner Junge gedacht, aus Mitgefühl, aus Teilhabe.« Dieser Solidaritätsgedanke hat ihn nie verlassen, blieb prägend auch für sein späteres politisches Engagement. Als im Weserstadion mal ein öffentliches Gelöbnis der Bundeswehr stattfand, hatte er sich dagegen ausgesprochen. Als dann Straßenschlachten zwischen der Polizei und den Gegendemonstranten ausbrachen, verhandelte er höchstpersönlich zwischen den Fronten. Und weil er immer so glaubwürdig war, hat Scherf die Menschen erreicht, gewann selbst in den

Zeiten der angefochtenen Kanzlerschaft von Gerhard Schröder in Bremen bei der Bürgerschaftswahl viele Prozentpunkte dazu. Zum Dank durfte er das Rathaus leiten und hatte in dem wunderschönen gotischen Bau tagtäglich Damast-Tapeten, Gobelins und Ratssilber um sich, und im Ratskeller lagerte der älteste deutsche Fasswein, aus dem Jahr 1653, vielleicht war es inzwischen auch Essig.

»Wo mag denn nur dieser Berg sein«, fragte sich Scherf mittlerweile, fragte ich mich. Hinter einem Klinik-Klinkerbau lag ein weiterer Klinik-Klinkerbau. Wir fragten einen Passanten. Der wusste auch von nichts, hatte aber die wertvolle Information parat, dass es eigentlich nur einen Weg gebe, der durch den Friedehorstpark führte. »Und dann müssten Sie eigentlich hinkommen. Viel Erfolg!« Ein Mann mit Hund begegnete uns im Park. Ich sagte ausnahmsweise mal »Moin« und fragte nach dem Weg. »Hinter dem Baum, nach zwanzig Metern links ist ein Minihügel. Falls Sie den suchen. Sonst ist da definitiv nichts«, wusste er. Eine Krähe beobachtete uns mit finsterem Blick. Eine Radfahrerin fuhr vorbei und lachte. Und dann gingen wir ein paar Schritte bergauf, falls man das überhaupt so bezeichnen konnte, und zwischen Bäumen, Moos und Laub fanden wir eine Art Hundehügelchen. Im Boden steckte ein aus Sperrholz gebautes Gipfelkreuzchen mit der Aufschrift *Kein Berg*. Wir hatten es geschafft, wir lagen uns in den Armen. Die Erhebung im Friedehorstpark, 32,5 Meter. Wenn man allerdings die 2,04 Körpergröße von Henning Scherf hinzuaddierte, wuchs der Berg gleich um mehrere Prozentpunkte. Henning Scherf gluckste fröhlich: »Es ist übrigens meine Erstbesteigung. Noch nie in meinem Leben war ich auf dem höchsten Punkt Bremens. Ich danke Ihnen für dieses schöne Erlebnis.«

Ich vergrub meinen traditionellen Gipfelschnaps etwa fünf Meter südlich des Gipfels, wir machten Erinnerungs-Selfies, stiegen behutsam wieder vom Geestrücken hinab und gingen mit ganz viel »Tach, Herr Bürgermeister« und »Moin« durch den Vorort und nahmen die S-Bahn zurück in die Stadt.

Am Ende trennten sich Henning Scherf und ich da, wo wir uns in der Früh getroffen hatten: in der Schalterhalle des Bremer Hauptbahnhofs. Wir umarmten uns kurz, und es fühlte sich richtig gut an, auch mal der Kleinere zu sein. Dann ging Henning Scherf davon, in Richtung seiner Alters-WG, und zwischen den Köpfen all der Menschen konnte ich noch lange den Kopf des Altbürgermeisters sehen, der sie alle überragte.

Und weil ich noch Zeit bis zur Abfahrt meines Zuges hatte, ging ich zu Fuß in die Altstadt, um mir Bremen noch ein bisschen weiter anzuschauen. Unterwegs kam ich an einem Schaufenster vorbei, das mich magisch anzog. Es gehörte zu einem Geschäft für Jagdausrüstung und Waffen. Nun trage ich weder eine Affinität zur Jagd noch zu Waffen in mir. Von mir aus könnten alle Hirsche, Rehe, Wildschweine, Füchse unbehelligt im Wald herumrennen und sich so fortpflanzen, wie sie bzw. der liebe Gott bzw. die Evolution es wollen. Und alle Waffen sollten abgegeben und eingeschmolzen werden, das ist meine tiefe Überzeugung als Wehrdienstverweigerer und Pazifist. Und doch konnte ich meine Augen nicht von dem Schaufenster von Hansa-Jagd abwenden. Ich hatte dort einen Gegenstand entdeckt, der meine Fantasie beflügelte. Ich konnte mir beim besten Willen nicht erklären, wann und wo man dieses außergewöhnliche Ding in der Praxis einsetzte, und vielleicht war es genau dieses nihilistische Element, das eine innere Stimme dazu brachte, mir den Kauf dieses völlig überflüssigen und in meiner Lebenssituation absolut unpassenden Produkts einzureden. Was könnte ich damit anfangen, was würden meine Freunde sagen, wenn ich dieses Souvenir aus Bremen mit nach Hause brächte? Ich überwand alle Zweifel, auch den Selbstekel, öffnete die Glastür, betrat die Jagdwelt, ließ mich kurz von einem schnauzbärtigen Verkäufer beraten, bezahlte siebzig Euro und wurde stolzer Besitzer eines Leuchtschildes. Man kann dieses orangefarbene Plastikdreieck mit Bodenmagnet auf ein Autodach stellen wie ein Polizeiblaulicht, anschalten, und dann leuchtet dort der Schriftzug »Vorsicht, Wildunfall!«. Ich habe es bis zum heutigen Tag zum Glück noch nicht einsetzen können, aber es wird mich bis ans Lebensende an meinen wunderbaren Wandertag in der Hansestadt Bremen mit Henning Scherf erinnern.

Das Letzte, was ich von Bremen sah, war übrigens ein Nahverkehrszug, der nach Achim fuhr. Achim ist ein Vorort von Bremen. Mich versetzte das in eine seltsam existenzialistische Stimmung, die Vorstellung, ein Zug könnte zu mir fahren, in mich hinein und aus mir heraus. Ich schlief erschöpft ein und rollte zurück in den Süden.

4

Der Erbeskopf/Rheinland-Pfalz (816,3 Meter)

Mit Edgar Reitz (Filmregisseur)

5. Mai 2019
Autowandern mit dem legendären
Heimat-Filmer und Serienpionier

Vor ein paar Wochen war ich dem Erbeskopf schon ganz nah
gekommen, nur 18,60 (!) Kilometer entfernt im Saarland, als
ich mich mit Manuel Andrack auf unsere Katastrophenwanderung am Dollberg begeben hatte. Es ist dieselbe Bergkette,
nur ein Stückchen weiter nach Westen. Und auch in Rheinland-Pfalz stellte sich wieder die Frage, wer mich begleiten
könnte.

Wer steht für Rheinland-Pfalz? Helmut Kohl? Tot. Karl
Marx? Tot. Fritz Walter? Tot. Bruce Willis? Bruce Willis und
Rheinland-Pfalz? Ja, tatsächlich: Bruce Willis wurde einst in
Idar-Oberstein geboren. Wer stammt noch von dort? Thomas
Anders, der Ex von Dieter Bohlen, der mit der Nora-Gold-
kette, geboren als Bernd Weidung in Mörz bei Koblenz. War
ER es gewesen, der diese Winselstimme bei Modern Talking
hatte, oder war es Bohlen? Bei der Vorstellung, Anders würde
auf der Bergtour zu singen anfangen, wurde mir ganz, wie
soll ich sagen ... anders. Ex-Verteidigungsminister Rudolf
Scharping? Da würde die akute Gefahr bestehen, dass ich
während der Wanderung einschlafe. Scharping mit seiner
narkotisierenden sonoren Brummstimme und dem auf halbe

Geschwindigkeit gepitchten Sprachduktus: »Aaaah. Dessss isss herrrrlissssccchhh hhier, issssccchhhh könnnttteee vooorr Frreeeuuudddeee ann ddieee Deeggggee ggeeehenn.« Schnarch. Julia Klöckner, die damalige Bundeslandwirtschaftsministerin? Die war immer so damit beschäftigt, Ställe zu besichtigen, Weinköniginnen zu krönen, Lobbyisten zu empfangen, Grüne Wochen zu eröffnen, neue Fleisch- und Umweltsiegel zu erfinden, die nichts bringen, und bei alldem möglichst gut auszusehen. Da wäre kein Platz gewesen für eine Bergtour. Im Übrigen wollte ich von meinem Grundprinzip nicht abweichen, nur Sympathieträger mitzunehmen. Also alles auf null.

Als mir klar wurde, dass der Erbeskopf im Hunsrück liegt, kam mir der rettende Gedanke: Edgar Reitz! Der große Filmregisseur hatte genau hier, im Hunsrück, seine epochale Serie *Heimat* gedreht, lange bevor der Begriff »Heimat« aus jeder Pore quoll. Mittlerweile gibt es sogar Heimat-Popcorn und Heimat-Chips im Supermarkt (»nur aus heimischen Zutaten«), und junge Mundart-Bands singen Heimatsongs oder Shantys, bei denen sich einem die Hirnlappen kräuseln. Frau Kramp-Karrenbauer hat als Verteidigungsministerin sogar einen »Heimatdienst« bei der Bundeswehr eingeführt. So viel Heimat wie jetzt war selten. Doch Heimat ist viel komplexer, polyvalenter, universeller, subtiler. Heimat muss kein Ort sein, kein Lied, kein Popcorn. Und Bundeswehr erst recht nicht.

Edgar Reitz' fantastische, fein beobachtende fünfzigstündige Serie über das Leben einer Familie, über den Lauf der Zeit und über die deutsche Geschichte entstand, Jahrzehnte bevor es sich die Menschen zum Lebensinhalt machten, als Pärchen auf dem Sofa zu kuscheln, um gemeinsam Romcoms und Staffel um Staffel von »The Living Dead of Breaking Bad of Game of Thrones of The Crown Of Fargo« anzuschauen. Reitz war Serien-Pionier, Vordenker und Bewahrer zugleich, ein Verehrer des Filmtheaters, ein wahrhaft poetischer Mensch, der schon 1962 das Oberhausener Manifest initiierte, in dem es hieß: »Papas Kino ist tot.« Reitz als Filmrevoluzzer bekämpfte die schmalzigen Heimatfilme der Fünfzigerjahre und setzte seine *Heimat*-Serie und seine klugen Autorenfilme dagegen. Als er 2020 den Ehrenpreis des Deutschen Filmpreises bekam und gleichzeitig alle Kinos wegen der Pandemie geschlossen waren, forderte er eindringlich dazu auf, sich der Bedeutung des Kinos gewahr zu werden. Fast klang es wie ein Vermächtnis, wie sein künstlerisches Testament. Reitz sagte wörtlich: »Für mich war das Kino immer der Ort der Erinnerung, der Ort, an dem wir nicht vergessen, uns mit Bildern unser Gedächtnis aufrechtzuerhalten. Ich kann mir gar nicht vorstellen, wie sich die Menschen früher, als es das Kino noch nicht gab, überhaupt erinnert haben. Aber wir haben diese unglaubliche Möglichkeit, Bilder unsterblich zu machen.« Als ich ihn im Fernsehen bei der Preisverleihung sah, aus seiner Münchner Wohnung übers Netz zugeschaltet, leicht digital verschwommen, musste ich mit viel Freude und ein bisschen Wehmut an unsere gemeinsame Bergtour denken.

Nachdem ich Edgar Reitz in einer meiner Sendungen zu Gast gehabt hatte, war eine Verbindung da, er erinnerte sich und sagte sofort zu. Er würde sich melden, sobald er mal wieder in seiner alten Heimat Hunsrück zu Gast sei. Als wir uns das erste Mal getroffen hatten, kam gerade *Die andere Heimat* ins Kino, ein Vier-Stunden-Epos in Schwarz-Weiß, das die Vorgeschichte zu seiner Serie *Heimat* erzählt, quasi Prequel to the Sequel, wie man heute sagt. Es geht um das entbehrungsreiche Leben der Menschen in den kleinen Dörfern des Hunsrück um das Jahr 1860 (!), als die Äcker nicht trugen, als Krankheit und Armut die Menschen dazu zwangen, ihre Heimat hinter sich zu lassen, Höfe aufzugeben und sich auf den Weg nach Südamerika zu machen, um dort das Glück zu suchen. Der Kinofilm von Reitz mit dem düsteren Schwarz-Weiß, mit seiner elegischen Erzählweise, den unter Schindeldächern geduckten Häusern und den leeren Tischen, auf denen eigentlich Essen stehen sollte, schafft Bilder, die einen mitleiden lassen. Diese Empathie zeichnet Reitz aus, und sie kommt nicht von ungefähr. Edgar Reitz ist ein feiner Mensch, ein kluger, zurückhaltender älterer Herr, der allen Grund hätte, eingebildet zu sein. Doch er trägt keinen Hochmut in sich. Seine Herkunft aus dem ländlichen Hunsrück gab ihm die Bescheidenheit und Zurückhaltung, die ihn sein Leben lang begleitet hat.

Neben Edgar Reitz' *Heimat*-Serie gibt es für mich einen Film, der auf wunderbare Weise die alte Bundesrepublik einfängt: *Im Lauf der Zeit* von Wim Wenders. Mitte der Siebzigerjahre ebenfalls in Schwarz-Weiß gedreht, geht es in diesem Roadmovie um zwei Männer, die der Zufall zusammenführt. Der eine will Selbstmord begehen und rast mit seinem VW Käfer in die Elbe. Der andere fährt mit einem umgebauten Umzugs-Lkw die Dorfkinos entlang der alten Zonengrenze ab und repariert Filmprojektoren. Als er den verhinderten Selbstmörder mitnimmt, entwickelt sich eine gemeinsame Deutschlandreise, episch und sehr melancholisch, es ist ein Film, in dem nur so viel geredet wird wie gerade nötig, der aber Bilder für die Ewigkeit einfängt. Und der vom Niedergang der kleinen Lokalzeitungen wie der *Elbe-Jeetzel-Zeitung* oder dem *Rhön-Streu-Boten* genauso erzählt wie vom Kinosterben auf dem Land. Da schließt sich der Kreis zu Edgar Reitz, der in seinem Elternhaus im Hunsrücker Dorf Morbach, am Fuße des Erbeskopfs, vor ein paar Jahren ein neues Kino eröffnet hat, um diese Entwicklung zu brechen. Und genau dort, vor dem Kino in Morbach, so schlug Reitz vor, sollten wir uns treffen.

Wie immer wollte ich mit dem Zug fahren und suchte voller Vorfreude eine passende Verbindung in den Hunsrück. Es wurde mir schnell klar: Das wird nichts mit der Deutschen Bahn. Fünfzehn Stunden und vierzig Minuten würde die Reise dauern. Allein die Hinfahrt. In der gleichen Zeit könnte ich mit dem Flugzeug nach Tokio oder San Francisco reisen und mir vor Ort auch noch zwei komplette Fußballspiele oder meinetwegen ein Baseballspiel anschauen. In fünfzehn Stunden und vierzig Minuten könnte ich auch mit einem handelsüblichen Herkules- oder Zündapp-Mofa aus den Siebzigerjahren von München nach Berlin fahren. Das wollte ich aber nicht. Ich wollte ja nach Morbach zu Edgar Reitz. Schweren Herzens beschloss ich also, meinem klimafreundlichen Prinzip der Bahnanreise einmal untreu zu werden. Weil ich schon am späten Vormittag im Hunsrück sein musste, reiste ich am Vortag mit dem Auto an. Ich fuhr also an einem sonnigen Maitag los und stand kurz vor Ulm im ersten Stau. Ich musste an meinen Freund Volker Zwanziger denken, dem genau hier, auf der A 7 bei Leipheim, vor ein paar Jahren sein alter Ford Capri, Baujahr 1971, komplett ausgebrannt war. Erst rauchte es leicht aus den Lüftungsschlitzen der Kühlerhaube, und dann stand »Horst« (so hieß der Wagen) auch schon lichterloh in Flammen. Das Ganze führte zu einer schwarzen Rauchsäule, die man über viele Kilometer sehen konnte, einem spektakulären Feuerwehreinsatz, dreißig Kilometer Stau und zu einer Totalsperrung der Autobahn. Es gab bittere Tränen, Horst war ein Hochzeitsgeschenk gewesen. An ihn, Horst, den Abgebrannten, musste ich gerade denken.

Reisen wecken bei mir immer Erinnerungen und Assoziationen an frühere Fahrten, wie bei einem Daumenkino fächern sich vor mir Bilder auf. Vorbei an Ulm, an Geislingen. Als Kind habe ich wie ein Besessener Fossilien gesammelt und nahm mit meinem Hobby meine Familie in Sippenhaft. Meine Eltern und Geschwister waren so tolerant, dass sie meiner Leidenschaft Raum ließen, und so empathisch, dass sie mir zuliebe sogar auf paläontologische Exkursionen fuhren. Als ich zwölf war, schlug ich einen Familienausflug nach Bad Boll am Fuße der Schwäbischen Alb vor, um im schwarzen Schiefer eines Steinbruchs nach Ammoniten, Belemniten und ausgestorbenen Fischarten zu suchen. Ich wollte Steinplatten aufhämmern, um irgendeine versteinerte Schneckenart zu finden, die im Pleistozän nicht schnell genug war, sodass sie sedimentiert und von den Kontinentalplatten für alle Ewigkeit zusammengedrückt wurde. So stellte ich mir das damals jedenfalls vor. Ich nahm also Hammer und Meißel und hackte und hackte, damals kannte man die Berufsbezeichnung »Hacker« noch nicht, meine Eltern lächelten gnädig, und immer wenn sie dachten, dass ich es vor lauter Hämmern nicht bemerkte, schauten sie leidend auf die Uhr. Ich hackte weiter, wurde schließlich fündig und trug stolz mehrere dunkle Schieferplatten mit Muschelabdrücken nach Hause, die wenige Wochen später im Mülleimer lagen, ich hatte Streit mit meiner Mutter gehabt. Aber die Haupterinnerung an diesen Tag ist das Wienerwald-Lokal neben dem Ulmer Münster, in das wir auf der Rückfahrt einkehrten, um dann sage und schreibe zweieinhalb Stunden auf unser Essen zu warten, das am Ende doch nicht kam. Der jugoslawische Kellner – schweißgebadet und vollkommen überfordert – tröstete uns mit einem Spruch, den ich bis heute nicht vergessen habe: »Alles Probläm von Küchä!« Diese Worte wurden in unserer Familie ein Schlüsselsatz, wann immer man die Schuld auf jemand anders schieben wollte, egal ob schlechte Noten, Streit mit den Geschwistern, Stress im Büro, irgendwo viel zu spät gekommen: Alles Probläm von Küchä! Ich kann diesen Satz nur wärmstens empfehlen.

Ich war mittlerweile mit dem Auto die Geislinger Steige hinuntergefahren, um mich herum gab es jetzt nur noch -ingen. Merklingen, Dettingen, Wendlingen, Esslingen, Böblingen. Was hat die Indogermanen oder Kelten oder andere Proto-Schwaben nur dazu veranlasst, all diese -ingen-Endungen an ihre Ortsnamen zu heften? Und dann doch in ihrem schwäbischen Singsang des letzte »n« halb zu verschlucken.

Autobahnausfahrt nach Nürtingen. Die alte Heimat von TV-Altmeister Harald Schmidt. Als ich ihn mal zu einem Interview traf, erzählte er mir vom Lieblingsgetränk aller Jugendlichen in Nürtingen: Cola Peng, offenbar eine ungute Mischung aus Cola und Chantré oder Asbach oder Underberg, oder alles zusammen. »Wenn man im Trinkstüble des katholischen Pfarrheims genug Cola Peng getrunken hatte, sagte man: Ich muss los, die Seilbahn geht. Aber es gab keine Seilbahn in Nürtingen.« Eine der beliebtesten Folgen der *Harald Schmidt Show*, so Harald Schmidt, war die Folge, in der er den Nürtinger Bahnhof in einer detailgetreuen Modelleisenbahnlandschaft in Klein nachbauen ließ, mitsamt all der Schüler, die vom Bahnhof aus in Vororte fahren mussten, welche Schmidt einzeln vorstellte und beschrieb. Nürtingen, sagte Schmidt zu mir, sei der Schlüssel zu seinem späteren Erfolg gewesen. »Da gilt die alte Regel: Wer es in Nürtingen nicht schafft, schafft es auch nicht in New York.« Als ich ihn fragte, ob er die Zitate aus unserem Interview vor der Veröffentlichung gegenlesen wollte, meinte er nur: »In meiner Liga wäre es geradezu vulgär, ein Interview zu autorisieren. Das gilt eigentlich nur für mich und Lagerfeld.« Ich liebe Harald Schmidts Bescheidenheit.

Ich fuhr vorbei an Stuttgart, Home of Porsche, Mercedes, VfB, Cannstatter Wasen. Für mich ist Stuttgart für alle Zeiten mit einem unsterblichen Zitat verbunden. Ein Bekannter von mir war vor vielen Jahren mit dem Auto unterwegs durch die

USA, zusammen mit seinem Vater wollte er endlich einmal die Vereinigten Staaten durchqueren. Irgendwo im Mittelwesten, in Kansas oder Iowa, übernachteten sie in einem Motel, und am nächsten Morgen saßen sie am Frühstückstisch und unterhielten sich auf Deutsch. Das hörte ein freundlicher älterer Herr mit dicken Brillengläsern, er kam von einem der Nachbartische herübergeschlurft, grüßte freundlich und fragte interessiert: »Are you from Germany, folks?« Der Vater meines Bekannten bejahte dies. Da sagte der amerikanische Opa lächelnd folgende sechs Worte, die sich mir auf alle Zeit eingebrannt haben: »I know Germany, I bombed Stuttgart.« Er sagte dies ohne jede Spur von Sarkasmus oder Revanchismus, es klang eher nach: Mensch-is-das-nich-witzig-so-n-Riesenzufall, quasi als Eröffnung für einen netten kleinen Small Talk. Ich malte mir aus, der Vater meines Bekannten käme ursprünglich aus Stuttgart und würde antworten: »Wow, what a great coincidence, I AM from Stuttgart, I lost my entire family during that bombing.«

I know Germany, I bombed Stuttgart.

In Pforzheim stand ich wieder im Stau. Kurz vor Karlsruhe noch mal. Stau ist etwas Seltsames. Wann immer ich mit dem Auto in einem langen Stau festsitze und innerhalb von einer Stunde gerade mal ein oder zwei Kilometer vorankomme, stelle ich mir vor, die Straße wäre ein paar Stunden später wieder komplett frei, ich würde aber trotzdem mit exakt derselben Geschwindigkeit wie zuvor im Stau dahinkriechen, also mit ein oder zwei Stundenkilometern. Dieser groteske Gedanke machte die Sache mit dem Stau immer ein bisschen erträglicher. Ein Autofahrer in einem tiefergelegten Mazda versuchte, sich einen Vorteil zu verschaffen, indem er hektisch von links nach rechts und wieder zurück wechselte, sobald sich der Verkehr ein bisschen bewegte und es auf einer Spur schneller voranzugehen schien als auf der anderen. An der Heckseite hatte er einen gelben Aufkleber mit der Botschaft *Sex Instructor. First Lesson Free.* Diesen Fahrer wollte ich sehen, es musste ein Mann sein, welche Frau käme auf so eine Idee? Irgendwann war ich auf meiner Spur schneller, der Mazda-Fahrer erwischte keine Lücke für einen Spurwechsel, und so konnte ich mich neben seinen Wagen schieben und ihn kurz von der Seite anschauen. Ohne Worte. Der Stau löste sich hinter Karlsruhe auf, ich kam in die Rheinebene, sofort wurde es noch ein bisschen wärmer. Ich öffnete alle Fenster, ein angenehmer Sommerwind blies durchs Auto, meine Haare wirbelten durch die Luft, und es roch nach Teer und frisch gemähter Wiese.

In einer Raststätte bei Bruchsal ging ich auf die Toilette und erhielt für einen Teil meines Eintrittsgeldes einen Sanifair-Gutschein. Ich weiß gar nicht, wie viele Sanifair-Gutscheine ich inzwischen irgendwo in Schubladen und Schränken meiner Wohnung liegen habe. Aber der Gedanke, Klogutscheine für Lebensmittel, vielleicht sogar für Schokolade, einzulösen, ekelte mich schon immer zutiefst an. Die Vorstellung, irgendwann mal mit all meinen gehorteten Gutscheinen eine Lokalrunde in einer Raststätte dieser Republik auszugeben – »Trucker, Autofahrer, hergehört, es gibt Duplo für alle!« –, amüsierte mich zwar, aber sobald ich wieder an die Klos dachte, fiel bei mir eine innere Sanifair-Schranke. Wieder kein Duplo, kein Hanuta, wieder ein Gutschein für meine Sammlung. Vielleicht wird der Sanifair-Token irgendwann der neue Bitcoin. Vielleicht auch nicht.

Ich fuhr weiter. Neben der Autobahn zogen sich kilometerlang Felder Richtung Westen, mit Salat, Blumenkohl, Erdbeeren, Gurken. Große Gruppen von Erntehelfern standen zusammen, vermutlich Rumänen, Bulgaren, Polen, sie machten Brotzeit, redeten, lachten. Um dann wieder für den Mindestlohn Obst und Gemüse zu pflücken. Ich persönlich liebe es, auf Erdbeer- oder Blaubeer-Selbstpflückplantagen rumzuhängen, so wie es sie in der Peripherie der Großstädte gibt, ein Körbchen voll zu pflücken, mich faul in der Sonne zu rekeln und mir stundenlang im Liegen wie im alten Rom Früchte in den Mund fallen zu lassen, bis ich nicht mehr kann und am Ausgang froh bin, dass nur das Körbchen gewogen wird und nicht ich selbst. Aber wie ist das, monatelang zwölf Stunden am Tag Beeren für andere zu pflücken, während die Familie über tausend Kilometer weit entfernt ist? Oder den ganzen Tag bäuchlings auf dem sogenannten Gurkenflieger zu liegen und Gurken abzuschneiden, über die man langsam hinwegrollt? Wie ist das für den Rücken, nach einem Tag, nach zwei, nach drei Wochen, nach einem ganzen Sommer? Jede Gurke, die man isst, jede Erdbeere ist durch die Hände eines dieser Menschen gegangen. Viele Berufe wecken in mir Respekt, Erntehelfer ganz besonders.

In der Ferne waren schon die Weinberge zu sehen, die Rheinebene endet im Westen, dort, wo die Autobahn steil hinauf Richtung Pfälzer Wald führt. Wenn man hier in den Rückspiegel schaut, hat man das Gefühl, man sei in einem Flugzeug, das von Mannheim aus gestartet ist und nun das in der Nachmittagssonne funkelnde Band des Rheins unter sich zurücklässt. Ich bin vielleicht drei- oder viermal in meinem Leben hier vorbeigekommen, und immer schien die Sonne. Beneidenswert. Irgendwo in dieser Gegend steht auch das größte Fass der Welt. Zweihundert Tannen wurden dafür gefällt, es hat eine Fläche von dreihundert Quadratmetern, man kann darinsitzen und Wein trinken. In dieses Fass passen also mehrere Schulklassen. Wobei die Schüler vielleicht nicht unbedingt Wein saufen sollten, aber das können ja bestimmt die Lehrkräfte übernehmen, so wie in Thomas Vinterbergs famosem dänischen Spielfilm *Der Rausch* mit Mads Mikkelsen.

Ich fuhr an Kaiserslautern vorbei, links oberhalb thronte der Betzenberg mit seinem Stadion über der Stadt. Er heißt übrigens nicht nur so, er ist tatsächlich ein Berg, wenn auch nicht der höchste seines Bundeslandes, aber »der Betze« ist sicherlich der bekannteste Berg von Rheinland-Pfalz. Auf der Autobahn fuhren auf einmal ganz viele Militärfahrzeuge der Amerikaner in Olivgrün oder Sandfarben. Das kannte ich aus meiner Kindheit, von den Besuchen bei der Verwandtschaft in einer Kleinstadt im Fränkischen mit achtzehntausend Einwohnern und Armee-Kasernen, in denen zehntausend US-Soldaten stationiert waren. Die Kasernen hießen Barracks oder, wie die Franken sagten, »Barraggen«, ich nahm als Kind an, die Soldaten würden in heruntergekommenen Holzverschlägen leben, fand aber bald heraus, dass es nicht so war. Ich erinnere mich an einen Tag der offenen Tür, als alle Bürger der Kleinstadt aufs Kasernengelände eingeladen wurden, Kinder durften die Panzer besteigen, überall gab es amerikanisches Vanilleeis im eckigen Pappkarton in der XXXL-Familienpackung. Jedes Kind bekam eine und wusste nachher, warum so viele Amerikaner adipös sind. Cheeseburger konnte man selbst zubereiten, das Fleisch kam angebrannt vom Grill, aber keiner hatte damals Angst vor Krebs, das Rindfleisch konnte gar nicht schwarz genug sein. »We like it when it's through!«, sagten die Erwachsenen und freuten sich. Mustard, Ketchup, Onions drauf. Perfekt. Überall glückliche Gesichter, Militär hatte damals ein lachendes Antlitz. Wie blöd waren wir eigentlich. Mein Cousin und ich staubten außerdem noch ein paar olivgrüne Konservendosen ab, gefüllt mit Corned Beef oder Käse, das Mindesthaltbarkeitsdatum lag fünfzehn Jahre in der Zukunft, wir stellten uns damals vor, dass wir dann schon erwachsen wären, und schüttelten uns vor Lachen.

Später stellten wir fest, dass es ein großartiges Spiel war, diese Konservendosen, vor allem die mit Käse gefüllten, in die Glut eines Lagerfeuers zu legen. Anschließend rannten wir weg, so schnell wir konnten, versteckten uns hinter einem Baum im Garten meines Cousins und beobachteten das Lagerfeuer. Nach ungefähr zehn Minuten explodierte die Käsedose mit einem ohrenbetäubenden Knall und flog wie ein Komet durch die Luft und über die Stachelbeeren, bestimmt zwanzig oder dreißig Meter weit. Was für ein Spektakel! Einmal kam genau in diesem Moment mein Onkel heim. Wir konnten ihn nicht warnen, hatten Angst, unsere Deckung zu verlassen, hofften inständig, die Sprengung erfolge erst später. Dann knallte es. Als die Dose mit dem heißen Käseschweif am Kopf meines Onkels vorbeiflog, wusste mein Cousin sofort, er hatte ein massives Problem. Es waren die Siebzigerjahre. Da rutschte auch mal eine Hand aus und landete auf einer der vier möglichen Backen, die die menschliche Anatomie bereithält.

Ich überholte einen Armee-Truck, aus dessen Auspuffrohr, das sich über der Fahrerkabine krümmte, stoßweise schwarze Rußwolken kamen. In der Nähe befand sich Ramstein, nicht die Berliner Band mit den zwei »M«, sondern der größte US-Flughafen außerhalb der USA. Fast zehntausend Menschen leben hier. Die Älteren kennen Ramstein noch von dem Flugtagunglück im Jahr 1988. Drei Jets einer italienischen Flugstaffel kollidierten in der Luft bei der Flugfigur *Durchstoßenes Herz*, Trümmer stürzten in die Zuschauermenge, Flugbenzin entzündete sich, siebzig Menschen starben, Hunderte wurden verletzt. Ein Inferno. Ebenfalls in der Nähe liegt die Gemeinde Landstuhl mit dem Medical Center, dem größten US-Lazarett außerhalb der Vereinigten Staaten. Wenn ein US-Soldat beim Einsatz im Irak oder in Afghanistan ein Bein verlor oder den Verstand, dann ist er mutmaßlich zuallererst hier gelandet und wurde verarztet, geflickt, begutachtet, bevor er zurück in die Staaten durfte.

Nun ging es auf der A 62 entweder nach Süden Richtung Pirmasens oder nach Norden Richtung Trier. Pirmasens hätte mich sehr gereizt, gebaut auf sieben Hügeln (wie Rom), DIE ehemalige deutsche Schuhstadt. Von hier stammt der Fußballverein FK Pirmasens, den wir in unserer Kindheit nur FKK Pirmasens nannten, wir lachten damals, als wären wir die ersten Menschen gewesen, die diesen doofen Witz machten. Der FK Pirmasens wäre 1975 um ein Haar in die Fußball-Bundesliga aufgestiegen, das wäre was gewesen, Pirmasens (vierzigtausend Einwohner) gegen den FC Bayern, in dessen Stadion die doppelte Anzahl von Menschen passte. Damals, in den Siebzigerjahren, begann der Niedergang der einst blühenden Schuhindustrie, für die man Pirmasens jahrzehntelang kannte, es gab früher nicht weniger als dreihundertfünfzig Schuhfabriken in der Stadt. Allein Salamander hatte in Pirmasens zwei Firmengebäude so groß wie die Apple-Zentrale in Kalifornien. (»Lange schallt's im Walde noch: Salamander lebe hoch!«) Von Fotos weiß ich, dass es dort bis heute etliche riesige Fabrikgebäude gibt, die fast schon schlossartig über der Stadt thronen. Industrieruinen aus einer Zeit, bevor Pirmasens die höchste Arbeitslosenquote und die geringste Lebenserwartung Deutschlands hatte. Ich hob mir den Besuch für meine nächste Pfalzreise auf.

Statt nach Pirmasens bog ich also auf die Autobahn Richtung Nordwest, die Sonne blendete mich, ihre Strahlen wurden nur ab und zu rhythmisch zerschnitten von den vielen Rotoren der Windkraftwerke am Straßenrand. Autobahnfahren im Pfälzer Wald, das ist: bergauf. Bergab. Rechts. Links. Und manchmal alles gleichzeitig. So ähnlich wie auf meinem Lieblingsautobahnabschnitt auf der A 7 zwischen Fulda und Kassel.

Auf einer Landstraße, die noch kurviger, steiler und verwunschener war, fuhr ich durch märchenhafte Wälder entlang eines wilden Flusses leicht bergab Richtung Mosel, wo ich bei einer Winzerfamilie mein Nachtquartier aufschlug. Meinen Gastgeber Niko Schmitt hatte ich ein Jahr zuvor auf einer Fußballtagung kennengelernt, er war Mitglied der deutschen Winzer-Nationalmannschaft. Ja, so etwas gibt es. In dieser Nationalelf ist erlaubt, was im Profifußball ungern gesehen wird: dass die Spieler viel mit Alkohol herumexperimentieren. Der Trainer der »Weinelf Deutschland« ist Erich Rutemöller, der früher einmal den 1. FC Köln in der Bundesliga trainiert hat. Unvergessen ist ein Zitat von ihm. Als sein Spieler Frank Ordenewitz (genannt »Otze«) während des DFB-Pokal-Halbfinal-Siegs 1991 gegen Duisburg seine zweite Gelbe Karte im laufenden Wettbewerb gesehen hatte, war er für das Pokalfinale gesperrt. Eine Rote Karte aber hätte diese Sperre aufgehoben, denn die hätte er auch in einem Bundesligaspiel absitzen können, so waren damals die Regeln. Weil Ordenewitz damals so unverzichtbar für Köln war, kam Trainer Rutemöller auf die Idee, Otze könnte eine Rote Karte provozieren und dann doch im Finale dabei sein. Also gab er das legendäre Kommando: »Mach et, Otze!« Und Otze Ordenewitz machte »et«, er foulte bei jeder Gelegenheit und holzte Gegner um, der damalige Schiedsrichter Markus Merk beließ es jedoch bei mehreren Ermahnungen. Als Otze dann aber nach einem weiteren Schiedsrichterpfiff den Ball wütend wegschlug, sah er endlich das ersehnte Rot. Alles wäre gut gegangen, wenn Trainer Rutemöller nach dem Spiel nicht stolz von seiner Finte erzählt hätte. Er und Ordenewitz mussten Geldstrafen zahlen, Ordenewitz fehlte gesperrt im Finale, Köln verlor das Spiel und Rutemöller anschließend seinen Trainerposten. Nach diversen Zwischenstationen beim DFB war Rutemöller nun Winzer-Nationaltrainer und musste den Weinbauern beibringen, wie sie mit dem Ball statt mit den Trauben umgehen sollten. »Mach et, Winzer!«

Die Landstraße durch den Wald beschrieb eine lang gezogene Kurve, und plötzlich öffnete sich wie aus der Vogel-
perspektive das Moseltal mit seinen vielen schlangenartigen
Windungen inmitten der Weinberge, angestrahlt vom gold-
gelben Licht der tief stehenden Sonne. Ich hielt an, stieg aus
und staunte, und wenn irgendjemand außer mir da gewesen
wäre, hätte ich ihn, sie oder es umarmt vor Glück. Trittenheim, mein Ziel, wird von der Mosel in einer engen Schleife
umarmt, das konnte man von hier oben schon ahnen. Unten
im Dorf reihten sich an der Hauptstraße Ferienwohnungen
an Weingüter mitsamt ihrer kleinen Läden und Verkostungs-
lokale. Gut, ein Haus fiel aus der Reihe, das war die Raiffeisenbank. Niko Schmitts Haus fand ich sofort, und ich wurde
schon von meinem Gastgeber und seiner Frau erwartet. Niko
ist wie alle Winzer, die ich kenne, ein Winzer durch und
durch. Ich habe ohnehin noch nie von einem Winzer gehört,
der seinen Beruf nur halbherzig macht, der Trauben und
Wein verabscheut, der eigentlich viel lieber Bierbrauer oder
Standesbeamter geworden wäre und völlig lustlos oder
zynisch seinen Wein keltert und sich insgeheim wünscht, er
möge wie Essig schmecken, damit auch alle merken, dass er
mit ganz viel Hass produziert wurde. Alle Winzer, denen ich
bislang begegnet bin, sind Überzeugungstäter, lieben ihre
Reben fast wie ihre Kinder, weswegen die meisten auch einen
ihrer Weine nach ihren Kindern benennen. Und oft heißen
die Söhne Vinz, vielleicht in Anlehnung an den Beruf des
Vaters. Niko hat sein Weingut von seinem Vater übernommen, so wie dessen Vater von dessen Vater von dessen Vater.
So wie sich alte Rebstöcke an den Steilhängen der Mosel im
Boden fest verwurzeln, so sind die Familien hier über Generationen dem Wein, dem Handwerk, der Liebe zu ihrem
Weingut und der Pflege jahrhundertealter Traditionen verbunden. In neoliberalen Zeiten, in denen es gilt, mobil und

flexibel zu sein und jederzeit bereit, neu anzufangen, in immer neuen Berufswelten, an immer anderen Orten, ist das ein sehr tröstlicher Gedanke.

Niko, ein eher schüchterner und zurückhaltender Typ, hat seine Frau Melanie indirekt durch den Wein kennengelernt. Nachdem er sie auf einem Oktoberfest im Hunsrück zum ersten Mal gesehen hatte, fand er heraus, dass seine Weinbauschule in Bernkastel neben dem Tourismusbüro lag, in dem sie arbeitete. Der Rest ist Geschichte, und auch jetzt, viele Jahre später, waren die beiden ein wunderbares Paar. Und so saßen wir gemeinsam im Verkostungsraum im Erdgeschoss ihres Hauses und aßen Käse und Brot und tranken wundervolle Weine, die in mehreren Stadien durch Nikos Hände gegangen waren. Beim Pflanzen des Rebstocks, bei der Pflege der Trauben, bei der Lese, beim Keltern, beim Abfüllen, beim Etikettieren. Und auf einmal konnte ich all das schmecken, was einem manchmal albern und übertrieben vorkommt, die leise fruchtige Note von Zwetschge oder Pfirsich, das Mineralische. Wein ist, vielleicht noch mehr als Bier, ein soziales Getränk. Ich würde, glaube ich, nie einen Wein allein trinken wollen. Wein hat mit Essen, mit Gemeinschaft, mit Gesprächen zu tun. Der Wein lockerte unsere Zungen, und wir sprachen über alles Mögliche, über Kinder, die Mosel, den Fußball, Konfirmationen im Hunsrück, Edgar Reitz, den man hier natürlich kannte. Am Ende eines langen Abends durfte ich im Gästehaus übernachten, wo sich normalerweise Touristen aus den Niederlanden oder aus ganz Deutschland einmieten, parterre im Wohnhaus von Nikos Eltern, zwei Straßen weiter, und ich schlief wie ein Baby. Am nächsten Morgen bekam ich eine exklusive Führung von Niko durch das Weingut mit den vielen großen Fässern und Edelstahltanks und den schmalen Traktoren für den Weinberg, die ganze Anlage zog sich mit ihren uralten Gewölben und Garagen durch mehrere Häuserzüge. In einer Wand war im Zement der Abdruck einer kleinen Kinderhand verewigt, daneben stand eingeritzt »Luisa 2007«, und auf einer Schiefertafel hatte jemand mit weißer Kreide geschrieben: »Winzer ist ein spaßiger Beruf, und der Niko hat da dran viel Spaß« Der kühle Geruch von Wein und Treber begleitete uns ins Freie.

Anschließend fuhren wir zu Nikos Weinbergen. Wir überquerten die Mosel auf einer Brücke, die direkt zu einem Steilhang führte. Wie eine Wand türmten sich die Reihen der Reben über hundert Meter hoch vor uns auf, ganz oben wies normalerweise ein großer weißer Schriftzug auf die Trittenheimer Apotheke, so der Name dieser berühmten Weinlage, hin, fast wie das berühmte Hollywood-Sign in den Hollywood Hills. Allerdings hatten irgendwelche besoffenen Abiturienten Buchstaben entfernt, ein offensichtlich beliebter Ritus, nun stand da nur noch irgendwas von »Po«. Mit Pharmazie hatte dieser Weinberg nichts zu tun, er gehörte wohl einst einem Abt aus Trier, und im lokalen Dialekt heißt Apotheke »Apdikt«, also wurde aus dem abtigen Weingut die Trittenheimer Apotheke. Bevor die Moselbrücke gebaut wurde, konnte man diesen Weinberg nur mit einer Fähre erreichen, davon zeugten noch zwei alte Fährtürme an beiden Enden der Brücke. Um 1900 war die ganze Welt völlig verrückt nach Wein von der Mosel, aus dieser Zeit stammten die prächtigen Jugendstilvillen entlang des Flusses.

Wir fuhren nun über Landwirtschaftswege steil hoch in die Weinberge. Hier bestand der Boden aus dem typischen Devonschiefer, den es so fast nur hier gibt, mal grau, aber manchmal auch rosa-violett, wenn der Stein einen hohen Eisenanteil hat. Und es ist genau diese Schieferart, die die Wärme der Sonne speichert und an die Reben weitergibt. Die Trauben sind daher eher klein, aber sehr intensiv und fruchtig im Geschmack. Die Straße durch die Weinberge endete, wir gingen zu Fuß weiter, sahen von oben auf der anderen Moselseite die bekannte Weinlage Trittenheimer Altärchen. Die Weinhänge waren lebensgefährlich steil, bis zu siebzig Prozent, das waren nicht mehr Steillagen, sondern Steilstlagen. Trauben werden hier mit viel Körpereinsatz und manchmal mithilfe von Seilwinden geerntet. Nur viel Idealismus und das Wissen um den besonders guten Geschmack dieser sonnendurchfluteten Reben treiben Menschen wie Niko an, solche komplizierten Weinberge zu hegen und zu pflegen. Keine Flasche Wein kann teuer genug sein, um diesen Aufwand zu entschädigen.

Zum Abschied kaufte ich noch ein paar Flaschen seines großartigen Rieslings Jungheld. Als ich sie ein paar Monate später im Winter öffnete, sah ich mich wieder mit Niko Schmitt im Steilsthang stehen, wie ein Basejumper bereit zum Absprung in die Tiefe, sah die Bienen und Schmetterlinge im Gegenlicht, hörte das Rauschen von großen Binnenschiffen unten auf der Mosel, das entfernte Martinshorn eines einsamen Krankenwagens auf der Landstraße gegenüber, roch den wilden Thymian, der zwischen den Felsritzen wuchs, und in mir war Sommer.

In diesem Augenblick im Weinberg beobachtete ich eine Eidechse, die sich auf einem Mauervorsprung sonnte (oder beobachtete sie mich?), und fast hätte ich vergessen, warum ich überhaupt da war. Ich musste ja mittags weiter zu meiner Bergtour in den Hunsrück.

Ich verließ Trittenheim mit meinem Auto, fuhr durch die steilen Weinberge in den Wald Richtung Süden, und innerhalb von Minuten änderte sich alles. Verglichen mit den pittoresken Dörfchen an der Mosel, die aussahen wie vom Fremdenverkehrsverband in Kooperation mit Märklin-Modelleisenbahnen entworfen, war das hier ein völlig anderer Kosmos. Rauer, unscheinbarer, viel Natur, wenig Mensch. Am Wegrand ein paar alte Mühlen und viel Farn, Ginsterbüsche leuchteten gelb auf Magergraswiesen am Waldrand, wilde Brennnesselfelder bedeckten Bachränder wie ein dunkelgrünes Vlies.

Der Hunsrück wird in jeder Himmelsrichtung von einem anderen Fluss eingefasst, die Kinder lernen in der Grundschule: »Mosel, Nahe, Saar und Rhein schließen unsern Hunsrück ein.« In der Umgebung finden sich Orte mit Doppelnamen, die alle so klingen, als könnten sie der Nachname einer SPD-Justizministerin sein: Hoppstätten-Weiersbach, Bernkastel-Kues, Enkenbach-Alsenborn, Traben-Trarbach. Ich fuhr entlang eines Flusses namens Dhron und kam zu einer breit ausgebauten Bundesstraße. Die Hunsrückhöhenstraße wurde 1938/39 auf Geheiß von Hermann Göring von Tausenden von Arbeitern in wenigen Monaten auf hundertfünfzig Kilometer Länge als Ost-West-Direktverbindung gebaut, man gab sie als Panoramastraße aus, als »Reichshöhenstraße« oder »Straße der weiten Aussicht«, tatsächlich diente sie als Aufmarschstraße für den Krieg gegen Frankreich. Direkt an dieser Straße befindet sich der Flughafen Hahn, der den Namen Flughafen Frankfurt-Hahn trägt, obwohl er von Frankfurt hundertdreißig Kilometer weit entfernt ist. Als würde sich Innsbruck in Tirol zum Münchner Flughafen erklären oder Bonn am Rhein zum Flughafen Dortmund. Früher flogen in Spitzenzeiten von hier im Hunsrück fast vier Millionen Menschen pro Jahr nach Mallorca, wohin auch sonst, oder nach Teneriffa, aber auch nach Marrakesch, Kuwait oder Santiago de Compostela. Ich bin dann mal weg. Inzwischen hat die Zahl der Passagiere abgenommen, die Leute haben vermutlich während der mühsamen Anreise dann doch bemerkt, dass Hahn nicht Frankfurt ist. Auch das berühmteste Säugetier des Hunsrück hat mit diesem Flughafen zu tun. Als 2006 die Startbahn für den Billigflieger Ryanair verlängert werden sollte, kam die Mopsfledermaus dazwischen, eine fast ausgestorbene Spezies, die zwischen Baum und Borke nistet und damals bundesweit Schlagzeilen machte. Die Deutsche Post hat 2019 der Mopsfledermaus sogar eine eigene Briefmarke gewidmet. Der berühmteste Mensch, den der Hunsrück je hervorbrachte (außer Edgar Reitz), ist Johannes Bückler alias Jakob Ofenloch alias der Schinderhannes, jener berüchtigte Räuber, der um 1800 über zweihundert Straftaten verübte, aber als Robin Hood des Hunsrück glorifiziert und oft literarisch gewürdigt wurde.

Ich kam nach Morbach, zehntausend Einwohner und damit quasi das Manhattan in dieser bevölkerungsarmen Gegend, der Ort, aus dem Edgar Reitz stammt und wo wir uns in seinem Elternhaus verabredet hatten. Früher war sein Vater Robert hier als Uhrmacher tätig gewesen, Edgars Bruder hatte später jahrelang das Uhrengeschäft geführt. Inzwischen hatte Reitz das Haus der Gemeinde Morbach zur Verfügung gestellt und zu einem Café, Kino und Museum umbauen lassen. Das Café Heimat soll ein Treffpunkt sein, ein Erinnerungsort für die legendäre *Heimat*-Serie. Zugleich wird Arthouse-Kinokultur gepflegt, in einem Städtchen, in dem es normalerweise gar kein Kino mehr gäbe oder nur eines, in dem die üblichen Hollywood-Blockbuster zu sehen wären. Im Treppenhaus hängen Schwarz-Weiß-Fotos von allen Darstellern aus der Serie *Heimat*, wie eine Ahnengalerie, im ersten Stock sind Artefakte wie Original-Drehbücher oder Requisiten ausgestellt. Im Erdgeschoss schließlich befindet sich das Kino mit einer Leinwand, die man herauf- oder herunterlassen kann, ganz nebenbei ist es mit vierzig Quadratmetern und dreißig Plätzen das kleinste Kino von Rheinland-Pfalz. Dazu gibt es das Café mit bestem selbst gemachten Kuchen und urbaner Barista-Kultur mit Kaffeebohnen aus einer Kleinströsterei, alles bio, alles fair.

Das war nicht Hunsrück, das war Schwabing, Kreuzberg, Schanzenviertel. Edgar Reitz war noch ins Gespräch vertieft, er hatte ein Programmtreffen des Kino Heimat und war mit seiner Frau Salome und einer kleinen Delegation aus München dafür angereist.

Wir freuten uns beide sehr über unser Wiedersehen. Ich erzählte Reitz von meiner geplanten, aber missglückten Anreise mit der Bahn und meiner Übernachtung im Weingut, er sprach über das Café Heimat und seinen Heimatort Morbach. Dann wandten wir uns der Wanderung zu. Um auf den Gipfel des Erbeskopfs zu gelangen, gab es mehrere Möglichkeiten. Zu Fuß, mit dem Fahrrad oder mit dem Auto. Wir entschieden uns für Letzteres. Reitz hatte nicht viel Zeit, und ich wollte ihm ersparen, mit seinen sechsundachtzig Jahren viele Stunden lang durch den Wald zu wandern. Eine Besonderheit des Erbeskopfs kam hier ins Spiel: Er ist der einzige der sechzehn höchsten Berge Deutschlands, der mit dem Auto befahrbar ist, die Landstraße führt direkt auf den Gipfel. Und so konnten wir das praktizieren, was ich bisher nur vom Buchtitel eines orangefarbenen Wanderführers aus meiner Kindheit kannte: *Autowandern*. Edgar Reitz setzte sich auf den Beifahrersitz meines Wagens, lehnte sich zurück, und wir fuhren von Morbach stetig bergauf, bis wir auf dem Erbeskopf waren. Als wir ankamen, spürte ich, dass Reitz ein bisschen gerührt war; er besuchte den Berg zum ersten Mal seit fast vier Jahrzehnten – dabei hatte der Erbeskopf ihn seine ganze Kindheit über begleitet.

Zum allerersten Mal war Edgar Reitz 1933 auf diesem Berg, als Baby, weil seine Eltern gerne sonntags mit ihrem kleinen Opel hier hinauffuhren, das mit dem Drive-in ging schon damals. Als der Zweite Weltkrieg kam, endeten die Picknick-Ausflüge. Im Alter von zehn Jahren weitete sich der persönliche Radius von Reitz, er unternahm Fahrradtouren an die Mosel oder an den Rhein. Fernweh war und ist eines der stärksten Motive seines Lebens. »Heimat war etwas, vor dem ich mich damals in Sicherheit bringen wollte«, sagte er mir. »Der Hunsrück ist eine hügelige Landschaft, und egal wo man lebt, man hat einen begrenzten Horizont und immer das Gefühl, hinter dem Hügel muss doch das große Glück sein oder die unbekannte endlose Welt. Ich war ein wirklich sehnsüchtiges Kind.« Die Berge waren aber nicht sein Traumziel, denn von den Bergen aus sah man nur immer wieder neue Berge. Stattdessen zog es ihn schon früh ans Meer. Seine ersten wochenlangen Radtouren mit vierzehn oder fünfzehn kurz nach dem Ende des Krieges führten ihn, mit einem Fahrrad ohne Gangschaltung und mit einem kleinen Zelt auf dem Gepäckträger, an die Nordsee und die französische Atlantikküste. Ganz allein, seine Eltern ließen ihn fahren, »die hatten ganz andere Sorgen, wir waren damals überhaupt nicht behütet als Kinder«. Ich versuchte, mir so etwas in der heutigen Zeit vorzustellen, und konnte es nicht.

Wir stiegen nun gemeinsam auf einen dunkelbraunen Aussichtsturm, der sich auf dem Gipfelplateau befand. Der Erbeskopf ist nicht nur der höchste Punkt von Rheinland-Pfalz. Tatsächlich gibt es, wenn man nach Norden und Nordwesten blickt, keinen höheren Berg bis zum Ärmelkanal oder bis zur Nordsee: Weder der höchste Berg Belgiens (Signal de Botrange, 694 Meter) noch der von Luxemburg (Kneiff, 560 Meter) oder der Niederlande (Vaalserberg, 322 Meter) können es mit diesem Giganten (816 Meter) aufnehmen. Also wie Helge Schneider sagen würde, die gesamten Beneluxstaaten, also Belgien, die Niederlande, Luxemburg, Holland und Belgien, dazu noch Holland und die Niederlande, also die ganzen Beneluxstaaten. Und Luxemburg. Ich glaube, ich habe Belgien vergessen.

Edgar Reitz blickte vom Gipfelturm in die Ferne, zu den Drehorten seiner Serie *Heimat*. Das meiste davon spielte in einem fiktiven Ort namens Schabbach. Gedreht wurde in verschiedenen Orten wie Woppenroth oder Gehlweiler, oder auf einem Friedhof, auf dem heute noch fiktive Film-Grabsteine aus der Serie stehen. Die Schienen der Hunsrückbahn, welche noch eine größere Rolle in *Heimat I* spielte, verrosten und verrotten dagegen, weil die Strecke inzwischen stillgelegt wurde. Der Hunsrück war der perfekte Drehort, weil hier gewissermaßen die Zeit stehen geblieben ist.

In diesem Moment kam ein Wandererpärchen aus Hessen die Treppe zum Turm hinauf, Edgar Reitz kannten sie nicht. Die Ausstrahlung seiner Serie lag nun schon ein Weilchen zurück: 1984 hatte jede Folge der Serie in Deutschland über zehn Millionen Fernsehzuschauer gehabt, also so viele wie zuletzt die Show *Wetten, dass …?* oder der *Tatort*, quasi ein Straßenfeger, als es so etwas noch gab. Die beiden Hessen hatten aber von alledem nichts mitbekommen, die Frau lachte: »Damals war ich zwanzig, da habe ich was anderes geschaut.« Wir fragten nicht nach, was.

Im Ausland ist Reitz kurioserweise zum Teil berühmter als in Deutschland, in mehr als vierzig Länder wurde *Heimat* verkauft. Unter anderem nach Italien, wo sich über eine Million Menschen im Kino die komplette *Heimat Due*-Staffel ansahen, also unglaubliche fünfundzwanzig Stunden Film, und wo der Regisseur jede Menge Orden und Ehrungen bekommen hat. Der Grund für den Erfolg? »Das liegt sicher daran, dass die Landschaft nicht so charakteristisch ist, dass man also nicht von hier kommen muss, um zu verstehen, was wir meinen. Es ist ein Mittelgebirge, das mit vielen anderen zu vergleichen ist, ganz Europa ist voll davon. Die Leute haben sich in der Serie selber gesehen, auch ohne aus dem Hunsrück zu stammen. Sogar eine Japanerin hat mich in

Venedig angesprochen, kam weinend aus dem Kino und sagte, das ist genau die Geschichte meiner Großmutter.«

Der Hunsrück ist überall. Buchstäblich, denn weil viele Menschen im 19. Jahrhundert durch Missernten gezwungen waren, aus dem Hunsrück nach Südamerika auszuwandern, wird auch heute noch im Süden Brasiliens von vielen Nachfahren der Dialekt Hunsrücker Platt gesprochen, als sogenanntes Riograndenser Hunsrückisch. »Jedenfalls von sehr viel mehr Menschen als hier im Hunsrück. Es gibt dort mehr als zwei Millionen Brasilianer, die Hunsrückisch sprechen, und hier keine hunderttausend«, sagte Reitz. Im Hunsrücker Dialekt heißt übrigens das Huhn Hinkel, daher stammt auch der Begriff Hinkelstein aus den deutschen *Asterix*-Heften. Auch der Begriff »jemanden piesacken« stammt aus dem Hunsrück.

Das nächste Wandererpaar erschien auf dem Aussichtsturm, eine siebzigjährige Hamburgerin, die völlig außer Atem war, zusammen mit ihrem Mann, der kein Wort sagte. Vielleicht hatte sie ihn zuvor gepiesackt. Sie hechelte und erzählte japsend, dass sie auf dem Hunsrücksteig unterwegs seien, von Idar-Oberstein nach Trier. Sie waren von Morbach zu Fuß aufgestiegen, fünf Stunden lang, also genau die fünf Stunden, die wir uns erspart hatten.

Vom Gipfel aus blickten wir auf eine Radaranlage der Bundeswehr, die wie ein überdimensionales Osterei aussah. Lange Zeit war der Erbeskopf, so wie der Brocken im Harz, militärische Sperrzone und durfte nicht betreten werden. »Die friedlichen Wälder, die wir von hier oben sehen, 360 Grad, waren immer wieder Verstecke für die Atomwaffen der Amerikaner«, erklärte mir Reitz. »Man lebte auf einem Pulverfass.« 1964 wurde am Erbeskopf von der deutschen und US-amerikanischen Luftwaffe ein Kommandobunker in Betrieb genommen, genannt »Bunker Erwin«. Von 1973 bis 1975 nutzte ihn die NATO, danach befand sich bis 1994 auf dem Gelände das geheime Kriegshauptquartier Europa-Mitte. Wenn es also einen Krieg gegeben hätte, wäre er von hier oben gesteuert worden. Gespenstisch. Mit Ende des Kalten Krieges wurde Bunker Erwin überflüssig. Inzwischen ist er an eine schwäbische Softwarefirma verkauft worden, die hier die Datensicherung für Hochleistungsrechner betreibt. Der nächste Krieg soll ja ohnehin im Netz stattfinden, hieß es früher immer. Bis der Ukraine-Krieg kam.

Wir stiegen hinunter vom Turm, und ich versteckte, wie auf jedem meiner sechzehn Gipfel, einen lokalen Schnaps; in diesem Fall hieß er Herrmännche, benannt nach dem Protagonisten aus der *Heimat*-Serie von Reitz, und ich verbarg das Fläschchen in der Wurzel einer gefällten Buche, nicht weit vom Gipfelturm. Dann mussten wir uns verabschieden. Edgar Reitz brach mit seiner Entourage zurück nach München auf, vermutlich würden wir uns bei Karlsruhe im Stau wiedersehen. Ich blieb noch einen Moment auf dem Gipfel des Erbeskopfs, blinzelte in die tief stehende Sonne und freute mich über den schönen Frühsommerwind. Auf der großen Gipfelebene standen ein paar Sitzbänke aus Sichtbeton, in welche die Silhouetten und die Namen der umliegenden Berge eingraviert waren. Ich staunte über die Einfallslosigkeit der Gipfelbenennung im Hunsrück. Nahezu jeder Name dieser Berge in der Umgebung endete mit -kopf. Da war der Sandkopf, der Steingerüttelkopf, der Springenkopf, der Diebskopf, noch ein anderer Sandkopf, der Viehauskopf, der Ringelkopf, der Friedrichskopf, Teufelskopf, Schimmelkopf, die Butterhecker Steinköpfe (oho, es ging also auch im Plural), der Pfannenfelskopf, Wildenburger Kopf, Bromertskopf, Ringkopf, Raukopf, Schlaukopf, Katzenkopf. *Warum* alle auf -kopf enden, diese Frage überlasse ich gerne den Forschern aus dem Bereich der Oronymie, der Gebirgs- und Bergnamenforschung, einem Unterbereich der Toponomastik, der Ortsnamenkunde. Bei Kopf oder Zahl hätte ich jedenfalls gewusst, worauf ich setzen muss.

PS: Zum Schluss noch eine Geschichte, die unbedingt erzählt werden muss und die mit dem Geburtsort von Edgar Reitz zu tun hat. Aus Morbach stammt auch der fiktive SPD-Politiker Jakob-Maria Mierscheid, angeblich geboren am 1. März 1933, also auf den Tag genau vier Monate nach Reitz. Mierscheid war die Erfindung zweier SPD-Bundestagsabgeordneter zu Bonner Zeiten, die auf satirischem Weg den Archetyp eines Hinterbänklers im Parlament erschaffen wollten, den man immer wieder zitieren und an dem man Missstände oder Kurioses im Parlamentsbetrieb humorvoll festmachen kann. Mierscheid kam angeblich 1979 in den Bundestag, er war katholisch (wie fast alle in Morbach), Kleintierzüchter, Gewerkschafter, vierfacher Vater, und er schrieb und unterschrieb noch in Sütterlin-Schrift. In seiner parlamentarischen Arbeit setzte er sich (angeblich) für die geringelte Haubentaube ein, er sprach auf dem dritten Höchster-Steinlaus-Symposium über FCKW-Ersatzstoffe, er war im Mittelstandsausschuss des Bundestages. Mit Hingabe erfanden die Abgeordneten diese Kunstfigur, und auch mit großer Raffinesse; sie ließen ihn zum Beispiel regelmäßig über die Hausrufanlage des Bundestages ausrufen, sodass der Name Mierscheid bei den Parlamentskollegen im Gedächtnis blieb. Irgendwann tauchte er tatsächlich im *Who's Who in Germany* auf, zudem auf der Homepage des Deutschen Bundestags. Letztendlich hatten alle Abgeordneten Freude an diesem erfundenen Parlamentarier, sodass an seinem achtzigsten Geburtstag Bundestagspräsident Norbert Lammert offiziell gratulierte. Das Protokoll verzeichnet an dieser Stelle »Heiterkeit« unter den Abgeordneten. Später wurde als Aprilscherz beim Reichstag eine der Verbindungsbrücken über die Spree zum Jakob-Mierscheid-Steg ernannt (und der *Falk*-Stadtplan Berlin übernahm aus Versehen diese Namensänderung).

Der erfundene Abgeordnete wurde einmal vom SPD-Fraktionsvorsitzenden Franz Müntefering gerügt, weil er »Ulla Schmidt« als Unwort des Jahres vorgeschlagen hatte – die damalige Gesundheitsministerin war not amused. Und so blieb dieses Schelmenstück in Parlamentarierkreisen präsent, immer wieder flackert Jakob-Maria Mierscheid auf, etwa wenn ein typisch deutscher Abgeordneter aus der Provinz zu Wort kommen soll. Auch wenn es diesen Morbacher nie gab. Oder doch? In Morbach jedenfalls wird sein Andenken in Ehren gehalten, mit dem offiziell nach ihm benannten Wanderweg, der über elf Kilometer vom Ortsteil Elzerath über Heinzerath nach Gonzerath führt, mit Infotafeln zu seinem Leben und der Möglichkeit, unterwegs seine Lieblingsspeisen »Schleckereie vom Hunsbockel« oder »Von allem Ebbes« (Zitat Mierscheid) zu essen. Lang lebe Morbach, lang lebe Mierscheid, und lang lebe das wunderbare Lebenswerk von Edgar Reitz!

5

Der Hasselbrack/Hamburg (116,2 Meter)
Mit Dennis Gastmann (Reisebuchautor)

5. Juni 2019

Lost in Farn. Der unauffindbare Berg im Wald,
aber immerhin: mit Gipfelbuch

Ich hatte einen schrecklichen Traum. Ich träumte, ich sei
Franz Josef Strauß. Ich stand auf einer Anhöhe im Kleinwal-
sertal, und vor mir standen Zehntausende CSU-Fans und warteten auf eine Rede. Doch ich hatte: kein Mikrofon. Und: keine
Rede. Und: Ich war Franz Josef Strauß. Es war: ein multipler
Albtraum. Als ich aufwachte, war ich so erleichtert, nichts
hätte meinen Tag trüben können, keine Aufgabe wäre zu groß
gewesen, um sie nicht zu bewältigen. Meine Aufgabe war: den
Hasselbrack zu besteigen. Einen der Berge, die von München
am weitesten entfernt waren auf meiner Deutschlandreise.

Mit drei Menschen aus Hamburg wäre ich unglaublich
gerne auf den Hasselbrack gestiegen: Roger Willemsen, Gunter Gabriel und Harry Rowohlt. Roger Willemsen und mich
verband eine kleine Brieffreundschaft, eine »Komplizenschaft«,
wie er mir mal schrieb. Ich hatte ihn vor vielen Jahren in
meiner Radiosendung zu Gast, und wir verstanden uns blen-
dend. Ich brachte ihn nach der Sendung zum Bahnhof, und
weil er mir von einer kleinen Schokoladen-Schwäche erzählt
hatte, besorgte ich ihm am Bahnhofskiosk unbemerkt einen
Mars-Riegel, den ich ihm konspirativ zusteckte. Über die Jahre

schickten wir uns dann immer wieder mal kurze Briefe, ganz altmodisch mit der Post. Willemsen, der Moderator, der Autor, der Gelehrte hatte die seltene Gabe, sowohl ein Intellektueller als auch ein außerordentlich empathischer und humorvoller Mensch zu sein. Er kannte das Werk von Karl May ebenso gut wie das von Jacques Derrida. Er liebte es zu reimen und ebenso, sich einen Reim auf die Welt zu machen. Konnte aus dem Stegreif stundenlang über die Oper reflektieren und hatte zugleich ein großes Herz für die Popkultur; oder die Politik, wie er im Buch *Das Hohe Haus* bewies. Er war im Kern das, was man gemeinhin als einen Bildungsbürger bezeichnet, aber im buchstäblichen Sinne, ohne die oft vorhandene negative Konnotation. Roger Willemsen trug ein unstillbares Verlangen nach dem Grund des Seins in sich, eine Neugierde, sich immer wieder auf Fremdes, Unverständliches einzulassen, die Welt mit offenen Augen zu bereisen, um zu sehen, wo der »Knacks« liegt, der Riss im Firnis der menschlichen Zivilisation. Ob er nun am Darß in Mecklenburg-Vorpommern unterwegs war oder im patagonischen Feuerland, er war gewissermaßen der Humboldt der Geisteswissenschaften, immer auf der Suche nach Neuland. Sein letztes Werk war das schmale, aber sehr substanzielle Buch *Wer wir waren*, ein melancholischer Blick aus der Zukunft auf unsere Gegenwart. Mit großer Skepsis blickte Roger Willemsen auf eine sich digital überhöhende und ständig beschleunigende Welt der Ökonomisierung, die er selbst nicht mehr erleben konnte, da er 2016 von uns ging. Was hätte Willemsen wohl gesagt zum Hasselbrack? War er vielleicht sogar schon einmal dort gewesen? Wie schade, dass ich ihn das nicht mehr fragen kann. Über sein glucksendes Auflachen hätte ich mich gefreut.

Und auch Gunter Gabriel ist leider nicht mehr unter uns. Auch er hatte wie Willemsen ein großes Herz für die Menschen und die unendlichen Weiten des Lebens. Er war gewissermaßen der deutsche Johnny Cash. Gebeutelt vom Leben, das ihm in den Siebzigerjahren zunächst große Hitparadenerfolge bescherte, als er die Country-Musik nach Deutschland brachte und dazu klassenkämpferische Texte für Lieder wie *Hey, Boss ich brauch mehr Geld* schrieb oder weniger Kämpferisches wie *Komm unter meine Decke*. Gunter Gabriel lernte ich als Kind vor dem Fernseher in der *ZDF-Hitparade* kennen. Ich lernte ihn lieben, als er 2011 in meiner Sendung zu Gast war und mir mit seiner unbeschreiblichen Brummbär-Stimme von dem Auf und Ab seines Lebens erzählte, von seiner ersten Liebe, die er in München traf und mit der er die Nacht verbringen wollte, wenn nicht ein Vollidiot beim Parken sein Auto so zurückgesetzt hätte, dass Gabriels Hand zwischen zwei Fahrzeugen brutal eingequetscht wurde und er im Krankenhausbett und nicht im Bett seiner Liebsten landete. Er sprach über das KaDeWe in Berlin, durch das er damals in grenzenloser Euphorie wegen seiner millionenfachen Plattenverkäufe einfach mal mit dem Motorrad gefahren war und dabei die Parfümerieabteilung verwüstet hatte. Der Kaufhauschef kam anschließend auf ihn zu und sagte nur: »Bitte kommen Sie morgen wieder, Herr Gabriel.«

Dann aber Alkohol, vier Kinder von fünf Frauen, Scheidungen, Stress mit der Polizei, Leben im Wohnwagen, schlechte Berater, das ganze Klischeeprogramm bis hin zu dem Punkt, als Gunter Gabriel total am Boden lag, pleite, verloren, versunken, vergessen. Dachte er. Aber vergessen war er eben nicht, und als er in einer Fernsehsendung anbot, für tausend Euro Gage für jedermann, egal wo in Deutschland, ein Privatkonzert zu spielen, um seine fünfhunderttausend Euro Steuerschulden zu tilgen, stellte sich heraus, dass ihn die Menschen im Herzen behalten hatten. Und so spielte er

Hunderte von Konzerten in Garagen und Küchen, auf einem Baustellenkran in Hamburg, für Feuerwehrleute, für Rentnerinnen, in Vorgärten für Familien, für Motorradclubs und Trucker. Diese Tour durch Deutschland eröffnete das letzte Kapitel seines Lebens, in dem nun auch Menschen zu ihm fanden, die ihn vorher als Schlagersänger belächelt hatten. Und so lebte er zufrieden auf seinem Hausboot in Hamburg und radelte im Morgenmantel zur Tankstelle, um sich die *MoPo* zum Frühstück zu holen. Leider stürzte er – auch sein Tod war ein Drama – ausgerechnet an seinem fünfundsiebzigsten Geburtstag auf einer Treppe und verstarb elf Tage später. Seine Asche wurde in die Ostsee gestreut. Der Hasselbrack hätte ihm bestimmt gefallen.

Harry Rowohlt schließlich, genialer Übersetzer von *Pu der Bär*, Fan von Flann O'Brien, Vortragskünstler und Unikat mit der wohl tiefsten Stimme, die ich je gehört habe. Ich liebe eine Geschichte, die er mir mal erzählte: Harry Rowohlt, dieser unverwechselbare Mann mit dem langen grauen Bart und den langen grauen Haaren, der in der ARD-*Lindenstraße* den Obdachlosen spielte, dieser markante, voluminöse Mensch war einmal mit dem ICE in einem Großraumwagen unterwegs gewesen. Ein paar Reihen vor ihm saß ein Geschäftsmann, der mit dröhnender Stimme am Handy telefonierte, Angestellte aus der Ferne schikanierte, Geschäftsabschlüsse feierte, kurzum, der mit großer Geste alle Mitfahrenden an dem Umstand teilhaben ließ, dass er rundum erfolgreich, mächtig und mächtig stolz darauf war. Die Menschen im Zug rollten mit den Augen, waren unendlich genervt von diesem präpotenten Selbstdarsteller, aber keiner traute sich, das Wort gegen ihn zu erheben und Ruhe einzufordern. Irgendwann rief der Geschäftsmann seine Frau an und gaukelte ihr den gefühlvollen Ehemann vor. In diesem Moment stand Harry Rowohlt auf, ging ganz ruhig, aber sehr bestimmt zum Platz des Mannes, beugte sich leicht über ihn und sprach mit seiner vibrierenden Bass-Stimme folgende Worte in sein Telefon:»Komm zurück ins Bett. Ich bin nackt. Mir ist kalt.«Dann ging Harry Rowohlt kommentarlos zurück, und unter Anteilnahme des ganzen Waggons stotterte der Geschäftsmann in sein Handy:»Doch, ich bin im Zug … Äh, nein, ich kenne den Mann überhaupt nicht … Schatz … Es ist ganz anders, als du denkst …«

Harry Rowohlt wäre ein wundervoller Wanderbegleiter auf den Hasselbrack gewesen, leider starb er 2015. R.I.P. Doch ich fand einen perfekten anderen Mitwanderer, dazu gleich mehr.

Die Zugfahrt nach Hamburg verlief ereignisarm. Ein Wasserskifahrer war bei Kitzingen unterwegs auf dem Main. Einem Kind fiel am Bahnhof in Würzburg ein Dolomiti-Eis aus der Hand, das Geschrei war groß, aber die Zugfensterscheibe dick und dicht. Wie ein Stummfilm in Farbe. Weiterfahrt. Tunnel. Schafe auf einer Wiese. Tunnel. Flussauen mit Wandergruppe in der Rhön. Tunnel. Flussauen ohne Wanderer. Tunnel. Zwei Rennradler und ein gelbes Postauto auf einer geschlängelten Landstraße, am Himmel ein einziges Wölkchen. Eine Service-Mitarbeiterin der Bahn trug frisch gebrühten Kaffee an meinem Platz vorbei. Ich lehne Zugkaffee ab. Zu oft habe ich mir die Zunge verbrannt, weil der Kaffee offenbar vor Fahrtbeginn des ICE in einem Hochofen erhitzt wird, in dem man sonst Eisenerz schmilzt. Selbst nach einer langen Fahrt von München nach Hamburg blubbert der Filterkaffee in den Bahn-Thermoskannen luzifermäßig wie Lava im Vulkan. Kalter Kaffee? Das wurde der Deutschen Bahn AG sicher noch nie vorgeworfen. Kurz hinter Göttingen: Menschen mit schlechten Tattoos auf gebräunter Haut zogen an mir vorbei, chinesische Schriftzeichen, Tribals, ein Würfel, eine Faust, ein windschiefer Engel.»Give never up the fight«, wollte mal ein Besoffener auf einer Tattoo-Convention gestochen haben. Der Tätowierer weigerte sich. Und ließ es sich später selbst stechen, weil er es so herrlich doof fand.

Es war erst Anfang Juni, aber es fühlte sich an wie Hochsommer. Ein Songtext des Regensburger Punksängers Ibrahim Lässing kam mir den Sinn: »Kleine dicke Fünftklässler/ schwitzen im Schulbus/und malen mit Filzstift/Pimmel auf die Rückenlehnen« (»Der erste heiße Tag«). Hätte ich jetzt auch gerne auf den Sitz vor mir geschrieben. Aber ich traute mich nicht. Stattdessen ließ ich meinen Blick zu einem Kaliberg schweifen, der in der Ferne weiß leuchtete wie der Mount Rainier, wenn man ihn von Seattle aus sieht. Was macht man eigentlich mit Kali?, fragte ich mich. Ist Kali was zum Essen, ein Grundstoff für Mondamin? Oder wird Kali zu Kreide gepresst und landet in der Schule? Im Chemieunterricht habe ich wenig gelernt und das meiste davon vergessen, aber nie wurde über Kali geredet. Das weiß ich sicher. Vermerk im Notizbuch: Kali recherchieren. Mir war langweilig. »Deutschland ist schön«, stand auf der Titelseite des *mobil*-Magazins der Deutschen Bahn, das im Ablagenetz des Vordersitzes klemmte. Das Titelbild schmücken fast immer Prominente, von denen ich stets annehme, sie wären gerade erst auf dem Titelbild gewesen.

Der ICE fuhr in den Hamburger Hauptbahnhof ein. Es gibt diesen einen besonderen Moment, wenn der einfahrende Zug die Myriaden von Güterwaggons am Rangierbahnhof in Maschen passiert und hinter Harburg die Elbbrücken überquert hat und die blau-roten Riesenkräne im Hamburger Hafen inmitten all der riesigen bunten Containerstapel auftauchen, die neue Elbbrücke im Rücken, die Elbphilharmonie etwa dreißig Grad backbord, wenn sich der hellblaue norddeutsche Himmel am Horizont in weiße, tief stehende Wolkenbänke auffaltet, als lägen hinterm Stadtrand schon die ersten Eisberge Grönlands; das ist der Moment, in dem meine Armhärchen Stellung beziehen wie die Grenadier Guards vor dem Buckingham Palace, wenn die Queen mit einer weißen Kutsche um die Ecke biegt, mein persönlicher Skandinavien-ich-komme-Moment, den man vermutlich so ähnlich auch als italophiler Norddeutscher erlebt, sobald man auf der A 9 kurz vor Allershausen bei Föhnwetter die bayerischen Alpen in der Ferne sieht und sich schon in Verona wähnt, quasi der universelle Fernwehmoment, in dem ein lang gehegter Wunsch Wirklichkeit wird. (Das war, glaube ich, der längste Satz in diesem kompletten Buch, und ich hoffe, er hat sich gelohnt.)

So jedenfalls ging es mir, als ich in den Hamburger Hauptbahnhof einfuhr. Da meine Wanderung erst am darauffolgenden Morgen begann, ich mich also gemütlich auf Hamburg einstimmen konnte, hatte ich mich für den frühen Abend am Elbstrand mit einer Frau verabredet, die ich zwei Tage zuvor im Münchner Univiertel kennengelernt hatte. Janina war früher Fernsehjournalistin, dann Weltreisende und nun Bloggerin und Buchautorin. Sie hatte gerade ein Buch darüber geschrieben, wie sie als alleinerziehende Mutter mit ihrem fünfjährigen Sohn Max und dessen heiß geliebtem Teddybär Bärti zwei Jahre lang um die Welt gereist war, ohne festes Zuhause, immer nur als Gast auf Zeit, auf Durchreise. Eine Vorstellung, die mich gleichermaßen faszinierte und irritierte. Wie schön das wäre, diese grenzenlose Freiheit, die Möglichkeit, immer dem Wind zu folgen, sich immer wieder neu erfinden zu können und täglich neue Menschen kennenzulernen, die Welt zu entdecken, so wie einst Magellan, Humboldt oder Jack Kerouac. Und wie unendlich anstrengend zugleich, permanent neue Menschen, unbekannte Orte und Situationen, die Gefahr, im Ausland krank zu werden, wer kümmerte sich dann um den kleinen Sohn? Wir trafen uns am Elbstrand in Blankenese, einem magischen Ort, insbesondere, wenn man aus dem Süden der Republik kommt und keinen Hochseehafen kennt. Janina, Max und ich saßen in der Abendsonne im Sand, die Elbe nur ein paar Meter von unseren Füßen entfernt, mit leichtem Wellengang fast wie die Ostsee, denn im Minutentakt fuhren Containerschiffe vorbei, groß wie Wohnblocks. Eine surreale, märchenhafte Szenerie. Ich mochte das sehr. Mir ging es ein bisschen wie einer Bekannten aus Unterfranken, die sich regelmäßig in die Würzburger Weinberge setzt, direkt hinter den Bahngleisen vom dortigen Hauptbahnhof, und stundenlang Güterzügen zusieht, wie sie Richtung Norden oder Süden rollen. Und weil diese Frau ursprünglich aus der Sprayer-Szene stammt und die Handschrift, Tags und Styles all ihrer Kumpels und Mitstreiterinnen in Deutschland kennt, sieht sie dabei immer eine Kunstausstellung auf Rädern vorbeifahren, mit Graffitigrüßen ihrer Freundinnen und Freunde, wie eine Documenta-to-go.

Im Internet konnte man die Namen der vorbeiziehenden Containerschiffe eingeben und wusste im Nu, wer der Besitzer war, in welchem Land das Schiff registriert und wann es gebaut wurde, welche Routen es üblicherweise fuhr, also Shipspotting für Fortgeschrittene. Nur wie viel Kokain es geladen hatte, war nicht so leicht zu ermitteln. Kürzlich hat der Hamburger Zoll sage und schreibe viereinhalb Tonnen Koks in einem dieser Containerschiffe gefunden, Marktwert eine Milliarde Euro. Gerade fuhr ein gigantisches chinesisches Schiff vorbei, mit etwa zwanzigtausend Containern, was mochte darin wohl verborgen sein?

Wir sprachen über all die Reisen, die Janina in den letzten Jahren mit ihrem Sohn gemacht hatte, als Netznomadin, die über das Reisen schreibt. In Australien übernachtete sie gerade mit einer anderen Familie im Outback, als auf einmal nachts ein Geländewagen ankam und ihren Wagen rammte, immer wieder, dann absichtlich Tische und Zelte umfuhr und wieder verschwand. Die nächste Polizeistation war über eine Stunde Autofahrt entfernt. In Kalifornien rissen bei einem Unfall mit dem Skateboard die Bänder in Janinas Knie, und sie bekam eine Thrombose, musste wochenlang auf Krücken gehen. Aber es überwogen die schönen Momente: Janina und Max ritten durch die Mongolei, fuhren mit dem Containerschiff bis nach Französisch-Polynesien, ließen sich in Bali nieder.

Nach all den Monaten rund um die Welt war Deutschland ein großes Abenteuer für Max. Er schlich um mich rum und sagte immer wieder was auf Englisch. »How do you do!« »I'm Max!« »Do you like Hamburg?« »Do you like Hamburger?« Er war stolz, aber auch ein bisschen verwirrt, wo war er denn jetzt schon wieder? Einpacken, auspacken, weiterfahren. Ein Containerschiff namens *Al Hilal* fuhr in diesem Moment vorbei, unter der Flagge von Liberia, über dreihundert Meter lang, es pendelte – wie ich herausfand – von Australien nach Europa, fast ein Sinnbild für Janina und ihren Sohn, immer unterwegs.

Irgendwann wurde es dunkel, die Sonne war als glühender Ball in der Ferne untergegangen, hatte die Elbe und die Schiffe gelb getönt. Max musste ins Bett und ich zu meiner Couchsurfing-Übernachtung nach Altona.

Mit dem Linienschiff des HVV fuhr ich elbaufwärts aus Blankenese zu den Landungsbrücken, auch auf dieser Fahrt galt meine schwarze BahnCard 100, und ich fühlte mich in diesem Moment grenzenlos frei, stand wie Kate Winslet an der Reling und jubelte leise in mich hinein, das ist vielleicht das schönste aller Gefühle, wenn Freude implodiert. Ich blickte vom Wasser über Hamburg, St. Pauli, irgendwo der alte Golden Pudel Club, die Reeperbahn, die Beatles waren vor sechzig Jahren hier gewesen, ein paar Möwen flogen knapp an mir vorbei. »An den Landungsbrücken raus. Dieses Bild verdient

Applaus.« Diese Songzeile der Hamburger Band Kettcar ging mir durch den Kopf und nicht mehr aus dem Sinn. Freundlicherweise hatte der Gitarrist der Band mir zugesagt, ich könne bei ihm übernachten, und auch das verdiente Applaus, denn der Mann kannte mich gar nicht. Ein gemeinsamer Freund hatte Erik und mich in Verbindung gesetzt, uns beiden mitgeteilt, dass der jeweils andere ein netter Mensch sei und viel dafürspräche, dass wir uns endlich mal kennenlernten. Und so machte ich mich auf den Weg in eine Eckkneipe namens Wohlers, wo wir uns verabredet hatten. Ich wusste nicht, wie Erik aussieht, aber ich musste nicht lange suchen. Vier Jungs standen beim Eingang am Tresen und empfingen mich mit offenen Armen. Erik war gerade mit einer Gruppe von Freunden aus dem Theater in Altona gekommen, wo sie sich eine Bühnenadaption von *Absolute Giganten* angesehen hatten, übrigens einer der besten deutschen Filme aller Zeiten mit einem unglaublichen Tischkicker-Duell auf Leben und Tod. Alle waren bester Laune, ganz beschwingt, ein Brüderpaar aus dem Taunus, ihr Wegzug aus dem Zweihundert-Seelen-Dorf hatte die Gesamtbevölkerung um ein Prozent dezimiert, dann Erik, der eigentlich aus dem Allgäu stammte, und ein Freund namens Florian, der aus welchen Gründen auch immer als Privatier und Gönner durchs Leben ging und unserer kleinen Herrenrunde alle paar Minuten einen Single Malt Whiskey der Destillerien von Balvenie oder Talisker ausgab. Es war wie im Film.

Erik erzählte mir von seiner Kindheit im Oberallgäu, wo sein Vater beruflich Berliner Problemjugendliche psychologisch betreut hatte, die mal aus der Großstadt in die Berge sollten, um auf andere Gedanken zu kommen, der aber keine feste Stelle bekam, weil er nicht katholisch war. Die Familie musste deshalb später nach Niedersachsen umziehen, dort war man offensichtlich religionstoleranter. Als Erik später im Harz lebte, war er auch auf dem Brocken gewesen. Im Alter von zwölf Jahren fuhr er mit dem Fahrrad hinauf. Dann zog allerdings aus dem Nichts ein Schneesturm auf, wurde immer bedrohlicher, alles verschwand in Weiß, und Erik klopfte verzweifelt an die Tür des Gipfellokals, die verschlossen war, und fand schließlich an der Hintertür Einlass. Um den Gipfelstempel ging es ihm nicht, immerhin bekam er dort aber eine rohe Wurst geschenkt, die Erik schnell herunterwürgte, bevor er das Fahrrad durch den Schnee nach Torfhaus ins Tal schob, wo er kurz vor Einbruch der Dunkelheit völlig durchgefroren ankam und seine Eltern ihn voller Sorge empfingen. Ich konnte das so gut nachfühlen, und meine verkaterte Schneewanderung auf den Brocken tauchte eiskalt und nebelig in meiner Erinnerung auf.

Ein plötzlicher ohrenbetäubender Knall schreckte uns auf. Eine Bedienung hatte die Kiste mit den frisch gespülten Gabeln, Messern und Löffeln fallen gelassen, Hunderte von ihnen ergossen sich in einem metallischen Sturzregen auf den Boden, der Lärm war unbeschreiblich, wie ein Auffahrunfall, und alle Gespräche verstummten. Mehrere Kollegen schauten aus der Küche und applaudierten höhnisch. Das komplette Besteck musste nun von Hand eingesammelt werden und ging zurück in die Spülmaschine. Irgendjemand erwähnte den Song »Catastrophe Waitress« der schottischen Band Belle & Sebastian und den damit einhergehenden Wettbewerb »Wer ist die schlechteste Bedienung aller Zeiten?«. Ich kannte zufällig die damalige Siegerin, eine Künstlerin und Teilzeitkellnerin aus Regensburg. Nun begann ein nerdiges Gespräch über britische und nordamerikanische Gitarrenbands der Neunziger, wir steigerten uns immer weiter hinein in Feinheiten, verästelte Plattenlabelgeschichten, Anekdoten rund um Spezialistenbands wie Sebadoh, Teenage

Fanclub, Pavement, Stereolab, die wir alle fünf liebten. Alle sprachen durcheinander, keiner hörte mehr den anderen, aber egal, der Whiskey fing zu wirken an, ich hörte das Blut in meinen Ohren rauschen, Wortfetzen durchschnitten die Luft wie Dartpfeile, Gelächter, Bandnamen, Ortsnamen, Taunus, Portland, Oregon, Glasgow. Und dann die wichtige Frage: Wie konnte es sein, dass Teenage Fanclub nach dem Ausstieg von Gerard Love keine Gerard-Love-Kompositionen mehr spielten? Wir redeten uns in Rage. Es war völlig unwichtig, nichtig, richtig – aber UNS war es wichtig. Ich übernachtete bei Erik und seiner Freundin im Bücherzimmer, wo ich umgeben war von unzähligen wunderbaren Möbel- und Designbüchern – Eriks Freundin war Lektorin –, und ich hätte sehr gerne noch lange in dem einen oder anderen Buch geblättert, aber die Müdigkeit feierte in diesem Spiel einen Kantersieg.

Am nächsten Morgen stand kein Wölkchen am Himmel, und es war schon in der Früh heiß. Die Menschen waren euphorisch, das war nicht Hamburg, das war Rom, und spätestens an diesem Tag wechselte der Dresscode von »Protektion« auf »Provokation«. So viel nackte Hansehaut war selten zu sehen, außer natürlich in der Herbertstraße. Ich kam an einem seltsamen Laden vorbei, vor dem lauter Männer mit breitkrempigen Hüten und schwarzen Breitcordhosen mit Schlag herumstanden. Es war ein Berufsbekleidungsgeschäft in der Holstenstraße, das sich auf Zunftkleidung spezialisiert hatte und ein Anlaufpunkt für Gesellen auf der Walz war. Sie packen ihr ganzes Hab und Gut zu einem kleinen Knäuel zusammen und rollen es in ein Stofftuch ein, das sich Charlottenburger oder kurz »Charly« nennt. Das Knäuel wiederum hängen die wandernden Gesellen an einen Stock und ziehen über Land, um irgendwo einen Tagesjob als Zimmermann oder Dachdecker zu ergattern. Eine Lebensform, heute mehr denn je aus der Zeit gefallen. Ist das einfach nur anachronistisch, sind das die deutschen Amish People, oder ist es eine bewundernswerte Pflege von Tradition in Zeiten, in denen praktisch sämtliche Institutionen, von der Kirche über die SPD bis zum Numismatikerverband, kaum mehr Nachwuchs finden? Als ich mal abends in einem Lokal saß, betraten zwei Zunftbrüder den Gastraum, klatschten einmal kräftig in die Pranken, sodass schlagartig Stille herrschte, dann sagten sie ein kurzes Zunftgedicht auf, baten um Spenden und verabschiedeten sich mit den Worten: »Fix bedankt!« Es ging damals alles so schnell, und die Menschen spendeten großzügig, vielleicht weil sie Angst hatten vor diesen dunkel gekleideten Gesellen mit Melone und Zylinder, aber »Fix bedankt« ist mir im Gedächtnis geblieben. Warum sagten sie das? Ich habe später gelesen, es sei eine Art Sprachcode in der Zunft, außerdem müssten alle, die auf Tippelei gehen, unter dreißig, ledig, kinderlos und schuldenfrei sein und einen Bannkreis um ihren Heimatort einhalten, den sie drei Jahre und einen Tag lang nicht betreten dürfen, und ehrlich, aufrichtig und gewaltfrei müssen sie sein. Fix bedankt.

Meine Tippelei auf die sechzehn höchsten Berge der Bundesländer ging weiter, ich machte mich nun mit dem Linienbus auf den Weg zu meinem Hamburger Mitwanderer. Ich war eingequetscht zwischen Schülern auf Klassenausflug in den Tierpark Hagenbeck und Menschen auf dem Weg ins Büro. Aber niemand war genervt, alle wirkten beschwingt und berauscht von der Sonne und der Hitze, die sich schon früh an diesem Morgen ankündigte und den Bus bei jeder Türöffnung flutete.

Und dann traf ich Dennis Gastmann. Er ist zwar nicht weltberühmt, aber weit gereist und ein unglaublich netter Mensch. Dennis Gastmann, der Mann mit der zarten Stimme und den hellblonden Haaren, wurde in Osnabrück geboren und ist mehr durch Zufall als Absicht zum weltreisenden

Journalisten geworden, dessen kuriose Reisereportagen die Fernsehzuschauer und Leser beglückt und erstaunt haben. Er ist mit 80 000 Fragen um die Welt gereist, für den WDR, im Auftrag der Zuschauerinnen und Zuschauer. Fragen wie »Wer liegt vor Madagaskar?« oder »Gibt es noch Nazis in Argentinien?« oder »Wo steht das längste Ortsschild der Welt?« klärte Dennis jeweils mit viel Humor vor Ort. Einerseits eine große Verantwortung, genaue Recherche, quasi der »Fluch der Akribik« (danke, Bibsn), andererseits ein Traumjob. Über seine Klimabilanz reden wir ein anderes Mal. Dennis Gastmann klärte diese Fragen jedenfalls mit dem ihm eigenen Charme, spielte in Indien in einem Bollywoodfilm mit, oder zumindest fast, betrank sich hemmungslos mit Russen in einer Datscha und wurde vor einer Sauna mit Birkenzweigen ausgepeitscht. Alle seine Sünden wurde er los, als er den »Gang nach Canossa« antrat und drei Monate lang zu Fuß von Hamburg ins italienische Canossa wanderte, 1 637 Kilometer weit.

Das wiederum erinnerte mich an meinen Münchner Kumpel Volker Keidel, der glühender Fan des Hamburger SV ist und vor einigen Jahren in vier Wochen zu Fuß von München zum ersten Saisonspiel des HSV nach Hamburg wanderte, nur um dort einer Null-zu-vier-Heimpleite gegen Paderborn beizuwohnen, das muss man sich mal vorstellen. Keidel nannte es den »Ditmar-Jakobs-Weg«, in Gedenken an den ehemaligen Abwehrspieler der Raute. Ditmar Jakobs, was für eine tragische Figur: Im September 1989 wollte der Innenverteidiger der Hamburger beim Bundesliga-Heimspiel gegen Werder Bremen einen Schuss des Bremers Wynton Rufer abwehren und rutschte dabei so unglücklich ins Tornetz, dass ein kaputter Karabinerhaken in seinem Rücken zuschnappte. Jakobs hing zwanzig Minuten lang unter größten Schmerzen im Netz fest, das ganze Stadion wurde Zeuge der Tragödie. Der Mannschaftsarzt schnitt ihn schließlich mit einem Skalpell frei, aber verletzte dabei Nervenbahnen in der Nähe der Wirbelsäule noch mehr. Jakobs konnte nie wieder für den HSV spielen, musste seine Karriere beenden und leidet bis heute unter den Folgen der Verletzung. Jeder in Hamburg kennt seine Geschichte.

Zurück zu Dennis Gastmann und unserer Wanderung. Wir gingen zu Fuß um den Häuserblock in seinem Wohnviertel in Winterhude und suchten sein Auto. Der alte Golf parkte unter Linden (nicht Unter den Linden), und das bedeutete, wie jeder weiß, der sein Auto schon mal aus Versehen länger unter einer Linde geparkt hat: Das Auto sah aus wie geteert und gefedert. Als hätte jemand Zuckerwasser über das Dach und alle Fenster gegossen und anschließend mit dem Laubbläser Blätter, Dreck und Ruß darüber verteilt. Es war widerlich. Dennis ließ sich nichts anmerken und lächelte unerschütterlich. Er war froh gewesen, überhaupt einen Parkplatz im Viertel gefunden zu haben.

Wir machten uns also mit dem klebrigen Golf auf den Weg Richtung Hasselbrack. Fenster auf, damit man wenigstens zur Seite was sehen konnte, Ellbogen raus, und so fuhren wir vorbei an der Alster, wo Segler diesen exorbitant heißen Sommertag genossen. Dennis gab in sein Navi als Ziel den Hasselbrack ein, und wir wurden über die Elbe Richtung Süden zu den Harburger Bergen geleitet. Der höchste Berg Hamburgs befindet sich nicht mitten in der Stadt, in St. Pauli oder beim Michel oder bei der Dänischen Seemannskirche im Portugiesenviertel, sondern vor den Toren der Stadt tief im Wald. Das wussten wir allerdings zu diesem Zeitpunkt noch nicht. Es hieß zwar schon im Vorfeld, der Hasselbrack sei nicht leicht zu finden, wir nahmen diese Warnung aber nicht so ernst. Außerdem hatte ich ja mit Dennis Gastmann einen erfahrenen Globetrotter zur Seite, der schon alles gesehen hatte, die letzten Winkel des Erdballs, der mit allen

Wassern des Weltreisenden gewaschen war, der den Kompass quasi eingebaut hatte. Dachte ich. Dachte er vermutlich auch.

Das Navi wusste plötzlich nicht mehr so genau, was es wollte. Sagte mal dieses, mal jenes. Schickte uns in Einbahnstraßen, die zu Sackgassen wurden, durch Dörfchen aus Klinker, die schon längst in Niedersachsen lagen, dann »bei Drift rechts abbiegen« in eine »Lindenstraße« (!), dann Richtung Tötensen, wo Dieter Bohlen wohnte. Es schlug sogar vor, wir sollten zu einem »Tempelberg« fahren, was Dennis wiederum »spirituell und angemessen« fand für unsere »wegweisende Tour«. Aber wir kamen dem Hasselbrack nicht näher und hatten auch kein analoges Kartenmaterial dabei. Falls irgendein düsterer Diktator irgendwann einmal die Weltherrschaft übernehmen möchte, kann ich nur wärmstens empfehlen, sämtliche Navigationsgeräte und Kartensysteme in den Handys zu hacken, zu manipulieren, Hamburg zu Bremen zu machen, Norden zu Süden, Ansagen nur noch auf Nordkoreanisch oder Esperanto, Straßennamen auf Kyrillisch. Die Menschen wären LOST, völlig bewegungsunfähig.

Mir war die Situation langsam unangenehm, in was hatte ich uns hier hineinmanövriert? »Ich habe ein schlechtes Gewissen«, sagte ich zu Dennis. »Ich habe ein schlechtes Gefühl«, sagte er. Ein Leichenwagen kam uns entgegen. Wir ließen nun das Navi des Autos mit dem Navi des Handys konkurrieren, und die beiden Stimmen schaukelten sich hoch in eine Kakofonie der Orientierungslosigkeit. Die eine hü, die andere hott, rechts, links, zurück auf die A1, bei der nächsten Gelegenheit wenden, nach zweihundert Metern scharf rechts, und das auf einer kerzengeraden Allee ohne jede Abbiegemöglichkeit. »Bei Drift rechts abbiegen«, sagte eine der Stimmen, und auf einmal waren wir wieder in der Lindenstraße, wir waren einmal im Kreis gefahren, das Navi war vom Hasselbrack überfordert. Dennis stellte fest: »Das hat das Navi mit allen Hamburgern gemein. Ich glaube, 0,01 Prozent aller Hamburger kennen den Hasselbrack, die angeblich höchste Erhebung, und noch viel weniger waren jemals dort.« Wir fuhren durch Erdbeerfelder und über eine Landstraße, bei der nur ein schmaler Fahrstreifen in der Mitte geteert war, bei Gegenverkehr musste man auf das Bankett aus Sand und Erde ausweichen. »Mich erinnert diese Straße tatsächlich an die Andamanen und die Andaman Trunk Road«, sagte Dennis und meinte damit die einzige Verkehrsader der Inselgruppe, die vor Myanmar und Thailand liegt, aber politisch zu Indien gehört. »Dort musst du im Polizeikonvoi fahren, und dort siehst du umgekippte Lastwagen, brennende Fahrzeuge, weil die Straße noch schlechter ist als diese hier.« Wir wussten ja noch nicht, was dieser Tag bringen würde. »Zum Glück habe ich vollgetankt«, sagte Dennis, und wir lachten und schwitzten, das Thermometer zeigte jetzt schon über dreißig Grad an.

Durch irgendeinen Zauber entdeckten wir am Straßenrand eine große Landkarte. »Regionalpark Rosengarten – das Hoch in Hamburgs Süden«, stand darauf, eine Rodelbahn war eingezeichnet, ein Segelfluggelände, eine Parkbank auf sechzig (!) Metern über dem Meeresspiegel, ein archäologischer Wanderweg, ein Findlingslehrpfad mit dreißig Findlingen, die Großmodder-Eiche, ein Ehrenfriedhof, die Fistelberge, dieser Wald war ja nachgerade vollgepfropft mit Ungeheuerlichkeiten und … dem Hasselbrack! Dennis und ich klatschten uns ab. Wir hatten auf der Karte den besten Ausgangspunkt entdeckt, und nach acht weiteren Kilometern parkte Dennis sein verklebtes Auto auf einem kleinen Wanderparkplatz am Rande des Laubwaldes, direkt unter einer Linde, es war ja eh schon egal.

Endlich wanderten wir los, in der festen Annahme, spätestens in einer Stunde wieder zurück von diesem Hamburg-

Harburger Hundehügel zu sein. Wir ahnten ja nicht, was kommen würde. Wir waren gut drauf, pfiffen und trällerten schlechte Songs, hüpften beim Gehen, wir fühlten uns federleicht und unbezwingbar. Schon nach wenigen Metern begegneten wir dem ersten Menschen. Es war ein Radfahrer auf einer Fernradtour. Er war – so erzählte er uns – vor ein paar Wochen in Passau gestartet, dann nach Linz gefahren, über die Moldau und die Elbe und nun auf dem Weg nach Bremen und weiter nach Aachen. Seltsamerweise war dieser in Gore-Tex gepackte Mensch überhaupt nicht an Natur, Landschaft, Aussicht oder dergleichen interessiert. »Ich reiße nur Kilometer runter«, sagte er. Wie an einer Teflonpfanne das Fett, so perlten an diesem Radler jegliche Außeneinflüsse ab. Wir fragten ihn, ob er am Hasselbrack vorbeigekommen sei. »Nein. Ich bin Fahrrad gefahren.« Der Mann trug eine Robocop-artige Sonnenbrille, er hatte etwas Maschinelles an sich, er hätte auch eine Nähmaschine oder ein Amboss sein können. Und schon war er wieder weg.

Wir schlenderten durch den Wald und unterhielten uns über Dennis' größte Reiseabenteuer. Seine Reise nach Pitcairn zum Beispiel, eine völlig abgelegene Felseninsel im Pazifik, fünftausend Kilometer von Neuseeland entfernt, wo die Nachfahren der Meuterei auf der *Bounty* leben. Nur fünfzig Einwohner hat die Insel, und nur zweimal im Vierteljahr legt hier ein Schiff an. Die einzigen Menschen, die außer Dennis Gastmann dort hinreisen, sind dekadente Millionäre und Milliardäre, die versuchen, die Einreisestempel aller 193 Staaten der Welt in ihrem Pass zu sammeln, koste es, was es wolle. Oder seine Fahrt nach Transnistrien. Ein schmales Land, nur anderthalbmal so groß wie das Saarland, es liegt eingequetscht zwischen der Republik Moldau und der Ukraine. Das größte Unternehmen des Landes heißt Sheriff und ist in zahlreichen Bereichen aktiv. Es gibt Tankstellen, Supermärkte, einen

Fernsehsender und ein Verlagshaus, die Sheriff heißen, sowie den lokalen Fußballverein FC Sheriff Tiraspol. Transnistrien wird de facto von niemandem anerkannt, hat aber eine eigene Währung, den transnistrischen Rubel. Erst durch den Ukraine-Krieg ist die Welt auf diese Region aufmerksam geworden.

Trotz der vielen exotischen Reisen war der Hasselbrack etwas ganz Neues, Unbekanntes für Dennis.»Ich habe die Andamanen überlebt, ich war auf allen Kontinenten, sogar auf dem sechsten, Madagaskar. Ich war beim Ku-Klux-Klan, ich habe mit Stieren gekämpft, zumindest mit einer kleinen Kuh, die in der Stierkampfausbildung eingesetzt wird und die mich deutlich besiegt hat, aber das hier hab ich auch noch nie erlebt.« Sogar im Harz war er schon gewesen, überlebte ein Totalbesäufnis bei einem Schützenverein in Hahnenklee-Bockswiese, und bei der Erwähnung des Likörs Schierker Feuerstein holte mich der Brocken wieder schmerzhaft ein.

Der Feldweg verzweigte sich nun immer wieder aufs Neue, aber vom Hasselbrack war nichts zu sehen. Immer wieder musste eine Rechts-oder-links-Entscheidung her, wir waren schon mürbe durch die Hitze. Endlich! Ein markantes Hinweisschild tauchte auf und zeigte mit Pfeilen in alle Himmelsrichtungen zu Gedenksteinen, einem Wildpark, einer S-Bahn-Station. Aber Hamburgs höchster Berg? Fehlanzeige. Gar nicht erwähnt. War das hanseatisches Understatement? Oder Fehlversagen der Forstbehörde? Wir bogen links ab, wir bogen rechts ab, wanderten kilometerlang geradeaus, über eine Kuppe, eine lang gezogene Kurve entlang, kamen vorbei an einem Baum, wo seltsamerweise eine Musikkassette an einem Zweig hing, dann rechts, links, und auf einmal waren wir wieder bei dem markanten Hinweisschild. Das Lachen verging uns. Wir japsten. Ich trank aus meiner Wasserflasche und hörte, wie das Wasser mit einem Zischen in mir verschwand, als würde man den Stöpsel aus einer Badewanne ziehen. Ich war halb verdurstet und hatte es kaum bemerkt. Waren wir schon verrückt geworden? Hatte uns die Hitze den Verstand geraubt? Waren wir wie Bienen, die zu viel Pflanzengift abbekommen hatten und nun nicht mehr zurück in ihren Bienenstock fanden? Dennis ließ sich seine gute Laune (noch) nicht nehmen, erzählte von der höchsten Erhebung der Niederlande, die er schon mal besucht hatte, »die lag neben einem Autohaus an einer Schnellstraße, auch dort entspann sich kein besonderer Zauber. Oh. Wir verlieren gerade schon wieder an Höhe.« Er hatte recht, der Waldweg ging nun merklich bergab, bestimmt zwanzig Höhenmeter, konnte uns also unmöglich an den höchsten Punkt führen. Bei einer Gesamthöhe von hundertsechzehn Metern sind zwanzig Meter gigantische Dimensionen.

Wir hielten uns für superschlau und folgten einer Weisheit, an die ich mich aus dem *Fähnlein Fieselschweif Pfadfinder-Handbuch* von Tick, Trick und Track aus meiner Kindheit zu erinnern glaubte. Ich schaute, wo die Sonne stand, glich das mit der Uhrzeit ab, errechnete daraus grob die Himmelsrichtung, und dann beschlossen wir, querwaldein geradeaus nach Nordosten zu gehen, und zwar zum höchsten Punkt, den wir sahen. Vorteil: Wir gingen nun nicht mehr im Kreis. Nachteil: Wir verirrten uns endgültig. Es ging bergauf, bergab, wir sahen die Bäume vor lauter Wäldern nicht, wir krochen durchs Unterholz, stemmten uns über gefallene Tannen, sprangen über Pfützen, die sich im torfigen Boden der Senken gebildet hatten. Und dann landeten wir in Farn, der immer höher wurde. Immer mehr Farn. »Farn, Farn, Farn auf der Autobahn«, summte Dennis das alte Stück von Kraftwerk, ich konterte mit dem schrecklichen Achtzigerjahre-Classic-Rock-Dudelsackstück »You're the Voice« von John FARNham. Wir standen kurz vor der Einlieferung in die Klapse.

Wenn uns jemand hätte einliefern können. Aber da war niemand. Nur ein Specht, der in der Ferne hämmerte. Ich bekam es ein bisschen mit der Angst zu tun, überspielte das mit farntastischen Wortspielen. Farn fatal. Dennis war seltsam still geworden. Aber dann sagte er doch etwas, er sprach folgende Sätze in mein Mikrofon: »Falls man uns nicht mehr findet, sucht nicht nach uns, sondern behaltet uns in wohliger Erinnerung. Und sagt meiner Frau, dass ich sie liebe.« Das alles für den Fall, dass wir hier im Landesforst verdursten, Wildschweine unsere Knochen forttragen und man am Ende nur das Mikro finden würde.

Doch auf einmal siegte Dennis' Überlebensinstinkt, er fingerte an seinem iPhone herum, das aber auch nicht wusste, wo wir uns befanden. In der Kartenfunktion war nur ein einsamer Pfeil auf grauem Hintergrund zu sehen, die Fahrzeuge von Google Earth waren in diesen dichten Wald offenbar nie vorgedrungen. Wir mussten unser Problem ohne technische Hilfe lösen. »Ich glaube, was wir gerade erleben, ist ein sehr deutsches Abenteuer, im deutschen Wald bei Kaiserwetter«, sagte Dennis und beschwor angesichts der Hitze zugleich einen Lawrence-von-Arabien-Moment. Was meinte er? Die Hitze? Das Monumentale unseres Abenteuers? Oder dachte er vielleicht schon an die Vermarktung unserer Geschichte? Teufelskerl. Dennis wollte ursprünglich klassischer Journalist werden und bekam unverhofft einen Studienplatz in Hamburg. Seine Pläne änderten sich, als er im Studium dem bekannten Reisejournalisten Helge Timmerberg begegnete, der in einem Seminar eine Fragestunde veranstaltete. »Da war ein Reiseschriftsteller, mit langen Haaren, braun gebrannt, die Mädchen schmolzen dahin, ein bisschen Klischee, ich weiß, aber da war die Kraft seiner Worte, Sätze, die du nicht vergisst, die du unterstreichst, immer wieder liest. Da merkte ich, genau das will ich auch machen.«

Wir sprachen über seine Wahlheimat Hamburg. »Wenn die Sonne scheint, dann zieht es die Menschen an die Elbe, an die Alster, dann ist es wie ein Urlaubsort, aber die harte Wahrheit ist, dass wir sehr viel meteorologisches Leid erleben, deswegen ist es auch so grün.« Ich hatte die überraschende Info für Dennis, dass es sich bei Hamburg um die größte Stadt der EU handelt, die KEINE Hauptstadt des Landes ist. 1,8 Millionen Einwohner und nicht Hauptstadt, das gab es nicht noch einmal. Dennis erzählte von einer Indienreise, bei der er eine Reportage über Unberührbare machte, die die Latrinen in ihrem Dorf reinigen mussten. Das Dorf hatte etwa zweihunderttausend Einwohner. Als er im Gespräch mit den Leuten stolz erwähnte, dass er aus der zweitgrößten Stadt Deutschlands mit fast zwei Millionen Einwohnern komme, erntete er nur Gelächter, so viele Einwohner habe in Indien jede zweite Stadt. Dabei ist Hamburg überraschend groß, es gibt einen Stadtteil, der ist hundertzwanzig Kilometer Luftlinie vom Zentrum entfernt, es ist die Insel Neuwerk an der Elbmündung. Einwohnerzahl: dreißig, also ein bisschen weniger als auf Pitcairn im Pazifik.

Wir kamen zu einem Waldweg, mit einem Schild, auf dem stand: »Waldweg«. In diesem Moment hörten wir Stimmen. Ein Paar mit einem riesigen braunen Hund kam uns entgegen, der Mann trug eine große signalfarbene Trillerpfeife um den Hals, vermutlich, um den Hund im Falle eines Falles buchstäblich zurückzupfeifen. Wir hofften, dass dieser Fall nicht gerade jetzt eintreten würde. »Entschuldigung, wir suchen den Hasselbrack, den höchsten Berg Hamburgs. Kennen Sie den?« »Nein.« »Nein?« »Nein!« »Wirklich nicht?« »Nein.« »Aber Sie wohnen hier.« »Ja.« »Jo. Also dann. Nichts für ungut.« Die Leute gingen kopfschüttelnd weiter und ließen uns ratlos zurück. Wir dachten, wir befänden uns mittlerweile in höchstens fünfhundert Meter Entfernung vom Hasselbrack, aber die Anwohner KANNTEN ihn nicht einmal.

Wie zum Trost erzählte mir Dennis jetzt von einem seiner gefährlichsten Abenteuer. Er hatte gerade den Dschungel von Bolivien hinter sich gelassen. Nach einem langen Flug war er in Argentinien angekommen, wähnte sich in Buenos Aires an einem Ort zum Entspannen, ganz normale Großstadt. »Am Flughafen stand auf einmal ein Mann mit einem großen Taxi-Schild um den Bauch vor mir und fragte mich, ob ich ein Taxi möchte, und ich, ja klar, ich brauche ein Taxi. Er telefonierte, und ein Auto fuhr vor, es war aber kein Taxi, sondern ein silberfarbener Wagen, an den Seiten völlig verschrammt. Ein Typ mit öligen zurückgekämmten Haaren saß am Steuer, ich bin trotzdem eingestiegen, saß dann auf der Rückbank, und der Mann mit dem Taxi-Schild stieg plötzlich vorne ein. Sie fuhren mit mir los und fragten mich, ob ich denn schon Geld eingetauscht hätte und was denn meine Kamera so wert sei. Mein Bullshit-Detektor springt manchmal spät an, aber jetzt sprang er an. Ich hatte das Glück, dass wir noch an einer Mautstelle anhalten mussten, ich sprang an der Schranke raus, schrie um Hilfe, und die Polizei kam. Ich bin mir heute sicher, wenn ich Glück gehabt hätte, wäre ich nur ausgeraubt worden, wenn ich Pech gehabt hätte, hätten sie mich verscharrt.« Es klang gefährlich und spannend zugleich und offenbarte das ewige Dilemma des Reiseschriftstellers: Wenn alles glattläuft, was soll man dann schreiben? Ich fand den Wald auf einmal gar nicht mehr so schlimm, entwickelte Gefallen an unserer Situation. Bis Dennis fragte: »Gibt es hier eigentlich Wölfe?« und »Wann geht eigentlich die Sonne unter?« Ich dachte an den Film *Blair Witch Project*, mich schauderte.

Und auf einmal, aus dem Nichts, tauchte ein schmaler Hohlweg auf, ein kurzer Anstieg, und dann lag er vor uns:

ein kleiner grauer Gipfelstein mit der Aufschrift »Hasselbrack 116 Meter. Höchster Punkt Hamburgs«. Dennis und ich lagen uns in den Armen, wir hüpften und sprangen, wir jubelten wie Fußballer nach dem entscheidenden Elfmeter. Wir blickten uns um und entdeckten eine in den Boden eingelassene Metallbox. Darin befand sich ein Kalender in kyrillischer Schrift, eine nasse Packung Papiertaschentücher, ein roter Kugelschreiber der SPD-Fraktion Hamburg und ein durchnässtes Gipfelbuch, eine Art Lappen aus Papier. Mit Einträgen wie »grandiose Aussicht«, was nur Ironie sein konnte, denn der Gipfel befand sich inmitten von Tannen. Ein anderer Wanderer beklagte das »miese Wetter«, eine Leonie Klaasen schrieb, dass sie den »Tag mit Opa nie vergessen werde«, und dann entdeckten wir noch eine obszöne Zeichnung mit zwei Männern, einer mit einer auffälligen Schwellung im mittleren Körperbereich, der andere mit nacktem Po, derber Schmuddelkram. Dennis und ich trugen uns ein, ganz seriös (»Es war die Hölle!«), und ich vergrub traditionell ein Fläschchen Schnaps, »Oldesloer Weizenkorn, meisterhaft gebrannt«. Als wir danach unsere Brotzeit aus den Rucksäcken holten, tauchte eine Frau auf, die, noch sichtlich bewegt, von einem Mann erzählte, der vor einer halben Stunde hier im Wald von einem Raubvogel angegriffen und in den Kopf gehackt worden war. Bei der Schilderung fuhr sie sich mit der Hand über die Augen, »er konnte nichts sehen vor lauter Blut«. Dennis und ich schauten einander entsetzt an und blickten zum Himmel. Greifvögel?

Wir machten uns schnell auf den Rückweg, und wie durch ein Wunder fanden wir den Weg diesmal auf Anhieb, nur die Musikkassette am Baum und der viele Farn erinnerten an unsere Odyssee. Dennis sprach die passenden Abschlussworte: »Der Hasselbrack wird in unseren Herzen bleiben, und für mich wird die Geschichte bleiben, dass man im

Hamburger Stadtgebiet tatsächlich von wilden Tieren angefallen werden kann, dass man Opfer von Greifvögeln werden kann.« Er fuhr mich mit seinem verklebten Auto zum nächsten Bahnhof und schien genauso erschöpft zu sein wie ich. Wahrscheinlich freute sich Dennis Gastmann auf die nächste Weltreise in irgendein ganz normales Krisengebiet, zur Entspannung. In Hamburg-Harburg wartete ich in der Nachmittagshitze auf meinen ICE, das Gleisbett flimmerte und roch nach kochendem Teer. Als ich im Zug saß, versank ich sofort in einen tiefen, traumlosen Schlaf.

6

Der Bungsberg/Schleswig-Holstein (167,4 Meter)
Mit Rocko Schamoni (Künstler, Unikat)

14. August 2019

Das nördlichste Skigebiet Deutschlands,
bestiegen mit einem Ex-Dorfpunk

Wenn ich an Schleswig-Holstein denke, dann denke ich an meine Nacht im Tannenhof. Ich war mit Freunden auf dem Weg nach Dänemark (Jeg elsker Danmark). Wir waren zu spät losgefahren, die Strecke zieht sich, wenn man aus München kommt. Und so wurde es Abend, wir waren irgendwo auf der A 7 zwischen Hamburg und Flensburg, die Autobahnausfahrtsschilder zeigten Orte und Städte an, die keiner von uns je im Heimat- und Sachkundeunterricht gehört hatte. An einer Shell-Tankstelle auf einem Autohof fragte ich einen etwa zwei Meter großen Typen, der so vertraut neben dem Kassierer stand, dass ich annahm, er kenne sich bestimmt in der Gegend aus, wo man hier in der Nähe um diese Uhrzeit noch was zu essen bekommen könne. Er nuschelte (typisch norddeutsch nasal): »Im Tannenhof.« Und wo man hier in der Nähe übernachten könne. »Im Tannenhof.« Und wo man eventuell morgen früh ein gutes Frühstück bekommen könne. »Im Tannenhof.« Ich versuchte es mal mit dieser Frage: »Und WER empfiehlt uns das alles?« Statt: »Im Tannenhof«, sagte er: »Torsten, der Baggerfahrer«, tatsächlich. Wir sollten unbedingt einen Gruß und eine

Empfehlung von ihm ausrichten, so Torsten, dann »ginge alles schon klar«.

Was genau klargehen solle, war zwar nicht klar, aber wir machten uns auf den Weg zum Tannenhof. Fuhren durch immer kleinere Dörfer, überall dunkler Ziegel, Reetdächer, Umrisse von Biogasanlagen, die im letzten Abendlicht aussahen wie kleine Atomreaktoren. Keine Sau auf der Straße, Menschen auch nicht. Wir folgten der Beschreibung von Torsten, dem Baggerfahrer. Kehrten irgendwann um, nahmen eine andere Abzweigung. Es wurde immer unheimlicher, mittlerweile war es stockdunkel und von Hotels oder menschlichem Leben nichts zu sehen. Hinter einer Kurve tauchten plötzlich ein paar Lichter auf. Eine finstere Fassade, umgeben von Nadelbäumen, eigentlich die Sorte Lokal, an der man besser vorbeifährt, die Assoziation meines Freundes war »Räuberbude im Wald bei den Bremer Stadtmusikanten«. Wir machten einen Fehler und hielten an. Machten dann noch einen Fehler und öffneten die mit gelbem Butzenglas eingefasste Tür. Als wir den Gastraum, eine verräucherte Stube in dunkelbraunem Holz gehalten, betraten, schien für einen kurzen Moment alles stillzustehen, alle Blicke richteten sich auf uns. Der Wirt, ein eisgraues Männlein mit Glatze oben und schulterlangen weißen Haaren an den Seiten, trug ein verdrecktes weißes Unterhemd und sah aus, als käme er direkt aus dem Maschinenraum eines Öltankers.

»Moin«, sagte er. Abends um halb zehn.

Ich sagte: »Schöne Grüße von Torsten, dem Baggerfahrer.«

»Kenn ich nich«, sagte er.

»Der hat uns den Tannenhof empfohlen«, legte ich nach.

»Oha«, sagte der Wirt, er wirkte aufrichtig überrascht.

Ob man denn hier übernachten könne. Ich war mir in der Sekunde, in der ich die Frage stellte, nicht sicher, ob das nicht eine Fehlentscheidung gewesen war, dachte an Bates Motel in

Hitchcocks Film *Psycho*, aber es gab kein Zurück. Der Wirt nagelte uns sofort fest, wedelte mit Anmeldungsscheinen, faselte etwas von Kurtaxe und »Frühstück is auch mit dabei, Ehrensache«. Er reichte mir mit seinen fleischigen Fingern mit den dunkel geränderten Nägeln einen Kugelschreiber der örtlichen Sparkasse, und schon waren die Zimmer gebucht.

Wir setzten uns in die Gaststube. Diese bestand, ähnlich wie in einem amerikanischen Diner, aus lauter Viererabteilen, die durch dünne Holzwände abgetrennt waren. Wir blickten auf den Tresen, auf Underberg- und Doornkaat-Werbetafeln aus den früher Siebzigerjahren, die nicht als ironische Retro-Deko dienten, sondern offensichtlich seit circa 1973 an der Wand hingen. Es lag ein Hauch von Bata Illic und Tony Marshall in der Luft, und die Wände des Lokals waren vom Rauch der Jahrzehnte angegilbt wie die Fingerspitzen von Kettenrauchern. Schwere Gardinen hingen müde an den Fenstern, und ich suchte nach der Goldkante von ADO. An der Theke hing das Bild eines Schäferhundes mit dem Gedicht: »Dass mir der Hund das liebste sei, sagst Du, oh Mensch, sei Sünde. Der Hund bleibt mir im Sturme treu, der Mensch nicht mal im Winde.«

Erst da fielen uns die Klebefallen für die Fliegen auf. Mindestens dreißig bis vierzig dieser gelben Klebestreifen baumelten von der Holzdecke. Sie waren allerdings nicht mehr gelb, sondern schwarz und schienen zu leben. Da war ein Krabbeln und Ziehen und Surren. Es mussten Tausende von Fliegen sein, die dort tot klebten oder mit letzter Kraft um ihr Leben kämpften, an ihren eigenen Beinen oder Flügeln zerrten und zogen. Mich würgte es. Und ich hatte leider großen Hunger. Meinen Freunden ging es genauso, wir blickten uns verzweifelt an, wie sollte man mit dieser Dichotomie umgehen? Der Wirt streunerte in der Nähe herum wie ein Raubtier, kurz bevor es zubeißt. Das Ganze wurde untermalt von

Marschmusik, die aus der Jukebox plärrte, gerade lief der »Badenweiler Marsch«. Und auf einmal hörte ich eine Stimme aus dem Nachbarabteil. Da saß ein Mensch, offenbar mit einer mentalen Störung, der »War da was?« sagte. Nicht nur einmal, sondern in gleichmäßigen Abständen immer wieder, wie ein Gebet, wie eine Liturgie. »War da was?« Das alles in einer lakonischen Monotonie, als Selbstgespräch, als Anfrage an die Welt, vielleicht auch als die Bilanz seines Lebens. »War da was?« Es fiel mir schwer, mich auf etwas anderes zu konzentrieren.

Der Wirt kam an, mit einem vergilbten Bestellblock, auf dem »Bluna« stand. Was um Himmels willen könnte man in diesem Schreckenslokal bestellen, das einen nicht anschließend für zwei Wochen mit einer gleichermaßen hartnäckigen wie bislang unbekannten Norovirusmutation ans Bett fesseln würde? »Was gibt's denn?«, fragte ich gezwungen heiter. »Gulasch nach Art des Hauses«, »Salat« oder »Pommes«. Bei »nach Art des Hauses« wurde mir schlecht. Salat, möglicherweise nicht gut gewaschen, völlig undenkbar. Die Pommes könnten zwar in Altöl frittiert sein, aber das Frittieren würde hoffentlich alles abtöten, was hinter den Kulissen herumkrabbelte. »War da was?« »Pommes«, rief ich erleichtert, »Pommes«, riefen meine Freunde, »Pommes«, wiederholte der greise Wirt, und alle schienen glücklich und zufrieden zu sein. Bis die Pommes kamen. Wir sahen den Wirt mit den vier Tellern hinter der Theke aus dem Maschinenraum bzw. der Küche kommen. Irgendwie waren die Teller zu voll, vielleicht war auch der Wirt alkoholisiert, er wankte, schaukelte und mit ihm die Teller, und dann stolperte er wie der Butler in *Dinner for One*. Mindestens die Hälfte der Pommes flogen in hohem Bogen hinter der Theke auf den Fußboden. Der Wirt wirkte für einen kurzen Moment völlig konsterniert, sein Kollege, der Koch, ein unrasierter Typ mit einer

Zigarette im Mund und einer hinterm Ohr, verschwand hinter der Theke am Boden und war ganz offensichtlich damit beschäftigt, die Pommes wieder auf die Teller zu schaufeln. In diesem Moment bemerkte der Wirt, dass wir die Szene beobachteten. Er zischte seinem Kollegen am Boden zu: »Liegen lassen! Liegen lassen!!« Man hörte ein leises »Wieso das denn?«. Darauf der Wirt noch lauter und verzweifelter: »LIEGEN LASSEN!« Sein Kollege tauchte wie ein Eisvogel hinter der Theke auf und sah den alten Mann im Unterhemd fragend an. Der ignorierte ihn, kam falsch lächelnd zu uns an den Tisch und brachte uns vier spärlich gefüllte Teller mit Pommes. Und dann wieder diese Stimme vom Nachbartisch: »War da was?« Als wir anfingen zu essen, weil für einen kurzen Moment der Hunger den Ekel besiegt hatte, entdeckten wir die frittierten Fliegen, die zwischen den Pommes lagen. »War da was?« Ein Marsch spielte dazu. Der Koch rauchte eine. Wir beschlossen, uns mit Doornkaat zu besaufen. Am Ende des Abends wankten wir auf unsere Zimmer. Die sahen aus wie in einer Jugendherberge kurz nach Kriegsende, im Waschbecken lagen seltene Insektenarten, das Bettlaken hatte Blutspuren, die kein Waschmittel hatte entfernen können.

Ich wurde nachts durch schreckliche Stöhngeräusche wach. Irgendwo neben oder unter uns. Der Grund dafür war nicht auszumachen. Hausgeburt? Bandscheibenvorfall? Schlechter Sex? Wurde jemand gefoltert? Oder hatte jemand im Tannenhof »nach Art des Hauses gegessen« und betrat gerade die Welt des Schmerzes? Ich schlief mühsam wieder ein, träumte schlecht, und beim Frühstück saß ich müde vor meinem Filterkaffee und hörte vom Nachbartisch die vertrauten Worte: »War da was?« Mit diesen Erinnerungen saß ich nun im Zug nach Schleswig-Holstein.

Es war die übliche Strecke, von München über Nürnberg, Würzburg, Kassel, Hannover, Richtung Hamburg. In Lüneburg musste ich umsteigen, und sosehr ich mich auch am Bahnhof reckte, von Lüneburger Heide war hier nichts zu sehen. Ein Güterzug fuhr vorbei, Richtung Norden, der so viele Ölwaggons hatte, dass er mir unendlich erschien. Vielleicht fuhr gerade der hintere Zugteil durch Göttingen oder Stuttgart. Es ratterte und ratterte und ratterte. Aus nördlicher Richtung kam ihm nun ein Güterzug entgegen, der mit Autos beladen war, alle mit weißen Spannfolien über Kühlerhaube und Dach, damit kein Kratzer den Wert minderte, es waren teure Geländewagen, die in Städte ohne Gelände geliefert wurden. Auch dieser Zug schien kein Ende zu nehmen, wie eine endlose metallene Raupe zogen die karminroten Waggons an mir vorbei. Ich setzte mich auf den Boden des bemoosten Bahnsteigs, die Nordsommersonne strahlte, ich hatte gute Laune und stellte mir den Bungsberg vor. Freute mich auf meinen Mitwanderer Rocko Schamoni, Schriftsteller, Musiker, Gesamtkunstwerk.

Ursprünglich hatte Rüdiger Nehberg zugesagt, mit mir auf diesen Gipfel zu steigen. Nehberg war eine Legende, der »Sir Vival«, wie ihn viele nannten. Der Karl May der Gegenwart, der Indiana Jones Norddeutschlands, ein Abenteurer durch und durch. Ich hatte ihn und seine nette Frau ein paar Monate zuvor kennengelernt. Nehberg wurde bekannt dadurch, dass er Ende der Siebzigerjahre einmal quer durch Deutschland gewandert war, ohne Zelt, ohne Geld, ohne Proviant. Nur mit einem Overall bekleidet und einem Messer, einem Feuerzeug und einer Rettungsdecke, ging er einen ganzen Sommer lang zu Fuß von der Nordsee bis zu den Alpen. Alles, was er unterwegs aß und trank, kam aus der Natur. Äpfel, die auf Streuobstwiesen herumlagen, Pilze, Wurzeln, ein überfahrenes Eichhörnchen, das er häutete und im Wald grillte. Er übernachtete unter Bäumen, baute sich mit Ästen kleine Zelte, fror, hungerte, durchschwamm Flüsse, Brücken mied er. Nehberg zeigte einer industriellen Gesellschaft, wie das wahre Leben aussieht, wie abhängig wir alle sind, wie weit wir uns von der Natur entfernt haben. Es war ein Experiment, ein Statement, bestimmt auch ein Martyrium, Nehberg verlor über zwanzig Kilo in diesem Monat, aber er ließ alle staunend zurück.

Was ist das für ein Bursche, ein Konditormeister aus Hamburg, der seinen Jahresurlaub hergibt, um an die Grenze dessen zu gehen, was ein Mensch zu ertragen bereit ist? Der immer wieder das Risiko, die Gefahr suchte, bedingungslos und seinerzeit auch ohne Liveübertragung im Netz und ohne Blog-, Podcast- oder Insta-Begleitung und ohne Sponsoring. Später hat sich Nehberg einmal, nur mit einer Badehose bekleidet und mit einer Machete bewaffnet, von einem Hubschrauber im Regenwald in Südamerika absetzen lassen und innerhalb eines Monats ganz allein den Weg herausgefunden, wieder aß und trank er nur das, was er fand. Kompromisslos, grenzwertig, genial. Und das alles ohne GPS, ohne Kamera-Drohnen, ohne Red Bull, ohne anschließende 3-D-Multimediashow in den Stadthallen dieser Republik. Nehberg war authentisch, und er war konsequent. Er hat sogar einen kleinen Survival-Guide geschrieben, den ich mir im Vorfeld meiner Deutschlandreise kaufte, man weiß ja nie, in was für Situationen man gerät. Er enthält einen unglaublichen Trick, wie man ohne Zündhölzer nachts in einem einsamen Wald Feuer machen kann. Allerdings braucht man dazu, warum auch immer, einen Tampon und Zigarettenasche, was ich als nicht rauchender Mann nicht tagtäglich und schon gar nicht nachts in einem einsamen Wald bei mir führe. Nehberg wollte mich auf den Bungsberg begleiten, sagte aber aus gesundheitlichen Gründen wieder ab. Rüdiger Nehberg hat zuletzt in einem kleinen Dorf in Schleswig-Holstein gelebt, zusammen mit seiner Frau Annette, und die letzten Jahre vor allem gegen die Genitalverstümmelung von Frauen in der islamischen Welt gekämpft. Leider starb er am 1. April 2020 im Alter von vierundachtzig Jahren. Ruhe in Frieden.

Nun stieg ich in den Regionalexpress RE 83 nach Lübeck. Bei Lauenburg überquerten wir die Elbe, die so zäh und träge dahinfloss, als sei sie aus Sirup. Die Stadt Lauenburg liegt am nördlichen rechten Ufer der Elbe, mit alten Häusern, die sich in einer Mischung aus Ziegel und Fachwerk pittoresk am Ufer aufreihen, mittendrin eine Kirche, deren Turm so lang und spitz ist wie ein riesiger Bleistift. Mir gegenüber saß eine Pfadfinderin mit grün gefärbten Haaren, die offenbar von einem Zeltlager kam, ihre Wanderschuhe trugen eine dicke Erdkruste, bei jeder Fußbewegung lösten sich Bröckelchen, die schon den halben Abteilboden bedeckten. Sie las ein Buch von Hermann Hesse. Ich sah aus dem Fenster, sah schwarz-weiße Kühe grasen, und in der Ferne, hinter den sattgrünen Weiden, bauten sich schwere dunkle Wolken auf. Ich befürchtete Dollberg-Wetter.

Der Zug hielt nun in Mölln. So wie Solingen, Hoyerswerda, Rostock-Lichtenhagen, Hanau einer der Orte, die leider für immer gezeichnet sind durch rechtsextremen Terror. Bei einem Brandanschlag auf ein Wohnhaus in Mölln kamen im November 1992 zwei türkische Kinder und deren Großmutter ums Leben. Der ehemalige Ministerpräsident von Schleswig-Holstein, Uwe Barschel, lebte auch in Mölln, bevor er in einem Genfer Hotel unter seltsamen Umständen starb und durch das umstrittene Todesfoto in der Badewanne für immer Teil der deutschen Nachkriegsgeschichte wurde. Was wurde eigentlich aus seinem politischen Rivalen von einst, dem netten SPD-Mann Björn Engholm? Ich notierte es mir für später.

In Lübeck musste ich umsteigen. Ich hatte mir vorgenommen, das Holstentor anzuschauen, das ich aus meiner Kindheit von den 50-D-Mark Scheinen meiner Eltern kannte; weil fünfzig Mark damals so unfassbar viel Geld war, stand das Holstentor seitdem für mich als Metapher für »Luxus«, »Reichtum«, »unerreichbar«. Ich dachte immer, das Holstentor sei komplett braun, so wie auf dem Geldschein, genau wie der Typ auf der Rückseite mit der völlig überdimensionierten Baskenmütze. Später fand ich heraus, dass es sich bei dem 50-Mark-Mann um einen Juristen aus Wolfratshausen handelte, der an der Pest gestorben war. Warum dieser Mensch vierhundert Jahre nach seinem Tod auf einem Geldschein abgebildet war? Keine Ahnung. In Lübeck schüttete es, und ich blieb im überdachten Bahnhof. Ich machte mir große Sorgen um die Wetterbedingungen bei meiner Erstbesteigung des Bungsbergs.

Mein Mitwanderer Rocko Schamoni hat mir schon viele schöne, lustige, nachdenkliche Momente beschert mit seinen Ideen. Er ist einer der vielseitigsten Künstler dieses Landes. Er hat Bücher geschrieben wie den über zweihunderttausendmal verkauften Bestseller *Dorfpunks* über seine Jugend auf dem Land in Schleswig-Holstein (auf den wir später noch zurückkommen). Kurioserweise hatte ich durch puren Zufall am Vortag unserer Wanderung in einem Münchner Bücherschrank – also da, wo Menschen gelesene Bücher hineinlegen, um sie anderen Lesern zu schenken – das einzige mir noch fehlende Schamoni-Buch *Sternstunden der Bedeutungslosigkeit* entdeckt und mitgenommen. Rocko Schamoni war Teil der Mockumentary-Film-Band Fraktus. (Filmzitat: »Warum sterben so viele Rentner vor dem Computer? Weil sie STRG ALT Entfernen drücken.«) Er hat den penetranten Achtzigerjahre-Hit »Building a Bridge to your Heart« der Gruppe WAX umgedichtet in »Wehre Dich gegen den Staat« sowie viele tolle und leider unterschätzte Songs komponiert. Er war Mitbegründer des legendären Golden Pudel Clubs in Hamburg und Teil der Telefonscherz-Guerillatruppe Studio Braun. In seinem Roman *Tag der geschlossenen Tür* von 2011 nahm er die Erfindung von Lieferando vorweg. Sein Protagonist, ein Typ namens Michael Sonntag aus Hamburg, der sich mit Gelegenheitsjobs durchschlägt, bietet als Lieferservice die Speisekarten verschiedener anderer Bringdienste an, von denen er sich beliefern lässt, um dann gegen Aufpreis deren Essen lauwarm weiterzuliefern. Und Rocko hat eine eigene Satire-Schmuckkollektion erfunden namens *Scheiße by Schamoni*, mit kleinen imitierten Kackhäufchen oder dem Schriftzug »Scheiße« aus Gold zum Umhängen. Es gibt Scheiße-Uhren, Scheiße-Ketten, Scheiße-Ohrstecker »ohne Ecken und Kanten im angesagten Scheiße-Design«. Ein unglaublich origineller Mensch und wie wahrscheinlich alle großen Künstler immer an der Schwelle zwischen Euphorie und Depression.

Wir waren in Eutin miteinander verabredet, wo ich mit einem Regionalzug ankam. Als ich ausstieg, war nichts von Rocko Schamoni zu sehen. Scheiße. Eutin ist eine schmucke Kleinstadt mit einem schmucken Kleinstadtbahnhof und einem schmucken Kleinstadtbahnhofsvorplatz. Der *Ostholsteiner Anzeiger* hing aus, Titelschlagzeile war der Streit um die Rückkehr der Wölfe, darüber wurde landauf, landab in Deutschland gestritten, als gäbe es nichts Wichtigeres auf der ganzen Welt. Irgendeine Urangst aus den Märchen der Gebrüder Grimm scheint wie ein Kollektivschatten über uns zu liegen. Dort in Eutin stand ich also und wartete und fürchtete, ich könnte acht Stunden umsonst gefahren sein, wenn der King nicht käme. Da bemerkte ich in der Ferne auf einem Parkplatz einen älteren unförmigen Campingbus in Giftürkis, der unter lautem Geröhre und mehrmaligem Motorabgewürge hektisch vor- und zurücksetzte. Dieser Bus hatte eine maximal schlechte Aerodynamik, war genauso hoch wie lang, potthässlich, und Rocko saß am Steuer. Er hatte den VW-Bus vor nicht allzu langer Zeit von seinem Bruder übernommen und war mit den Dimensionen noch nicht ganz vertraut, also musste ich ihn aus der Eutiner Parklücke winken. Wir freuten uns über unser Wiedersehen, und Nordlicht Rocko begann sofort, ein bisschen Bairisch zu sprechen. »Jo, servus, griaß di, du oide Wurschthaut.« Rockos Mutter stammt von der Halbinsel Angeln in Schleswig-Holstein, aber väterlicherseits liegen seine Wurzeln im oberbayerischen Huglfing, im Voralpenland. Passend dazu sah es hier in der Gegend fast ein bisschen alpenländisch aus, kleine Seen schmiegten sich zwischen bewaldete Hügel, und das Wasser funkelte silbern, wann immer die Sonne durch die Wolken brach.

Wir befanden uns nun in der nördlichsten Schweiz außerhalb der Schweiz, der Holsteinischen Schweiz. Es gibt so viele verschiedene Schweizen außerhalb der Schweiz, fast zweihundert weltweit, es ist ein Phänomen wie in einem Spiegelkabinett, wo sich Betrachtetes in der Ferne vervielfacht. Denn je weiter man sich von der Schweiz entfernt, desto mehr Schweiz ist da, vor allem hierzulande. So viel Schweiz wie in Deutschland gibt es nicht mal in der Schweiz selbst: die Sächsische Schweiz, die Fränkische Schweiz, die Märkische Schweiz, diese drei kennt man vielleicht. Aber dann gibt es noch über hundertzwanzig andere Schweizen in Deutschland, u. a. die Hersbrucker Schweiz beim fränkischen Hersbruck, das ansonsten nur durch das deutsche Hirtenmuseum bekannt ist und durch eine Heavy-Metal-Kneipe, die Rockin' Hirnwurscht hieß. Oder die Oeynhauser Schweiz in Bad Oeynhausen (ganze unschweizerische fünfundfünfzig Meter über dem Meeresspiegel). Die Gifhorner Schweiz in Niedersachsen. Die Gütersloher Schweiz. Zwei Schweizen am Main, sechs an der Mosel, z. B. die Trarbacher Schweiz. Was erhoffen sich die Menschen hierzulande von so einer Pseudo-Mini-Schweiz? Ist es das schwärmerische Streben der Romantik nach Mystik und Natur? Und wer hat sich das ausgedacht? Dieselben Schweizfans, die sich regelmäßig drei

Kilo schwere Toblerone-Bolzen am Flughafen im Duty-free kaufen und sich beim Abbeißen fast den Oberkiefer spalten? Oder findige Fremdenverkehrsvereine, die die Seriosität ihrer Gegend durch das Schweiz-Siegel betonen wollen? Und existieren im Gegenzug auch so viele verschiedene Deutschlands in der Schweiz? Ob es wohl auch das Züricher Deutschland gibt, einen Stadtbezirk, wo besonders viel Müll getrennt wird und die Leute hartnäckig FDP wählen? Oder das Graubündner Deutschland, in dem der Käse langweiliger schmeckt als anderswo in der Schweiz und die Leute besonders mürrisch sind? Oder das Berner Deutschland, in dem es auf den Autobahnen kein Tempolimit gibt und in dem Deutschland immer wie durch ein Wunder Fußballweltmeister wird? Ich glaube, es geht nur andersrum, Schweiz woanders. Die Schweiz hat – trotz der Bankskandale, trotz übler Typen wie Joseph Blatter und seinem FIFA-Nachfolger mit der Glatze, Gianni Infantino – ein weitgehend makelloses Image, da möchte sich jeder eine Scheibe abschneiden, auch wenn das eigentlich Käse ist.

Ich reiste also durch die Holsteinische Schweiz, was ja in sich schon einen Widerspruch darstellt, so wie »alter Knabe«, »stummer Schrei« oder »sympathischer FC Bayern«: eine Schweiz, deren höchster Gipfel ganze 167 Meter hoch ist. Durch dieses geografische Oxymoron fuhr ich nun mit einem viel zu hohen Campingbus, der im Grunde genommen aussah wie ein Giraffen-Sondertransporter vom Tierpark Hellabrunn.

Wir fuhren entlang des idyllischen Kellersees und bogen im rechten Winkel ab, steil bergauf. Diese Stichstraße, die in der Gegenrichtung am Seeufer endete, beflügelte Rockos Fantasien: »Immer wenn ich diese Straße runterfahre, die direkt auf den See zuführt, habe ich den großen Traum, voll aufs Gas zu drücken und mit hundertvierzig Sachen ins

Wasser hineinzurasen, natürlich nicht suizidal, sondern nur aus reiner Freude, das zieht einen so rein in diesen geilen großen See, aber ich habe es bisher noch nicht gewagt. Sogar vorhin, als ich zum Abholen gefahren bin, habe ich mich gefragt, Achim oder See?« Das ging ja schon gut los, er war übermütig. Ich wies ihn darauf hin, dass er selbst bergab mit diesem unförmigen Campingkoloss nie im Leben den nötigen Schwung aufnehmen könne. Rocko konterte mit den angeblichen Vorteilen dieses Vehikels im Hamburger Alltag, von Nächten in diesem Campingbus mitten auf dem Hamburger Berg: »Unter Millionen von zugeschissenen, kotzenden Touris, die mit offenen Hosen über die Straßen wanken, stehe ich dann da und genieße das schöne Leben.«

Baum. Baum. Baum. Baum. Baum. Wir fuhren über eine Allee durch eine Endmoränenlandschaft, skandinavische Gletscher hatten in der Eiszeit diese wellenartige Gegend mit ihren vielen Seen erschaffen. »Das hat mich auch mit sechzehn, siebzehn als junger Punk geflasht, ich habe damals schon verstanden, dass das etwas Besonderes ist mit dieser Gegend hier«, sagte Rocko. Fast alle Autos, die uns entgegenkamen, es waren zwei, trugen die Buchstabenkombination OH für Kreis Ostholstein, und dieses OH weckte in Rocko zeitlebens heimatliche Gefühle: »Wir nannten uns O. H. Punks oder O. H. Subs, für mich hieß das immer ›OH, da sind sie wieder, diese tristen Typen aus dem Norden‹. Es ging damals darum, sich selber zu erfinden, einen neuen Namen, eine Fantasie-Vita, selbst geschneiderte Klamotten, 'ne eigene Band, eigene Musik, eigene Texte, eigene Hefte, eigene Bücher schreiben, eigene Kunst machen, eigene Malerei. Man war nicht das Produkt der Eltern, der Lehre, der Schule, der Bundeswehr, man war das eigene Produkt. Erst nannte ich mich Rodrigo oder Roddy Dangerblood, dann als Tourneenamen Rocko Schamoni.« Er sprach stakkatoartig und voller Enthusiasmus, das Feuer brannte in ihm, als er all das erzählte. Und mit den üblichen Stereotyp-Punks von heute, mit Irokesenhaarschnitt, Schäferhund, Nietengürtel und Bettelei vorm Bahnhof hatte dieser Punkgeist von damals rein gar nichts zu tun.

Ich sah am Straßenrand ein paar Kinder mit Zahnlücke und Schulranzen, es war die erste Schulwoche in Schleswig-Holstein, und Rocko ging kurzzeitig vom Gas, was er gar nicht hätte tun müssen, die Kinder zuckten zusammen und sahen uns erschrocken nach, als unser türkises Etwas an ihnen vorbeiröhrte. Wir fuhren durch ein kleines Dorf mit einem leer stehenden Lebensmittelladen, der aussah, als hätte man ihn bei der großen Schneekatastrophe im Winter 1978 verlassen und nie wieder aufgesperrt. Die letzten Wochen mussten heiß gewesen sein, auf den Äckern wurde schon gepflügt, gerollte goldgelbe Strohballen lagen verstreut auf den Feldern herum und sahen aus wie zufällig liegen gebliebene Eichenfässer. Wir sprachen über den Menschenschlag hier oben im Norden. Rocko sagte: »Wir reden nur so viel wie unbedingt nötig. Muss da jetz 'n Satz hin oder reicht auch 'n Wort? 'n Wort.« Zum Glück war Rocko anders als die anderen Typen.

Ein gelbes Straßenschild zeigte nach Lütjenburg, Rockos Heimatort an der Ostsee, der dreizehn Kilometer entfernt lag, und nach Schönwalde am Bungsberg, also quasi Rockos Hausberg. »Bungsberg, B. U. N. G.«, buchstabierte Rocko. »Nicht B. U. M. S., Bumsberg.« Hatte es schon Verwechslungen gegeben? Wir fuhren durch einen winzigen Ort namens Kirchnüchel, »hier gab es eine ganz legendäre Kneipe, die Marienquelle«. Als sie vor ein paar Jahren leer stand, wollte Rocko sie übernehmen, aber sie war schon verpachtet. Ich stellte mir eine Art Golden Pudel Club in der Provinz vor, eine anarchistische urbane Dorfkneipe, eine Oase von Glück, Suff und Wahnsinn. Hätte schön werden können. Ein weiteres

Straßenschild tauchte auf, ein rotes Dreieck mit Ausrufe-zeichen und darunter der Warnung »Kinder und Pfauen«. Rocko schien nicht besonders verwundert, meinte nur: »Bei-des kann hier über die Straße rennen, und beides ist äußerst aggressiv.« Die Straße verlief wellenartig, dieser Teil der Hol-steinischen Schweiz erinnerte an die Toskana, die Fauna dagegen an Jütland, vielleicht befanden wir uns schon in der dänischen Toskana. Ein bisschen war es auch wie die Luxemburger Bretagne, mit einem Hauch von schwedischer Rhön. »Alle, die hierherkommen, verfallen in kürzester Zeit der natürlichen Schönheit dieser Landschaft, aber kulturell ist das eher eine Durstlandschaft«, sagte Rocko. In diesem Moment kam uns ein überhohes Campingmobil entgegen, es sah aus wie unser Bus, wie eine Spiegelung, als begegneten wir uns in einer schizophrenen Kurzzeitbelichtung selbst. Ob man sich denn unter Campingbusfahrern grüße, so wie früher Entenfahrer oder Zahnärzte auf Harleys. Rocko lachte: »Die Wohnmobilszene ist so groß und zugleich so durch-ödet, dass man das nicht machen muss. Ich hab mir das mal an- und wieder abgewöhnt, so wie früher Punks Mods grüßten oder Teds Punks und sich anschließend sofort in die Haare gekommen sind.«

Rocko erzählte, wie er 1981 mit anderen Punks aus Schles-wig-Holstein das erste Mal nach England fuhr, als Austausch-schüler an die Südküste. Die erste Punkwelle war in Groß-britannien längst vorbei, hatte Lübeck und Kiel aber gerade erst erreicht, und Rocko und seine Freunde dachten naiv, alle, die kurze Haare haben, müssten Punks sein. In einem Park in Bournemouth sahen sie von Weitem einen Haufen Skinheads stehen, grüßten freundlich und winkten. »Die konnten ihr Glück gar nicht fassen, dass wir nicht geflüchtet waren, und trieben eine halbe Stunde ihre Spielchen mit uns, bevor sie anfingen, mit Gewalt zu arbeiten. Experimente am lebenden Menschen, an Jugendlichen aus Deutschland, an SH-Punks, an OH-Punks.«

Es muss traumatisch gewesen sein.

Wir fuhren nun in die Gipfelregion des Bungsbergs ein, die Luft wurde dünn. »Man bekommt schon leichte Atemprobleme, wir sind kurz vor der Baumgrenze, und gleich heißt es, sich fertig machen, die Stiefel schnallen, die Rucksäcke und die Seile auspacken, und dann wird es auch ein bisschen gefährlich«, prophezeite Rocko, er schien zu allem bereit zu sein. Wir befanden uns auf etwa achtzig bis neunzig Meter über dem Meeresspiegel, hatten also noch etwa siebzig Höhenmeter vor uns. »Ich kann es gar nicht genau sagen, weil ich hier oben mit verwirrtem Geist arbeite, ich kann hier so schlecht denken, weil so wenig Sauerstoff ins Blut kommt«, meinte Rocko. Er parkte das Wohnmobil am Waldrand, ein einsames Schild zeigte »Bungsberg« an, die Sorte blaues Straßenschild, auf der normalerweise Leopoldstraße oder Rathausplatz steht. Rocko Schamoni zog schwere Wanderstiefel an, dazu trug er eine Art Hirten- oder Seemannshemd aus blauem Leinen mit weißen Nadelstreifen, es hatte etwas Trachtenähnliches, er packte noch einen grauschwarzen Filzhut aus und einen beeindruckend großen Wanderstock aus Holz, dessen Knauf aus einer kunstvoll verzwirbelten Wurzel bestand. Er glich einem Wanderer um 1800, der mit großer Entschlossenheit die Erstbesteigung des Großglockner in Angriff nahm.

Und er war besser ausgerüstet als jeder andere meiner bisherigen Wanderpartner. »Ich bin immer ein bisschen übermotiviert, das ist mein Problem, aber für andere ist es eine Schau«, sagte er und grinste. Er sah wirklich toll aus. Wir begannen unseren Aufstieg auf einem breiten Waldweg, bogen um eine Kurve, und nach einer Minute waren wir bereits am Ziel unserer Wanderung. Der Bungsberg lag vor uns, ein völlig unspektakulärer Grashügel, er sah aus wie ein überdimensionales keltisches Hügelgrab. Am Fuße des Gipfels stand ein riesiger Fernsehturm aus Beton im Baustil des Brutalismus, der den Berg um ein Vielfaches überragte. Der Vorplatz dieses »NDR Senders Bungsberg« war planiert, teilasphaltiert und von einem übereifrigen Landschaftsarchitekturbüro unter dem Motto »Erlebnis Bungsberg« halb tot konzipiert worden mit Gletscherrinne, Lehmspielplatz, Waldspielplatz und dergleichen. Das Projekt »Bildungsspaß Holstein« war ein von der Sparkassenstiftung geförderter Lernort; mit roten Doppeldeckerbussen wurden Kinder und Jugendliche aus Schleswig-Holstein hierhergeholt, um Natur und Umwelt am Bungsberg hautnah zu erfahren. Sogar einen eigenen Stiftungshund gab es, einen amerikanischen Collie namens Buddy, der aussah wie Lassie und der als »zertifizierter Schulbesuchshund« vermutlich bereits von Hunderten von Schulkinderhänden angegrabbelt worden war. Es gab außerdem ein Ausflugslokal namens »Waldschänke«, das aber wegen Insolvenz schon wieder geschlossen war und mittlerweile unter dem einfallsreichen Namen 168 ü. NN weiterbetrieben wurde. Neben dem Restaurant stand der Elisabethturm, ein hundertfünfzig Jahre alter Aussichtsturm aus grauem Stein, der original so aussah, als ob Rapunzel jeden Moment ihre Haare dort hinunterlassen würde.

Dieser Ort deprimierte uns zwei zutiefst, und wir stiegen schnell die letzten Meter auf den Bungsberg, quer durchs Grüne, der Weg war rechts und links eingefasst von einem Elektrozaun. »Hast du schon mal gegen einen Elektrozaun gepieselt?«, fragte mich Rocko ziemlich unvermittelt. »Nicht gepieselt, nur hingelangt«, antwortete ich. »Musst du mal machen. Ist unglaublich. Ich lade dich ein. Wenn Schmerz und Lust in höchstem Maße aufeinandertreffen. Und Pein. Eine Lebensgrenzerfahrung, weil man auch draufgehen kann dabei. Wenn du Pech hast, kannst du dich vom Zaun nicht mehr lösen mit deinem Strahl. Für immer an den Bungsberg festgepisst«, meinte Rocko. Ich wollte den Gipfel lebend erreichen, also ließ ich mich auf keine Experimente ein.

Oben auf dem Bungsberg stand ein großer Granitquader, der 167 Meter anzeigte. Es stürmte heftig, und dann fing es an zu regnen, die Wolke aus Lübeck war mir gefolgt. Man konnte vom Gipfel aus die Ostsee sehen, ein Berg mit Meeresblick, für mich als Alpenanwohner eine echte Sensation. »Das kannst du in Bayern nicht haben«, sagte Rocko stolz, und ich fragte ihn, wann er das letzte Mal hier oben gewesen sei. »Vor acht Jahren, zum Après-Ski«, erzählte er. »Denn die Wahrheit ist, der Bungsberg hat im Winter einen eigenen Skilift, der geht ungefähr sechzig Meter den Berg hoch, und oben steht dann eine Après-Ski-Hütte. Manche gehen auch gar nicht zum Skifahren hin, sondern gleich in die Après-Ski-Hütte.« Der Bungsberg ist das nördlichste Skigebiet Deutschlands, allerdings ist mit Schnee nicht unbedingt zu rechnen. Dänen kommen keine, nur Menschen aus den umliegenden Dörfern, »vielleicht so dreihundert am Tag, die sich da hochfahren lassen mit dem Lift, dann einen Becher reinballern und wieder runterfahren, aber mehr ist da nicht«. Ich mochte das Konzept. Manche Skischaukeln in Österreich mit dreihundertzwanzig Liften und achtzehn miteinander verbundenen Skigebieten sind meiner Ansicht nach total überbewertet. Denn was nutzt es einem, wenn abends die Lifte ihren Betrieb einstellen und man, achtzig Kilometer vom eigenen Auto entfernt, drei Täler weiter feststeckt, mit klobigen Skistiefeln an den Füßen? Ich nahm mir vor, unbedingt mal im Winter zum Bungsberg zu kommen, dann aber nur zum Après-Ski.

Der mobile Lift war nicht in Betrieb, auch die Feierhütte materialisierte sich offenbar erst in den Monaten, die mit -ember enden. Die Piste war so flach, dass man im Winter vermutlich nur mit massivem Doppelstockeinsatz Fahrt mit den Skiern aufnehmen könnte, wenn überhaupt, vielleicht eher Langlauf bergab. Und nur, falls es hier jemals schneien würde. Aber wie gesagt, es regnete.

Wir stiegen schnell ab und stellten uns auf der wetterabgewandten Seite des Elisabethturms unter, um im Trockenen noch ein bisschen zu plaudern. Rocko erzählte mir von der Ostsee, die seine Jugend maßgeblich geprägt hatte. Da waren Partys am Strand, die komplett aus dem Ruder liefen; mitten in der Nacht brannten Dutzende von Strandkörben und illuminierten die Küste wie eine Kette von Leuchtfeuern. Da waren Freunde, die betrunken in der Ostsee baden gingen und nie wieder zurückkamen. Da war das Meerwasser, dessen Salzgehalt angeblich dem der menschlichen Tränenflüssigkeit exakt gleiche, weshalb man in der Ostsee problemlos mit offenen Augen tauchen könne. War das nun verbürgtes nautisches Wissen oder eine der typischen Rocko-Geschichten, die grandios klangen, aber genauso märchenhaft waren wie der Rapunzelturm, an dem wir lehnten? Eine meiner Lieblingsgeschichten aus seinem Buch *Dorfpunks* ist die vom AC/DC-Konzert in der Kieler Ostseehalle 1980. Die australischen Hardrocker waren und sind – damals wie heute – kleinster gemeinsamer Nenner für Menschen jeglichen Alters und jedweder musikalischer und modischer Einstellung. Im aufgeheizten Zeitgeistklima von 1980, als es fanatische Punks, Teds, Skins, Mods, Popper, Rocker und Hippies gleichzeitig gab und fast jeder zu irgendeiner Gruppe gehörte, gingen alle zu AC/DC, eine explosive Mischung. Rocko sagte dazu den schönen Satz: »Über Kiel hing eine Glocke der Gewalt.« Inzwischen gebe es generell kaum noch Asis auf den Straßen, kaum noch Schrottautos, »alles ist geputzt, sauber, die Dorfdiscos gibt es nicht mehr, alles ausgelöscht, maximale Ruhe«.

Warum die Ostsee viel toller ist als die Nordsee, das erklärte mir Rocko nun ausführlich. Die Kurzform: Bei der Nordsee ist das Meer voller Wellen, das Land flach. An der Ostsee ist es umgekehrt, flache Wellen, hügelige Küste. Und weil der Mensch ja an Land und nicht im Meer wohne, sei die Gegend rund um die Ostsee unbedingt zu bevorzugen, weil abwechslungsreicher. Und inmitten dieser Hügel, gar nicht weit vom Bungsberg, liegt das kleine Dorf Malente. Für Fußballfans ein mythischer Ort, denn ausgerechnet hier, in der holsteinischen Provinz, bereiteten sich Deutschlands Fußballer 1974 auf den Weltmeistertitel im eigenen Land vor; in einer Sportschule, quasi einer Art schlechteren Jugendherberge. Mit spartanischen Doppelzimmern, harten Massagebänken, gnadenlosem Hausmeister, ohne Heli-Landeplatz, ohne Sternekoch, ohne Sauna, Spa und WLAN. Die Generation Kimmich, Gnabry, Leroy Sané wäre sofort beleidigt abgereist und hätte durch eine Armada von Beratern ausrichten lassen, man werde aus der Nationalmannschaft zurücktreten, falls »die Mannschaft« nicht ad hoc in ein Luxusresort umziehe. Dem Mythos Malente nach fanden Fußballstars wie Beckenbauer, Netzer und Sepp Maier in den Wochen der Askese vor der WM 74 hier zum reinen, puren, bescheidenen Leben. Tatsächlich brach Lagerkoller aus. Wochenlang einbetoniert im Doppelzimmer, auf elf Quadratmetern, nur mit einem Kollegen und einem Obstkorb, das machte die Fußballstars mürbe. Gerüchtehalber lieh sich einer ein Auto der Polizeispezialeinheit GSG 9 aus und fuhr damit nach Hamburg, auch andere entfernten sich heimlich aus der Sportschule. Wer weiß, vielleicht machten sie es wie der englische Fußballstar George Best und gaben in Ostholstein all ihr Geld für Alkohol, Frauen und schnelle Autos aus, den Rest verprassten sie. Es wird ein Geheimnis bleiben, der »Geist von Malente«. Aber sie wurden Weltmeister. Und das zählt. Kurzum: Eine Magie lag über der Gegend, ein Zauber, der Berge versetzen kann. Wenigstens kleine Berge.

Wir sprachen über das Leben heute, über die Digitalisierung, die auch in Schleswig-Holstein die große Verheißung war. Rocko wurde wütend, beklagte sich über den Rückzug der Menschen in ihre Wohnungen und Häuser. »Warum sollen wir alle an diesen Kanal angeschlossen werden, warum soll es noch schneller gehen, was für Interessen sind das?« Und lieferte selbst die Antwort: »Marktwirtschaftliche Interessen, Geldströme, Absaugung, man kann das Geld direkt aus den Wohnungen absaugen, die Leute müssen gar nicht mehr irgendwo hinfahren, um das Geld abzuliefern, es wird direkt aus den Wohnungen abgepumpt, darum geht es, Dienstleistungen direkt in die Wohnung reinpumpen wie Pornos oder irgendwelche Bestellsachen aus dem Netz, und Geld abpumpen, das ist *Matrix*.« Ich musste an unzählige Fernsehwerbespots für Online-Glücksspiel denken, für Wunderino, Hyperino, Slotilda, Drueckdasglueck, Pokerstars, die alle mit dem Satz endeten: »Dieses Angebot gilt nur für Personen mit Wohnsitz oder gewöhnlichem Aufenthaltsort in Schleswig-Holstein.«

Wir fuhren mit dem türkisen Campingbus zurück nach Eutin, steil hinab auf den Kellersee zu und doch wieder nicht hinein. Ganz in der Nähe befand sich die Bräutigamseiche, ein fünfhundert Jahre alter Baum, der weltweit erste Baum mit eigener Postadresse. Heiratswillige und Liebessuchende aus aller Welt können Briefe hierherschicken, der Briefträger deponiert sie täglich in einem Astloch auf drei Meter Höhe, das über eine Leiter zugänglich ist. Hier gilt kein Briefgeheimnis, jeder darf die Briefe lesen und sie auch mitnehmen. Der Hintergrund: Ende des 19. Jahrhunderts lebte hier ein junges Paar. Sie: die Tochter eines lokalen Försters. Und er: der Sohn eines Leipziger Schokoladenfabrikanten. Die beiden liebten sich, aber durften es nicht, weil: Standesdünkel des Schokovaters, also deponierten sie ihre Briefe füreinander heimlich in dem Astloch der Eiche. Die Liebe siegte, am Ende setzten die zwei ihre Hochzeit durch und heirateten unter »ihrem« Baum mit dem Astloch. Seitdem legen Menschen Briefe in dieser Eiche ab oder schicken sie mit der Post dorthin, jeden Tag treffen um die fünfzig Briefe ein, und angeblich wurden so schon etliche Ehen angebahnt. (Die Adresse: Bräutigamseiche, Dodauer Forst, 23 701 Eutin.)

Wir erreichten den Bahnhof, ich wies Rocko und sein Campingmobil in einen kleinen Parkplatz ein, und wir stiegen in den Zug um. Rocko Schamoni hatte es eilig, er musste nach Hamburg, um dort bei einem Schneider vor Ladenschluss einen eigens für ihn gefertigten Hut abzuholen, den er beim Dreh eines Musikvideos für seine neue Platte tragen wollte. Es sei das gleiche Hutmodell, das der US-Schauspieler Robert Mitchum in *Die Nacht des Jägers* als Wanderprediger getragen hatte, der Hut sei quasi ein Zitat, eine Verneigung. »Hundertfünfzig Kilometer hin, Hut holen, dann wieder zurück, das ist Besessenheit, und keiner wird es merken«, an dieser Stelle musste er selbst schmunzeln. Der Schaffner sagte einen Ort namens Pansdorf an, und wir unterhielten uns über Rockos neueste Platte *Musik für Jugendliche*. Es überraschte mich, wie von einem Moment auf den anderen die Stimmung ins Schwermütige kippte, wie eine Jalousie, die das Licht mit einem Dreh verdunkelt. »Beim letzten Album vor zwölf Jahren war der Anlass, dass meine Mutter gestorben war, und das habe ich mit der Kunst verarbeitet. Und jetzt ist vor einem halben Jahr auch noch mein Vater gestorben. Ich kann offenbar nur Platten schreiben, wenn jemand stirbt.« Hinter dem Höhepunkt des Lebens, so mit fünfunddreißig, komme die Zeit der traurigen Feste, meinte Rocko. »Hinter diesem Gipfel wird die Zahl der traurigen Feste immer größer, weil immer mehr Menschen sterben. Und dann ändern sich auch die Themen der Songs. Wenn du ehrlich bist und nicht nur dein Publikum stumpf abmelken willst und nur bei deinem alten Thema bleibst, dass du ein echt geiler Rock 'n' Roller bist, sondern dich den Themen deines Lebens stellst, musst du sagen, was passiert ist, zum Beispiel das Sterben der geliebten Menschen.« Das war ein anderer Rocko Schamoni, vom Klamauk und Blödsinn vieler seiner anderen Aktionen meilenweit entfernt. Er erzählte, wie aufwendig eine Tournee mit neun Musikern sei, die sich in kleinen Clubs kaum rechne. Rocko Schamoni war ganz versunken, melancholisch und schmerzhaft ehrlich.

In Lübeck verließ er den Zug und eilte mit einem »Servus« zu seinem Anschluss nach Hamburg am Gleis gegenüber. Ich fuhr weiter nach Lüneburg und merkte, es war schon zu spät, um noch den letzten Zug nach München zu bekommen. Mir fiel ein, dass mein alter Freund Thees Uhlmann an genau diesem Abend ein Konzert in der Nähe von Bremen geben würde, das zweite Konzert überhaupt, bei dem er sein neues Album vorstellte. Nach dem Auftakt in Reutlingen war es zugleich die Rückkehr in seine Heimat, oder um es mit seinen Worten zu sagen: »Zum Laichen und Sterben ziehen die Lachse den Fluss hinauf«. Thees stammt aus Hemmoor, einem Kaff am westlichen Ufer der Oste im Landkreis Cuxhaven, fünf Meter über dem Meeresspiegel gelegen. Es klang verlockend, bei diesem Heimspiel dabei zu sein. Ich dachte an Alex und Sebastian, das Klein-Groß-Paar mit dem privaten Schafe-Hühner-Hunde-Zoo aus Bremen, das mir schon bei meiner dortigen Wanderung Asyl gewährt hatte. Ein Anruf, und ich war auf dem Weg nach Bremen, mit einem breiten Grinsen auf dem Gesicht. Es war Hochsommer, im Gegensatz zu meinem letzten Besuch war das Marschland grün und saftig und der sonnige Abendhimmel lichtblau, Farbton RAL 5012.

Wieder holte mich Alex mit ihrem Auto ab, diesmal regnete es nicht, der Renault war verhältnismäßig aufgeräumt, wobei Alex das Entwurmungsmittel für die Schafe immer noch in der Mittelkonsole mit sich herumfuhr. Ich war ganz gespannt, wie all die Tierdramen vom letzten Mal weitergegangen waren.

»Sag mal, was wurde eigentlich aus dem Hühnerproblem?«, fragte ich betont lakonisch, obwohl ich vor Neugierde innerlich fast platzte.

»Was ist dein Stand der Dinge?«, fragte Alex zurück.

Ich: »Ihr hattet doch drei Hähne, also zwei zu viel. Und um sie loszuwerden, hattet ihr extra als Mitgift namenlose Hühner besorgt, die Fraggles.«

Alex antwortete ganz erleichtert: »Ja, die sind wir alle losgeworden. Unter anderem an eine Freundin und ihre beiden Kinder.« Sie runzelte kurz die Stirn. »Die Kinder wollten dann allerdings unbedingt Küken haben, und wir haben sie noch gewarnt, dass dann ja auch wieder einige Hähne dabei sein könnten, die man dann nicht mehr loswird.« Es klang schon wieder nach dem nächsten Tierabenteuer, nur eben woanders. »Blöderweise ist unser einziger verbliebener Hahn dann gestorben«, fuhr Alex fort. Ich ahnte schon, die Geschichte könnte gut werden. »Ich habe ihn dann obduzieren lassen«, erzählte sie, und ich dachte, A) was das wohl gekostet haben mag und B) was das für ein Berufsbild ist, Hühnerpathologe. Ich musste an all die Gerichtsmediziner im *Tatort* denken und die unzähligen nackten Toten, die da um 20:15 Uhr aufgebahrt im Fernsehen lagen, und stellte mir stattdessen einen Hahn vor, aufgeschnibbelt und analysiert von Dr. Boerne in Münster: »Thiel, schauen Sie, hier ist ein Einstich, den wir übersehen hatten. Er könnte von einer Gabel stammen. Hatte der Hahn Feinde?«

Alex wollte mit der Obduktion sicherstellen, dass der Verstorbene keine Wurmkrankheit in sich trug, die den heimischen Hobby-Tierpark dezimiert hätte. Über eBay-Kleinanzeigen fand sie einen Nachfolger, einen kugelrunden Hahn, »in allen Farben des Regenbogens, wunderschön, wir haben ihn Poldi genannt«. Irgendwie klang das zu einfach, zu harmonisch, das mit Poldi musste doch noch irgendeinen Haken haben. Als hätte sie meine Gedanken gelesen, sagte Alex: »Na ja, aber dann haben wir gedacht, wir können Poldi unmöglich ganz alleine von da wegholen, sonst stirbt er vor Gram.«

Ich war schon gespannt auf die Pointe: »Und dann?«

»Dann haben wir noch ein schwarzes Huhn dazugenommen, das er bereits kannte: Hummel.« Ein neues Malheur sei entstanden: »Hummel wurde hier von den anderen Hühnern gemobbt. Sie ist dann in die Hecke geflüchtet und hat sich da den ganzen Tag versteckt, aber das geht natürlich gar nicht, wir haben ja Füchse und Marder in der Gegend«, sagte Alex. Also sei sie in diese dichte Hecke gekrochen, dabei total zerkratzt worden, aber sie habe am Ende Hummels Hühnernest dort gefunden und in den Stall getragen. War denn nun alles gut mit Poldi, Hummel und den anderen Hühnern, fragte ich. »Na ja, sie saß rund um die Uhr nur auf ihrem Nest, die Hummel, weil sie dachte, die anderen Hennen wollen ihre Eier klauen. Sie stand nur ganz kurz auf, vielleicht drei Minuten am Tag, raste los und holte sich was zum Essen.« Alex hatte wohl den ganzen Tag im Hühnerstall gesessen und die Szenerie beobachtet. »In der Zeit, als Hummel ihr Futter holte«, fuhr sie fort, »hab ich ihr dann die Eier weggenommen und durch Imitationen ersetzt, durch hohle Kalkeier.«

»Warum?«, wollte ich wissen.

»Ja, sonst kriegen wir ja wieder männliche Küken, die Leute hier im Ort sagen eh schon Tiermessi zu mir.« Die Geschichte war aber noch nicht zu Ende. »Außerdem gibt es die ›alten Tanten‹, zwei Zwergseidenhühner, denen wollten wir noch zwei Artgenossen dazukaufen«, meinte Alex.

»Und das habt ihr auch gemacht?«, wollte ich wissen, ich ahnte am Horizont Komplikationen.

»Ja, aber das neuerliche Problem daran war, dass sich die Hühnerpaare nicht verstanden haben. Es gab Streit zwischen den alten Tanten und den neuen alten Tanten, die alten Tanten waren völlig eingeschüchtert«, erzählte sie mir. Ich fand es an dieser Stelle erstaunlich, dass die neuen Tanten nicht einfach »neue Tanten« hießen, sondern »neue alte Tanten«, aber mit Logik hatte das hier vielleicht gar nicht so viel zu tun. Alex brachte die Story zu Ende: »Da hab ich die alten Tanten und die neuen alten Tanten einfach zusammen im Stall eingesperrt, die haben sich zusammengerauft, und der Altersschnitt ist jetzt gesenkt.« Alex hatte viele Vögel, aber keine Meise.

Blacky, der etwa drei Kubikmeter große Schafbock, lief übrigens immer noch Amok, sobald sich Sebastian, der Mann von Alex, dem Stall näherte, aus Eifersucht, auch das fand ich heraus. Alex schnaufte tief durch: »Jetzt müssen wir nur noch jemanden finden, der sich mit Hühnern und Schafen auskennt, damit wir auch mal wieder in Urlaub gehen können.« Seriöse Tierzucht ist eben ein Vollzeitjob.

Ach ja, und der Hund Wilma? Der süße weiße Baumwollhund, der, sobald sich ein Fremder nähert, zum Pitbull mutiert? Als wir ankamen, bemerkte Wilma mich sofort und drehte vollkommen durch: »WUFF! WUFF! WUFF! BRÜLL! BRÜLL! BRÜLL!« Ich war mir sicher, Wilma würde mich am liebsten töten. Alex schob den Hund mit ihrem Fell-Hausschuh über den Fliesenboden vor sich her und rief: »Ruhig, Wilma, ab ins Körbchen, Ruhe jetzt!« Am Ende saß bzw. stand Wilma tatsächlich im Körbchen, bellte aber weiter bis kurz vor die Besinnungslosigkeit. Ich fragte Alex, ob sie schon mal einen Hundepsychologen hinzugezogen habe. »Ja, ja, die Psychologin hat mir den Rat gegeben, den Hund in einem ersten Schritt immer sofort ins Körbchen zu setzen, wenn er durchdreht.« Leider käme es nie zu einem zweiten

Schritt. Aus dem Körbchen kam Gebell, bei dem die Stimmbänder schon abkippten. Nach einer Weile, an eine Unterhaltung war kaum zu denken, verschwand Alex im Gang des Bauernhauses und hatte plötzlich ein neues Hündchen auf dem Arm. Es wirkte wie ein Zaubertrick, denn der neue Hund sah hundertprozentig wie Wilma aus. »Das ist unser Bellhund«, sagte Alex mit Blick auf Wilma, »und das hier ist unser Pipihund.« Der neue, Waldi, sei zehn Wochen alt und komme aus Sachsen-Anhalt, gleich hinter der Grenze. »Wir dachten, Wilma ist vielleicht so aggressiv, weil sie einsam ist, und deswegen haben wir Waldi geholt.« Das Problem war nur, Wilma war eifersüchtig auf Waldi, und Waldi war inkontinent. Alle Versuche, den Hund zum kleinen Geschäft in den Garten zu setzen, liefen darauf hinaus, dass der Hund sich vor das Haus setzte, auf Toten Mann bzw. Hund machte und ganz offensichtlich alle Energie darauf verwendete, die Beckenbodenmuskulatur so lange anzuspannen, bis er wieder zurück im Haus war. Außerdem verbiss sich Waldi in alles, was ihm vor die Schnauze kam, Flip-Flops, eine Filzunterlage, meine Schnürsenkel, meine Hose. »Der hat noch seine Milchzähne«, beschwichtigte Alex. »Er hat schon einige verloren, und jetzt liegen die überall in der Wohnung rum, sind echt winzig.« Auch im Flip-Flop steckte einer fest. Irgendwann sperrte Alex die beiden Hunde in zwei getrennte Zimmer, und wir fuhren gemeinsam zum Konzert von Thees Uhlmann, das so fulminant und laut war, dass wir die Tiere für zwei Stunden vergaßen. Ich zumindest. Als wir zurückkamen, waren Wilma und Waldi zu heiser, um zu bellen, und wir zu besoffen und glücklich, als dass es uns gestört hätte.

Und als ich am nächsten Tag im Zug von Bremen zurück nach Bayern fuhr, kamen mir plötzlich wieder diese drei Worte in den Sinn: »War da was?«

7

Der Große Beerberg/Thüringen (982,9 Meter)
Mit Kati Wilhelm (Ex-Biathletin)

10. September 2019
Der Berg, dessen Gipfel man nicht betreten darf

Anfang September. Erster Schultag. Ich war zwar weder Schichtarbeiter noch Schulkind, aber ich musste ganz früh aufstehen. Um 5:53 Uhr ging mein Zug nach Thüringen, ins dortige Wintersport-Epizentrum nach Zella-Mehlis. Und als würden mich meine Münchner Mitbürger dorthin begleiten wollen, trugen alle ihre Winterjacken, was mir schon in der U-Bahn auf dem Weg zum Bahnhof auffiel. Es gibt diesen einen Moment nach den Sommerferien, wenn von einem Tag auf den anderen das Wetter umschlägt und Herbst ist. Nicht so ein bisschen. Sondern so: HERBST! NEBEL! REGEN! KÄLTE! SCHLECHTE LAUNE! VON HEUTE AUF MORGEN. Dieser Tag war heute. Und weil ich in den Thüringer Wald fuhr, wo leichter Schneefall vorausgesagt war (und ich mich ungut an die Schnee- und Eishölle meiner Tour auf den Brocken in Sachsen-Anhalt erinnert fühlte), hatte ich meine langen Unterhosen angezogen, tatsächlich.

Gleis 19. Da standen all die Geschäftsmänner in ihren Slim-Fit-Anzügen, darüber Funktionsjacken und Trenchcoats, trugen ihre Kaffee-Schnabeltassen aus Pappe und ihre Smartphones vor sich her wie der Pfarrer die Oblate vor dem Abendmahl und wollten in den ICE nach Berlin einsteigen,

aber da war kein Zug nach Nirgendwo. Lautsprecheransage: »Der ICE 1008 nach Berlin ist noch nicht da« (sahen wir), »weil er noch nicht bereitgestellt wurde.« In anderen Worten: Er ist noch nicht da, weil er noch nicht da ist. Frei nach Søren Kierkegaard: »Der Denker ohne Paradoxon ist wie der Liebende ohne Leidenschaft.« Bzw. Hegel: »Das reine Sein und das reine Nichts ist dasselbe.« (*Wissenschaft der Logik*, 1812) Die Stimme hatte noch eine wertvolle Zusatzinformation für uns: »Die Abfahrt verzögert sich um ca. fünf Minuten.« Alles lächelte milde und verständnisvoll. Fünf Minuten, was ist das schon ... Die elektronische Anzeigetafel meldete bereits: »Ca. zehn Minuten Verspätung«. Leicht irritierte Blicke nach oben und in die Ferne, wo nichts, aber auch rein gar nichts auf einen Zug hinwies, der nun bereitgestellt würde. Lautsprecherstimme: »Der ICE nach Berlin wird mit voraussichtlich etwa fünfzehn Minuten Verspätung bereitgestellt.« Unmut machte sich breit, die Stimmung kippte von amüsiert zu indigniert. Nun boten sich elektronische Anzeigetafel und anonyme Lautsprecherstimme einen Wettkampf, wer mehr zu bieten hatte. »Zwanzig Minuten« (Die Stimme). »Dreißig Minuten« (Die Anzeigetafel). Einige Geschäftsleute begannen zu höhnen: »Vierzig Minuten«. Und so war es. Die Lage eskalierte. Erste Reisende zogen (nach französischem Vorbild) ihre Gelbwesten über, einige Manager aus unteren Dienstgraden mischten in den leeren Kaffeebechern mit der Flüssigkeit aus ihren E-Zigaretten amateurhafte Molotowcocktails, die nicht funktionierten. Sprechchöre formierten sich. »Berlin, Berlin, wir wollen nach Berlin!« Ich überlegte noch, ob mir meine Fantasie einen Streich spielte, als die Stimme final verkündete: »Die Bereitstellung des Zuges verzögert sich auf unbestimmte Zeit.«
Stille breitete sich aus.
Betroffenheit. Blankes Entsetzen. Resignation. Wer zum Hoeneß sollte heute in all den klimatisierten Konferenz-

zimmern in Nürnberg und Halle oder in Berliner Großraum-
büros all die überlebenswichtigen Präsentationen halten? Es
führte kein Weg daran vorbei, wir waren Gefangene der
Deutschen Bahn, was auch immer es mit diesem ICE auf sich
hatte, der da draußen irgendwo in den Weiten der Gleise
stand (oder sogar nicht mal existierte). Wir mussten jetzt
stark sein. Für einen Moment schien alles wie aufgelöst und
festgefroren, schwerelos, ganz still.

Das änderte sich schlagartig.

Auf dem Gleis gegenüber materialisierte sich mit fast einer
Stunde Verspätung der leere Zug und wurde von einem wü-
tenden Mob gestürmt. iPads, Kaffeebecher, Wirtschaftsteile
der *FAZ*, sogar vereinzelte Restexemplare des *Focus* flogen
durch die Luft. Rimowa-Alu-Köfferchen wurden zu Waffen,
Laptops zu elektronischen Schutzschildern. Der Zug war hemmungslos überfüllt, Fahrgäste wurden auf erhobenen Händen durchgereicht wie einst Campino von den Toten Hosen
beim Stagediven von der Bühne zur Bar des Atomic Café. Es
fühlte sich an wie Zugfahren in Indien. Erst der Blick in die
spiegelnden Fenster des gegenüberliegenden doppelstöcki-
gen Regionalexpress verriet mir, dass überraschenderweise
keine Menschen auf dem Dach unseres Zuges saßen, wie ich
es eigentlich vermutet hatte. Ein kurzer Ruck, der ICE setzte
sich in Bewegung. In der Holledau dicker Nebel, dahinter
stieg die Morgensonne auf und bestrahlte hellorange all die
fetten grünen Hopfenstauden, die an Drahtschnüren hingen,
prall und bald bereit, zu Oktoberfestbier verarbeitet zu werden. Um in den ewigen Zirkel einzutreten: Erde, Luft, Bier,
Urin. Urin in Erde, aus der Erde die Pflanze, Hopfen zu Bier,
Bier zu Urin. Und wieder die Chips an der Kasse lösen.

In Nürnberg leerte sich der Zug, es stiegen einige junge
Frauen ein, eine etwas Strenge mit Dutt, eine etwas Blasse
ohne Dutt und eine etwas Kräftige, die ich nur von hinten

sah. Alle drei trugen Hosenanzüge, strahlten etwas von BWL-Vorlesung oder Jura-Repetitorium aus. Im Schlepptau hatten die drei einen etwas autoritär anmutenden Anzugträger Ende fünfzig und von Kopf bis Fuß grau meliert. Alle Errungenschaften der Emanzipation schienen an ihm abzuprallen. Die drei jungen Frauen durften ihn offenbar auf einen Kongress begleiten, überboten sich mit anbiederndem Fachgesimpel, Wirtschaftssprech aus dem Bluff-your-way-into-economics-Ratgeber. »Wir müssen uns committen.« »Genau, aber wir brauchen vielleicht ein Reschedule.« »Und was ist mit dem Wording?« So schnatterten die drei. Kühl ließ der alte weiße Mann sie abblitzen, indem er kleine Aufgaben verteilte. »Fräulein So-und-so« (hatte er wirklich »Fräulein« gesagt?), »machen Sie das-und-das.« Dann (altklug): »Halten Sie sich bei Ihrer Key-Note besser an Ihr Manuskript.« (Großmütig): »Sind Seitenzahlen auf dem Powerpoint?« (Streng): »Können Sie die Visuals bei der Grafik über Worst und Best Practice nicht noch verändern?« Willfährig folgten sie seinen Befehlen, sie konnten nicht anders – Ober sticht Unter, und sie taten mir leid. Der Feminismus hat noch viel zu tun. Im vergangenen Jahr ist die Zahl der Frauen in den Vorständen der DAX-Unternehmen sogar noch mal gesunken. Nur 12,8 Prozent der Posten im hiesigen Spitzenmanagement sind mit Frauen besetzt, elf der dreißig DAX-Unternehmen haben nicht eine einzige weibliche Führungskraft. Auch das ist Deutschland.

Ich musste in Erfurt umsteigen und fuhr nun mit einem kleinen grün-weißen Regionalzug Richtung Thüringer Wald. Ich sah alte Burgen, musste an Martin Luther denken, Thüringen war sein Heimatland, das hier war die Gegend, in der er damals zu Fuß unterwegs gewesen war. Eisenach, Erfurt, Schmalkalden, Jena, Weimar, Möhra, Mühlhausen, hier entstand der Geist, der eine ganze Weltreligion durcheinanderwirbelte. Ich weiß um die vielen Einwände gegen Luther, die ich auch teile, aber sein Kampf gegen den Ablass war schon urst geil, um mal im alten Ostjargon zu sprechen; und ohne ihn würde ich gar nicht existieren, denn mein Vater ist evangelischer Pfarrer. Der Zug fuhr erst durchs Geratal, dann durch das enge und gewundene Laubenbachtal, wir schraubten uns in vielen Kurven langsam nach oben. Der Blick aus dem Zugfenster verwirrte mich, wir näherten uns den Ausläufern des Thüringer Waldes, aber da, wo der Wald sich lichtete, sah es aus wie in der Schweiz. Kleine Höfe mit viel Holz, Lichtungen in sattem Hellgrün mit Kühen auf der Weide, es war so sauber und adrett, wir hätten auch im Kanton Uri oder Nidwalden sein können. Dörrberg, ein Bedarfshalt mitten im Wald, sogar das Stationsschild und die Stange, an der es festgemacht war, waren dunkelgrün bemoost, ein sogenannter Tarnhalt. Die Strecke verlief nun einspurig, und ich hoffte, dass der zuständige Fahrdienstleiter im Stellwerk nicht gerade auf dem Klo eingeschlafen war oder anderweitig abgelenkt wurde, Gegenverkehr bergab war keine Option.

Der Zug fuhr weiter bergauf und dann hinein in den Brandleitetunnel, ein hundertvierzig Jahre altes schwarzes Loch; mit über drei Kilometern war das früher der längste Eisenbahntunnel der DDR. Der Scheitelpunkt des Thüringer Waldes befindet sich in seiner Mitte, deswegen galt der Tunnel zu Zeiten der Dampflokomotiven als »Vorhof zur Hölle«, weil der Rauch nicht abziehen konnte und die Lokführer vor lauter Qualm und Dunkelheit nichts sahen. Am Ende des Tunnels kam der Zug in Oberhof heraus, dem Wimbledon des deutschen Biathlon. Es sah ein bisschen aus wie die ehemaligen DDR-Grenzanlagen an der alten Zugstrecke Bamberg-Berlin in Probstzella. Tatsächlich war der Oberhofer Bahnhof zwei Jahre zuvor stillgelegt worden, eine Unterschriftensammlung zu seinem Erhalt hatte nicht genug Unterstützung gefunden. Die Gebäude standen zwar noch, waren aber zum

Teil schon verfallen, es hatte etwas von Geisterbahnhof. Anfang der Fünfzigerjahre war das noch ganz anders: Zu den Skimeisterschaften der DDR kamen an einem Wochenende über hunderttausend Menschen mit fünfzig Sonderzügen hierher. Um jetzt nach Oberhof zu gelangen, musste man eine Haltestelle weiterfahren und dann zurück mit dem Bus. Es fühlte sich bestimmt für die Oberhofer nicht gut an, getilgt von der Deutschen Bahn AG – Entzug des Bahnhofs, der 1884 in Betrieb genommen worden war.

In Zella-Mehlis stieg ich aus. Wie oft hatte ich diesen Namen schon gehört, Zella-Mehlis war neben Oberhof und Oberwiesental eines der großen Wintersportzentren der Deutschen Demokratischen Republik. Zella-Mehlis, das klang wie die Ostantwort auf Cellulitis. »Ihr hobd Cellulitis, wir ham Zella-Mehlis.« Es hätte auch ein Kunstname für einen synthetischen Verbundstoff aus Plaste und Elaste sein können oder eine uralte Kartoffelsorte, eher mehlig als festkochend. Meine Gedanken spielten verrückt. Zella-Mehlis, ein Blick auf die Internetpräsenz der Kleinstadt lohnt sich. Dort erfährt man beispielsweise vom »Treppenlauf«, den der SC Motor Zella-Mehlis alljährlich veranstaltet, Treppenläufer weltweit sind eingeladen zu einem zweihundert Meter langen Rundkurs durch die Stadt, treppauf, treppab. »Auch Kinder mit Laufrad« dürfen mitmachen, und die Vorstellung von dreijährigen Laufradamateuren auf einem Treppenkurs irritierte mich. Außerdem auf der Homepage: Empörung über das »Ärgernis der Woche«. Mitarbeiter des Baubetriebshofs von Zella-Mehlis mussten eine »richtig böse Entdeckung« machen: Einem Holzpavillon am Waldrand, von »wo man einen guten Blick auf die Autobahn hat«, wurden die Stelzen angesägt, er war umgekippt und komplett zerstört. »Das bedeutet, dass jemand zu seinem nächtlichen Waldspaziergang extra eine Säge mitgenommen hat. Dazu fällt einem nichts mehr ein!«, konstatierte der Webmaster. »Wie man so etwas machen kann, ist echt nicht zu verstehen! Offenbar handelt es sich um Leute, die überhaupt nicht an ihre Mitmenschen denken. Es ist asozial!«

Zella-Mehlis ist der Geburtsort von Heinrich Ehrhardt, der die Fahrzeugfabrik Eisenach gründete und den Vorläufer des Wartburgs erfand, quasi Daimler oder Opel Mitteldeutschlands. Zella-Mehlis, Perle von Südthüringen, Mittelzentrum mit Teilfunktion eines Oberzentrums, wo Hennebergisch gesprochen wird, ein Dialekt, der sich hier wiederum auffächert in Zeller Platt, das in Zella dominiert, und Mehlser Platt, das in Mehlis sein Zuhause hat. Im Hennebergischen sagt man nicht was, sondern bos, nicht wohin, sondern buhie, die Ameise heißt Liemetze und der Nagel Nööl. Ob das wirklich stimmt, weiß ich nicht, ich zitiere die Arbeitsstelle Thüringische Dialektforschung der Uni Jena, wo man wiederum Ilmthüringisch spricht und nicht Nordostthüringisch wie in Querfurt oder Itzgründisch wie in Hildburghausen. Wundersames Thüringen.

Vom Bahnhof aus ging ich ein paar Schritte zu Fuß durch die Stadt und kam an einem riesigen Imageplakat vorbei. Darauf war ein lachendes Kind zu sehen und die fast schon flehende Aufschrift »Zella-Mehlis – hierbleiben!«. Auf dieser Werbetafel erfuhr man außerdem: »Das sind wir: spontan, freundlich, erfinderisch, fröhlich, sportlich, natürlich, liebenswert.« Alles was man halt so in aller Bescheidenheit über sich selbst sagt. An der Bushaltestelle hing kein Fahrplan, sondern stattdessen ein retrofuturistisch anmutender weißer Kasten mit einer nicht funktionierenden Digitalanzeige und zwei Knöpfen, einer für »Licht« und einer für »Ton«. Dort konnte man sich, wenn das Kästchen wieder repariert war – möglicherweise in Hennebergerisch – die nächsten Bus-Abfahrtszeiten ansagen lassen. Eine Idee von LIFT, der Landesinitiative Fahrgastinformation Thüringen, hergestellt von EPSA, dem Elektronik & Präzisionsbau Saalfeld, wie unten an der Kiste zu sehen war, aber leider KIA, Komplett im Arsch.

Ein Schüler konnte mir zum Glück sagen, dass das hier tatsächlich der richtige Haltepunkt für meinen Bus Richtung Oberhof war. Die nächste Überraschung bestand darin, dass der Busfahrer während der Fahrt durchgehend am Steuer rauchte, es war wie eine lustige Zeitreise in die Siebzigerjahre, als überall, in Flugzeugen, Ämtern, Banken oder in Fernsehdiskussionen mit Helmut Schmidt, grundsätzlich Kette geraucht wurde.

Mit mir im Bus saß der Schüler, der mir die Auskunft gegeben hatte, und ein älteres Ehepaar, das sich offenbar auf einem Kurzurlaub befand und zugleich auf einer Erinnerungsreise. »Schau mal da«, sagte sie. »Wie damals«, sagte er. Wie ich dem angeregten Dialog der Rentner entnehmen konnte, hatten sich die beiden auf einem Skiurlaub in Oberhof 1968 kennen- und lieben gelernt. Plötzlich kippte die Stimmung, ein Ärgernis von damals kam ans Tageslicht. Es ging um einen Skipullover von ihr, den er in einer Thüringer Skihütte hatte liegen lassen. »Ich dachte, du hast ihn mitgenommen«, sagte er. »Du sollst nicht immer denken«, sagte sie. »Aber wer hätte denn gedacht, dass der nachher weg ist«, sagte er. »Das war doch wohl klar, so einen Skipulli gab's nur unter der Ladentheke«, sagte sie. »Der stand dir wirklich gut«, er wollte deeskalieren und schüttete nur noch mehr Öl ins Feuer. »Umso ärgerlicher, dass du ihn verschlampt hast«, sie kam jetzt richtig in Fahrt. »Aber das ist doch jetzt schon so lange her«, verteidigte er sich. »Er würde mir auch heute noch passen«, sie ließ nicht locker. »Den muss damals jemand geklaut haben. Wer hätte damit gerechnet?«, er. »Du offensichtlich nicht«, sie. Dann schwiegen sie. Der Bus verließ Zella-Mehlis, fuhr auf eine Landstraße.

Er: »Da, guck mal, ein Laster.« Sie: »Ja. Ein Laster.« Es klang nach Loriot. Es ging über Serpentinen nach oben, damit hatte ich nicht gerechnet. Die Rentner auch nicht. »Schau mal, Serpentinen.« »Ja. Serpentinen.«

Hinter einem Forstarbeiterdenkmal und einem Ferienwohnheim der Arbeiterwohlfahrt bog der Bus auf eine Landstraße scharf nach rechts ab, querte die Autobahn A 71 und hielt auf einem großen Parkplatz im Wald. Ich stieg aus, meinem Ziel näher kam ich mit öffentlichen Verkehrsmitteln nicht. Ich hatte noch eine gute Stunde Zeit, um die restliche Strecke bis Schmücke zu bewältigen, dort war ich mit Kati Wilhelm verabredet. Leider waren es sechs Kilometer Passstraße bergauf durch den Wald, zu Fuß in dieser Zeitspanne kaum zu bewältigen. Ich ging aber davon aus, innerhalb einer Stunde wäre es ohne Weiteres möglich, per Anhalter dorthin zu kommen. Ich war naiv.

Ich stand am Straßenrand, reckte meinen Daumen in die frische Herbstluft, immerhin, die Sonne schien, und wartete. Etwa alle zwei bis drei Minuten wiederholte sich folgendes Schauspiel: Ein Auto mit einer langen Buchstabenkombination auf dem Kennzeichen, meistens ein Opel oder ein VW, näherte sich in Schrittgeschwindigkeit. Ich war schon auf dem Sprung, in der Annahme, das Auto würde gleich für mich anhalten. Und dann bemerkte ich im Fahrzeug ein weißhaariges Paar, das mich völlig entsetzt anstarrte, den Türknopf in Panik blitzschnell nach unten drückte und mit verstörtem Gesichtsausdruck an mir vorbeifuhr, als sei ich ein Massenmörder, Bankräuber, Vergewaltiger oder alles zusammen. Es war wie in den Filmfällen bei *Aktenzeichen XY … ungelöst*, wenn ein älteres Ehepaar eine wichtige Beobachtung macht, die erst später ihren Sinn entfaltet. (»Sag mal, Erna, was hatte der Mann denn da für einen Teppich dabei? Was war denn da eingerollt?«)

Auf *XY ... ungelöst*, meine unangefochtene Lieblingssendung im ZDF, kommen wir gleich noch einmal zu sprechen, aber hier im Wald machte sich bei mir langsam Verzweiflung breit. Die Minuten zerronnen wie Butter in der Sonne, und kein einziges Auto hielt an. Mir begegnete nur grenzenloses Misstrauen. Vorbeirollen, Glotzen in Slow Motion, Türknopf runter. Immer wieder. Selbst Handwerker, Jäger, Einheimische ließen mich stehen und verzweifeln. Dummerweise hatte ich keine Handynummer von Kati Wilhelm, um sie von meinem Missgeschick zu unterrichten. Irgendwann – es war fast eine Stunde vergangen – kam ein Audi, bremste kurz, und ich sah rote Haare hinter der Frontscheibe: Es war Kati Wilhelm. »Wie wärst du denn ohne mich jetzt zu unserem Treffpunkt gekommen?«, fragte sie zu Recht, und ich sagte: »Ich hab einfach auf die Menschen in Thüringen gebaut, und du siehst, ich hatte recht.« Kati Wilhelm hatte gute Laune, ihre Kinder bei Freunden untergebracht und jetzt mal das, was sie nur sehr selten hat: ein bisschen Zeit. Wir fuhren bergauf bis an die sogenannte Schmücke. Dort parkten wir vor einem Ausflugslokal, das sich offenbar seit der Wende 1989 hartnäckig jedem Renovierungsversuch standhaft entzogen hatte, es sah aus wie eine alte HO-Ausflugsgaststätte.

Unsere Wanderung ging los, und wir kamen nicht weit. Schon bei der ersten Panoramakarte am Wegrand hörte ich einen Mountainbiker raunen: »Das ist doch die Kati Witt.« Na ja, nicht ganz, aber so ähnlich, nicht Schlittschuhkufen, sondern Skier und Gewehr, dachte ich mir. Jetzt fiel es auch ihm auf, er errötete kurz und korrigierte sich: »Kati Wilhelm.« Und fügte noch hinzu: »Aber es liegt doch gar kein Schnee.« Er musste wohl erst einmal seine Synapsen sortieren. Kati erzählte mir später, dass es viele Menschen gebe, die glaubten, sie sei ein reines Winterphänomen, quasi als würde sie sich erst im Dezember materialisieren und spätestens zur

Schneeschmelze wieder im Nirwana verschwinden. »Es gibt ein Leben nach dem Schnee«, sagte Kati und lachte. Wir kamen im Wald an einem Hinweispfosten vorbei, einem großen geschnitzten Buchstaben »R«. »Das R steht für Rennsteig«, Kati wusste das sofort. Der Rennsteig ist ein 169 Kilometer langer Höhenwanderweg, der auf dem Kamm des Thüringer Waldes von Eisenach an der Werra bis hinunter nach Rosenthal-Blankenstein kurz vor der fränkischen Landesgrenze führt. Dort in der Nähe befinden sich übrigens die beiden Orte, die mir bei Verkehrsmeldungen auf der Autobahn A 9 jedes Mal die größte Freude bereiten: Triptis und Lederhose. Es klingt immer wie ein Softporno aus den Siebzigerjahren. Genial! Der Rennsteig, auf dem man auch gemütlich gehen kann, trotz seines Namens, ist der beliebteste Fernwanderweg Deutschlands. Mehr als hunderttausend Menschen wandern jedes Jahr hier und passieren seinen höchsten Punkt, den Großen Beerberg, unser heutiges Ziel. Es gibt noch über zweihundert andere Rennsteige oder Rennwege anderswo im Land. Ursprünglich waren das kleine, geradlinige Waldwege, damit dereinst ein Ritter mit seinem Ross möglichst schnell von Burg zu Burg reiten konnte, um dort seinem Oheim mitzuteilen: »Ihro Gnaden, ei, wollet Ihr Eure Durchlaucht, die Gräfin, wohlfeil von mir grüßen!« So oder so ähnlich.

Die Gegenwart holte mich ein, ein Rudel rescher Rentner raste mit E-Bikes an uns vorbei, sodass der Humus hochflog und Äste knackten. Sie fuhren zum Glück bergauf. Das Problem, so hatte es mir mal ein Bergwacht-Mann erzählt, seien vor allem die E-Bike-Rentner, die bergab fahren, wo dann Geschwindigkeit, Gewicht, Balanceprobleme und übergroße Waldwurzeln oder Kieskurven eine ungute Allianz eingehen. Es ende oft im Hubschrauber. »Güten Tooch.« Ein älteres sächsisches Pärchen grüßte uns und jubilierte: »Des is döch die Koothi!« Kati Wilhelm war gleich wieder in ein Gespräch verwickelt. Kati hier, Kati da. Man muss an dieser Stelle vielleicht ihr Aussehen erwähnen. Sie trägt ihre Haare seit vielen Jahren in allen Varianten dessen, was der Farbkasten an Rot, Knallrot, Leuchtrot, Orangerot oder Signalrot bereithält. Und somit lenkt sich die Aufmerksamkeit im grünen Wald automatisch und nahezu magnetisch auf die ehemalige Biathletin. Kati Wilhelm schienen die vielen Begegnungen nicht zu stören, »hallo«, »hallo«, ihre Haare waren und sind ein Markenzeichen, weswegen sie sich seit sechzehn Jahren regelmäßig auf den weiten Weg nach Bad Mergentheim im Taubertal macht, zu Jutta Gsell, ihrer Lieblingsfriseurmeisterin. Sie musste erst kürzlich dort gewesen sein, »wir sind jetzt wieder bei den wärmeren Tönen, wir haben diesmal Rot und Orange und Gelb und hellere Rottöne gemischt«.

Ein weiteres Wandererpaar in mittleren Jahren tauchte aus dem Unterholz auf und sagte: »Hallo. Ist das nicht die Kati Wilhelm?« Spätestens jetzt hätte ich mir an ihrer Stelle überlegt, ob ich mir nicht die Haare in den Tarnfarben Olivgrün/Tanne/Erdbraun hätte färben lassen können.

Geboren 1976, hatte Kati natürlich noch Erinnerungen an die DDR. »Ich find's eigentlich spannend, dass ich beide Seiten erlebt habe. Die Läden sahen schon anders aus, andererseits stelle ich mir die Frage, muss ich wirklich das ganze Jahr Erdbeeren oder Südfrüchte kaufen? Ananas gab es nur aus der Dose und nur im Feinkostladen Delikat. Im Schaufenster lagen oft nur ein Weißkraut und ein Rotkraut«, erzählte sie. Und manchmal, so ergänzte ich, wusste man nicht, ob es eine Metzgerei, ein Obstgeschäft oder ein Kachelladen war. »Was?« Kati dachte kurz nach, dann musste sie lachen.

Kati Wilhelm ist eine sehr pragmatische und patente Frau, ein bescheidener Mensch. Für die Identität der sogenannten neuen Bundesländer ist sie eine wichtige Person, alle Menschen, denen wir an diesem Tag begegneten, sei es aus

Leipzig, Rostock oder Halle, verspürten offenbar eine innige Zuneigung zu der langjährigen Biathlon-Spitzensportlerin. Wir wanderten durch Blaubeerfelder, es roch wunderbar, und ein paar Fluginsekten übten Loopings im Sonnenlicht. »Leider ist der Tourismus hier nicht so ausgeprägt, wie er sein sollte, so wie in Ruhpolding oder Garmisch. Wenn mich Freunde aus Bayern besuchen, sind sie immer überrascht, dass hier kaum jemand unterwegs ist.«

»Guten Tag! Ist das nicht unsere Kati?«, dröhnte es schon wieder aus dem Wald. An diesem Spätsommertag machte ich mir ehrlich gesagt keine Sorgen um den thüringischen Tourismus. Kati war sogar mal Tourismusbotschafterin ihres Bundeslandes, inzwischen ist sie Genussbotschafterin von Thüringen und wies mich darauf hin, dass Thüringen »weitaus mehr« sei »als die Thüringer Bratwurst«, diesen Satz hatte sie bestimmt nicht zum ersten Mal gesagt. Und nicht zum letzten Mal. »Ich glaube, wir Thüringer wissen oft selber nicht zu schätzen, was wir haben. Man vergleicht sich mit Bayern und den Alpen, mit den zweitausend Meter hohen Bergen, und wir haben nicht mal einen über eintausend.« Tragisch: Beim Großen Beerberg fehlen tatsächlich nur 17,1 Meter bis zur magischen Grenze. »Deswegen hat man sogar schon mal überlegt, einen Turm darauf zu bauen.« Wir kamen an einer dunkelbraunen kleinen Schutzhütte vorbei, der »höchsten Baude Thüringens« mit 924 Metern. Ich konnte mir gut ein Gewitter hier im Wald und Rennsteigwanderer vorstellen, die sich durchnässt und frierend in dieser Baude aneinanderkuscheln.

Katis Kindheit spielte sich rund um den Beerberg ab. Sie nahm schon als Kind an Querfeldein-Läufen und an DDR-Meisterschaften im Skilanglauf teil und erinnerte sich vor allem an Stürze, »bergab war ich immer schon ein Schisser«. Wieder kamen uns Wanderer entgegen (»Darf man Hallo sagen?«) und hielten mich zunächst für den Ehemann von Kati. Es war ein Ehepaar namens Arndt aus Klingenthal im Erzgebirge, das im tiefsten Sächsisch von Katis Wettkämpfen und ihren Künsten als TV-Kommentatorin schwärmte. Ich schoss ein Foto von den beiden mit Kati Wilhelm. »Wir stölln des och nisch ins Nedz, Ährenword.«

Wir sprachen über Biathlon, eine Sportart, deren Kombination ich ehrlich gesagt ein bisschen willkürlich finde. Warum Schießen und Langlauf? Warum verbindet man nicht Hallenhalma und Formel 1 oder Kajakfahren und Stabhochsprung? Kati Wilhelm war und ist Biathlon-Fan: »Beim einen musst du dich sportlich auspowern, beim anderen musst du hoch konzentriert und ruhig sein. Das passt eigentlich nicht zusammen, und das macht das Geheimnis aus und diese Faszination.« Bei jedem Schuss könne sich alles wieder auf den Kopf stellen, erklärte sie mir, und auch Favoriten könnten viel schneller versagen als in anderen Sportarten, weil sie beispielsweise Pech mit dem Wind beim Schießen haben. »Du hast als Athlet so selten die Gewissheit, heute kann dir nichts passieren, die Scheiben fallen von allein um. Das kann auch einem Fourcade oder Bø passieren.« Wie man denn im Biathlon die Gegner durch kleine Gemeinheiten verunsichern kann, wollte ich wissen. »Tja, beim Liegend-Schießen könnte man beim Vorbeigehen zum Beispiel schnell mal die Ski der anderen touchieren, damit die verwackeln, aber so was macht man nicht. Was man macht, wenn der Erste schon am Schießstand steht, dass man etwas lauter dazukommt, laut ausatmet, die Stöcke dahinwirft, dass man sagt: ›Hallo, hier bin ich.‹ Der Schuss kann aber auch nach hinten losgehen«, meinte Kati, dann nämlich, wenn man selbst die Konzentration dabei verliere.

»Hallo«, sagte Kati wieder. »Hallo«, eine vielstimmige Wandergruppe. Kati Wilhelm war tapfer, über hunderttausend

Kilometer ist sie auf Skiern im Training unterwegs gewesen, im Laufe ihrer langen Karriere. Dreimal Gold, dreimal Silber, einmal Bronze bei Olympia, das war die Belohnung für die Schinderei, dazu fünf Weltmeistertitel und siebenunddreißig Weltcupsiege; in Turin 2006 war sie sogar die deutsche Fahnenträgerin bei der Eröffnung. Ein Lächeln ging über ihr Gesicht, als sie davon erzählte, und im gleichen Moment traten wir aus dem Wald und sahen den Gipfel vor uns. Allerdings galt die alte Regel: So nah und doch so fern. Der Große Beerberg ist der einzige der sechzehn höchsten Berge, der nicht betreten werden darf. Auf seinem Gipfelplateau befindet sich ein Hochmoor, das streng geschützt ist, ein eingezäuntes Biosphärenreservat, in dem Birkhühner, Rotrückenwürger und Molche leben. Ein Hundebesitzer neben uns ließ seine beiden hüfthohen Hunde von der Leine, und sofort zwängten sie sich durch die lockeren Maschen des Zauns und begannen, mit röchelndem Gebell und triefenden Lefzen Hasen zu jagen. Uns fehlten die Worte. Aber wenigstens wir zwei hielten uns an das Betretungsverbot, weswegen ich tatsächlich nicht alle sechzehn Berge bestiegen habe, Mission gescheitert, genau genommen.

Neben dem gesperrten Gipfel befand sich immerhin ein kleiner Aussichtsturm aus Holz, den wir bestiegen und von dem aus wir über den Thüringer Wald Richtung Rhön blickten, in der Ferne ahnten wir die Wasserkuppe in Hessen und noch allerhand andere Berge. Und in den Tälern dazwischen kleine Flüsse wie Schobse, Schleuse, Gabel, Tanne; Bächlein, die kein Mensch kennt, außer ein Starkregen verwandelt sie irgendwann einmal in einen Wildfluss, der alles niederwalzt, so wie bei der Hochwasser-Sturzflut im Sommer 2021 an der Ahr.

Kati war so nett und hatte extra eine Gipfelbrotzeit für uns eingekauft. In der »besten Metzgerei der Gegend« hatte die Genussbotschafterin Knackwürste besorgt, einen Wildblumenkäse, Fassbutter und Brötchen, sodass wir glücklich schmausend auf fast tausend Meter Höhe saßen, in der Herbstsonne bei bestem Ausblick, und uns über das Leben und die Knackwurst freuten. Kati Wilhelm betreibt seit ein paar Jahren ein eigenes Restaurant in ihrem Heimatort Steinbach-Hallenberg, das sogenannte Heimatlon, in dem man Urfladen essen kann, ein pizzaähnliches Gericht aus Sauerteig, knusprig gebacken in einem Holzofen. Mir lief das Wasser im Mund zusammen, als Kati davon erzählte, ich musste mich beherrschen, dass meine Lefzen nicht zu triefen begannen. Dazu gebe es »Omas besten Kuchen, gesunde Smoothies und selbst gemachtes Eis«, wie sie begeistert erzählte. Den ganzen Rückweg musste ich daran denken. Wieder gab es viel »Hallo« und »Ist das nicht?« oder »Das ist doch« und »Können wir ein kleines Selfie?«, und Kati Wilhelm nahm das alles mit Geduld und Freude auf, bis wir wieder in Schmücke waren.

Kati brachte mich nach der Wanderung mit ihrem Auto noch bis Zella-Mehlis, ansonsten hätte ich ja trampen müssen. Am Bahnsteig saßen vier Schüler in der Sonne, sie waren vielleicht fünfzehn oder sechzehn Jahre alt, einer hatte eine Gitarre, und sie sangen laut und inbrünstig »Wonderwall« von Oasis. Dabei waren die Burschen noch gar nicht auf der Welt gewesen, als der Song rauskam. Es klang wie Mozart für mich. Der Mainfranken-Thüringen-Express fuhr ein und bummelte über die Dörfer Richtung Franken, vorbei an den alten Plattenbauten von Suhl und unter einer riesigen Autobahnbrücke hindurch. Später fuhr der Zug durch die letzten ungeernteten Weizenfelder dieses Sommers, die im Sonnenlicht des späten Nachmittags strahlten, als seien die Ähren aus Gold. Nun ging es durch das Rhön-Grabfeld, eine völlig unterschätzte Gegend. Ich blickte auf weit geschwungene Felder, Streuobstwiesen und winzige Landstraßen, die vor allem aus Kurven bestanden. Dem Ganzen wohnte eine friedliche Verschlafenheit inne, die man selbst auf dem Land nicht mehr so oft findet. Es ähnelte einer Landschaft im Heimatfilm der Fünfzigerjahre, ach was, es sah aus wie kurz vor dem Dreißigjährigen Krieg, wäre da nicht ein einsamer Kondensstreifen am Himmel gewesen. In der Nähe lag das Dorf Sulzdorf an der Lederhecke, dessen Name in der hiesigen Mundart bestimmt ganz anders ausgesprochen wird. Die Ortsnamen in Unterfranken haben im Dialekt nämlich ganz eigentümliche Abkürzungen: Zu Münnerstadt sagen die Einheimischen nur Mürschd, Neustadt an der Saale wird zu Neuschd, Mellrichstadt zu Mellerschd, Bischofsheim zu Böscheme, das durch sein Atomkraftwerk bekannte Grafenrheinfeld heißt intern Rafld, Hambach wird zu Hamich, Dittelbrunn zu Diddlhedsch. Es gilt das alte Prinzip der Unterfranken: Sage nur so viel wie unbedingt nötig. Beim Infinitiv lässt man hier die Endung weg, aus »Das habe ich machen müssen« wird hier »Hab ich mach müss«. Und dann gibt es noch die Li/La-Grenze. Im oberfränkischen Bamberg sagt man zu Brötchen »Brötla«, im unterfränkischen Schweinfurt »Brötli«. Ich liebe Franken!

In Würzburg musste ich umsteigen und hatte im nächsten ICE eine der seltsamsten Zugbegegnungen meines Lebens. Das Großraumabteil war bis auf den letzten Platz besetzt. Auch jene Bahnfahrer, die ihre Jacken so geschickt auf dem Nachbarsitz drapiert hatten, dass es so aussah, als wäre deren Besitzer im Speisewagen oder auf der Toilette, also eine Variation des guten alten deutschen Handtuchtricks vom Pool in Mallorca, hatten widerwillig Nebensitzer akzeptiert und schmollten jetzt. Richteten sich auf, ruckelten hin und her, räusperten sich, räumten Sachen auf. Verhaltensforscher oder Tierfilmer hätten ihr reinstes Vergnügen gehabt. Es gab nur noch einen einzigen freien Sitz. Als ich den Mann sah, der daneben saß, wurde mir klar, warum. Der Typ sah aus wie Konrad Toenz bei *Aktenzeichen XY ... ungelöst*, nur mit dunklem Vollbart. Konrad Toenz war das Schweizer Gegenstück zu Peter Nidetzky. Und Peter Nidetzky war das österreichische Gegenstück zu Eduard Zimmermann. Und Eduard Zimmermann war der Vorvorgänger von Rudi Cerne. Eduard Zimmermann hatte in all den Jahren immer so eine unterschwellige Strenge und Unerbittlichkeit, wenn es um die Verbrecherjagd ging, die mir als Kind zugleich Angst machte und irgendwie doch gut gefiel. Rudi Cerne kommt dagegen so nett und sympathisch und SPD-mäßig rüber, dass man sich nur schwer vorstellen kann, wie knallharten Auftragskillern aus Vilnius, Berlin oder Neapel die Knie schlottern, wenn Cerne nach ihnen sucht.

Der Schweizer *Aktenzeichen*-Außenstellenmann Konrad Toenz jedenfalls hatte lange Koteletten und trug leicht dunkel gefärbte Brillen, die seine ohnehin tiefen Augenringe unvorteilhaft betonten. Vielleicht hatte er die, weil er in andauernder tiefer Sorge war über das Verbrechen, das längst schon in die abgelegensten Schweizer Bergkantone eingedrungen war. Kurioserweise waren es bei *Aktenzeichen XY* in der Schweiz fast immer Ausbrecher mit afghanischen oder albanischen Namen, die gesucht wurden, in Österreich ging es meistens um Scheckbetrug, während in den deutschen Fällen regelmäßig junge Mädchen von der Disco kamen und »zuletzt gesehen wurden«, wie sie spätnachts heimtrampen wollten. »Pass gut auf dich auf«, rief ihnen noch jemand nach. Dann waren sie verschwunden. Und dann, Schnitt, gut gelaunte Easy-Listening-Musik, eine fröhliche, unbeschwerte Familie, die sonntagnachmittags im Wald spazieren geht. Schnitt, wabernde Synthesizer, die Musik kippt unheilvoll in Moll, bedrohliche Sprecherstimme aus dem Off: »Ein Waldstück bei Limburg an der Lahn, zweiter September 1977.« Zu sehen ist ein kleines Mädchen, das alleine ins Dickicht gelaufen ist und plötzlich ruft: »Mama, Mama, da wachsen ja Haare aus dem Boden.« Ich war vollkommen entsetzt als Kind, als mir klar wurde, dass da die Discofrau von zuvor verscharrt worden war. Und hier nun, in diesem ICE Richtung Süden, holte mich die brutale Kindheitserinnerung ein, hier saß ein optischer Wiedergänger von XY-Toenz, nur mit Dschihadistenbart, der eine seltsam angsteinflößende Aura ausstrahlte, sodass niemand neben ihm sitzen wollte. Außerdem lag eine hellbraune Ledertasche auf dem Platz neben ihm, man hätte ihn erst ansprechen müssen, was sich offenbar keiner traute. Ich war von der Wanderung erschöpft, wollte einfach nur sitzen und fragte ihn, ob der Platz noch frei wäre. Er sprach Englisch mit arabischem Einschlag und sagte nicht mehr als unbedingt nötig.

Ich: »Excuse me, Sir, can I possibly take this seat?« Er: »Yes.« Toenz, der Zweite, ich nenne ihn jetzt einfach mal so, räumte etwas widerwillig den Platz, wobei seine Ledertasche offenbar mit Blei gefüllt sein musste, er brauchte beide Hände, um sie zu heben. Schon das kam mir seltsam vor. Toenz hatte offensichtlich auch nicht die geringste Lust auf ein Gespräch, sondern war völlig vertieft in Prospekte über »Phantom Solutions« oder »Defense Solutions«, ich sah es nur im Augenwinkel, aber es kam mir sehr merkwürdig vor. Ich drehte mein Smartphone so, dass mein Nachbar nicht auf das Display schauen konnte, und suchte im Netz nach einigen der Begriffe. Ich stieß auf Funktionstransmitter, auf Störsender, die mit 400 Hertz Strahlung verhindern sollen, dass ferngesteuerte Bomben oder Drohnen Autos oder Fahrzeugkonvois angreifen können. Es klang nach James Bond, nach Krieg der Zukunft, es klang konspirativ und gefährlich, und ich fragte mich, ob dieser Toenz auf der guten Seite stand oder Überlegungen anstellte, wie man wiederum die Störsender stören könnte, um ungehindert ein Spreng-fallenmassaker oder einen Terroranschlag aus der Luft durch-führen zu können.

Wir fuhren durch Nürnberg. Toenz blätterte. Wir fuhren durch Ingolstadt. Ich grübelte. Kurz vor München fragte er mich plötzlich: »Kommt dieser Zug am Flughafen an oder in der Stadt?« Ich: »Stadt.« Er lachte. Er sei verabredet mit Leu-ten, die vom Flughafen kommen, dann müssten die in die Stadt reinfahren. Ich sagte »Good for you« und klopfte ihm frech einmal leicht auf die Schulter, irgendwie war das Eis gebrochen und die Angst verschwunden. Ich setzte alles auf eine Karte und fragte naiv: »Entschuldigung, wenn ich ein bisschen neugierig bin, aber was sind das für Prospekte, wo-für werben die?« »Security, mein Freund, aber das willst du besser nicht wissen.« Wieder lachte er. Es schien ihm Freude zu machen, mit jemandem zu reden, der weder ihn noch sein Business kannte. Er komme gerade aus Leipzig, heiße Sammy, also eigentlich heiße er anders, aber ich solle es jetzt mal bei Sammy lassen, und müsse heute noch Kunden aus Wien treffen. Er lebe eigentlich in Tel Aviv, Vater Libyer, Mut-ter Marokkanerin, seine Frau aus Israel, er und sie jüdisch. Sammy alias Toenz kam so richtig in Fahrt. Er und seine Frau hätten keine Kinder, und das wäre auch besser so, jetzt flüs-terte er kurz, weil es oft gefährlich sei und er innerhalb von fünf Minuten alles hinter sich lassen müsse. Er habe schon in London gelebt, in Russland, der Ukraine, Taschkent, jedes Mal eine andere Mentalität, nichts sei sicher, niemandem könne man trauen. »Früher, zu Zeiten von Diktatoren wie Ghaddafi und Mubarak, da war alles noch sicher.« Ich wusste nicht, wie ich darauf reagieren sollte, aber Sammy Toenz erzählte schon weiter, wieder senkte er seine Stimme. Bei den Angriffen Israels auf den Gazastreifen habe er reiche palästinensische Geschäftsleute in Geheimkonvois ins sichere

Westjordanland leiten müssen. Er zwinkerte. »Zoll und Polizei mussten wegschauen.« Ein schwieriger Auftrag. Da sei ein dauerndes Aufrüsten zwischen Terrorgruppen und Anti-Terror-Einheiten. Wörtlich sagte er zu mir: »You don't wanna know, it's better I keep my mouth shut, my friend.«

Der Zug fuhr in den Bahnhof ein. Sammy hatte zwei enorm schwere Rollkoffer dabei, die er auf den Bahnsteig wuchtete, wobei ihm vor Anstrengung die Augen fast aus dem Kopf quollen. Ich durfte ihm aber nicht helfen. »Don't touch!« Seine Security-Messeprospekte hatte er in die überschwere Ledertasche gestopft, aus der irgendetwas Mattschwarzes herauslugte. Auf dem Bahnsteig unterhielten wir uns noch kurz, er erzählte mir vom blühenden Nachtleben in Tel Aviv. Um halb vier in der Früh denke man immer, der Abend hätte gerade erst begonnen. Da gebe es einen Club, The Block, da lege der Londoner DJ Gilles Peterson auf oder Felix Da Housecat. Er kannte sich mit Musik aus. »Ich bin auch DJ«, sagte ich ihm. Was ich auflege, wollte er wissen. »Indie, Elektro, obskure Hits aus Finnland, so Sachen.« »Great, supergreat«, rief Sammy. Wie ich heiße? »Achim.« »Sounds Hebrew or Arabic«, klingt Hebräisch oder Arabisch, meinte er, und er kenne einen Mann namens Joachim. Ich: »Yeah, I'm a Joachim without the Yo.« Wir lachten beide und machten das Rockzeichen, die Pommesgabel mit Zeigefinger und kleinem Finger.

Am Ende gingen wir auseinander, und ich sagte ihm, wie ich es aus *Aktenzeichen XY* kannte: »Pass gut auf dich auf«, »Take care«. Sammy flüsterte mir zu: »You haven't met me.« Und dann, als er schon ein paar Meter weit gegangen war, drehte er sich noch einmal um, lächelte und zeigte mir die Pommesgabel.

8

Die Wasserkuppe/Hessen (950,2 Meter)
Mit den Hahner-Twins, Anna und Lisa
(Marathon-Olympionikinnen)

Der erste Zug nach Norden schien mein Schicksal zu sein. Wie ein Frühschichtarbeiter auf dem Weg zur Molkerei oder ins Autowerk stand ich um halb sechs auf und fuhr zum Bahnhof. Graue Gesichter. Müdigkeit. Resignation. Stumpfsinn. Das sah ich immer wieder, wenn ich in mein Spiegelbild im U-Bahn-Fenster blickte.

Im ICE keine besonderen Vorkommnisse. Die Erfindung der Großraumabteile hat dem Bahnfahren das Abenteuer genommen, das Wilde, das Verruchte und auch das Verrauchte. Ja, Kinder des 21. Jahrhunderts, es gab früher tatsächlich mal Raucherabteile. Im Sechs-Personen-Abteil musste/durfte man in alten Zeiten immer mit dem Schlimmsten rechnen. Ein Burschenschaftler-Wochenendausflug mit Schmiss. Ein frisch gekaufter Döner mit »viel scharf«. Rentnerreisegruppen, die Sauerkraut oder Bohnen gegessen hatten. Eine ADHS-Familie. FC-Bayern-»Fans« auf dem Weg zum Auswärtsspiel. Bundeswehrsoldaten kurz vor Ende ihres Dienstjahres zu Zeiten der Wehrpflicht, sogenannte »Ausscheider«. Es kam vor, dass sie im Zug all das ausschieden, was sie vorher getrunken hatten. Und zwar auf dem gleichen Weg, auf dem sie es zu sich genommen hatten. Nur in anderer Konsistenz und Olfaktorik. Die Liste der Horrorbegegnungen ist schier endlos.

Aber es gab und gibt auch diese magischen Momente einer Zugfahrt. Einmal habe ich beispielsweise in einem Zweite-Klasse-Abteil einen älteren Herrn mit beeindruckender Haarmähne getroffen. Auf die Frage, was er beruflich mache, erzählte er mir, er komponiere und texte Lieder. Was für Lieder, wollte ich wissen. Na ja, so Lieder halt, die man auch mitsingen könne, zum Beispiel im Bierzelt. Ob es denn eventuell ein Lied von ihm gebe, das auch ich kennen könnte, fragte ich ihn. Na ja, da gebe es schon so einen Schlager, der gewissermaßen die Runde gemacht habe, genauer gesagt, ihm ein sattes Sümmchen an Verkaufserlösen beziehungsweise Lizenzgebühren eingebracht habe, er könnte sich – nur dass ich mich nicht wundere – auch ohne Weiteres die 1. Klasse im Zug leisten, dort aber sei es immer so entsetzlich langweilig, weswegen er aus Prinzip in der 2. Klasse fahre, genau wegen solcher Begegnungen wie der mit mir. Meine Neugierde und Ungeduld ließen sich kaum mehr bändigen. Wie heißen Sie?, wollte ich wissen. Patrizius, sagte Patrizius. Patrizius sagt mir nichts, sagte ich, und Patrizius war gar nicht sauer, denn seine Lieder seien vor allem durch die Coverversionen anderer Künstler zu Berühmtheit gekommen. Ich hielt es nicht mehr aus. Was haben Sie denn nun komponiert, was jedermann kennt?, wollte ich wissen. Patrizius wartete einen Moment, vielleicht war er sich nicht sicher, ob ich Schlagermusik verabscheue beziehungsweise ob ich über ausreichend musikhistorisches Wissen verfüge, um seinen größten Hit zu kennen oder auch vernünftig einordnen zu können. Dann sagte er die magischen sieben Worte: »Aber dich gibt's nur einmal für mich«.

Ein Oma-Beglücker aus den Sechzigerjahren, der unzählige Heimatfilme, Weinfeste, Rendezvous in Altenwohnheimen begleitet hat. Ein Lied für die Ewigkeit. Nach dieser Begegnung schrieben Patrizius und ich uns noch einige Jahre kleine Weihnachtskarten, wahrscheinlich wird er sich gar nicht mehr daran erinnern. Er macht wohl immer noch Musik, geht auf die achtzig zu, ich bin mir allerdings nicht ganz sicher, ob seine späteren Kompositionen wie »Der Schotte auf dem Wendelstein« oder »Wir jodeln auf dem Popocatepetl« noch einmal den Erfolg und die Durchschlagskraft seiner frühen Evergreens erreicht haben. Die Begegnung mit ihm im Zug werde ich nie vergessen.

Als seine Lieder angesagt waren, sahen Fahrkarten noch aus wie kleine sandfarbene Pappstückchen, halb so groß wie Visitenkarten, die vom Schaffner mit einer Kontrollzange entwertet wurden. Das hinterließ auf dem Papp-Fetzen eine Art prähistorischen Geheimcode, den nur ein anderer Schaffner – Schaffnerinnen gab es damals noch nicht – deuten konnte. An der Art der Lochung oder Stempelung konnte ein Schaffner im Frühjahr 1970 sofort erkennen, dass der Fahrgast beispielsweise am 6. April 1970 nachmittags in Lispenhausen zugestiegen war, nach Jossa oder Sterbfritz wollte und vom Kollegen in Bebra kontrolliert worden war. *Woran* er das erkennen konnte, das wusste nur der Schaffner, quasi Exklusivwissen. Vielleicht wusste er es auch gar nicht, und es war nur ein Bluff. Aber die Fahrgäste wussten nicht, dass er nichts wusste, und kauften sich sicherheitshalber immer wieder neue Pappstückchen am Schalter. Glaube ist manchmal eben alles.

Ob heutzutage tatsächlich ein QR-Code auf dem Smartphone des Fahrgastes über das Infrarot-Scangerät des Zugbegleiters abgelesen werden kann? Oder ob es vielleicht aus Kostenersparnisgründen bundesweit immer der exakt gleiche QR-Pixel-Plumquatsch ist, den die Bahn übermittelt, und der angebliche Hightech-Scanner nur eine überdimensionale rote Taschenlampe, die pieps machen kann? Wer weiß? Solange die Menschen klaglos online dafür bezahlen, sind alle Beteiligten zufrieden.

Ich fuhr also bis Fulda und stieg dort aus. Ein junges Mädchen – vielleicht dreizehn oder vierzehn – stand auf dem Bahnsteig und rauchte. Und sie fotografierte sich dabei. Immer wieder. Mit Blick von oben nach unten, von unten nach oben und alles mit Schmollmund. Sie gefiel sich selbst sehr gut. Ein junger ziemlich lässiger Typ mit Lederjacke schaute sie an, auch ihm schien sie zu gefallen. Sie sah ihn nicht.

Die Aufgänge zum Gleis wurden währenddessen von einigen Malern in einer äußerst seltsamen Farbe gestrichen. War es Flieder, war es Milka-Lila? Diese Farbe ließ einen an alles denken, außer an »Bahnhofsunterführung«. Vielleicht war es nur ein Versehen oder ein Test, und die Farbe ist inzwischen wieder überstrichen, vielleicht ist sie noch immer da, vielleicht hat sie sich sogar großflächig in Südosthessen durchgesetzt, möglicherweise sind inzwischen große Teile der Altstadt von Fulda lila gestrichen.

Auf dem Bahnhofsvorplatz von Fulda (einer Asphaltwüste von sagenhafter Scheußlichkeit) saß ein älterer Mann und spielte Saxofon. Er hatte Tränensäcke wie Derrick, und immer wenn er in sein Horn blies, vibrierten diese Fleischtaschen unter seinen Augen mit. Was er spielte, sollte wohl das Weihnachtslied »Jingle Bells« sein, und das klappte auch die ersten sieben Töne gut (es ist laut Komposition siebenmal ein und derselbe Ton), aber dann mündete es in eine freie Interpretation, die klang wie ein Medley aus moldawischer Nationalhymne, *Pippi Langstrumpf*-Thema und »When the Saints Go Marching In«. Fasziniert blieb ich stehen und hörte zu. Alle zwei Minuten wiederholte sich das Spiel. Das Beste waren die Fleischtaschen, die bebten.

Ich riss mich irgendwann los, ging zurück zu den Gleisen und stieg in einen gelben Schienenbus, der wie eine überdimensionale Banane auf Rädern aussah. Schon kurz nach der Ausfahrt aus dem Bahnhof in Fulda begann der Lokführer regelmäßig zu hupen und tuten, also vielleicht nicht er höchstpersönlich, aber er betätigte die entsprechenden Schalter. Der Grund dafür waren mehr und mehr unbeschrankte Bahnübergänge, Andreaskreuze, die Feldwege säumten. Wir kamen in eine menschenleere Gegend, mit anderen Worten in die Rhön.

Die Rhön kennen die meisten nur vom sogenannten Rhönradturnen. Eine Disziplin, die es früher genau einmal im Jahr in die ARD-*Sportschau* mit Adi Furler schaffte, nämlich immer dann, wenn die deutsche Rhönradmeisterschaft stattfand. Das Rhönrad besteht aus zwei großen Metallreifen, die durch sechs Streben miteinander verbunden sind. In dieses Sportgerät hängt sich der Rhönradfahrer oder die Rhönradfahrerin mittels Lederschlaufen ein, es wirkt auf den ersten Blick wie ein geheimnisvolles Folter- oder Sado-Maso-Gerät, quasi Fifty Shades of Rhön. Der Turner oder die Turnerin bewegt sich im dauernden Überschlag und Drehen fort und versucht, das Ding zum Tellern zu bringen, wie eine geschnippte Münze (im Rhönrad-Jargon: »Spiraleturnen«). Oder springt auf das rollende Rhönrad und katapultiert sich von dort auf eine Matte (der sogenannte »Sprung«). Mir wird es schon schwindlig vom Zuschauen, außerdem hätte ich viel zu viel Angst, mir versehentlich über die Finger zu fahren. Ob es eine Rhönradbundesliga gibt, entzieht sich meiner Kenntnis. Irgendjemand hat mir erzählt, dass es mal eine Weltmeisterschaft gab, die muss bestimmt in der Rhön stattgefunden haben. Wo sonst. Sicher nicht in der Eifel oder in der Provence.

Die Laubwälder in der Rhön erstrahlten in Orange, Rot und Gelb, der Indian Summer hatte das Land erreicht und erwärmte mein Herz. Dann wurden die Wälder lichter, es sah fast nach Baumgrenze aus, zwischendurch tauchte in einem der Fachwerkhaus-Dörfer ein größeres Möbelhaus namens Vey auf. Ich habe selbst entfernte Verwandtschaft in der Rhön, die Vey heißt, vielleicht war ich in einem vorherigen Leben hessischer Möbelhändler oder Rhönradfahrer. Ich bin Halbhesse. Meine Mutter stammt aus Rotenburg an der Fulda, dem Ort, wo Armin M., der »Kannibale von Rotenburg«, herkam. Meine Mutter sagte dazu nur trocken: »Wir haben da früher immer unsere Kartoffeln geholt, wo später der Kannibale wohnte.«

In Gersfeld endete der Zug, endete auch die Strecke. Die Puffer auf den Gleisen zeigten unmissverständlich, hier war Schluss mit dem hessischen Schienennetz, ab hier bitte zu Fuß oder sonst wie weiter. Es wirkte wie ein subtiles Signal an alle, die dahinter wohnten: Ihr seid abgehängt.

Mitten in Gersfeld stand eine Kirche, die gerade renoviert wurde, der Turm war mit einem Gerüst ummantelt. Möglicherweise um diese Kirchenrenovierung finanziell zu bewältigen, hatte die Gemeinde den kompletten Kirchturm mit Werbebannern behängt. Es erinnerte mich an Fußballerinterviews vor einer Wand mit den Namen von etwa fünfhundert Sponsoren darauf. So ähnlich war das in Gersfeld. Von der Raiffeisenbank bis zum örtlichen Friseur, Metzger, Bäcker, jeder hatte da ein Banner hängen, Scientologen, Bordelle, Waffenhändler. Es sah irre aus.

In der Raiffeisenbank hob ich Geld ab. Es war eine dieser topmodernen Filialen ohne Schalter, in denen nur verstreut noch einige Stehtische herumstehen und man nie weiß, wer nun eigentlich Kunde und wer Bankberater ist. Gut, in Gersfeld war es einfach. Da standen zwei ältere Männer in dreckigen Gummistiefeln und unterhielten sich in Rhönerisch, Rhönisch, Rhönisch-Katholisch, wie auch immer, über Darmkrankheiten bei Schafen. »Oj, wenn des blutisch rauskommt, da kannste die vergesse. Dann sind die perdü.«

Ich schlenderte durch Gersfelds Fußgängerzönchen, wo jeder zweite Laden irgendetwas mit »Rhön« anbot, Rhön-Schafsfell, Rhön-Rum, Rhön-Bier, ein ganzer Laden hieß Rhoenette. Warum bloß sind seit ein paar Jahren alle so im Heimatrausch? Im Ortszentrum war ein Maibaum offensichtlich gerade erst aufgestellt worden, und das Mitte November, die Rhön hat wie der DFB-Pokal ihre eigenen Gesetze. Ein Rennradler fuhr vorbei, bei etwa null Grad, und trug nichts außer einem Neoprenanzug. Ich schaute ihm nach und war irgendwie froh, dass er nicht mit dem Rhönrad unterwegs war.

Anschließend ging ich zu dem Café, in dem ich mich mit den Wanderzwillingen verabredet hatte. Das Café war klein, so klein, dass man das seltsame Gefühl hatte, ein fremdes Wohnzimmer zu betreten oder ein viel zu kleines Wartezimmer beim Urologen, wo sich alle ganz betroffen anschauen. Die Tische standen so eng beieinander, dass man jegliche Konversation hören konnte, sodass nur geflüstert bzw. getuschelt bzw. gleich komplett geschwiegen wurde und man die Kaugeräusche vom Nachbartisch hörte. Der dicke Teppichboden absorbierte jedes Nebengeräusch, also reduzierte sich akustisch alles auf die Quintessenz menschlichen Essens und Verdauens, Kaugeräusche, Geschmatze, Gegurgel im Magen. Es war fürchterlich. Der Wirt trug eine Götz-Alsmann-Gedächtnisbrille und schlurfte in Hausschuhen durch sein Lokal zu meinem Tisch, und weil es so leise war, wirkte sein Satz »Was hätten Sie denn gerne?« wie eine akustische Explosion. Ich sagte: »Rhön-Sprudel.« Außer mir saß noch ein Großelternpaar und der etwa zweijährige Enkel mit Mondgesicht im Café. Und ein Rentner mit blaustichiger Poren-Nase, der vor sich hin glotzte wie ein Reptil, das bewegungslos auf seine Beute wartet. Nur wenn draußen auf der Landstraße 279 von Fulda nach Coburg ein Sattelschlepper vorbeifuhr und das Lokal ganz leicht vibrierte, kam minimales Leben in ihn. Immerhin: Er atmete noch. Ich sah mich um, die Decke war mit lackierten Buchenholzplanken verkleidet, und überall standen kleine Plastikweihnachtsmänner aus dem Ein-Euro-Shop, mit silberner Glitzeroptik und monströsen Knollennasen. Ich hoffte inständig, dass sie niemals nachts in meinen Träumen auftauchen würden.

Und dann sah ich, wie draußen vor dem Café zwei zierliche blonde junge Frauen erschienen, die beiden absolut identisch aussehenden Marathon-Schwestern, in Begleitung einer weiteren Frau. Diese wirkte wie ein dritter Hahner-Twin – das englische Wort für Drilling gehört leider nicht zu meinem aktiven Wortschatz –, nur ein bisschen älter, mutmaßlich war das ihre Mutter. Schnell stellte sich heraus, dass wir die Wanderung zu viert machen würden. Wieso die Mutter dabei war, ließ sich auch im weiteren Verlauf des Tages durch noch so investigativ-subtile Fragen nicht klären. Als Fahrerin? Als Anstands-Wauwau? Oder weil sie einfach Lust auf eine kleine Wanderung hatte?

Gemeinsam stiegen wir in ihr kleines Auto, und Anna oder Lisa setzte sich ans Steuer und hielt plötzlich mitten im Ort auf der Hauptstraße an. »Wo müssen wir eigentlich lang?« Lisa oder Anna antwortete: »Ich weiß nicht.« Die Mutter wusste es auch nicht. Hinter uns hupte es schon. Anna oder Lisa wendete. »Vielleicht hier lang?«, fragte sie. Ich war ja eigentlich ortsunkundig, verwies aber auf ein großes Schild, das in die Gegenrichtung zeigte, auf dem »Wasserkuppe« stand, und Anna oder Lisa wendete das Auto noch ein weiteres Mal, und so ging es los.

Die Hahner-Twins sind in der Läuferszene weltberühmt. Wo gibt es das schon, zwei eineiige blonde Schwestern, die beide absolute Ausnahmeläuferinnen sind, beide gemeinsam bei den Olympischen Spielen für Deutschland im

Marathon angetreten sind und die jede Menge Titel gewonnen haben. Ich war auf sie gestoßen, als ich Ina, meine Kontaktfrau aus der Rhön, nach prominenten und interessanten Menschen aus der Gegend angesprochen hatte. Zwischen diversen Autoren von Regionalkrimis (*Rhön-Blut*, *Finsterhain*, *Kaltengrund*) und Heimatmuseumsgründern fand sich auch der Name der Hahner-Twins, und ich fand den Gedanken sehr reizvoll, mit zwei Profi-Läuferinnen auf die Wasserkuppe zu steigen. Anna ist sechzehn Minuten älter, zwei Zentimeter kleiner und zwei Kilo leichter als Lisa, dafür hat Anna einen Zentimeter längere Beine (Eigenangaben).

Unsere Wanderung auf Hessens höchsten Punkt begann am Guckaisee, einem beliebten Badesee, dessen dunkles unberührtes Wasser jetzt im Spätherbst aussah wie frisch gegossener Teer. Ein Hinweisschild zeigte uns die Wanderroute an. Vom hessischen Rhein-Main-Zentrum Frankfurt oder von der Landeshauptstadt Wiesbaden aus gesehen lag die Wasserkuppe wie ein ungeliebter Verwandter am östlichen Rand Hessens, im ehemaligen Zonenrandgebiet. Aber trotzdem sind alle Hessen stolz auf ihre Wasserkuppe, weil hier der Segelflug erfunden wurde. Jeder Segelflieger auf der ganzen Welt, von Neuseeland bis Hawaii, kennt die Wasserkuppe. Weil der Gipfel unbewaldet ist und immer ein kräftiger Wind bläst, ist der Berg ideal für Segelflieger. Bevor die Piloten kamen, wollte hier niemand rauf, hundertvierzig Frosttage im Jahr, sechzig Eistage, kahl, kühl und fast tausend Meter hoch. Bis zum Ende des 19. Jahrhunderts lag die Wasserkuppe unbeachtet in der Rhön und war nur dafür bekannt, dass sie mit ihren vielen Quellen unter anderem die Fulda begründete, was in folgendem Gedicht besungen wird:

»Das Rhönkind Fulda heiß ich.
Den Weg zur Werra weiß ich.
Den Namen Weser erb ich.
Im Schoß der Nordsee sterb ich.«

Unglaublich, dass sich hier ein Fluss höchstselbst in einem Gedicht verewigt hat, wo gibt es denn so was: autobiografische Aqualyrik? Neben unserem Wanderweg sprudelte ein Bächlein und floss hinunter in den Guckaisee. Allerdings ohne deswegen melodramatisch zu reimen:

»Ich bin ein namenloser Bach, o weh,
gleich sterb ich in dem Guckaisee.«

Zurück zum Segelflug: Es waren Schüler aus Darmstadt, die im Sommer 1911 erste Gleitflugmaschinen bauten und in Heuschuppen auf dem Berg unterkamen, um ihre Flugversuche zu starten. Die damals noch mit einem Holzverschlag ummantelte Fuldaquelle diente ihnen als Waschraum. Über vierhundert Meter weit flogen sie und wurden doch verlacht von den Einheimischen, die das Heu ernteten und sich angesichts der Darmstädter wohl nur dachten:»Einer flog über das Kuckucksnest.« Schon im Jahr darauf blieben die Flugschüler fast zwei Minuten in der Luft und stellten den Streckenrekord der Gebrüder Wright aus North Carolina ein. Dann brach der Erste Weltkrieg aus, und danach durften die Deutschen erst mal keine Motorflugzeuge mehr benutzen, damit sie nicht wieder dem Rest der Welt Bomben auf den Kopf warfen; nur der Segelflug blieb erlaubt. Und so entwickelte sich, indirekt dank des Versailler Abkommens, auf der Wasserkuppe eine Szene von Freaks, Pionieren, Bruchpiloten.

Zwei Typen nannten sich»Rhön-Indianer« und verbrachten 1920 ein komplettes Jahr auf dem Berg, trotz meterhohem

Schnee, trotz Mäuseplage, Nebel, Kälte, Hunger. Ein anderer stürzte im gleichen Jahr mit seinem Doppeldecker tödlich ab, er war der erste Flugtote der Wasserkuppe. Dieser Berg hat die Menschen in den letzten hundert Jahren immer wieder zu einem Kampf gegen die Schwerkraft herausgefordert. Beim Gummiseilstart zog einst eine ganze Gruppe von Helfern das Segelflugzeug nach hinten, ein Gummiseil war an einem Haken an der Nase des Flugzeugs eingehängt, und dann ließ man das Flugzeug losschnellen. Irgendwie möchte man gerne dabei gewesen sein, irgendwie auch nicht. Unzählige Male musste man Segelflugzeuge zu Fuß den Berg wieder hochziehen und -schieben. Eine Mischung aus Ikarus und Sisyphos in der Hochrhön. Daraus entwickelte sich über die Jahre eine Flugschule, ein Landeplatz, ein Denkmal, ein Segelflugmuseum – allein schon deshalb lohnt es sich, die Wasserkuppe zu besteigen. So wie wir jetzt gerade.

Wir kamen an einen Aussichtspunkt, von dem wir weit über die geschwungenen Hügel der Rhön nach Norden blicken konnten. Ich bildete mir ein, in der Ferne den Herkules in Kassel zu sehen; vielleicht hatte ich aber auch nur Visionen und musste mal wieder zum Arzt. Anna und Lisa erzählten mir von »Knofe«, einer eigenen Wetterart, die es nur auf der Wasserkuppe gibt, eine besonders zähe Art von Nebel. Im Jahr 1970 hat übrigens Neil Armstrong die Wasserkuppe besucht, der erste Mann auf dem Mond. Der weltberühmte Astronaut war auch passionierter Segelflieger, und als solcher kam er nach Osthessen, gerade mal ein Jahr nach der Mondlandung. In der Rhön brach eine Armstrong-Mania aus. Vierzigtausend Menschen haben an diesem Tag versucht, einen Blick auf ihn zu werfen, doch leider herrschte Knofe.

Und noch eine zoologische Info: Es gibt nicht weniger als neun Mäusearten auf der Wasserkuppe, die Erdmaus, die

Feldmaus, die Gelbhalsmaus, Rötelmaus, Schermaus, Wald-
maus, Zwergspitzmaus, Waldspitzmaus und die Alpenspitzmaus. Gesehen habe ich leider keine einzige.

Die Zwillinge gingen voran. Das Wetter war toll, kein
Knofe, sondern ein hellblauer Himmel mit zarten weißen
Schlieren überdachte die rostroten Laubwäldchen am Fuß
des Pferdekopfes, eines Vorbergs der Wasserkuppe, den wir
gerade passierten. Ein breiter Feldweg zog sich in Kurven
den Berg hinauf. Die Mutter erzählte mir von der Geburt der
Zwillinge, zwölf Tage nach dem Fall der Mauer, überall auf
den Straßen im Zonenrandgebiet der Rhön waren Menschen
aus Thüringen unterwegs, und sie selbst hatte einen »qua-
dratischen Bauch«, weil die beiden Mädchen schon vor der
Geburt so sportlich waren und sich in alle Richtungen aus-
gedehnt hatten. Anna und Lisa fielen ihrer Mutter ins Wort
und berichteten von ihrer glücklichen Kindheit und Jugend
in Nüsttal-Rimmels, ihrem Heimatort, der zwischen Morles
und Silges im Tal des Aschenbaches liegt, oder etwas makro-
geografischer, zwischen Hünfeld-Schlitz und Hilgers. Zwischen der Dorfkirche zum heiligen Antonius und der Dorf-
brücke mit der Statue des heiligen Nepomuk seien sie von
früh bis spät draußen unterwegs gewesen, »bis unsere Mutter rief: ›Alles, was Hahner heißt, kommt jetzt nach Hause.‹«

Es klang wie bei den *Waltons*, der amerikanischen Fami-
lienserie mit John-Boy, dem Typen mit der hässlichen Warze
auf der Backe, und seinen Geschwistern Jim Bob, Elizabeth,
Jason und den anderen. Frei und idyllisch, wie aus einer
anderen Zeit. Und was auch immer die beiden Zwillinge sagten, sie kicherten und fielen sich gegenseitig ins Wort. Als ich
später meine Tonaufnahmen durchhörte, stellte sich heraus,
Anna und Lisa sehen nicht nur gleich aus, sie klingen auch
haargenau gleich. Wenn sie zusammen sprechen, und das
kommt oft vor, weil sie möglicherweise sogar das Gleiche

denken, dann überlappen sich ihre Stimmen auf verblüffende Art und Weise. In den Tonstudios und Hitfabriken dieser Welt nennt man so etwas Overdubbing. Da wird die Stimme von Katy Perry, Dua Lipa, Lady Gaga, Lady Gugu oder von wem auch immer doppelt eingesungen und dann am Rechner übereinandergelegt, um eine besondere Stimmfülle herzustellen. Die Hahner-Twins haben diesen Akustikeffekt eingebaut. Und sie lachten. Und kicherten. Und overdubbten sich. Da war so eine ansteckende Urfreude in den beiden Rhönerinnen, dass einem alle Sorgen verflogen und viel gute Laune in der Luft lag. Das, was Kinder oft noch haben, diese tiefe Ehrlichkeit und Freude, quasi das Herz auf der Zunge, das haben sich die beiden Laufschwestern erhalten.

Wir redeten über den Anfang ihrer Karriere als Läuferinnen. Unfassbarerweise:»Mit der Kelly Family«. Lisa und Anna hatten Poster von den Kellys über ihren Betten hängen, waren als Kinder große Fans der irischen Sangesdynastie. Und dann kam 2007 Joey Kelly leibhaftig nach Fulda. »Hier bei uns in die Rhön«, wie Anna ungläubig erzählte. »Joey Kelly!«, der mit dem Zopf, der aus dem Privatfernsehen, der mit dem Extremsport. Er hielt einen Vortrag übers Laufen, übers Leben. Damit traf er einen Nerv, Anna und Lisa saßen im Publikum, und gleich am nächsten Tag liefen die beiden los, da waren sie siebzehn Jahre alt.»Wir hatten das Gefühl, das Laufen muss das Coolste auf der ganzen Welt sein, als wir den Vortrag gehört hatten«, sagten sie zweistimmig. Und kicherten:»Joey hat das Feuer in uns entfacht. Hihi.« Bis zu diesem Zeitpunkt hatten sie nur Tischtennis im Verein gespielt und irgendeinen dunklen Gürtel im Jiu-Jitsu erreicht. Joey hatte in seinem Vortrag allen Fuldaern eingebimst:»Wenn ihr etwas verändern wollt, dann fangt sofort damit an.« Und die Zwillinge setzten das wie unter Hypnose sofort um. Gleich am nächsten Morgen ging es in den Tischtennisschuhen am Fluss entlang. »Wir hatten keine Uhr an, haben nur auf die Kirchenuhr geschaut und wussten auch gar nicht, wie lange wir laufen wollen, sind halt los, einmal bis zur Hofbieberer Brücke und zurück«, sagte Lisa. Nach einigen Wochen meldeten sich die Zwillinge beim Fuldaer Volkslauf an, ihrem allerersten Wettbewerb, und mussten gleich nach dem Zieleinlauf nach Hause, weil ihre Mutter Geburtstag hatte. Abends klingelte ein Bekannter und brachte ihnen die Urkunden und Medaillen für den Sieg in ihrer Altersklasse vorbei. Wieder ein paar Wochen später, so erzählten mir die beiden beim Aufstieg, fuhren Lisa und Anna nach Bad Hersfeld, um beim dortigen Halbmarathon mitzulaufen. Zwanzig Kilometer lang wunderten sie sich, dass neben ihnen permanent ein Begleitfahrrad unterwegs war. »Wir dachten, das ist ja verrückt, hat hier jeder Läufer ein eigenes Fahrrad, das ihn betreut«, sagte Anna. Die beiden unterhielten sich während des Laufens darüber, und als sie auf die Zielgerade einbogen, hörten sie die Stimme des Stadionsprechers: »Und hier sind die beiden schnellsten Frauen im ganzen Feld, Anna und Lisa Hahner!« Diesen Sieg liefen sie noch in Baumwolltrikots ein und ohne Verein und ohne Trainer. Das änderte sich bald.

An diesem Spätherbsttag trugen die Schwestern dünne Sportjacken, Anna oder Lisa eine zitronengelbe, Lisa oder Anna eine silbergraue. Dazu Stirnbänder mit Werbelogo ihres Ausrüsters, die zwei sahen aus, als würden sie zu einem lockeren Lauftraining an einem Sommerabend aufbrechen oder zu einem Werbedreh für Yogurette, jedenfalls nicht so, als ob sie den größten Berg ihres Heimatbundeslandes im tiefsten November bezwingen wollten. Wir hätten gewarnt sein können, als uns eine verfrorene Frau in einem dicken Winterdaunenmantel entgegenkam und mit den Zähnen klapperte, aus ihr quollen Worte wie »Or-k-k-k-kan« und

»N-N-N-Neuschnee«. Wir gingen unbeirrt weiter, und als ich Anna und Lisa fragte, wie ihr bisheriger Tag ausgesehen hatte, stellte sich heraus, dass die zwei schon ein hartes Intervalltraining hinter sich hatten. Mit anderen Worten: siebzehn Kilometer Dauerlauf mit diversen Sprinteinlagen. Nun also zusätzlich die achteinhalb Kilometer Bergtour mit mir, vermutlich um dann am frühen Abend noch an einem Ultra-Triathlon teilzunehmen und das Ganze um 22 Uhr mit einem Halbmarathon gemütlich ausklingen zu lassen.

Eine der beiden Schwestern hat übrigens den Weltmeister im Rückwärtslaufen geheiratet, der nebenbei auch den Treppenwettlauf auf das Empire State Building in New York mehrfach gewonnen hat. Da lag so viel Fitness in der Luft, ich fühlte mich spontan sehr alt und unsportlich. Immerhin: Langsam konnte ich die beiden Zwillinge auseinanderhalten, und zwar nicht nur anhand der Farbe ihrer Laufjäckchen. Anna war diejenige, die mehr redete und impulsiver agierte, Lisa die Analytischere. Als die beiden mir später sagten, dass Lisa Mathematik studierte und »The Brain« genannt wurde, fühlte ich mich bestätigt.

Wir kamen zur Märchenwiese, was gut passte, die Wasserkuppe steckt voller märchenhafter Geschichten. Genau hier stand früher ein Gebäude, in dem bis zum Zweiten Weltkrieg Silberfüchse und Waschbären gezüchtet wurden. Weil das Klima auf dem Berg so rau war, bekamen die Tiere einen besonders festen Pelz. Später lebte in dem Haus die erste Fallschirmspringerin der Welt. Angeblich. Nun konnte man den Gipfel in der Ferne sehen, die markante Radaranlage, die anmutete wie ein übergroßer Golfball. Der Gipfel war weiß. Es hatte tatsächlich frisch geschneit, und die Wasserkuppe sah aus wie ein Kaiserschmarrn mit ganz viel Puderzucker. Wir gingen über die größten zusammenhängenden Borstgraswiesen Hessens, das hatte ich gelesen, aber ich war nur mäßig beeindruckt, da ich Borstgras bisher weder bewusst gesehen noch geraucht habe.

Bei einer kurzen Rast erzählten Anna und Lisa von ihrem bisherigen Karrierehöhe- und zugleich -tiefpunkt. Bei den Olympischen Spielen in Rio durften die beiden Schwestern für Deutschland im Marathon antreten und waren unglaublich stolz darauf. Schon in London, vier Jahre zuvor, waren sie als Zuschauer im Stadion gewesen, und Lisa und Anna kriegten sich gar nicht mehr ein. Anna:»Paul McCartney!« Lisa:»Hey Jude!« Anna und Lisa:»Gänsehaut! Wir wollten auch dabei sein, auch ins Stadion einlaufen!« Vier Jahre später war es dann so weit, was für eine Klimax, vom Spätstart mit siebzehn in der Rhön bis nach Rio 2016 zu Olympia. Doch irgendwas stimmte nicht. Setzten die brasilianische Hitze, die allgegenwärtigen Klimaanlagen, das ungewohnte Essen den Zwillingen in den Tagen vor dem Rennen zu? Nichts war»tudo bem«, wie die Cariocas, die Einwohner Rios, sagen, wenn sie»alles bestens« finden. Als der olympische Marathonlauf stattfand, blieben die Hahner-Twins weit unter ihren Möglichkeiten und ihren bisherigen Bestzeiten. Anna hatte schon nach drei Kilometern einen Sehnenanriss im hinteren Oberschenkel.»Ich konnte aber nicht vier Jahre dafür trainieren und dann nach drei Kilometern sagen, das war's.« Anna kämpfte, musste leiden, hielt trotzdem durch, und weil klar war, es würde definitiv keine Medaille und auch keine Top-Ten-Platzierung werden, der Rückstand auf die spätere Siegerin betrug knapp zwanzig Minuten, rannte Lisa ein bisschen langsamer und wartete auf ihre Schwester Anna. Die beiden liefen Hand in Hand über die Ziellinie, als Achtzigste und Einundachtzigste von hundertsechzig Läuferinnen. Die Fotos davon machten schnell die Runde, zunächst rührte das Bild die Menschen weltweit, zwei Zwillingsschwestern, die lachend und geschwisterlich ins Ziel laufen. Doch dann kippte die Stimmung, und etliche Menschen, besonders beleidigte Deutsche, schütteten im Netz ihre Wut, ihre Enttäuschung aus, von wegen, da würden sich zwei Läuferinnen über den Wettbewerb lustig machen, zunächst sportlich versagen und sich dann auch noch feiern. Und im Nu flog den Schwestern ein Shitstorm um die Ohren. Sogar in ihrem geliebten Frankfurt wurden sie kurz nach Olympia beim Marathon ausgeladen. Noch jetzt, Jahre später, schien ihnen das nahezugehen, die ganze Fröhlichkeit wich für einen Moment.

Wir mussten nun allerdings mit einem ganz anderen Sturm umgehen, sehr real, sehr greifbar. Denn wir kamen auf dem Gipfel an, und ein Orkan, ein Eissturm tobte auf dem Plateau der Wasserkuppe. Wenn man sich gegen den Wind stellte, konnte man sich nach vorne neigen wie ein Skispringer bei der Vierschanzentournee – man fiel nicht um. Der Blick war fantastisch. Vorrhön, Hinterrhön, Hochrhön, Thüringen, Sachsen, Bayern, Hessen. Man fühlte sich wie im Inneren eines Segelflugzeugs. Es war eine eisige, weiße Zweitwelt hier oben, viele Menschen hatten Schneemänner gebaut, und die Kälte fraß sich durch die Kleidung. Die Hahner-Twins in ihren Laufjäckchen taten mir leid. Deshalb wanderten wir bald weiter, vorbei an Skiliften, die nicht in Betrieb waren, weil zu wenig Schnee lag, und an einer Sommerrodelbahn, die nicht in Betrieb war, weil zu viel Schnee lag, und kamen zu einem großen Ausfluglokal. Auf der Wasserkuppe gab es mehrere Lokale, wir hatten die Auswahl zwischen dem Restaurant Peterchens Mondfahrt, dem SB-Restaurant Deutscher Flieger, dem Restaurant Weltensegler, Walters Imbiss (zum Glück ohne Apostroph) und Lotti's Futterkiste (leider mit). Weil alle geschlossen hatten bis auf eines, entschieden wir uns für die Märchenwiesenhütte, einen neu gebauten Mega-Selbstbedienungsschuppen für dreihundert

Menschen. Ich hätte gerne einen Handkäs mit Musik und einen Äppelwoi probiert, wir waren immerhin auf Hessens höchstem Gipfel, aber so was gab es hier nicht. Stattdessen bestellten die Zwillingsschwestern das Gleiche, irgendwie logisch, zweimal Beilagensalat und dazu Apfelschorle, während ich mir genüsslich eine doppelte Portion Süßkartoffelpommes mit Sour Cream und dazu eine heiße Schokolade mit Sahne munden ließ, die Mutter begnügte sich mit einer Suppe. Es war warm in der Hütte, und alles dampfte, und die Kräfte kehrten zurück. Bei mir. Die beiden Laufschwestern hatten die Kräfte erst gar nicht verlassen. Sie redeten und kicherten schon wieder im Overdub, und am liebsten wäre ich dort sitzen geblieben, hätte mich mit irgendetwas volllaufen lassen und kurz vor Sonnenuntergang einen Sommerrodelbob für die Abfahrt gekapert. Oder wäre mit einem Segelflieger nach Hause geflogen. Bevor wir wieder ins Tal wanderten, vergrub ich am Gipfel eine kleine Flasche lokalen Schnaps (Rhön-Räuber) unterm Schnee. Wer sie suchen will: rechts unterhalb der Radarstation, im Borstrasen. Vielleicht ist sie auch inzwischen im Loch einer Scher- oder Alpenspitzmaus verschwunden.

Der Abstieg ging viel schneller als der Aufstieg. Weil wir so durchgefroren waren, fingen wir alle an zu joggen. Und so machten die Hahner-Twins an diesem kalten Novembertag auch aus mir einen Läufer, für einen Nachmittag zumindest. Als ich später mit der gelben Zugbanane zurück nach Fulda kam, war die lila Milka-Farbe am Bahnhof getrocknet und der Derrick-Saxofonist auf dem Vorplatz verschwunden. Leider.

9

Der Wurmberg/Niedersachsen (971,2 Meter)
Mit Margot Käßmann (Ex-Bischöfin)

5. Februar 2020

Der Schneeberg im Harz mit kirchlichem Segen

Wie die Zeit verging. Mehr als ein Jahr saß ich nun schon an dieser Bergreihe. Liebte sie. Verfluchte sie. Endlose Mails, Telefonate, Anfragen an Menschen in sechzehn Bundesländern und deren Vorzimmer und Sekretariate, sympathische Absagen, unsympathische Absagen, gar keine Absagen. Und zum Glück auch immer wieder überraschende Wendungen. Zum Beispiel diese hier:

Eigentlich hätte Sigmar Gabriel auf den höchsten Berg seines Heimatbundeslandes mitgehen sollen, nicht, weil er der allergrößte und einzige Sympathieträger Niedersachsens gewesen wäre, sondern, weil Sigmar Gabriel der bekannteste Mensch im Harz war und quasi vom Fuß des Wurmbergs stammte. Ich erhoffte mir Lokalkolorit und Kindheitsgeschichten vom höchsten Berg der Niedersachsen. Und es traf sich gut: Ich kenne einen SPD-Bundestagsabgeordneten, der einen SPD-Bundestagsabgeordneten kennt, der Sigmar Gabriel ganz gut kennt. Und so versuchte ich, einen Termin mit Sigmar Gabriel zu bekommen, dem Ex-SPD-Bundesvorsitzenden und Ex-Bundesaußenminister und Ex-Bundesminister für Wirtschaft und Energie und Ex-Bundesminister für Umwelt, Naturschutz und Reaktorsicherheit und Ex-Vizekanzler und

Ex-Vizepräsident der Sozialistischen Internationalen und Ex-Bundestagsabgeordneten. Gabriel war zudem Ex-Beauftragter für Popkultur und Popdiskurs in der SPD und ehemaliger Ministerpräsident von Niedersachsen und Ex-Vorsitzender der SPD-Fraktion im niedersächsischen Landtag und Ex-Stellvertretender Vorsitzender der SPD-Fraktion im niedersächsischen Landtag und Ex-Mitglied des niedersächsischen Landtags und Ex-Stellvertretender Vorsitzender der SPD Niedersachsen. Nicht zu vergessen Sigmar Gabriels Vergangenheit als Ex-Vorsitzender des SPD-Bezirks Braunschweig und Ex-Ratsherr der Stadt Goslar und Ex-Mitglied des Kreistags des Landkreises Goslar und Ex-Bundesvorstand der Falken und Ex-Mitglied des Braunschweiger Bezirksvorstands der Falken und Ex-Vorsitzender des Falken-Ortsverbands Goslar und Ex-Referent für antimilitaristische Arbeit bei den Falken und Ex-Ringleiter bei den Falken und Ex-Jugendgruppenleiter bei den Falken und Ex-Mitglied bei den Falken.

Bei dem Gedanken an die Vorstellungsrunden und Bewerbungsreden, die gehalten werden mussten, um all diese Posten zu erlangen, wurde mir ganz schummerig. Gabriel ist wie ein Kieselstein durch die Instanzen vom antimilitaristischen Falken bis zum Aufsichtsrat bei der Deutschen Bank geschliffen worden. Und rund ist er auch dabei geworden. Ich dachte mir, nach all den Sitzungen müsste »der Junge mal an die frische Luft«. Und weil er ja inzwischen so viel Ex war, dachte ich, würde sich im Zeitraum von einem Jahr schon ein Vormittag finden, an dem er in Goslar weilte und mit mir den Wurmberg »wuppte« (wie sein alter Buddy Gerhard Schröder immer zu sagen pflegte). Ich fragte also den neuen Buddy von Gabriel aus dem Bundestag. Mit dem Echo: »Kein Problem, das wuppen wir«. Wann wuppen wir, wollte ich wissen. Und dann vergingen Tage und Wochen. Nachfrage. Tage, Wochen. Nachfrage. Antwort: »Morgen frage ich ihn.«

Morgen verging, übermorgen, Wochen, Monate. Nachfrage. Antwort: »Die Mühlen mahlen langsam.« Die SPD verlor in der Zwischenzeit eine nach der anderen Landtagswahl mit Pauken und Trompeten, und ich dachte mir im Stillen: Verlor sie trotz oder wegen ihrer Mühlen, die langsam mahlten? Egal, wo der Knoten nun lag, mir wurde klar, das wird nichts mit Gabriel und mir. Und hoffte auf göttliche Fügung. Wer könnte mich begleiten?

Da fiel mir Ex-Bischöfin Margot Käßmann ein. Ich schrieb ihr eine Mail. Am nächsten Tag schrieb sie zurück und sagte mir verbindlich zu. Der viel beschäftigte Sigmar Gabriel hat übrigens mal Margot Käßmann als mögliche Bundespräsidentin vorgeschlagen. Vielleicht besser für sie, dass daraus nichts geworden ist.

Bei meiner Recherche, wie ich mit öffentlichen Verkehrsmitteln am besten zum Wurmberg käme, fand ich heraus: Es ist nicht so einfach. Oder präziser gesagt: Es ist ziemlich kompliziert. Aus dem Süden der Republik kommend, musste ich erst mal nach Hannover, von dort mit dem Regionalzug nach Goslar, dann weiter nach Bad Harzburg. Und anschließend mit einem Regionalbus die lange Strecke nach Braunlage. Dann noch ein gutes Stück zu Fuß zum Fuß des Berges. Wie sollte ich das alles mit der Bischöfin bewerkstelligen? Auf einmal fiel mir meine Polizistin KathiPe vom Brocken ein. Und ich hatte eine Idee. Es war ein bisschen wie bei Wickie, wenn der sich die Nase reibt und auf einmal Funken sprühen. Warum nicht einfach die Polizei fragen, ob man eine Runde mit dem Streifenwagen durch Bad Harzburg drehen und danach gemeinsam mit Margot Käßmann nach Braunlage zum Wurmberg fahren könne, um auf dem Weg dorthin ein Interview über Verbrechen im Harz und die Sorgen und Nöte der Polizei im Alltag zu führen? Es schien mir ein genialer Schachzug, um einerseits ein bisschen Lokalkolorit in die Sache zu bekommen und andererseits eine kostenlose Fahrt zum Wurmberg. Ich rief die Pressestelle der Polizei in Goslar an, schilderte meinen Plan und stieß tatsächlich auf offene Ohren. Man müsse das intern diskutieren, sagte der freundliche Pressesprecher, das klinge jedenfalls »hochinteressant«, und man werde mich zeitnah informieren.

Ich formte heimlich die Becker-Faust. Mails gingen hin und her. Wann genau, wie genau, was genau, wollte man wissen. Tja, und irgendwie hatte die Polizei meinen Trick durchschaut. Ich bekam einen freundlichen Anruf von der Polizei im Harz, dass das mit der Fahrt über fünfundzwanzig Kilometer von Bad Harzburg nach Braunlage nicht klappen werde, aber man bot mir und der Bischöfin stattdessen eine kleine Streifenwagenfahrt vor Ort in Braunlage an. Mist. Wenn wir dort erst mal mit dem Bus angekommen wären, könnten wir auch gleich loswandern und müssten nicht noch zeitraubend mit dem Polizeiwagen herumfahren. Dachte ich mir. Und sagte: »Das ist ja spitze! Danke!« Die Planung lief also wieder mal wie am Schnürchen. Jetzt brauchte ich nur noch ein Couchsurfing-Quartier und machte einen Aufruf im Netz. Wer kann einen Reporter für eine Nacht im Harz beherbergen? Diesmal kam positive Antwort von »Kleine Maus«.

Ich war gespannt.

Und ich brauchte ein Wunder. In der Nacht vor meiner Fahrt war eine fürchterliche Erkältung aufgezogen, Schluckbeschwerden, Schnupfen, Gliederschmerzen. Ausgerechnet jetzt. Ich schluckte alles, was ich im Haus finden konnte. Halstabletten, Globuli, Nasentropfen, Paracetadings, Vicmedibums, Vitamine, Calcium, Magnesium, ich hätte sogar fast die Zinksoldatensammlung meines Nachbarn angenagt. Oder Zinn? Egal. Irgendwie half meine Medikamentenmixtur auf mirakulöse Weise, und ich konnte mich in der Früh auf den

Weg machen. Der ICE nach Hamburg verließ München an einem rosafarbenen Morgen, tauchte ab zwischen hellgrauen Lärmschutzwänden, die einem jede Orientierung raubten. Er nahm Fahrt auf und donnerte ab Ingolstadt wie eine Rohrpost durch die Tunnel der Neubaustrecke. Ich habe das schon oft erlebt: Immer wenn der Zug Richtung Nürnberg fliegt wie eine quer gelegte NASA-Rakete und man bei 270 Stundenkilometern aus dem Zugfenster schaut und auf der parallel verlaufenden A 9 eine Großbaustelle oder einen Autounfall und den dazugehörigen kilometerlangen Stau sieht, dann kann man in den Augen aller Fahrgäste ein Wort lesen, dass es so nur im Deutschen gibt: Schadenfreude.

Das Gefühl hielt nicht lange an. Der Zug wurde hinter Fürth kontinuierlich langsamer und stoppte irgendwann hinter dem fränkischen Siegelsdorf mit quietschenden Bremsen. Um uns herum nur abgemähte Maisfelder, deren Stoppeln aussahen, als hätte der Acker einen Dreitagebart. In der Ferne ein kleines Motorflugzeug, das man nicht hören konnte, weil die Fensterscheiben alle Außengeräusche absorbierten. Nicht mal mehr die Klimaanlage rauschte. Vollkommene Stille kehrte ein. Auf dem Handy kein Netz, keiner konnte mehr telefonieren oder sich im Internet ablenken. Die Zeitungsleser hatten jetzt die Nase vorn. Ich las eine Meldung über Madonna, die auf ihrer aktuellen Tournee in London die französische Nationalhymne mit Bier gegurgelt hatte. Hochwasser an der Mosel, der Fluss hatte einen Pegel von über acht Metern, fast fünf Meter über normal. Ich musste an meinen Winzer in Trittenheim denken, der ganz nahe am Fluss wohnt. Dann las ich noch einen Artikel darüber, dass zwei Fans von Borussia Dortmund per eBay einen Helfer suchten, der sie auf der legendären Südtribüne mit Bier versorgte. Als Gegenleistung boten sie eine der begehrten Karten für die Stehplatztribüne – einzige Bedingung, dass der Gesuchte vier- bis fünfmal pro Spiel neues Bier holen ging. Deutsche Probleme im Februar 2020.

Ach ja, und dann war da ein kleiner Artikel über Li Wenliang, einen Augenarzt aus einer Stadt namens Wuhan in China, der vor einem neuen Virus gewarnt und sich nun selbst infiziert hatte. Es gebe nun sogar schon zwei Tote außerhalb Festland-Chinas, in Hongkong, die an diesem seltsamen »Coronavirus« verstorben waren. Aha. Ich blätterte weiter. Eine Ansage des Zugbegleiters: Wir bräuchten circa fünfzehn Minuten länger, »aufgrund von Zugverkehr auf dem vor uns liegenden Streckenabschnitt«. In der Zeitung ein Bericht über die US-Vorwahlen der Demokraten in Iowa, die wegen technischer Probleme im totalen Chaos endeten. So könne man den Amtsinhaber Trump nie besiegen, kommentierte die Zeitung. In diesem Moment, wir standen immer noch, überholte uns ein anderer ICE, der in dieselbe Richtung fuhr wie wir, nur auf dem Gegengleis. Kein gutes Zeichen. Die Erklärung ließ nicht lange auf sich warten. »Es kommt zu weiteren Verzögerungen, weil der vordere Triebwagen aufgrund einer technischen Störung nur fünfzig Prozent seiner Leistung bringen kann«, schallte es blechern durch die Lautsprecheranlage. Das kam mir bekannt vor, erinnerte mich an Arbeitstage nach ausufernden Biernächten, als ich auch nur maximal fünfzig Prozent meiner Leistung aufrufen konnte.

Die Zeit verging. Ein kurzes Ruckeln. Der Zug bewegte sich nun mit etwa drei Prozent seiner Leistung durch die fränkische Provinz. Irgendwo hier in der Nähe befand sich der Drei-Franken-Stein. Das ist der geografische Punkt, an dem sich die drei bayerischen Regierungsbezirke Oberfranken, Mittelfranken und Unterfranken treffen. Um diesen epochalen Ort im Nirwana zwischen Rapsfeld und Waldrand zu würdigen, hat man 1978 eine Art Hinkelstein mitten in die

Natur gesetzt. So vermooste der Drei-Franken-Stein jahrzehntelang unbemerkt im Nirgendwo. Doch dann erkannten Lokalpolitiker das Potenzial dieses schlafenden Riesen, es folgten diverse Planierungen, Betonierungen und Asphaltierungen um den Hinkelstein herum, einfach deutsche Gründlichkeit, der unbedingte Wille zur Flächenversiegelung. Ein geodätischer Referenzpunkt wurde gesetzt. Ich könnte mir auch beim besten Willen ein Leben ohne geodätische Referenzpunkte nicht mehr vorstellen. Dann wurden im Zuge einer »Umfeldneugestaltung« Gehwegplatten verlegt, es wurde ein »Unterstellpavillon« errichtet, falls wetterunkundige Drei-Franken-Stein-Wanderer an diesem Ort von einem plötzlichen Regenguss bedroht werden sollten. Infotafeln und anderer Kladderadatsch gesellten sich hinzu, und am Ende rief man eine eigene Homepage ins Leben, wo all das anschaulich dokumentiert wurde und man mit dem Drei-Franken-Stein über alle gängigen sozialen Netzwerke in Kontakt treten konnte. Vorbildlich! Massentourismus ist meines Wissens bis heute trotzdem nicht ausgebrochen.

Wir rollten vorbei an einem Kriegerdenkmal, es war frisch mit Graffiti besprüht. Die kleine Meerjungfrau in Kopenhagen kam mir in den Sinn, das mutmaßlich meiststrapazierte Denkmal der Welt. Der kleinen Kupfernymphe wurde schon der Kopf abgesägt (1964), ein Arm (1984), dann wieder der Kopf (1998), zwischendurch wurde sie gesprengt und fiel ins Hafenbecken (2003). Einmal wurde sie mit rosa Farbe geschändet, zum Weltfrauentag (2007), mal mit roter Farbe, aus Protest gegen den Walfang auf den Färöer-Inseln (2017). Davon können sich andere Denkmäler eine Scheibe abschneiden bzw. einen Arm. Der ICE nahm nun richtig Fahrt auf, rauschte mit ca. zwölf Stundenkilometern Richtung Würzburg. Ich wurde langsam ein bisschen unruhig, weil ich ja an diesem Abend im Harz von »Kleine Maus« erwartet wurde und der Anschlusszug in Hannover nicht ewig würde warten können. Eine Mitreisende telefonierte, vielleicht war sie Mathematikerin. Sie sagte:»Der Zug hat nur noch fünfzig Prozent Power, ich komme also nicht in drei Stunden in Hannover an, sondern in sechs Stunden.« Da hatte die Mathematikerin allerdings die Deutsche Bahn überschätzt (Geschwindigkeit) bzw. unterschätzt (Verspätungsgrad), wie sich bald herausstellen sollte.

Obwohl der Zug so langsam fuhr, oder vielleicht genau deswegen, ruckelte und bockelte er wie ein Dieseltraktor bei einer Überlandfahrt mit gezogener Handbremse, alles vibrierte, und ein unangenehmer Schleif- und Brummton zermalmte die Stille. Im benachbarten Bistrowagen rutschten die Gläser, hüpften über den Tisch, Rentner schrien auf und hielten alles fest, was sie greifen konnten. Es erinnerte mich an einen Katastrophenfilm, wenn das Flugzeug in brutale Turbulenzen gerät, bevor es im Orkan über dem Atlantik abstürzt. Wir näherten uns Würzburg, der Zugbegleiter sagte über das Brumminferno stoisch irgendwelche Anschlusszüge durch, die bereits vor einer halben Stunde den Bahnhof verlassen hatten oder uns gerade entgegenkamen. Es wurde unruhig im Zug. Und dann kam, was kommen musste. In Würzburg war der ICE bei null Prozent seiner Leistung angekommen, der Zug musste evakuiert werden. »Das gibt's doch gar nicht, diese Arschlöcher von der Bahn«, war noch die freundlichste Aussage meiner Mitfahrer. Revolution ist ja eigentlich nicht so das Ding der Deutschen, Franzosen hätten diesen Zug vielleicht schon längst abgefackelt. Lautsprecheransage:»Willkommen in Würzburg Hauptbahnhof. Die nächste Weiterfahrt nach Hamburg um 19:31 Uhr.« In knapp drei Stunden also. Hysterisches Gelächter brach aus. »Für Reisende, die ein bisschen Zeit mitbringen«, gebe es noch eine Alternative nach Oldenburg. Und in nur einer Stunde komme ein Zug für all jene, die nur nach Kassel und Hannover wollten. Das waren eigentlich alle.

Die Situation stellte sich so dar: ein Bahnsteig, schwarz vor Leuten, die alle schlechte Laune hatten. Ein ICE, der eine Stunde später einfuhr, bis unters Dach gefüllt mit Leuten, die ebenfalls richtig schlechte Laune hatten und von denen nur wenige ausstiegen. Ich musste an diesen Witz denken: Stehen zwei Mathematiker vor der Uni. In diesem Moment verlassen drei Menschen die Uni, einer geht rein. Sagt der eine Mathematiker: »Wenn jetzt noch zwei reingehen, dann ist keiner mehr drin.«

So ähnlich war das im Zug. Außer dass am Ende viel zu viele drin waren. Und zwar so viel zu viele, dass als Assoziationen nur Truppentransport in Kriegszeiten, Sardinen/Dose, Zug in Indien, Ameisenhügel und Rock im Park/Moshpit/Hauptbühne kurz vor dem Auftritt der Toten Hosen in den Sinn kamen. Es war schrecklich.

Ich kam natürlich viel zu spät in Hannover an. Auf dem Bahnsteig stand ein Ehepaar mit Einkaufstüten, SIE trug ein rotes Daunenjäckchen, ER ein grünes. Vielleicht hatten sie ihrem Kind gerade in Hannover ein gelbes Daunenjäckchen gekauft, um die Ampelfarben zu komplettieren. Ich fuhr weiter mit einem neongrell ausgeleuchteten Regionalzug namens Erixx, in dem es so steril aussah wie in einem OP-Saal-to-go. Das Licht war unvorteilhaft, bald traute ich mich nicht mehr, aus dem Zugfenster zu schauen, die Falten in meinem Gesicht sahen in der spiegelnden Scheibe aus wie der San-Andreas-Graben. In Hildesheim verließen die letzten Schüler den Zug, in Salzgitter die letzten Shopper. Die Zugbegleiterin, eine junge Frau mit braunem Haar, hieß Frau Bothe und hatte ein sehr gewinnendes Wesen. Über meine schwarze Bahncard kamen wir ins Gespräch, und ich merkte, wie sehr ich diese Reise durch Deutschland liebte, weiter, immer weiter.

Und so rollten Frau Bothe, ein paar Pendler und ich mit Erixx dem Harz entgegen, und irgendwo da draußen wartete Kleine Maus auf mich.

Und um an dieser Stelle etwaigen erotischen Fantasien entgegenzuwirken, ich hatte mittlerweile mit ihr telefoniert und erklärt, wieso ich fast drei Stunden zu spät kommen würde. Kleine Maus – so stellte sich heraus – war eine kleine Frau mit Brille um die fünfzig, lebte mit Große Maus in einem Reihenhaus und holte mich am Bahnhof in Goslar ab. Ich fühlte mich wie sechzehn, als käme ich spät von meinem ersten Ausflug in die Großstadt Hannover zurück, und meine liebe Mama stünde sorgenvoll am Bahnsteig. Rührend fragte Kleine Maus, wie es mir gehe, ob ich Hunger hätte, ob es denn sehr schlimm gewesen sei mit dem ICE, ob der kleine Rucksack mein ganzes Gepäck sei und ob mir Goslar gefalle.

Ich antwortete wahrheitsgemäß »Gut.« »Ja.« »Ja.« »Ja.« Und: »Weiß noch nicht.« Für eine Stadtrundfahrt blieb keine Zeit, es war schon 22 Uhr. Und Große Maus müsste morgen um fünf raus, Frühschicht. Große Maus trug Vollbart, Nickelbrille und ein afrikanisches T-Shirt, er arbeitete als Werkzeugmacher in einem VW-Zulieferbetrieb. Er war einer von der ruhigen, gemütlichen Sorte, ein verschmitzter Typ, den man gerne als Freund gehabt hätte. Als ich ihm sagte, dass mein Künstlername »Sechzig« sei und dies auch hochoffiziell in meinem Personalausweis stand, erzählte er mir von seinem Doktor-Titel. Für fünfzig Euro habe er den kürzlich im Internet erworben. Ganz seriös, versteht sich. Dr. Große Maus holte die Urkunde raus. Ein California Church and University Institute hatte ihm drei Monate zuvor tatsächlich den Ehrendoktortitel in der Fachdisziplin »Alternative Art of Healing« verliehen. Ob er sich mit alternativen Heilmethoden auskenne? »I wo.« Aber seine Arbeitskollegen hätten jetzt mehr Respekt vor ihm.

Kleine Maus wärmte unterdessen in der Küche eine Suppe für mich auf. Als sie wieder bei uns in der rustikalen Sofaecke saß, sprachen wir über das Kabarett. Beide Mäuse engagierten sich ehrenamtlich bei einer lokalen Kleinkunstbühne, in der auch schon so mancher bayerische Komiker gastiert hatte. Sie liebten das Allgäu, wohin sie jedes Jahr in den Urlaub fuhren. Ich erfuhr, wie sich die zwei kennengelernt hatten, nämlich in einem Lokal namens Suhle in Hahnenklee im Harz. »Er war da DJ und Barmann und Pizzakoch und hat mich regelrecht gestalkt, so lange, bis er mich heimfahren durfte«, sagte Kleine Maus und lachte. »Ich halte ihm das auch heute noch vor, immer wenn er zickt. Dann sage ich ihm: Du hast es doch so gewollt.« Jetzt lachte auch er. Ein nettes Paar.

Ich bekam mittlerweile Harzer Käse serviert und hoffte inständig, dass der Geruch nicht auf mich überspringen würde oder sich zumindest verflüchtigt hätte, bis ich am Folgetag die Bischöfin treffen würde. Es war schon sehr spät, wir alle wollten ins Bett, aber es gab noch so viel zu besprechen. In Burundi hatten die beiden vor vielen Jahren ein Straßenkind adoptiert und dann großgezogen, einen gehörlosen Jungen, der mittlerweile volljährig sei und in Leipzig lebe. Tief beeindruckt von so viel Mut, die Welt ein bisschen besser zu machen, ging ich schlafen. Ich durfte im ehemaligen Kinderzimmer von »Ganz kleine Maus« im Keller übernachten, mit Fotos und Kindermalereien an der Pinnwand, auf angenehme Weise fühlte ich mich selbst wieder wie ein Kind und schlief wie ein Stein, vielleicht sogar wie ein Drei-Franken-Stein. Ich träumte von Sturm und Schnee, ich träumte in Schwarz-Weiß, seit meinem Ausflug in die Eishölle des Brocken hatte ich ein bisschen Angst vor dem Harz.

Am nächsten Morgen war Große Maus schon bei der Arbeit, und Kleine Maus servierte mir ein üppiges Frühstück, hier eine Wildschweinsalami aus dem Harz, da ein Honig aus Clausthal-Zellerfeld, Dinkelbrot, das es in der Bäckerei nur an den Tagen mit »D« gebe, dienstags und donnerstags, Lachs und Lachsforelle (»Vom Fisch-Otto, auf den lass ich nichts kommen«), Hering in Basilikumsud, Forelle in Aspik, ein halbes Aquarium lag hier auf dem Tisch. Käse aus Südtirol und aus Holland, wer sollte das alles essen, zwei Eier unter selbst gestrickten Hauben, Hack im Glas (»Was ganz, ganz Feines«), selbst gemachte Pfirsichmarmelade (»Ich hätte noch jede Menge anderer Sorten. Soll ich?«), es war eine Leistungsschau der Goslarer Kulinarik. Ich aß und aß wie ein Hirsch am Futtertrog. Ich aß, bis mein Pansen fast übersäuerte. Dann rollte mich Kleine Maus zum Bahnhof, und ich wartete auf meinen Zug nach Bad Harzburg. Die Sonne schien, alles schien gut.

Am Bahnhofskiosk besorgte ich mir die lokale Tageszeitung. Und las auf der Titelseite, dass auf der Zugstrecke, die ich am Vorabend genommen hatte, mittags ein Jugendlicher am Bahnhof Baddeckenstedt von einem Zug überfahren und zu Tode gekommen war. »Der Jugendliche wurde von einem in den Bahnhof einfahrenden Erixx-Regionalzug erfasst und mitgerissen. Jede Hilfe kam zu spät.« Ich erinnerte mich an die Zugbegleiterin Frau Bothe und hoffte, dass sie so etwas nie erleben müsste. Und ich musste an den Torwart von Hannover 96 Robert Enke denken, der sich im Jahr 2009 mit zweiunddreißig Jahren vor einen Zug hier in der Gegend geworfen hatte, um seinem Leben und seinen Depressionen ein Ende zu bereiten. Seine Frau Teresa hatte danach eine sehr verdienstvolle Stiftung gegründet, die über Depressionskrankheiten aufklärte. Margot Käßmann hatte damals als Landesbischöfin in der Marktkirche in Hannover die Trauerpredigt für Robert Enke gehalten und darin wörtlich gesagt:»Gott geht mit uns in den schwersten Stunden unseres Lebens. You'll never walk alone, das ist nicht nur Ihr Lied bei vielen Spielen, sondern es ist auch die große Zusage, die Gott uns gibt. In Psalm 23 heißt es: Der Herr ist mein Hirte, mir wird nichts mangeln.«

Der Zug aus Hannover fuhr in Goslar ein, und während die Wagen an mir vorbeifuhren, erblickte ich vorn in der ersten Klasse die ehemalige Bischöfin, wie sie konzentriert in Unterlagen las. Ich stieg weiter hinten ein und beschloss, sie nicht zu stören und mich erst, wie verabredet, am Bahnhof Bad Harzburg zu zeigen. Sie war kleiner, als ich gedacht hatte. Trug Jeans, einen roten Pullover, einen roten Schal und eine Jacke mit Kunstfell-Kragen. Anfangs war ich ein bisschen befangen. Weil sie aber meinen Vater, einen evangelischen Pfarrer, mehrmals auf Synoden getroffen hatte, war sie gleich aufgeschlossen, fragte nach seinem Wohlergehen. Wir gingen plaudernd durch das Bahnhofsgebäude von Bad Harzburg, das mit seinen Hinterglasmalereien wie ein Kirchengebäude anmutete. Allerdings erstrahlten im morgendlichen Gegenlicht keine Motive von Geburt, Kreuzigung und See Genezareth, sondern idyllische Fachwerkhäuser, Berge und eine Burg, vermutlich die Burg Harzburg. Diese Bleiglasfenster sind Rekonstruktionen, die Originale wurden in den letzten Kriegstagen im April 1945 zerstört, als die Luftwaffe der Amerikaner ein Munitionslager der Nazis traf und die Druckwelle die sechs Kilometer entfernten Bahnhofsfenster zerstörte. Bad Harzburg war übrigens Endpunkt der allerersten staatlich betriebenen Eisenbahnstrecke Deutschlands. 1841 war es also wichtiger für die Menschen, von Braunschweig in den Harz zu kommen, als beispielsweise von Hamburg nach Köln oder Berlin.

Wir mussten auf den Regionalbus 810 nach Braunlage warten, und wir waren nicht allein. Eine Schulklasse aus Salzgitter mit unzähligen Rollkoffern stieg mit uns in den

Bus, auf dem Weg in ein Schullandheim, wie uns ein Lehrer verriet. Die Schülergruppe – möglicherweise eine neunte Klasse vor dem Schulabschluss – bestand vor allem aus Jungs mit flaumartigem Gewächs über der Lippe und unmoduliert lauter Aussprache von Worten wie »Digger«, »Bruder«, »nice« und »cringe«, die bei den Mädchen ihrer Klasse, die ausnahmslos lange Haare trugen, Eindruck schinden wollten. Weil sie es durch bloße Lautstärke nicht schafften – das Gebrüll nivellierte sich selbst –, versuchten sie es durch unkoordinierte Körperbewegungen, Gewedel, Geschubse und Geknuffe. Fack ju Göthe.

Der Bus schraubte sich eine Passstraße hinauf. Ein herrenloser Rollkoffer raste durch den Bus. Ein Mädchen rief: »Scheiße. Schnee draußen. Ich hab keine Stiefel dabei.« Sie trug Adidas-Turnschuhe ohne Socken. Als an einer Bushaltestelle mitten im Wald einer der Schüler hinaussprang, um einen Schneeball zu holen, und sich die Tür schloss, bevor er wieder einsteigen konnte und der Regionalbus abfuhr, setzte ein kollektives Geschrei von Mädchen, Jungs und dem völlig überforderten Lehrpersonal ein: »Murat fehlt!« So lange, bis der entnervte Busfahrer hielt und Murat wieder zusteigen konnte. Zwei Mädchen hatten Murat mit dem Handy fotografiert und verfremdeten sein Gesicht jetzt so, dass er aussah wie eine Avocado. Alle lachten. Als der Bus wieder fuhr, stellte sich heraus, dass Murat tatsächlich mehrere Schneebälle mitgebracht hatte, die nun unkontrolliert durch den Bus flogen. Bischöfin Käßmann, die wie ich die Szenerie interessiert beobachtet hatte, lächelte und sagte nur: »Das ist das pralle Leben. Herrlich.«

Braunlage sah mit seinen Blockhütten am Ortseingang aus wie eine Goldgräberstadt in Wyoming. Nur dass hier an einigen Hütten »Skiverleih« stand oder »Skiverhuur«, auf Niederländisch. Und es gab das Blueberry Hill. So hieß die Disco, an der wir gerade vorbeifuhren und die wirkte, als gäbe es sie seit fünfzig Jahren. Vermutlich stand im BH (Insider-Abkürzung) schon Ilja Richter 1972 an den Plattenspielern und rief: »Licht aus! Spot an!« Später erfuhr ich, dass im BH der »König vom Harz« zu Hause war, ein singender Wirt namens Franky, der aussieht wie Frank Zander, aber Frank Faber heißt und schon im NDR und MDR zu sehen war. In nur fünf Minuten sind alle auf den Tischen, wenn Franky abends singt, stand auf der Homepage des Blueberry Hill. Wie schade, dass es später Vormittag war. Das hätte ich gerne erlebt. Als wir am Eisstadion den Regionalbus 810 verließen, verabschiedeten wir uns von den Schülern, die uns höflich und ohne jeden Anflug von Ironie »Alles Gute!« wünschten. Die nächsten fünf Tage würden wir trotzdem nicht mit ihnen verbringen wollen.

Wir gingen wie verabredet zur Polizeistation, die man sich nicht wie ein hochmodernes Headquarter aus Beton und Glas vorstellen darf, so wie es oft sonntags im *Tatort* zu sehen ist, sondern eher wie in *Fargo*, wie eine Ranger-Hütte im Yellowstone-Nationalpark. Mitten zwischen Wohnhäusern logierte dieses Revier in einer kleinen Nebenstraße, und ohne den Schriftzug »Polizei« hätte man es auch für eine Teestube halten können.

Ich musste an all die Regionalkrimis denken, in Buchform und auch im Fernsehen, all das *Nord Nord Mord*, die Küsten- und Heide-Krimis, in denen jeweils mindestens vier Menschen von einem Unbekannten brutal ermordet werden, bevor er sie pfählt oder ausweidet oder ihnen auf einem Notizzettel irgendeine Kryptobotschaft in den Mund legt, an der sich dann die Regionalkommissare abarbeiten können. Was ist das bloß für eine Obsession der Deutschen mit dem Kapitalverbrechen in der Provinz? Warum lieben die Menschen den Serienmord und das Gemetzel in der Eifel, im

Allgäu, im Odenwald so sehr? Die Realität war eine ganz andere: ein Polizeirevier im Holzhäuschen, ein kleines Chefbüro, eine viel zu enge Toilette mit kaputter Beleuchtung, in der ich es im Halbdunkel schaffte, durch eine ungeschickte Bewegung den Papierhandtuchspender mit einem lauten Knall von der Wand zu reißen, sodass er zu Boden zu fallen drohte, mitsamt all den Papierhandtüchern, die die niedersächsischen Steuerzahler finanziert hatten. Es war mir unendlich peinlich, und ich war gerade dabei, den Schaden zu beheben, als ein Polizeibeamter ins Klo eilte und mich fragte, ob alles okay sei. »Ja, ja, klar, sowieso, alles bestens«, log ich und verbarg den windschiefen Handtuchspender hinter meinem Rücken.

Kurz nach diesem Malheur setzten sich der Dienststellenleiter, die Bischöfin und ich uns in den Streifenwagen. In diesem Moment fuhr mir ein Gedanke wie ein Blitz durch den Kopf. War diese Idee nicht vielleicht vollkommen taktlos, unsensibel, daneben? Frau Käßmann war doch einst alkoholisiert bei einer Fahrt mit ihrem Auto erwischt und dann von der Polizei mitgenommen worden ins Revier. Aber sie schien auf dem Rücksitz ganz vergnügt und neugierig zu sein. Der Chef der Polizei in Braunlage fuhr uns: Oberpolizist J., vierundfünfzig Jahre alt, PHK, also Polizeihauptkommissar, vier Sterne zierten seine Schulterklappe, der Vater war schon bei der Polizei, der Sohn mittlerweile auch. »Drei Generationen blaues Blut«, wie er uns sagte. J., schlank, unrasiert, Brille, tiefenentspannt, wirkte ganz aufgeräumt und zufrieden, dass sich jetzt mal etwas regte in seinem Revier. Der Streifenwagen stammte aus Niedersachsen, »von einem größeren Fahrzeughersteller im Bereich Wolfsburg«, wie der Polizist im Beamtendeutsch sagte, Frau Käßmann kicherte leise. Während vorn das Funkgerät knackte und krächzte, blickten wir aus dem Fenster, direkt neben der

Polizeistation befand sich ein Hang, die sogenannte »Skiwiese« mit einem Schlepplift; die Piste war zart mit Neuschnee bepudert, bis 2012 hatte hier regelmäßig Nacktrodeln stattgefunden, jetzt zogen ein paar warm eingepackte Eltern ihre Kinder auf Schlitten den Hang hinauf. Die Bischöfin erzählte, dass sie früher selbst Ski gefahren war, bis ihre erste Tochter zur Welt kam. Braunlage sei schon immer eng mit dem Wintersport verbunden gewesen, berichtete der Polizeimann, früher habe es eine große Skischanze gegeben, und im Eisstadion Wurmberghalle seien viele große Eishockeyclubs wie ZSKA Moskau zu Gast gewesen.

Und überraschenderweise war es ein Mann aus Braunlage, der den Skisport einst nach Deutschland brachte. Oberförster Arthur Ulrichs ließ sich 1883 nach norwegischem Vorbild Skier bauen, um im verschneiten Forst leichter voranzukommen und Sturmschäden im Wald besser inspizieren zu können. Das Skifahren in Deutschland wurde also in Braunlage im Harz begründet und nicht in Garmisch oder Bad Tölz. Es gibt sogar eine eigene Granitsteinart hier, den Wurmberg-Granit, der – kleine Zusatzinfo für Geologen und Paläontologen – in der sogenannten Variszischen Orogenese vor etwa 290 Millionen Jahren entstand. Bis 1974 wurde er im Wurmbergsteinbruch abgebaut, und die meisten Gebäudesockel in Braunlage und auch ein Kriegerdenkmal wurden aus diesem Granit gehauen, der außerordentlich witterungsbeständig ist. Es kann also durchaus sein, dass auch in 290 Millionen Jahren zumindest die Gebäudesockel und das Kriegerdenkmal noch stehen, egal ob Krieg, Eiszeit oder sonstige Katastrophen dazwischenkommen werden. Braunlage ist quasi unverwüstlich. Unkaputtbar.

Die Fahrt durch Braunlage mit dem Polizeiwagen verlief ereignislos, das Verbrechen machte gerade Pause. Obwohl: Gesetzlosigkeit und Delikte gab es auch in Braunlage, erzählte uns der Hauptkommissar. Einbruch, marodierende niederländische Skifahrer, Autounfälle, Fahrerflucht, Brände, Mord, »die ganze Palette, nur ein bisschen abgespeckter als in der Großstadt«. Es klang beeindruckend. Wir fuhren an einer Kneipe vorbei, in deren Holzwand angeblich noch Projektile vom Mord an einem Rockerboss steckten. »Rockermord, das hätte ich hier nicht erwartet«, Margot Käßmann war ganz baff. Polizist J. erklärte: »Na ja, der eine Rocker macht hier vielleicht Urlaub, der andere ist schon da oder hat vielleicht sogar gewusst, dass der andere kommt, und dann knallt es auch mal in einem beschaulichen Ort wie bei uns.« Käßmann konterte von ihrem Platz auf der Rückbank: »Dass ein Rocker im Harz Urlaub macht, hätte ich jetzt auch nicht erwartet.« Während unserer Fahrt blieb das Funkgerät im Streifenwagen weitgehend ruhig, man hörte ab und zu nur Wortfetzen wie »Mittagspause«, »müde« und »schöne Grüße«. Was denn wäre, wenn jetzt was wäre, wollten wir wissen. Dann würde man ihn über Funk mit seinem »taktischen Rufnamen« kontaktieren. Was denn sein »taktischer Rufname« sei, fragte ich. »Weil er taktisch ist, bleibt er geheim«, sagte J. »Mein taktischer Rufname ist Sechzig«, sagte ich. »Dann ist es ja gut, dass ich meinen Stellvertreter nicht mitgebracht habe, der ist nämlich eingefleischter Bayern-Fan.« Nirgendwo ist man sicher, nicht mal im Streifenwagen, dachte ich.

Wir fuhren an der Feuerwache von Braunlage vorbei, einem hochmodernen Bau, verglichen mit der Polizeihütte war das Science-Fiction. J. ließ uns am Ende der kleinen Stadtrundfahrt am Parkplatz der Wurmberg-Bahn aussteigen. Frau Käßmann und ich kletterten aus dem Streifenwagen und sahen aus wie zwei Trickdiebe, denen die Polizei nichts hatte nachweisen können und die nun irgendwo in der Landschaft ausgesetzt wurden, mit dem Satz: »Und kommen Sie nie wieder nach Braunlage!« Der Polizist winkte kurz und fuhr weg.

Alle Blicke richteten sich auf uns, und obwohl es ein Wochentag war, waren es viele Blicke. Eine lange Schlange von Menschen zog sich von der Seilbahn durchs Gebäude bis über den Parkplatz. Wir waren ziemlich überrascht. Lag es an dem wunderschönen Wetter? Nicht eine Wolke trübte den Himmel überm Oberharz. Oder gab es hier etwas umsonst? Die banale Antwort: In Niedersachsen waren noch Zeugnisferien und der Wurmberg tief verschneit, und das in einem Winter, in dem ich bis Februar in Oberbayern noch nicht eine einzige Schneeflocke gesehen hatte. Menschen aus Hannover, Hamburg, Holland wollten den Schnee genießen, das zeigten die Autokennzeichen. Über eine Million Menschen übernachten jedes Jahr in Braunlage, und dabei hat der Ort nur dreitausendfünfhundert Einwohner. Rein statistisch gesehen, beherbergt also jeder Bürger in Braunlage jeden Tag im Jahr einen Touristen, hier wird also das gelebt, was im Fußball Manndeckung, in der Pflege Einzelbetreuung heißt.

Wir wanderten los, wir schlitterten und rutschten über Blitzeis, unter dem die Wiese aussah wie ein glasierter Granny-Smith-Apfel. Der Himmel strahlte, und die Bäume und Sträucher waren fast vollständig mit Eiskristallen bedeckt und funkelten in der Sonne wie die Discokugeln im Blueberry Hill. Frau Käßmann freute sich über den Ausflug ins Grüne bzw. Weiße, wie sie mir verriet. »Ich kann mir meine Tage frei einteilen, es gibt keine Sitzungen mehr«, sagte sie und wirkte erleichtert. Zwischen den Bäumen sah man die kleinen roten Kabinen der Seilbahn, die mit einem leisen Rattern nach oben gezogen wurden. Die Bischöfin fühlte sich an ihre Kindheit erinnert, an eine kleine Seilbahn am hessischen Edersee, die auf die Burg Waldeck hinauffuhr.

Sie erzählte von ihrer letzten Wanderung, zehn Tage lang durchs Allgäu. »Ansonsten bin ich am liebsten auf Usedom, zweiundvierzig Kilometer Sandstrand, da kannst du lange gehen.« Seit neun Jahren lebt sie zum Teil auf dieser Ostsee-insel, wo sie auch ihre Bücher schreibt, die vielen Menschen Trost spenden. *Nur Mut!* oder *Enkelglück* oder *Sorge dich nicht, Seele* heißen die Bücher, in denen sie vor allem Frauen über vierzig Ratschläge für die zweite Lebenshälfte gibt. Und sie schreibt so, wie sie auch sonst alles macht: glaubwürdig und gut. Ihre Bücher driften nie ab in bloße Achtsamkeits-poesie. Käßmann hat viel erlebt und deshalb auch viel zu sagen, sie vermittelt ihren Leserinnen das Gefühl, eine gute Freundin spräche mit ihnen. Und sie hat mehr Zeit als früher, als sie noch Landesbischöfin und EKD-Ratsvorsitzende war und ganz nebenbei auch noch vier junge Töchter zu erziehen hatte. Margot Käßmann ist mittlerweile nicht mehr aktiv im kirchlichen Dienst, sie ist »entpflichtet«, wie es so schön heißt. »Das bedeutet, ich mache nur noch die Kür, ich predige ab und zu, bin Botschafterin für ein Kinderhilfswerk und Mitherausgeberin einer Straßenzeitung«, außerdem sei das siebte Enkelkind unterwegs. Nach Ruhestand klang das nicht. Und Stillstand wäre nichts für sie, das merkte ich schon an ihrer sportlichen Art zu wandern.

Käßmann erzählte mir von Niedersachsen, diesem zweit-größten Flächenland der Bundesrepublik, von der lutherischen Tradition aufgeteilt in vier evangelische Landeskirchen, der von Hannover, von Braunschweig, von Oldenburg und Schaum-burg-Lippe. »In den Landeskirchen lebt noch ein bisschen der Wiener Kongress fort, mit vielen alten Grafschaften«, sagte sie. Ihr Bezirk als Landesbischöfin war riesig, reichte von den Ostfriesischen Inseln an der holländischen Grenze über Hamburg und die alte Zonengrenze bis hinunter nach Hannoversch Münden an der hessischen Grenze. »Ich bin jedes Jahr um die siebzigtausend Kilometer gefahren«, erzählte sie. Was sie vom Harz halte, wollte ich wissen. »Der Harz hat was Raues, da war früher der Bergbau, und ich habe oft gedacht, dass die Menschen hier vermutlich ein hartes Leben hatten, viel Armut und Einsamkeit erlebt haben.« Inzwischen ist das anders, vor allem am Wurmberg hat man voll und ganz auf den Tourismus gesetzt, jede Menge Bäume wurden gerodet und Schneekanonen installiert, um das Skifahren im Winter zu ermöglichen. Allerdings hatte das in diesem Jahr noch nicht geklappt, es war einfach zu warm gewesen. Auf der Piste lag zwar ein halber Meter Schnee, aber das war zu wenig, um Ski fahren zu können. Der Klimawandel schreitet rapide voran, und diese Anstrengungen waren die letzten Zuckungen einer Mittelgebirgsregion, die gerne so sein wollte wie das Zillertal oder Sölden. Doch die Schlepplifte waren geschlossen. Stattdessen zog sich eine lange Karawane von Wanderern, Familien, Tourenskigängern am Rande der Piste hinauf, und in der Mitte fuhren quietschende Jugendliche mit dem Schlitten das weiße Band hinab.

Wir sprachen über Käßmanns Kindheit und Jugend. Sie wurde 1958 geboren, als viertes Kind, aber nicht in eine Pastorenfamilie, ihr Vater betrieb im hessischen Stadtallendorf eine Tankstelle und Autowerkstätte. Sie wuchs auf als »eine privilegierte Person im Wirtschaftswunder, die auch als Frau alles konnte, Abitur machen, studieren, Pfarrerin und auch Bischöfin werden«. Die Autowerkstatt ihres Vaters hat sie geliebt, drei Hallen, in denen die Autos repariert wurden, und ein Hof mit Schaukel und Autoreifen, wo sie den ganzen Tag machen konnte, was sie wollte. Wie kann man sich Margot Käßmann als Jugendliche vorstellen, als sie noch Margot Schulze hieß?, fragte ich. Sie lachte. »Auf dem Abschlussfoto meiner Klasse waren hinten die Jungs, vorne die Mädchen, und alle von denen hatten Rock und Kniestrümpfe an, nur eine hatte eine Hose an, und das war ich.« Später hat die Kirchengemeinde eine große Rolle gespielt. Nach der Konfirmation leitete sie den Kindergottesdienst, fuhr auf Freizeiten an den Edersee und ging in den Posaunenchor, »das fand ich super. Und unser Pfarrer hat uns erlaubt, eine Disco in den Keller unter dem Gemeinderaum zu bauen.« Der Glaube ist ihr wichtig, das merkte man im Gespräch. Ein Jugendlicher mit seinen Eltern kam uns entgegen, sah mein Mikrofon und fragte, ob das eine »YouTube-Umfrage« sei. Wo er denn bitte schön die Kamera sehe, entgegnete die Bischöfin trocken, und wir gingen weiter. Ich zischte dem Jugendlichen zu: »Die Frau ist Influencerin.«

Wir kamen an einem Hinweisschild vorbei, noch vier Kilometer bis zum Gipfel, und die Bischöfin rechnete vor, dass wir also in weniger als einer Stunde oben wären. Sie lag falsch.

Es ging über eine gerade Teerstraße durch den Wald, wir waren umgeben von Familien mit schreienden Kindern. »Ich hasse den Wald!«, schrie ein etwa Achtjähriger. Seine Eltern versuchten es mit Argumenten. Vergeblich. Was sie gerne für ein Baum wäre, wurde Margot Käßmann mal von der *FAZ* gefragt. »Buche«, lautete ihre Antwort. Ich fragte sie, warum. »Weil Buchen im Frühling das schönste Grün haben und im Herbst so schön bunt werden«, sagte sie, und ihre Augen leuchteten. »Aber Buchen haben einen harten Kern«, entgegnete ich. »Ist ja auch nicht schlecht, kann ganz schön stabil sein, so ein harter Kern«, antwortete sie, und in diesem Moment verstand ich ihre Weise zu leben, auch zu überleben, bei all dem Gegenwind, dem sie schon ausgesetzt war.

Wir kamen zu einer Skihütte und fragten einen Rentner nach dem Weg. Mit großer Geste und Entschlossenheit schickte uns der Mann »nach links und dann immer geradeaus, gar nicht zu verfehlen« und stocherte mit seinem Nordic-Walking-Stock Richtung Nordwesten. Und so wanderten wir. Und wanderten wir. Und wanderten wir. Immer geradeaus, wie es der Senior geraten hatte, immer auf gleicher Höhe den Berg entlang. Ich hatte zwischenzeitlich fast das Gefühl, wir verließen gerade den Harz und müssten langsam die Ostseeküste sehen. Der Weg wurde immer einsamer. Und wir gewannen nicht einen Meter an Höhe. Nach etwa zwei Kilometern kehrten wir um.

Hier an einem kleinen vereisten Bach, abseits all der Menschen, sprachen wir in aller Ruhe über den großen Knacks in Käßmanns Karriere. Sie war erst Bischöfin und dann EKD-Ratsvorsitzende geworden, als sie sich von ihrem Mann scheiden ließ, das brachte viele Konservative gegen sie auf, wie sie sagte. »Wir hatten uns das mit der Scheidung lange und gut überlegt, sind in allem Respekt auseinandergegangen, aber da waren der Spott, die Häme, die Kritik. Die Leute sagten, das musste ja so kommen, wenn eine Frau Bischöfin wird, das hat mich damals schon sehr mitgenommen, das war heftig.« Das alles wurde nicht besser, als sie in einer viel beachteten Predigt im Januar 2010 über den Bundeswehreinsatz in Afghanistan sagte: »Nichts ist gut in Afghanistan.« Sie erntete einen Sturm der Entrüstung. Jetzt war »diese Pfarrerin« also auch noch politisch auf der Kanzel und lasse die deutschen Soldaten im Stich. Sie wurde für alles kritisiert, alles wurde kommentiert, »egal, was du sagst, egal, was du anhast«.

Es kam der 20. Februar 2010, also fast genau auf den Tag zehn Jahre vor unserer Wanderung, der Abend, an dem sie betrunken am Steuer erwischt wurde. »Wenn Leute mir hinterher gesagt haben, Frau Käßmann, warum haben Sie eigentlich kein Taxi genommen, muss ich sagen: Na, die Frage hab ich mir ja auch noch nie gestellt.« Sie lachte laut auf. »Es war natürlich eigene Blödheit.« Sie hatte an diesem Abend die Predigt für den nächsten Tag fertig geschrieben und war noch zum Kino verabredet gewesen, wollte einen Film über Nelson Mandela sehen. Sie erinnerte sich: »Ich wollte das Fahrrad nehmen, aber alles war vereist, das ging nicht. Dann wollte ich den Privatwagen nehmen, den hatte meine Tochter, das ging nicht. Und dann war ich schon so spät dran, da habe ich den Dienstwagen genommen. Ich war in Eile, hab wenig gegessen, hab viel getrunken und hab mir auf dem Heimweg gedacht, morgen brauchen wir in der Früh den Dienstwagen für den Gottesdienst, was einfach eine Dummheit war. Ich hätte ja auch einen Fahrer haben können.« Und so fuhr sie mit 1,5 Promille nach Hause, parkte kurz vor ihrem Haus, um das Garagentor zu öffnen. In diesem Moment hielt ein Streifenwagen, ein junger Polizist stieg aus und fragte: »Haben Sie Alkohol getrunken?«

»Und dann habe ich Ja gesagt, und die Sache nahm ihren Lauf.« Am Tag darauf beichtete sie ihren Fehler im Landeskirchenamt, und der zuständige Jurist nahm ihr die Angst. Das alles stehe unter Datenschutz, und so etwas sei auch schon anderen passiert, sie solle sich keine Gedanken machen. »An diesem Abend bin ich um 18 Uhr auf eine Veranstaltung, und da rief mich Herr Diekmann von der BILD-Zeitung an und sagte, Frau Käßmann, wir haben da eine Information. Und da wusste ich, dass ich ein Problem habe.« Es folgten zwei Tage, in denen sie überlegte, wie sie auf all das reagieren sollte. »Am nächsten Tag stand es in der Früh in der BILD, und als ich nach Hause kam, rannten mir schon zwei Kamerateams hinterher. Und ab da kam ich nicht mehr aus der Wohnung. Gegenüber in einem leer stehenden Haus waren Fotografen, das hat mir meine Tochter erzählt, hinten auf den Garagen standen Fotografen, ich konnte nicht mehr rausgehen.« Die Kirche sprach ihr das Vertrauen aus, aber als sie am nächsten Morgen die Zeitungen sah und von *SZ* über *taz* bis *FAZ* alle Schlagzeilen nur ihr galten, dachte sie, das sei ihres Amtes unwürdig:»So kann man nicht mit Autorität Bischöfin sein. Und einen Satz wie den mit Afghanistan könnte man gar nicht durchstehen, wenn die Leute sagen, jetzt hatse wieder was getrunken.« Also beraumte sie kurzfristig eine Pressekonferenz an, und obwohl viele ihrer Mitarbeiterinnen und Kollegen sie unter Tränen baten zu bleiben, trat sie von allen Ämtern zurück.

»Die Situation werde ich nie vergessen, dieses Klack-klack-klack-klack-klack der Kameras, und alle warteten nur auf Tränen von mir.« Diesen Gefallen tat Margot Käßmann der Boulevardpresse nicht, sie ging erhobenen Hauptes und in der tiefen Überzeugung:»Du kannst nicht tiefer fallen als in Gottes Hand.« Diesen Satz des evangelischen Theologen und Kirchenliedautors Arno Pötzsch hat Bischöfin Käßmann verinnerlicht, und sie hat ihn bei ihrer Rücktrittsrede in die Welt getragen. Für Margot Käßmann war das Ganze eine Befreiung. Es folgten zehn gute Jahre.»Ein Schritt der wunderbaren Veränderung, es geht mir heute supergut«, sagte sie, und es klang nachvollziehbar und sehr glaubwürdig. Käßmann ging danach in die USA, unterrichtete an Unis, war Herausgeberin des Magazins *Chrismon* und schrieb viele Bücher.»Ich selber hadere damit überhaupt nicht. Wenn etwas zu Ende geht, fängt etwas Neues an.«

Lange hat die Presse übrigens darüber spekuliert, wer der Mann war, der während der Alkoholfahrt der Bischöfin neben ihr saß. Mir hat sie es verraten. Und ich werde es niemals jemandem weitererzählen.

Wir gingen zurück zu der Skihütte, der desorientierte Rentner war nicht mehr da (sein Glück!), und wir beschlossen, direttissima den Berg unterhalb der Seilbahngondeln hinaufzusteigen. Wir stapften durch den Schnee, ich machte noch ein Foto von Frau Käßmann auf der Skipiste für ihre Enkel.

Wir kamen in Gipfelnähe, der Blick weitete sich. Der Wurmberg war weiß, die Landschaft unter uns wölbte sich Richtung Horizont im Dunkelgrün der Fichten, die Wälder wirkten wie das Meer, wenn man auf einer hohen Düne steht. Direkt gegenüber vom Wurmberg sahen wir einen anderen Berg, den Hasselkopf. Hier kam es 1964 zum legendären »Raketenunglück von Braunlage«. Im Oberharz lebte ein Möbelverkäufer und Hobby-Raketentechniker namens Gerhard Zucker, der schon länger mit sogenannten Postraketen experimentiert hatte. Die Idee stammte ursprünglich aus Österreich und wurde dort 1931 erstmals erprobt. Um die Zustellung zu beschleunigen, kam man auf den Gedanken, Briefe in eine Rakete zu stecken und diese aus abgelegenen Bergdörfern in die nächstgelegene größere Stadt zu schießen, wo sie mit einem Fallschirm landete. Man träumte damals sogar ernsthaft von einer Postraketenstrecke von Bern über Graz bis Ljubljana. Da es aber an Zielgenauigkeit mangelte und die Raketen viel zu teuer waren, denn sie konnten nur ein einziges Mal verwendet werden, scheiterte die Idee.

In Deutschland hatte parallel dazu Gerhard Zucker aus Hasselfelde im Harz mit Postraketen experimentiert. Als er den Behörden 1933 seinen Plan darlegte, drängten ihn die Nazis zu Forschungen, ob man statt der Briefe auch Bomben auf diese Weise durch die Gegend schießen könne. Zucker lehnte ab und musste nach England emigrieren. Hier baute er weiter an Postraketen und schoss, begleitet von einem Reporterteam des *London Daily Express*, in den frühen Morgenstunden des 3. Juni 1934 eine Rakete in Sussex ab, am nächsten Tag titelte die Zeitung begeistert »The First British Rocket Mail«. Deswegen durfte er später eine weitere Rakete zünden, vor Verantwortlichen der Royal Mail, die von einer Raketenpostverbindung von Dover nach Calais träumten. Der Versuch auf den Äußeren Hebriden ging schief, die Rakete stürzte mit tausendzweihundert Briefen brennend über dem Strand ab, die wenigen unversehrten Briefe waren übrigens wegen der von Zucker selbst gestalteten Briefmarkenblocks äußerst begehrt bei Philatelisten. Gerhard Zucker wurde wegen »Postbetrugs« aus dem Land geworfen und zu Hause in Deutschland wegen Spionage und Zusammenarbeit mit den Engländern inhaftiert. Zucker ließ jedoch nicht locker: Nach Kriegsende experimentierte er weiter mit seinen Postraketen. Und dann passierte das Drama am 7. Mai 1964 hier in Braunlage: Im Zuge eines deutsch-französischen Briefmarkensammlertreffens in Hannover durfte Gerhard Zucker auf dem Hasselkopf in Braunlage zwei Postraketen abschießen, sie waren mit zehntausend Briefen gefüllt, die mit Sondermarken und -stempeln versehen waren. Fast zweitausend Menschen hatten sich auf dem Gipfel versammelt und schauten zu. Die erste Rakete geriet nach dem Start ins Trudeln und stürzte im Wald ab. Die zweite Postrakete fiel von der Startrampe herunter, und ein vierzig Zentimeter langes Metallrohr schoss direkt in die Zuschauermenge, die in der Nähe stand. Drei Menschen wurden schwer verletzt, zwei davon starben wenig später im Krankenhaus. Bis heute ist das ein schwarzer Tag in der Geschichte von Braunlage. Und private Raketenstarts in Deutschland sind seit den Ereignissen im Harz verboten. In den Siebzigerjahren führte Gerhard Zucker trotzdem noch ein paar Raketentests durch, bevor er 1985 in Düren starb. Wir sahen den Unfallort Hasselkopf auf der anderen Seite des Tales. Und über uns schwebte ein Fesselballon. Zum Glück keine Postrakete.

Als wir auf dem Gipfel ankamen, sah es dort aus wie in Ischgl oder in Sölden: Après-Ski. Vor Glühweinhütten standen

Gruppen von Menschen in bunten Skioveralls und schunkelten zu Technoschlagern, die aus Lautsprecherboxen dröhnten, ein Abenteuerspielplatz war bevölkert von Familien, es war ein Betrieb wie in einer städtischen Fußgängerzone kurz vor Weihnachten. Der ganze Berg war bebaut, der karminrote Gipfelturm, die Bergstation der Seilbahn, ein großer Wasserteich unterhalb des Gipfels, der als Reservoir für den Kunstschnee diente. Gegenüber sah man in fünf Kilometer Entfernung den Brocken mit der »Brocken-Moschee«, dieser runden weißen Kuppel, die aussieht wie ein riesiger weißer Champignon, sowie all die Türme und Antennen, die ich bei meiner Brocken-Wanderung im Eissturm und Nebel nicht gesehen hatte. Zwischen beiden Gipfeln lag das Tal, und irgendwo da unten war einst die deutsch-deutsche Grenze mit Mauer und Selbstschussanlagen verlaufen. Surreal.

Wir kehrten in der Wurmberg-Alm ein und tranken Rhabarberschorle, während Howard Carpendale im Radio »Hello Again« sang. Für Margot Käßmann war es das erste Mal auf dem Wurmberg. Schön. Aber irgendwie reichte es uns beiden. Zu viele Menschen. Zu viel Carpendale. Ich vergrub noch schnell meinen Schnaps neben dem Gipfelkreuz, einen Schierkuja Harz Glitzer, und dann bestiegen wir eine der kleinen roten Kabinen der Wurmbergbahn und schaukelten ins Tal. Wir beide waren erschöpft und glücklich. »Ich will das unbedingt mal mit meinen Enkeln machen, die Seilbahn hoch und dann die Piste runter«, schwärmte Margot Käßmann und blickte über den Harz. Unten im Tal war der Regionalbus 810 gerade abgefahren, und so nahmen wir ein Taxi nach Bad Harzburg, der Fahrer war sichtlich beglückt über die fünfundzwanzig Kilometer lange Fahrt. Und auf der Taxifahrt bergab fiel uns etwas auf, was wir auf der Hinfahrt mit dem Bus wegen Murat und seiner Klasse gar nicht bemerkt hatten: Der Wald sah apokalyptisch aus. Einzelne

Stämme ragten heraus aus einer riesigen Fläche völlig kaputter, umgerissener, zerstörter Bäume, es sah aus, als hätte Godzilla beschlossen, den Harz zu zermalmen. Eine Mischung aus Sturm, Waldsterben und Borkenkäfer hatte über viele Kilometer den Baumbestand verwüstet. Der Taxifahrer, ein Sachse, legte noch einen drauf. »Und och die, die vielleischt groode noch gesünd aussähn, da greifste untn an die Rinde, ünd do ist och schon dr Borknkäfr drinn. Aussichtslös.« Uns fehlten die Worte.

In Bad Harzburg schließlich besorgte ich in einer Bäckerei zwei Stück Streuselkuchen, für die weitere Zugfahrt mit Frau Käßmann, nicht ahnend, dass ich für fünf Euro fast ein ganzes Blech Kuchen bekam. Der größte Streuselkuchen der Welt – es gibt ihn in Bad Harzburg gegenüber vom Bahnhof.

Im Zug gab es noch eine schöne Überraschung. Frau Bothe war wieder im Einsatz, und ich konnte der Zugbegleiterin meine Wanderbegleiterin Margot Käßmann vorstellen. Die Damen lachten und waren sich auf Anhieb sympathisch. Bis Hannover aß ich Kuchen, und nachdem sich die Bischöfin am dortigen Hauptbahnhof von mir verabschiedet hatte, stieg ich in den ICE nach München und aß weiter Streuselkuchen. Ich raste vorbei am Drei-Franken-Stein und an Siegelsdorf, bis ich nachts wieder in der bayerischen Landeshauptstadt ankam.

10

Der Kutschenberg/Brandenburg (200,7 Meter)

Mit Anke Domscheit-Berg (MdB)

Die erste Coronawelle war vorbei. Die Zahl der Infektionen ging genauso schnell zurück, wie sie vor knapp drei Monaten gestiegen war, warum auch immer. Wegen der Disziplin der Menschen, die über zwei Monate lang auf fast alles verzichtet hatten? Weil dieses Virus nach einem ebenso geheimnisvollen Rhythmus verschwindet wie die Flut, wenn die Ebbe beginnt? Weil sich das Virus selbst abschwächt? Wir werden es irgendwann erfahren. Irgendein Virologe wird es uns erklären, irgendein Drosten, eine Brinkmann, ein Kekulé, ein Streeck. Jetzt jedenfalls war die Zeit der Lockerungen, einiges ging wieder. Dazu zählte auch das Bergsteigen im Mittelgebirge, heute mit der Bundestagsabgeordneten Anke Domscheit-Berg auf den höchsten Berg Brandenburgs.

Zum allerersten Mal seit über zwei Monaten fuhr ich wieder mit der U-Bahn, um 6:20 Uhr zum Münchner Hauptbahnhof. Der Waggon war weitgehend leer, aber doch voller, als ich dachte. Um mich herum nur maskierte Menschen. Es wirkte wie eine Mischung aus Karneval in Venedig und OP-Saal im Schwabinger Krankenhaus. Verstörend, verwirrend. Ein müder Huster von irgendeinem Maskenträger am anderen Ende des Waggons sorgte sofort für ein nervöses Zucken bei allen anderen Fahrgästen.

Am Bahnhof das gleiche Bild. Es war ja noch vor der zweiten, dritten, vierten, fünften Coronawelle, vor Delta, vor Omikron, vor Impfstoffen. Auf einmal überall Masken und Desinfektion, das alles war noch ganz neu und ungewohnt. Die Leute wirkten wie Zombies im Film. Regionalzüge ergossen sich und spuckten Dutzende Menschen aus, die nun nicht mehr nur Kopfhörer trugen, sondern auch Mund und Nase verbargen, quasi bis auf die Augen aller Sinne beraubt. Auf Plakaten und Liveticker-Screens immer wieder der Appell: AHA – Abstand, Händewaschen und das Dritte habe ich schon wieder vergessen. Das neue Leben mit Corona war mühsam. Die Menschen im Zug versunken in ihre Masken, keiner, mit dem man reden könnte, Maximalabstand zwischen den Reisenden. Ich sah traurig aus dem Fenster.

Bei Vierkirchen standen die Halme auf dem Acker noch so dünn wie der Oberlippenflaum bei einem Dreizehnjährigen. Bei Nürnberg: eine Gleisbaustelle, auf der Arbeiter mit orangefarbenen Westen herumstanden, ihre rußverschmierten Gesichter glichen denen von Kohlearbeitern im Ruhrpott, als man im Ruhrpott noch Kohle förderte. Ein einsamer Angler in den Pegnitzauen bei Fürth, mit Hund und Angel und der Hoffnung auf den überraschenden Lachs oder Karpfen oder eine Forelle. Umsteigen in Erfurt. Umsteigen in Leipzig. Umsteigen in Riesa. Immer weiter bohrte ich mich durch Mitteldeutschland.

Riesa kennen alle Menschen mit DDR-Vergangenheit noch von den Zündhölzern, die hier produziert wurden. Ich habe zu Hause im Keller eine DDR-Erinnerungskiste, die ich mir aus zeitgeschichtlichem Interesse zusammengesammelt habe. Darin sind Zündhölzer aus Riesa, eine Schachtel Karo-Zigaretten, deren schwarz-weiß karierte Verpackung aussieht, als hätte sie ein Fan von Madness oder den Specials entworfen, so Ska-mäßig, stylish. Montecristo-Zigaretten aus Kuba – ein Freund von mir, ein Roth-Händle-Kettenraucher und generell Fan filterloser Zigaretten, hat aus Neugierde mal eine dieser Montecristo-Zigaretten geraucht, anschließend musste er sich hinlegen, weil ihm schwindelig wurde. Ein Orwo-Film ist in der Kiste, Kondome von Mondos, die laut Ansicht der meisten DDR-Bürger schon perforiert ausgeliefert wurden, um die Geburtenrate im sozialistischen Staat hochzuhalten. ATA-Putzpulver und eine AMIGA-Musikkassette der Band Amor und die Kids mit dem unfassbaren Titel *No more Bockwurst*.

Amor und die Kids sollten Mitte der Achtziger die DDR-Antwort auf NDW-Bands wie Extrabreit oder Münchner Freiheit sein. Quasi NDDRW. Sie trugen ausbordende Vokuhila-Frisuren, Turnschuhe aus dem Westen und sangen Texte, bei denen es einem ebendiese Schuhe auszieht. In einem Songtext schmachtet der Sänger eine Frau an, zunächst subtil, um dann im Refrain den Dampfhammer auszupacken: »Komm doch mit zu 'nem Ritt auf dem Sofa.« Ein Lied heißt »Wir machen es im Wald, dort wo die Büchse knallt«, und dann hört man einen Gewehrschuss und stellt sich den Sänger mit seinem Vokuhila nackt im Wald vor, möglicherweise angeschossen. Schlimm. In einem anderen Song lautet der Gaga-Refrain »Wir heizen – wir heizen – wir heizen den Ofen – schaffen wir es nicht, dann sind wir die Doofen«. Erstaunlicherweise hat einer von Amor und die Kids später noch Karriere gemacht: Tobias Künzel wurde Frontmann der Kapelle Die Prinzen. Sein Engagement für *No more Bockwurst* fällt in die gleiche Rubrik wie für so manchen Schauspieler die Teilnahme an Softpornos in den Siebzigerjahren: Jugendsünde. Immerhin: Amor und die Kids haben zu DDR-Zeiten den Sonderpreis der Sektion Rock beim Komitee für Unterhaltungskunst zur 12. Zentralen Leistungsschau der Amateurtanzmusik und den Förderpreis des Zentralrats der Freien Deutschen Jugend zur achten Werkstattwoche Jugendtanzmusik gewonnen. Glückwunsch nachträglich.

In Riesa wurden aber nicht nur Zündhölzer hergestellt, sondern auch Nudeln. Fast alle DDR-Spaghetti stammten von hier, ebenso wie der Stahl, beides war von ähnlicher Konsistenz, al dente. Beim Blick aus dem Fenster sah ich, dass es das Stahlwerk tatsächlich noch gab. Rostige Rohre führten zu einem ebenso rostigen Industriekomplex, der nun von einer italienischen Firma betrieben wurde. Das Stahlwerk war Namensgeber des hiesigen Fußballvereins Betriebssportgemeinschaft Stahl Riesa. Sechzehn Jahre lang spielte der Verein in der höchsten DDR-Liga fast immer gegen den Abstieg. So viel Mittelmaß verdient Bewunderung. Stahl Riesa war das Arminia Bielefeld des Ostens. Es gab in Riesa zwei Turnvereine (schon seit dem Jahr 1860!), die Riege Wacker und die Riege Frisch, später kam der Schwimmverein Otter dazu. Jedes Jahr seit 1997 findet in Riesa die Weltmeisterschaft im Stepptanzen statt. Bis heute nennt sich Riesa »Die Sportstadt«, und ein Höhepunkt war vermutlich die Austragung der Weltmeisterschaft im Sumo-Ringen 1999.

Sechsunddreißig Tonnen Lehm hatte man seinerzeit aufgeschüttet, um den Dohyo, den Kampfring, originalgetreu nachzubauen, trotzdem mäkelte die japanische Funktionärsdelegation in einem fort an allem Möglichen herum, es war die allererste WM der Sumo-Ringer außerhalb Japans. Der Deutsche Sumo-Verband mit hundertfünfzig Mitgliedern machte seine Sache aber offenbar gar nicht schlecht, denn als fünf Jahre später die Sumo-WM in Hongkong anstand, aber das SARS-Virus gerade in Asien wütete, erinnerte man sich beim Sumo-Weltverband in Japan wieder an Riesa, und die WM 2004 fand erneut hier statt. Und die Deutschen holten sensationell einmal Silber, einmal Gold. Die Bäuche bogen sich, die Massen tobten.

Die Sporthalle von Riesa bietet Platz für sage und schreibe dreizehntausend Menschen, bei einer Einwohnerzahl von knapp neunundzwanzigtausend passt also fast jeder zweite Bürger der Stadt in die SACHSENarena. Das wäre so, als gäbe es in Berlin eine Veranstaltungshalle, in die 1,8 Millionen Menschen hineinpassen, oder als stünde in der indischen Stadt Delhi die INDIENarena mit zwölf Millionen überdachten Plätzen. Nicht von ungefähr denken die Riesaer, ihre Stadt sei von einem Riesen gegründet worden. Einer Sage nach machte einst ein Riese am Elbufer Rast und schüttelte seinen Stiefel aus, in dem sich Erde und Steinchen gesammelt hatten, woraus ein Hügel am Flussufer entstand, um den herum sich die Stadt ansiedelte. Den Hügel gibt es heute noch, geschmückt von einem Riesen-Denkmal.

Der Zug rollte weiter, über die Elbe, hinter der sich die Plattenbauten auftürmten wie die Chinesische Mauer. Wir fuhren raus aus Sachsen, hinein in den Süden Brandenburgs. Die Landschaft wurde wilder, die Häuserfassaden bröckeliger. Ich musste an Spreewaldgurken aus der Lausitz denken, und beim Gedanken an diesen leicht säuerlichen Essiggeschmack lief mir das Wasser im Mund zusammen. Brandenburg ist das Bundesland, dessen Umriss auf der Landkarte aussieht, als wäre ein Loch in der Mitte. Das Loch heißt Berlin. Wenn Brandenburg ein Spiegelei wäre, dann wäre Berlin das Gelbe vom Ei. Aber nur dann.

Ich kam in Elsterwerda an, einem Nest am Südrand von Brandenburg, auf Niedersorbisch heißt der Ort Wikow. Sofort hielt ich Ausschau nach Menschen in sorbischer Tracht, ich hätte gerne eine sorbische Bohnensuppe gegessen oder jemanden Sorbisch reden hören, wobei die Sorben in Elsterwerda Niedersorbisch reden, in Bautzen oder anderswo ist dagegen Obersorbisch angesagt. Nur noch siebentausend Menschen weltweit sprechen Niedersorbisch, aber angeblich gibt es noch eine Wochenzeitung namens *Nowy Casnik* (*Neue Zeitung*), mit einer Auflage von circa achthundert Exemplaren, in der sich diese Geheimsprache verbreitet. Faszinierend. Ich kannte mal einen fünfzehnjährigen Würzburger, der hat seine eigene Sprache erfunden, er nannte sie Snoke, mit eigenen Wörtern, eigener Grammatik, ein bisschen angelehnt an Latein, Altgriechisch und Esperanto. Der Nachteil war bloß: Niemand sprach Snoke außer ihm.

Zurück zu Elsterwerda. Raus aus dem Bahnhof. Auf dem Vorplatz stand eine Gruppe selbst ernannter, ganz in Schwarz gekleideter Dorfgangster, die bei den Fahrradständern chillte und deutschen Hip-Hop hörte. Es lief: Apache 207 und sein myriadenfach geklickter Deutschrap-Schlager »Roller« – mit der gleichermaßen subtilen wie poetischen ersten Textzeile »Warum fickt ihr Kopf«. Es endet mit dem Refrain »Brudi – ich muss los, wenn die Roller wieder schreien, reden mir vom Koks und von Messerstechereien, doch sie müssen los, wenn unsre Roller wieder schreien«. Wobei das »CH« von Messerstechereien wie »SCH« ausgesprochen wird, was dem Ganzen eine Nobby-Blüm'sche Note gibt, da klingt es gleich schon nicht mehr ganz so lebensgefährlich, wie es vermutlich klingen soll. Ich habe ja immer »Rudi« verstanden und fand den Namen so herrlich altmodisch für einen Hip-Hop-Text aus dem Jahr 2019. Wer heißt denn heute noch Rudi, wenn alle Rapper Haftbefehl, Straßenbande oder Bonez MC heißen? Ein junger Mensch klärte mich später auf, es ginge hier um »Brudi«, also den Bruder. »Brudi, ich muss los.«

Hier in Elsterwerda war rein gar nichts los, es gab weder Roller noch Koks oder »Messerstescherereien«. Tatsächlich waren die dröhnenden Hip-Hop-Beats die einzige Regung menschlichen Lebens an diesem heißen Frühsommertag. Eine junge Frau mit blauen Haaren und jeder Menge Metall in den Nasenflügeln war die Quelle der Musik, eine Soundbox baumelte an ihrem Rucksack, mit dem sie über den Bahnhofsvorplatz geisterte, der mit mehreren Bahnsteigen für den Busbahnhof überraschend groß war. Es gab Platz für eine Busflotte, die Elsterwerda bestimmt noch nie angesteuert hatte. Die Sonne brannte mittlerweile heiß auf den Asphalt, es entstanden Luftspiegelungen, und das Schild eines Pizzaservice namens Super-Pizza-Service schien sich zu verdoppeln, daneben gab es einen Tierarzt/Tierarzt und fantasielose Flachbauten, die der Szenerie eine leicht heruntergekommene Westernstadt-Note verliehen.

Ich hatte noch Zeit, bis der Zug von Anke Domscheit-Berg eintraf, also ging ich in die Stadt. Ich hatte Hunger, recherchierte im Netz und fand heraus, dass aus Elsterwerda der Europameister im Wurstmachen kommt, also suchte ich seine Metzgereifiliale und fand sie. Die preisgekrönte Wurst hieß laut Internet »Urknacker«, also bestellte ich dieses Signature-Gericht. »Ham wer nich«, schnodderte eine Metzgereifachverkäuferin mit schwarz gefärbten Haaren, die coronabedingt in der Mitte einen weißen Vlies auf dem Scheitel zeigten, der nicht nachgefärbt werden konnte, weil alle Friseursalons seit Wochen geschlossen waren. Die Frau hatte die Ausstrahlung einer schlecht gelaunten Kugelstoßerin. Ich wollte keinen Ärger, entschuldigte mich für den Urknackwunsch und bestellte stattdessen eine Semmel mit Schinken, sagte aber sicherheitshalber »Schrippe«, man weiß ja nie. Ich kenne aus meiner Berliner Zeit die Befindlichkeiten. Einmal zu oft »Semmel« gesagt, und du hängst tot über dem Tresen oder bist mindestens abgestempelt als Bazi. Die Verkäuferin fragte mich, ob ich ein Deckel draufhaben wollte oder nur eine Schrippenhälfte mit Schinken. Seltsame Frage. Ich fragte sie, ob ich mit meinen Münzen eher mit Kopf oder Zahl bezahlen solle. »Versteh ick nich.« Egal. Deckel druff.

Das Schinkenbrötchen schmeckte grauenhaft. Fingerdick war Margarine drauf, und sobald man die Semmel bzw. Schrippe auch nur sanft drückte, quoll es aus allen Seiten wie die Lava aus dem Eyjafjallajökull. Spreewaldgurke war auch Fehlanzeige. Ich kehrte zurück zum Bahnhofsvorplatz, in der Ferne heulten Sägen; ich saß an der Bushaltestelle in der sengenden Mittagssonne, ein parkender Linienbus blies mir heiße Rußwolken ins Gesicht. Also zog ich um auf eine andere Bank ein Stückchen weiter. Der Ruß-Bus fuhr weg, der nächste parkte vor meiner Nase, und wieder bekam ich Diesel-Abgase mitten ins Gesicht. Ich hatte keine Lust auf Spielchen und blieb einfach sitzen. Versuchte, die Dämpfe zu genießen, und dachte an den seltsamsten Fußballverein zu DDR-Zeiten: Aktivist Schwarze Pumpe aus dem gleichnamigen Ortsteil von Spremberg in der Nähe von Hoyerswerda. Schwarze Pumpe (niedersorbisch: Carna Plumpa) stand mal im Mittelpunkt eines Sportskandals: 1970 wurde der Verein aus der zweiten Liga der DDR geschmissen und in die Bezirksliga verbannt. Warum? Weil der sozialistische Staat Angst hatte, von den Olympischen Sommerspielen 1972 in München ausgeschlossen zu werden. Damals durften ausschließlich Amateure bei Olympia teilnehmen, auch im Fußball. Nun gab es aber im Osten Sportlerbrigaden, das heißt, offiziell arbeiteten die Fußballer als Platzwart oder Gärtner oder Maler beim Verein und konnten so jederzeit trainieren, sie waren gewissermaßen verkappte Profis im Dienste des Staates. Das war auch bei der Betriebssportgemeinschaft Aktivist Schwarze Pumpe der Fall, was Spione von der gegnerischen Betriebssportgemeinschaft Motor Warnemünde herausgefunden hatten. Auch niederländische Sportfunktionäre sollten Wind davon bekommen haben, und die DDR fürchtete akut um die Olympiazulassung. Um einen Eklat zu vermeiden, wurde Aktivist Schwarze Pumpe bestraft, ein klassisches Arbeiter- und Bauernopfer.

Meine Gedanken wanderten zurück nach Elsterwerda, wo ich immer noch neben dem Dieselbus saß und Ruß inhalierte. Vor dem Bahnhof parkte ein Taxi, ein Škoda. Der Fahrer trug eine Pilotenbrille, eine verwaschene Jeansjacke und sah ein bisschen aus wie Hark Bohm, der Schauspieler und Regisseur (*Nordsee ist Mordsee*). Der Mann faszinierte mich, er wirkte gleichermaßen jung geblieben und verlebt, wie ein juveniler Fünfzigjähriger bzw. ein etwas alt gewordener Dreißigjähriger. Und er hatte eine Nase, die den Namen verdiente. Auch er sah hinüber zu mir und lächelte schief.

Ich durchquerte den kleinen Bahnhof und ging zum Gleis. Am Bahnsteig fuhr ein doppelstöckiger Regionalzug mit quietschenden Bremsen ein. Drei, vier Leute stiegen aus, Anke Domscheit-Berg war auch dabei, ich erkannte sie sofort, obwohl ich sie noch nie persönlich gesehen hatte. Sie trug eine Art rotes Jägerhütchen, quasi einen Robin Hut. Ich wiederum war an meinem Mikrofon zu erkennen, wir nickten uns wissend zu und gingen zum Taxi.

Anke Domscheit-Berg hatte am Vorabend unserer Bergtour plötzlich Coronabedenken bekommen. Ich hatte ihr geschrieben, dass ich nun doch nicht mit dem eigenen Auto, sondern mit dem Zug käme und dass wir ab Elsterwerda mit einem Taxi fahren würden. Sie schrieb zurück:»Und es bleibt beim Taxi? Zu dritt im Auto ist wieder eine Risikostufe mehr, mit einem Fahrer, der ständig andere Leute im Auto hat.« Ich konnte sie gut verstehen. Und nahm medizinische FFP2-Spezialmasken mit, eine für sie, eine für mich. Zu diesem Zeitpunkt der Pandemie galten FFP2-Masken noch wie die»blaue Mauritius« unter den Briefmarken als etwas Exklusives, völlig Exotisches. Wurden mit bis zu vierzig Euro das Stück gehandelt, wenn es sie überhaupt mal gab. Als wir sie aufsetzten und die Gummischnüre hinter die Ohren spannten, bekamen wir Segelohren, und vor der Nase standen die

Schutzmasken wie seltsame Schnäbel ab. Wir sahen aus wie zwei kranke Papageientaucher. Alles, was Anke Domscheit-Berg sagte, verdumpfte unter der eng anliegenden Maske, es hörte sich an, als hätte man aus der Stereoanlage alle Höhen weggedreht oder einen gekidnappten Menschen im Kofferraum, der verzweifelt um Hilfe ruft, und nur die Konsonanten sind zu verstehen:»Hlf, ch bn ntfhrt wrdn, ch bn mm Kffrrm, hlt mch hr rs!«

Wir fuhren nicht wie erwartet mit der Chefin des Taxiunternehmens, mit der ich zwei Tage zuvor die Fahrt zum Kutschenberg telefonisch verabredet hatte, sondern mit ihrem Angestellten, dem Škoda-Mann vom Bahnhofsvorplatz, der sich als Herr Marquart vorstellte. Herr Marquart trug durchgehend seine Sonnenbrille, die er auch dann nicht abnahm, als die Sonne nicht schien. Ich habe seine Augen nie zu Gesicht bekommen. Aber er hatte eine freundliche Stimme und freute sich,»eine echte Bundestagsabgeordnete und einen echten Radiomoderator« an Bord zu haben, wie er ehrfürchtig sagte:»Sie sind die prominentesten Fahrgäste, die ich je hatte.« Ich war gerührt.

Anke Domscheit-Berg war genau die Richtige für meine Tour auf den höchsten Berg dieses Bundeslandes, wie sie uns erzählte:»Ich bin geboren im Westen von Brandenburg, aufgewachsen im Osten von Brandenburg, ich lebe im Norden von Brandenburg, und heute bin ich im Süden von Brandenburg, um den höchsten Berg des Landes zu erklettern.« Mehr Brandenburg ging nicht. Wir fuhren über Alleen, eigentlich fast nur über Alleen, zum Teil über ehemalige LPG-Versorgungsstraßen, aber auch die waren Alleen. Durch kleine Dörfer, wo die Zäune noch original in FDJ-Blau gestrichen waren, vorbei an Bushaltestellen aus Sichtbeton, an denen sicher seit 1989/1990 kein Bus mehr gehalten hatte. Herr Marquart erzählte vom Braunkohleabbau in dieser Gegend zu DDR-Zeiten, als sich hier noch eine Kokserei befand.»Da war allet schwarz hier, und die ganze Zeit flogen einem Kohlebrocken aufs Auto.« Anke (wir waren inzwischen beim Du) lachte und erzählte vom riesigen Zementwerk in Rüdersdorf, aus der Zeit ihrer Kindheit in der DDR. Dort sei in einem Umkreis von fünf Kilometern um das Werk alles grau gewesen, jede Farbe war ausgelöscht, die Häuser, die Äcker, die Bäume, die Blätter, alles steingrau. Man fuhr quasi aus einem Farbfilm in einen Schwarz-Weiß-Film. Und Nina Hagen sang aus dem Stern-111-Kofferradio dazu »Du hast den Farbfilm vergessen, mein Michael«. Umgekehrt gab es zu DDR-Zeiten Farben, wo gar keine sein sollten. Anke erzählte von einem Chemiewerk in der Nähe ihrer Heimatstadt Premnitz, in dem Polyester für den gesamten Arbeiter- und Bauernstaat gefertigt und gefärbt wurde, außerdem stammten sämtliche Musikkassetten der DDR von dort. Das Wasser des kleinen Flusses, der an dem volkseigenen Betrieb (VEB Friedrich Engels) vorbeifloss, zeigte immer an, was gerade produziert wurde, mal war es orange, mal rot, mal grün, mal gelb. Blau war das Wasser nur, wenn die Farbe für die FDJ-Hemden produziert wurde.»Nach starkem Regen oder Hochwasser konnte man am Flussrand immer einen ganzen Regenbogen voller Farben sehen«, erzählte Anke Domscheit-Berg. Wir fuhren mit dem Taxi gerade über eine winzige Nebenstraße, Herr Marquart hatte eine »Abkürzung« angekündigt. Die schmale Straße war in bedauernswertem Zustand, bestand aus zerrupftem Kopfsteinpflaster, Sand und Schlaglöchern. Der Škoda-Mann fuhr nur fünfzig, aber das Auto wurde von rechts nach links geworfen wie eine Nussschale auf den Wellen des Nordatlantiks, ich bekam Angst, es könnte uns in einen der Alleebäume am Rande schmettern.

Irgendwann wichen die Alleebäume hohem Gras, und wir überquerten einen kleinen Fluss; die Straße war zur Brücke hin durch Poller so verengt worden, dass schon ein durchschnittlicher SUV oder Lastwagen definitiv nicht durchkommen würde. Herr Marquart rangierte seinen Škoda so geschickt hindurch, dass neben beiden Außenspiegeln nur Millimeter Platz blieben, die Poller waren bunt zerkratzt von Lackspuren der Autos, deren Fahrer unsensibler oder ungeschickter waren als Herr Marquart. Für mich war er: Brandenburger des Monats. Auf beiden Seiten der Poller klebten Sticker mit der Aufschrift »Merkel muss weg«, sodass Herr Marquart folgerte: »Dit ist die Merkel-muss-weg-Brücke.« Wir redeten über Angela Merkel, über die seltsame Stimmung bei ihren Kritikern, die – egal ob es um Geflüchtete, die Rettung Griechenlands oder die Coronakrise ging – die Kanzlerin hämisch kritisierten, und das vor allem im Osten, wo sie ja eigentlich herkommt. Ist das schon Selbsthass? Oder Wut auf die Verhältnisse, über die »Mühen in unserer Ebene«, wie es der Leipziger Schriftsteller Erich Loest einmal nannte?

Wir hatten die Abkürzung verlassen und fuhren auf eine größere Landstraße. Irgendwo in der Ferne mussten die großen Braunkohleabraumhalden der Lausitz sein, in denen einst der DDR-Sänger Gundermann als Baggerführer gearbeitet hatte. Um uns herum hohe Espen, Pappeln, dahinter grüne, geschwungene Felder, die Landschaft hatte eine Großzügigkeit, eine Weite, die es anderswo in Deutschland nicht oder nicht mehr gibt. Kein Fabrikschlot, keine Hochspannungsleitung, kein Dorf, kein Gewerbegebiet, die hier den Horizont schnitten. »Schraden«, so heißt das Gebiet, eine Art Endmoränenlandschaft, durchzogen von Hunderten von Gräben, die das Wasser der Elster zuführen, natürlich nicht dem Vogel, sondern dem gleichnamigen Fluss. Nur von Bergen war hier nichts zu sehen, nüscht. Bloß ein paar Hügelchen waren vage auszumachen, einer davon musste wohl der Kutschenberg sein. Wir fuhren durch einen kleinen Ort namens Ortrand, an dessen Ortsrand befand sich ein Satelliten-schüssel-Hersteller. Herr Marquart sagte fachkundig:»Ditte hier is 'n Satellitenschüssel-Hersteller.« Ortrand ist die süd-lichste Stadt Brandenburgs, rund zweitausend Einwohner, fast tausend Jahre alt, viermal in der Geschichte komplett abgebrannt, einmal fast versumpft. Der Leiter des Leipziger Zoos stammt von hier, ebenso der langjährige CDU-Oppo-sitionsführer im Brandenburger Landtag Ingo Senftleben. Im Vorfeld hatte ich aber mit jemand anders Kontakt aufgenom-men: Maik Paulig, Vorsitzender des MC GV Ortrand, eines Rennsportvereins, der eine Autocross-Strecke mitten im Wald betreibt, und zwar vierhundert Meter unterhalb des Gipfels vom Kutschenberg. Dessen Expertise wollte ich mir und Anke auf keinen Fall entgehen lassen, und so hatte ich ihm eine Mail geschrieben. Verwirrt hatte er mich in München angerufen, konnte gar nicht glauben, dass jemand durch halb Deutschland reisen wollte, nur um den Kutschenberg und die Kutschenberg-Rennstrecke im Wald anzuschauen. Mit Maik Paulig waren wir im nächsten Ort, in Großkmehlen, vor dem dortigen Wasserschloss verabredet, einem Renaissance-bau aus dem 16. Jahrhundert.

Da standen wir nun, Herr Marquart, Anke Domscheit-Berg und ich, und warteten. Nichts passierte. Niemand war-tete auf uns. Die Luft flirrte. Irgendwo gurrte eine Taube. Zwei Jungs, etwa zehn Jahre alt, auf Fahrrädern, musterten uns aus der Ferne, wir waren: eine Weltsensation. Ein Taxi! In Großkmehlen! Sie kamen langsam näher, wie scheue Tiere, die ausloten, ob sie es mit Freund oder Feind zu tun haben, wie Schlittschuhfahrer, die vorsichtig testen, ob das Eis schon dick genug ist. Als sie nahe genug waren, um mich zu hören, rief ich ihnen zu:»Das hier ist 'ne echte Bundes-tagsabgeordnete!« Die beiden drehten sich um und fuhren mit den Rädern weg, so schnell sie konnten. Pure Panik trieb die Pedale an. Anke musste lachen. In diesem Moment hielt ein Kleinwagen neben uns, am Steuer Maik Paulig, wie sich schnell herausstellte ein tiefenentspannter Mittfünfziger. Er eskortierte uns über eine Straße namens Am Kutschenberg bis zu einem Feldweg, der durch den Wald zur Rennstrecke führte – allein hätten wir das nie gefunden. Herr Marquart parkte das Taxi, und wir stiegen aus, waren froh, dass wir die Papageientauchermasken endlich abnehmen konnten. Anke analysierte die Lage:»Im Freien soll es nicht so schlimm sein, da kommt der Wind und vertreibt die Virchen.«

Anke erzählte von ihrem Wohnort in Fürstenberg an der Havel, wo ein gemeinnütziger Verein das leer stehende Bahnhofsgebäude gemietet hatte. Sie und ihr Mann hatten dort ein digitales Bildungszentrum mit 3-D-Druckern und Lasercutter eingerichtet. In den Wochen zuvor, in der allerersten akuten Phase der Pandemie, hatten sie begonnen, die so dringend benötigten und überall vergriffenen Gesichtsschutzvisiere zu produzieren. Zusammen mit einem Netzwerk anderer ehrenamtlicher Aktivistinnen hatten sie in kurzer Zeit 24 000 solcher Visiere hergestellt.»Im Bundestag war eh nichts los, ich hatte also Zeit, und so war ich für ein paar Wochen hauptberufliche Schutzvisierproduzentin, eine der befriedigendsten Tätigkeiten, die ich in meinem Leben gemacht habe.« Die letzten Wochen war Anke Domscheit-Berg wieder sehr aktiv im Parlament und omnipräsent in den Medien gewesen, weil sie als Netzaktivistin oft zur geplanten Corona-Warn-App befragt wurde.

Nun standen wir in einem Birkenwald, Birken schauen immer ein bisschen wie Zebras aus mit ihrer Musterung, ein sympathischer Baum jedenfalls. Überhaupt hatte die Gegend optisch etwas latent Finnisches. Es hätte auch Lappland sein können, zum Beispiel das nordfinnische Dorf mit dem wunderschönen, etwas länglichen Namen Äteritsiputeritsipuolilautatsijaenkae.

Am Rande des Birkenwaldes standen kleine Häuser, Datschen, die noch den Geist der DDR in sich trugen. Und mittendrin zwischen den Bäumen befand sich eine alte Querfeldein-Autorennstrecke mit Leitplanken, Starthäuschen und einem Turm, der wie ein kleiner Flughafen-Tower aussah, es war eine Autocross-Strecke nur für Rallye-Fahrzeuge und Stockcars. Anke fühlte sich an ihre Kindheit erinnert, ihr Vater war damals nebenberuflich Rennarzt auf einer Autocross-Strecke in Müncheberg in Märkisch-Oderland gewesen, »da hat er oft von erzählt«. Maik Paulig vom Rennverein blickte interessiert auf. Aber Anke ergänzte: »Ich persönlich interessiere mich nicht für Autos, ich habe auch noch nie im Leben ein Auto besessen, mich langweilt das zu Tode, wenn Autos im Kreis fahren.« Maik Paulig schaute enttäuscht.

Und erzählte uns von seinem Verein, den es, genau wie den Rundkurs im Wald, schon seit 1982 gibt. Mit feinem, leicht sächsischem Klang – hier war offenbar nicht nur die Landesgrenze, sondern auch die Dialektgrenze – sprach er vom »Traditionskurs schon zu DDR-Zeiten«, vom »Pokal der sozialistischen Länder«, bei denen »fünfzig bis sechzig Fahrer aus Tschechien, Bulgarien, Russland und aus der DDR« am Start waren. Bis zu zehntausend Zuschauer standen seinerzeit hier im Wald, wenn die umgebauten Trabis, Ladas und Škodas durch das Unterholz rasten, Maik lächelte ganz verklärt. Ich konnte es direkt vor meinen Augen sehen und es auch riechen und hören. Zweitakt-Geknatter, blaue Auspuffgase, garantiert bleihaltig, Kolbenbolzen auf Anschlag, Duroplast-Autos, die an ihre Grenzen kamen, kein Wunder, die Plaste-Karosserie eines Trabant wog nur zweiunddreißig Kilogramm, quasi Knautschzone-to-go, ein Unfall konnte schnell lebensgefährlich sein. Apropos. Direkt nach dem Start, so sagte Maik Paulig, käme ein Streckenabschnitt namens »Hölle«, nach einer Rechtskurve falle die Fahrbahn um fünfundvierzig Prozent ab, man stürze praktisch ins Nichts, und er empfehle unbedingt eine Mitfahrt, um das zu erleben. Anke und ich winkten ab. »Gab es schon Unfälle?«, fragte ich. »Reichlich, reichlich«, aber das Gute sei, ganz in der Nähe befinde sich das Unfallkrankenhaus in Senftenberg, die hätten auch »zwei Helikopter vom ADAC für besonders schwere Fälle«, die seien in wenigen Minuten hier. Was für Autos denn hier bei den Rennen fahren, wollte ich wissen. Die einen, so Paulig, seien ganz normale Pkw, »einfach Scheiben raus, Käfig rein« oder »Buggys, auf der Plattform von Autos und dann Spezialrahmen drauf, alles in Eigenregie gebaut«. Anke Domscheit-Berg erinnerte sich aus Müncheberg an die Do-it-yourself-Autos, »die extrem krass aussahen, das hat mich sehr beeindruckt. Normale DDR-Autos, aber monstermäßig aufgemotzt, als wollten sie in den Krieg fahren.« Je mehr die beiden darüber sprachen, desto neugieriger wurde ich auf diese DDR-Variante von Mad Max. Maik, inzwischen waren auch wir beim Du, erzählte von der Vorfreude, schon Wochen vor den Rennen war er als Kind elektrisiert gewesen, wohnte nur sechshundert Meter von der Strecke entfernt. »Wer die Motoren gehört hat und die Autos gesehen hat, kommt nie wieder davon los. Sogar der zehnmalige Europameister Bernd Stubbe war schon bei uns zu Gast.« Bernd Stubbe. Noch nie gehört.

Sein Geld verdiente Maik seit 1991 bei einem Nebenwerk der BASF in der Gegend. Jetzt erzählte Anke auch von ihrem Werdegang. »Wie eigentlich alle Ossis habe ich einen extremen Knick in meiner Biografie, ich habe früher mal im Erzgebirge angewandte Textilkunst studiert, dann war ich fünfzehn Jahre lang in der IT-Branche, habe später mein eigenes Start-up eröffnet, war Netzaktivistin, und jetzt bin ich Bundestagsabgeordnete für die Linken, quasi Quereinsteigerin.« Man konnte, so war mein Eindruck, nur von dieser Frau lernen, von ihrem Schwung, ihrer Neugierde und ihrem Optimismus. »Achtzig Prozent der Ossis haben ihren Job verloren, neue Arbeitsplätze waren schwer zu finden, oft waren gar keine mehr da, aber die meisten Leute haben es hingekriegt, haben in drei, vier verschiedenen Berufen gearbeitet. Das ist eine Leistung, die man den Ossis gar nicht zuschreibt, obwohl wir sie erbracht haben.« Herr Marquart nickte, Maik Paulig hob seinen Daumen und stimmte zu.

Das waren ganz andere Töne als das Narrativ vom ewig nörgelnden Ossi. Die drei hier im Wald in Südbrandenburg beeindruckten mich. Und es gab, das merkte ich auch hier wieder, winzige sprachliche Minicodes, an denen sich die Menschen aus dem Osten erkannten: Wenn sie Mutti statt Mama sagen, ebent statt eben, Büchse statt Dose, jetze statt jetzt, so Sachen ebent.

Wir wanderten los, es ging durch Farn, Gebüsch und Bäume, über uns ragten Äste in den Weg, es fühlte sich fast an wie eine Regenwald-Expedition in Peru. Ich übertreibe ein bisschen. Anke erzählte von den Bergen ihrer Jugend. »Als Ossi bin ich da, wo ich hinkonnte, auch hingefahren. Ich bin zum Beispiel mit dem Zug von Ost-Berlin nach Sofia in Bulgarien, achtundvierzig Stunden, zwei Tage und zwei Nächte, und bin dann ins Rila-Gebirge getrampt.« Sie war damals mit drei anderen Studentinnen aus der DDR im Urlaub, und eine von ihnen wurde hoch in den Bergen auf einer einsamen Berghütte so schwer krank, dass man sie ins Krankenhaus im Tal bringen musste, auf einem Esel liegend, und in Begleitung eines Mannes mit Gewehr, falls man unterwegs einem Bären begegnen würde. Es ging am Ende gut aus. Zu der Zeit studierte sie im Erzgebirge Textilkunst und hatte jahrelang nebenbei Französisch gelernt, mit raubkopierten Sprachkurskassetten aus dem Westen, weil sie sich so sehr nach Frankreich sehnte. Als irgendwann die völlig unerwartete

Möglichkeit für ein Stipendium in Paris auftauchte, da bewarb sie sich und – wurde ausgewählt! Sie konnte ihr Glück kaum fassen:»Man kann sich das heute gar nicht mehr vorstellen, drei Monate Vollpension in Paris und Taschengeld und alle Kosten gedeckt, das war für uns Tausendundeine Nacht hoch zehn, das war mehr als ein Sechser im Lotto.«

Doch Anke engagierte sich 1988 in der Opposition, bei der Stasi gab es da schon eine Akte über sie, von der sie selbst nichts wusste. Sie organisierte heimlich Treffen und Demos, die Einladungen schrieb sie konspirativ auf einer Schreibmaschine mit Kohlepapier für die Kopien.»Das weiß auch heute keiner mehr, dass das CC daherkommt, von Carbon-Copy.« So dauerte es nicht lange, und die Staatssicherheit meldete sich bei ihr und verlangte, dass sie ihre Kommilitoninnen und Kommilitonen ausspionierte. Das kam für sie nicht infrage, Anke Domscheit-Berg war schon immer eine aufrechte Person. Einen Tag später bestellte die Stasi sie noch einmal ein, für ein weiteres Treffen. Ein Offizier holte sie mit dem Auto ab und fuhr dann tief hinein in einen Wald im Erzgebirge. Auf einem völlig abgelegenen Parkplatz im Dunkeln sagte er ihr, sie werde ihr Paris-Stipendium verlieren und der Vater, der Alleinverdiener der Familie war, seinen Job als Arzt, falls sie nicht kooperiere. Sie sagte trotzdem Nein.»Es war sehr einsam, sehr gruselig, und keiner wusste, wo ich war, man wollte mir Angst machen.« In diesem Moment dachte sie, jemand würde nun zu ihr sagen:»Steig aus, geh ein paar Meter«, und dann»schießt man mir in den Rücken, so wie ich das als Kind in den kommunistischen Widerstandsbüchern gelesen hatte, so habe ich das erwartet.« Trotzdem blieb sie standhaft und verweigerte sich der Mitarbeit. Ihr Vater blieb Arzt, aber sie verlor ihr lang ersehntes Stipendium.

Nach Paris kam sie trotzdem. Denn es dauerte nicht lange, und die DDR brach zusammen, und alle durften reisen. Den

Mauerfall am 9. November 1989 erlebte sie mit einundzwanzig in ihrem Studentenwohnheim im Erzgebirge, sie nahm die Nachrichten aus dem Radio der DDR extra mit einer Kassette auf, »übrigens hergestellt im Chemiefaserwerk in Premnitz«, weil sie dachte, es würde »irgendwann zum Fehler und zum Irrtum erklärt«, das alles könne gar nicht sein. Ihre erste Reise in den Westen hat sie eine Woche später nach West-Berlin geführt. Dort, bei einem Obsthändler in Kreuzberg, sah sie Birnen, und das im Winter. »Ich dachte: was zur Hölle! Im November! Da haben die Birnen!« Und sie sah zum allerersten Mal in ihrem Leben Kiwis. »Diese Dinger! Die hatten Fell! Ich dachte, das wären Tiere! Ich war total fasziniert.«

Wir sahen ein Schild: Kutschenberg 0,2 Kilometer. Und obwohl wir eigentlich gerade erst angefangen hatten zu wandern, waren wir auch schon oben. Mitten im Geäst, im Dickicht, im Schatten der Bäume stand eine Granitstele mit der Aufschrift »AD 2000«, vermutlich, weil sie im Jahr 2000 Anno Domini hier aufgestellt worden war. Anke bezog es auf sich und frohlockte: »Meine Initialen sind AD, es ist der AD-Berg, der Anke-Domscheit-Berg.« Wir jodelten so laut in den Wald, dass man uns bis Sachsen hörte. Die sächsische Landesgrenze ist vom Gipfel fünf Meter entfernt. Maik Paulig erinnerte sich daran, wie die Landesgrenzen festgelegt wurden: »Anfang der Neunziger war das, da haben wir demonstriert, sogar mit Autobahnsperrung et cetera, weil wir alle Sachsen sein wollten, hat aber leider nicht geklappt.« Die umliegenden Ortschaften und auch der Kutschenberg wurden dem neuen Bundesland Brandenburg zugeschlagen.

Dieser Kutschenberg war übrigens nicht immer unumstritten der höchste Berg Brandenburgs. Da gab es noch eine Erhebung im Fläming, viel näher an Berlin, die die meisten Menschen für den höchsten Berg hielten. Der Hagelberg war und ist zum einen durch ein besonders großes Gipfelkreuz und zum anderen durch eine Schlacht während der Befreiungskriege gegen Napoleon bekannt. An einem Augusttag 1813 stießen etwa zehntausend ortsunkundige Franzosen am Hagelberg auf zehntausend Preußen. Das konnte nicht gut gehen. Weil es so stark regnete, funktionierten das Schießpulver und somit die Gewehre und Kanonen nicht, also wurde an den Hängen des Hagelbergs mit Bajonetten und Gewehrkolben eine blutige Schlacht ausgetragen, weswegen der Kampf unter dem Namen Kolbenschlacht in die Geschichte einging. Das Eingreifen russischer Kosaken, die in der Nähe einquartiert waren, entschied die Schlacht schließlich zugunsten Preußens. Etwa siebentausend Franzosen und tausendsiebenhundert Preußen ließen ihr Leben.

So eine Schlacht hat der Kutschenberg (zum Glück) nie erlebt. Ihn zeichnet aus, dass er zweiundvierzig Zentimeter höher ist als der Hagelberg. Zwischendurch hat man im Fläming sogar überlegt, ob man den Gipfel des Hagelbergs mit Erde aufschütten könne, eine Idee, die mich an Dänemark erinnert, auch dort gab es immer wieder mal Streit um den wahrhaft höchsten Berg des Landes. Über Jahrhunderte dachten die Dänen, der Himmelbjerget bei Silkeborg sei mit seinen 147 Metern der höchste Gipfel ihres Landes. 1847 wurde der Ejer Bavnehøj bei Skanderborg zum neuen höchsten Berg erklärt, er war immerhin fast fünfundzwanzig Meter höher. Daraufhin erbaute man auf dem Gipfel des neuen höchsten Berges einen riesigen Triumphbogen aus Ziegeln, den Spötter nur den»Schornstein von Jütland« nannten, er steht bis heute dort. Neuvermessungen im Jahre 1941 ergaben aber, dass der nahe gelegene Yding Skovhøj mit 172 Metern noch einen Meter höher war, es gab also wieder einen neuen höchsten Berg Dänemarks. Auf der Bergkuppel befand sich allerdings ein Grabhügel aus der Bronzezeit, einst aufgeschüttet von Menschen. Durch Bohrungen ermittelte man 2004 die exakte Originalhöhe des Berges von 170,77 Metern. Das waren zwar immer noch ein paar Zentimeter mehr als der Ejer Bavnehøj (170,35 m). Eine Neuvermessung auf dem gleichen Bergrücken ergab aber: Ein dritter Berg, nur ein paar Meter entfernt, ist tatsächlich der definitiv allerhöchste Berg Dänemarks. (Also zumindest bis zur nächsten Neuvermessung.) Der Møllehøj ist 170,86 Meter hoch und somit neun bzw. einundfünfzig Zentimeter höher als seine Konkurrenten. Mit anderen Worten: Der einst viertgrößte Berg ist nun der Größte, es ist ganz Rocky-mäßig die Geschichte vom Underdog, der am Ende doch noch gewinnt. Sollte man vielleicht mal verfilmen.

Ich war schon auf dem Møllehøj: Es gibt kein Gipfelkreuz, nur einen runden Gipfelstein. Dafür steht direkt neben dem Gipfel des Møllehøj ein riesiger Kuhstall, mit Kühen, die – dank der offenen Bauweise des Stalls – jeden Bergsteiger genau beobachten können. Wer mal hinwill: Der viert-, fünft- und sechsgrößte Berg des Landes liegen alle nah beieinander in den sogenannten Ejer Bjergen, also Eierbergen. Ich notierte mir in meinem kleinen Notizbuch: Traumjob im nächsten Leben – Höhenvermesser in Dänemark. Sehr einflussreicher Beruf.

Zurück nach Brandenburg. Ich versteckte rituell meine kleine Gipfel-Schnapsflasche, eine Wilthener Goldkrone, dann stiegen wir ab. Wir gelangten in einen dichten Mischwald, Maik Paulig wusste, dass erst um 1900 der erste Baum gepflanzt wurde, vorher »war hier ein kahler Bergkamm, nur Feld und Wiese, nicht ein einziger Baum«. Ich dachte an den Bau der Tesla-Gigafactory, der gigantischen Elektroauto-Fabrik weiter nördlich von hier im brandenburgischen Grünheide, wo ein paar Wochen zuvor Zehntausende von Bäumen gefällt worden waren, ein Wald ungefähr so groß wie etwa zweihundertfünfzig Fußballfelder, für Elon Musk und seine

Pläne. Und das geschah mit vorläufiger Rodungs- und Baugenehmigung, es könnte also durchaus sein, dass alles widerrufen würde, so hieß es offiziell, und dann müsse Bauherr Elon Musk alles genau so wiederherstellen, wie es vorher war. Jaja, natürlich, ganz bestimmt. Ich stellte mir vor, wie Elon Musk zweihunderttausend Kiefern von zwanzig Meter Höhe höchstpersönlich wieder einbuddelt. Sich bei allen Brandenburgerinnen persönlich entschuldigt, sorry, dass ich ohne endgültige Genehmigung losgebaut habe. Und dann mit seinem Space-X-Raumschiff wieder nach Hause in die USA fliegt zu seinem Sohn X AE A-XII.

Hier im Süden Brandenburgs waren die Bäume vom Klimawandel und von der Trockenheit der letzten Jahre gezeichnet. »Hier ist das trockenste Gebiet Deutschlands«, meinte Maik. Bei vielen Bäumen löste sich die Rinde von selbst ab, oder sie ließ sich mit einem Knick abtrennen wie die Schale von einer Pistazie, der Borkenkäfer feierte einen Mega-Rave in diesem Wald. Auch Anke Domscheit-Berg berichtete von brutaler Trockenheit und großen Waldbränden in ihrem Wahlbezirk bei Treuenbrietzen: »Da haben Hunderte von Hektar gebrannt, das Feuer ist letzten Sommer über Landstraßen hinweggefegt.«

Beim Abstieg kamen wir überraschenderweise an der Skihütte am Kutschenberg vorbei, einem etwas windschiefen kleinen Haus, das gebaut wurde, als die Winter noch den Namen verdienten. »Es gab oft Skifasching hier, einmal ist der Skiclub Cottbus zu Besuch gekommen. Die sind aber mit dem Krankenwagen wieder heimgefahren, weil die Strecke ihre Tücken hat. Die haben sich überschlagen und schwer verletzt«, meinte Maik bedauernd, auf dieser Seite des Berges war es wirklich extrem steil, und einige Bäume versperrten den Weg.

Nach fast zwei Stunden Rundwanderung kehrten wir zur Autocross-Rennstrecke zurück, Herr Marquart hatte mit seinem Taxi tatsächlich stoisch auf uns gewartet. Und als wir gerade vom Kutschenberg losfuhren, was kam uns da entgegen? Ungelogen, eine Kutsche. Seit diesem Moment bin ich der festen Überzeugung, alles im Leben ist möglich. Ich werde das Bernsteinzimmer suchen und finden, und wenn nicht, dann lutsche ich es mir aus Wick-Hustenbonbons zusammen, die ich heimlich an die Wände klebe.

Wir hatten jetzt ein massives Zeitproblem. Während der kleinen Bergwanderung hatten wir so oft angehalten, geplaudert, erzählt, die Zeit war verflossen wie die Uhr auf dem Gemälde von Dalí. Und Anke musste einen bestimmten Zug erwischen, um noch zurück nach Nord-Brandenburg zu kommen. Das Problem war nur: Der Zug ging in zwanzig Minuten, die Strecke zum Bahnhof war aber fünfundzwanzig Kilometer lang, mit vielen Dorf-Durchfahrten, schlimmen Schlaglöchern, der Merkel-muss-weg-Brücke und anderen Schikanen. »Dit is im Prinzip völlig unmöglich«, meinte Herr Marquart. Er wirkte angespannt. Und er kannte die Gegend. »Jetzt zeigen Sie mal, was Sie draufhaben«, entgegnete Anke. Und dann legte Herr Marquart los. Ich weiß nicht, ob er früher Rallyefahrer oder nur durch den Besuch der Autocross-Strecke motiviert war, und ich will auch gar nicht zu sehr ins Detail gehen. Nur so viel: Herr Marquart gab ALLES. Sein Škoda flog entfesselt durch die Alleen, er überholte mehrere Sportwagen, deren Besitzer schauten wie Comicfiguren, wenn aus dem Nichts ein Amboss auf ihren Kopf fällt. In den Kurven quietschte es, Anke krallte sich am Rücksitz fest, ich atmete tief in meine Coronamaske und dachte an ungute Achterbahn-Momente auf dem Oktoberfest. Wir schleuderten in die alte Versorgungsstraße, die mit den vielen Schlaglöchern. Ich versuchte, auf dem Tacho zu erkennen, wie schnell wir fuhren, aber die Nadel oszillierte wild, es sah aus wie der Flügelschlag eines Kolibris, und für einen Moment dachte ich, sie bricht ab.

Das Auto sprang durch die Schlaglöcher wie ein wild gewordener Bulle in der Stierkampfarena. Der Solidaritätszuschlag für mehr Infrastruktur im Osten – er hatte seinen Weg bis zu dieser Straße noch nicht gefunden. Weil wir gerade über Kopfsteinpflaster rasten, raselten beim Sprechen unsere Konsonanten durch den Rachen, wir leierten regelrecht. »Ga-ga-ga-ga-ganz schön hol-pe-pe-pe-rig!«, rief Anke. Als ein gelbes Schild nach Elsterwerda zeigte, schaute Herr Marquart auf seine Uhr und meinte resignierend: »Das schaffen wir nicht, beim besten Willen.« Doch schon im nächsten Moment hatte er eine Idee. Wenn er weiter Richtung Norden rasen würde, bestünde eventuell die Möglichkeit, dass Anke ein, zwei Zugstationen weiter ihren Regionalexpress Richtung Berlin bekommen könnte. Herr Marquart gegen die Deutsche Bahn – ein Duell der Giganten. Wir kamen durch Plessa, am Ortsrand stand ein riesiges stillgelegtes Braunkohlekraftwerk mit zwei über hundert Meter hohen Ziegeltürmen, beeindruckend, aber für die Bauarchitektur der DDR war jetzt keine Zeit. Der Taxifahrer schien das Gaspedal des Škoda durch das Bodenblech zu pressen. Anke und ich fühlten uns wie Cary Grant und Grace Kelly während der Auto-Verfolgungsjagd in *Über den Dächern von Nizza*. Auf dem Marktplatz von Plessa stand ein Umzugslaster im Weg. »Auch das noch!«, fluchte Herr Marquart, haute auf sein Lenkrad und hupte im Akkord. Weiter über Land. Wie ein Klischee flog ein Huhn zur Seite, als wir an einem Bauernhof vorbeirasten.

»Schaffen wir es noch?«, wollte Anke wissen. »Weeß ick nich, aber ick gebe alles«, japste Herr Marquart, der Lewis Hamilton unter Brandenburgs Taxifahrern. Schweiß tropfte von seiner Wange auf die Schulternaht seiner Jeansjacke. Er tat mir aufrichtig leid. Aber er machte das Unmögliche möglich. Er bremste scharf in Hohenleipisch, wo die Bahngleise die Straße in einer tiefen Senke unterquerten. Anke, Herr

Marquart und ich liefen die steilen Treppen hinunter zum Bahnsteig, bestimmt sechzig Stufen, kein Aufzug, jeder Rollstuhlfahrer kann in Hohenleipisch nur verzweifeln, dachte ich mir. Kaum hatten wir den Bahnsteig erreicht, fuhr der Regionalzug ein. Anke Domscheit-Berg verschwand mit ihrem roten Hut im roten Zug und fuhr zurück in ihren Heimatort an der Havel. Wir winkten, bis wir kein Rot mehr sahen. Herr Marquart wischte sich den Schweiß von der Stirn und fuhr ganz gemächlich mit mir nach Elsterwerda. Langsam wie die letzten Takte von Smetanas »Moldau«.

Was er denn normalerweise so für Fahrten habe, wollte ich wissen, ich konnte mir überhaupt nicht vorstellen, wer in Elsterwerda wozu ein Taxi braucht, es ist ja nicht gerade New York City. »Na ja, dit sind janz viele Bestrahlungsfahrten, Chemo, Dialyse und so Sachen«, alle anderen würden von Eltern und Freunden gefahren oder hätten selbst ein Auto. Außerdem hätte er einige ganz besondere Kunden. »Die fühlen sich, sobald sie am Monatsanfang ihr Hartz IV bekommen, wie der Prinz und lassen sich mit dem Taxi die vierhundert Meter bis zur Siedlung heimfahren.« Herr Marquart schüttelte den Kopf. »Dit muss man sich mal vorstellen. Die zahlen in der Bahnhofsgaststätte 1,50 Euro für ihr Bier, während sie zu Hause den ganzen Kasten für sechs Euro saufen könnten.« Er lachte. Ich lachte mit, angesichts der Vorstellung, in einem Münchner Lokal würde der halbe Liter Bier 1,50 Euro kosten. Und als ich zahlen wollte, bestand Herr Marquart auf das, was ich telefonisch mit seiner Chefin ausgemacht hatte. Einmal Elsterwerda – Kutschenberg und zurück für vierzig Euro, inklusive zwei Stunden Warten und dem Höllenritt nach Hohenleipisch.

Dit is Brandenburg.

11

Der Langenberg/NRW (843,5 Meter)

Mit Hans-Joachim Watzke (Chef von Borussia Dortmund)

16. Juni 2020

Der Abstiegskampf im Dauerregen vom Hochsauerlandkreis

NRW ist Fußball-Land. Dortmund, Schalke, Mönchengladbach, Duisburg, Essen, Leverkusen, überall ist Fußball. »Gib mich die Kirsche«, ruft man im Ruhrgebiet, wenn man den Ball will. Der Trainer Christoph Daum hat mir im Interview erzählt, dass er als Kind in Duisburg immer auf grauen Ascheplätzen spielen musste, die aus Schlacke von den Stahlwerken bestanden. Die Schlacke war messerscharf, riss einem, wenn man hinfiel, sofort die Haut auf und hinterließ eine dunkelgraue Narbe, die einen das Leben lang begleitete. »Daran erkennst du jeden Jungen aus'm Pott.«

Spielten sie ausnahmsweise auf einem roten Ascheplatz, sprachen sie ehrfürchtig vom »Roten Rasen«. Das war auch so bei Joachim Hopp. Der stand Mitte der Neunzigerjahre noch Tag für Tag vormittags acht Stunden am Hochofen von Thyssen in Meiderich, bevor er danach zum Training beim MSV Duisburg ging und Bundesliga spielte. Über die Ersatzbank sagte er mal im tiefsten Ruhrpott-Idiom: »Man muss immer watt drunterschieben, wenn de 'n Pickel am Arsch hast, weil datt is so hart da.« Den Abstiegskampf kannte Hopp gleich zweifach, von seiner Arbeit in der Stahlindustrie, die sich im Ruhrgebiet langsam verabschiedete, und von den Zebras in Duisburg.

Oder Günter Delzepich. Der spielte einst bei Alemannia Aachen, war ungefähr zwei Meter groß, hundertfünfzig Kilo schwer und hatte Oberschenkel wie ein Brauereipferd. Irgendwann haben seine Mitspieler mit ihm gewettet, er würde es nicht schaffen, einen dieser schweren braunen Medizinbälle aus sechzehn Meter Entfernung direkt ins Tor zu schießen, ohne dass er vorher den Boden berührt. Delzepich verlor die Wette. Er schoss den Medizinball volley über die Latte.

Unvergessen auch die ARD-Schlusskonferenz im Radio. Wenn in den letzten Spielminuten der Bundesliga am Samstagnachmittag alle Reporter gleichzeitig zugeschaltet waren und Günther Koch in Nürnberg mit »Ich dreh durch – Tor für die Clubberer!« anfing, von Manni Breuckmann übertönt wurde, der »TOR in Dortmund!« schrie, und Werner Hansch »TOR IN SCHALKE!!« dazwischenbrüllte. Akustische Torkaskaden, es war immer ein Fest für alle Sinne. Herrlich.

Früher, in den Achtzigerjahren, lief im WDR freitagabends eine Livesportsendung, die um 21:10 Uhr nach den Nachrichten begann. Wenn das Bundesligaabendspiel beispielsweise in Duisburg beim MSV oder in Düsseldorf bei der Fortuna um 19:30 Uhr angepfiffen worden war, dann blieben den Radioreportern des WDR bis zum Abpfiff um 21:15 Uhr knapp fünf Minuten, mit Nachspielzeit vielleicht acht, in denen sie live aus dem Stadion die Schlussminuten reportieren konnten. Weil sich damals noch kein Pay-TV-Sender wie Sky oder DZN die Erstverwertungsrechte gesichert hatte und Spieltage und Anstoßzeiten noch nicht nach den Regeln der Gewinnmaximierung festgelegt wurden, konnten die WDR-Radioreporter mit ein bisschen Glück, Geschick und Augenzwinkern den Schiedsrichter vor Spielbeginn konspirativ zur Seite nehmen und sagen: »Hömma, kannste nich 'n paar Minuten später anpfeifen, dann hab ich mehr Zeit für meine Sendung.« Denn die Reporter wurden nach Minuten bezahlt. Und oft genug fand sich ein Schiri, der mitmachte, es kam ja nicht so drauf an.

Der WDR-Reporter Jochen Hageleit ging vor einer Abendübertragung aus dem Ruhrstadion in Bochum vor Spielbeginn zum Schiedsrichter der Partie, Klaus Ohmsen aus Hamburg, um ein bisschen Aufschub zu bekommen. Ohmsen ließ den Reporter aber abblitzen und pfiff pünktlich auf die Sekunde an. Während der Halbzeitpause versuchte der Reporter Hageleit noch einmal sein Glück und suchte Ohmsen in der Schiedsrichterkabine auf, um wenigstens zu erreichen, dass die Halbzeitpause ein paar Minuten länger dauerte. Wieder zeigte sich Schiedsrichter Ohmsen kompromisslos und spaßbefreit. Als Hageleit die Kabine verließ und die Türe hinter sich zuzog, bemerkte er, dass der Türschlüssel außen steckte. Hageleit tat, was er tun musste, warf den Schlüssel anschließend in irgendeinen Abfalleimer auf dem Gang, und prompt dauerte die Halbzeitpause fast eine Viertelstunde länger, bis man herausfand, wo der Schiedsrichter abgeblieben war und die Tür aufgebrochen hatte. Das Spiel dauerte bis 21:30 Uhr, Hageleit hatte die längste Schlussreportage aller Zeiten. Um es mit Hageleits Worten zu sagen: »Freistoß für den BVB! Entfernung zum Tor: fünfundzwanzig Minuten!« Dat is der Ruhrpott. Komma lecker bei mich bei.

Solche Typen, solche Daums und Delzepichs und Hoppis und Hageleits gibt es im Profifußball nur noch sehr selten. Aber Fußballbekloppte in NRW umso mehr. Mir war klar, einer davon musste mich auf den höchsten Berg von Nordrhein-Westfalen begleiten. Ich suchte und fand Hans-Joachim Watzke, den Boss vom BVB.

Er wird Aki genannt. Ich wurde früher manchmal Akki genannt. Er, weil er als Einjähriger seinen Namen Achim nicht aussprechen konnte, ich, weil meine Ex-Freundin den Namen Achim nicht ausstehen konnte. Er ist sechzig, ich liebe (und heiße) Sechzig. Das war's dann aber auch schon mit den Übereinstimmungen. Er ist Multimillionär, Chef von achthundertfünfzig Angestellten und Verwalter von 500 Millionen Euro Umsatz im Jahr, und ich bin ein Hobbybergsteiger aus dem Süden der Republik, der die sechzehn höchsten Berge der Bundesländer bezwingen möchte. Normalerweise hätte ich so einen wie Hans-Joachim Watzke nie für ein Interview bekommen. Wenn nicht mein Kumpel Janni wäre.

Janni liebt den BVB, und zwar so sehr, dass er in exakt der Wohnung am Dortmunder Borsigplatz lebt, wo vor über hundert Jahren Borussia Dortmund gegründet wurde; er hat die Wohnung einst bei einer Zwangsversteigerung erworben, zu einem Preis, für den man heutzutage nicht mal das linke Knie eines siebzehnjährigen Nachwuchskickers nach Dortmund transferieren könnte. Janni kennt Watzke persönlich und legte ein gutes Wort für mich ein, sonst wäre der große Boss nie mit mir auf den Langenberg gestiegen. Es wäre eine Interviewanfrage von etwa zwanzig am Tag, siebentausend im Jahr gewesen, sie wäre an der Pressestelle des BVB abgeperlt wie der Regen an einer Gore-Tex-Jacke. Apropos Wetter. Als endlich ein Termin im Mai gefunden war, wurden am Vortag Dauerregen, Sturm und eine Temperatur von nur zwölf Grad vorhergesagt. Also verschoben wir. Und hatten zwei Wochen später: Dauerregen, Sturm und vierzehn Grad.

Der Tag begann rekordverdächtig. Um 4:10 Uhr ging der Wecker, kurz nach fünf ging der Zug. Wieder Coronamasken ohne Ende. Auch nach drei Monaten der Pandemie war das ungewohnt. Zu diesem Zeitpunkt handelte es sich noch nicht um FFP2-Profimasken, sondern um irgendwelche Lappen vor dem Mund: eine Guy-Fawkes-Maske, die maximal diabolisch aussah, etwas Selbstgehäkeltes mit maximaler Aerosol-Belüftung, eine Rolling-Stones-Maske mit herausgestreckter Zunge, ein Jon-Bon-Jovi-Gedächtnis-Bandana. Oft hingen diese Masken schlapp und windschief unter der Nase, manche Leute trugen gar keine Masken, der erste Schrecken von Corona war vorüber, die Inzidenzzahlen sanken kontinuierlich. Am Münchner Hauptbahnhof kam ich um 5:03 Uhr mit der U-Bahn an und hatte zwölf Minuten Zeit zum Umsteigen, um 5:15 Uhr sollte der ICE starten. Für routinierte Bahncard-100-Fahrer sind elf Minuten eine wahre Ewigkeit, ich kaufte mir also in aller Ruhe noch Brezen, Kaffee und ein Croissant. Als ich dann allerdings in der Bahnhofshalle ankam, zeigten die Uhren an den Gleisen kollektiv 5:17 Uhr. Zwei Minuten zu spät. Horror. Herzinfarkt. Alle inneren Dominosteine fielen. Ich würde Watzke versetzen. Mein Herz rutschte in den linken Wanderstiefel, mir wurde schlecht. Da stellte sich heraus: Die Uhren auf den Gleisen 27, 28, 29 waren defekt und gingen zehn Minuten vor. Ich rannte zum Zug, stieg ein, fiel in den Sitz. Mit bebendem Herz saß ich im ICE und fuhr dem Sonnenaufgang entgegen.

Ich liebe es, in einem halb leeren Zug zu sitzen, zu wissen, ich fahre jetzt eine sehr lange Strecke, kann dösen, kann lesen, kann schlafen, kann alles, was vor dem Fenster passiert, betrachten, und es hat trotzdem mit mir rein gar nichts zu tun, kann mir völlig egal sein. Ein Pferd. Egal. Noch ein Pferd. Völlig egal. Ein Traktor, der sich durch den Dreck wühlt. Kann mich mal. Ich dimmte willenlos weg, es war wie in dem schönen Moment, wenn bei einer Vollnarkose der Angst vor der OP der schwindelige Sprung ins Nichts der Betäubung folgt, die Sekunde, in der alle Kraft weicht, die Muskeln zu Mus werden, das Wissen zur Wolke. Ich wachte auf, weil ich zuckte und mein Fuß gegen den Sitz vor mir schlug, zum Glück hatte es niemand bemerkt.

In Nürnberg stieg ein Geschäftsmann im Anzug zu und telefonierte auf Schwedisch. Weil ich Skandinavien liebe und auch ein bisschen Schwedisch und Dänisch gelernt habe, kamen wir ins Gespräch. Er arbeitete für eine Start-up-Firma, irgendwas im IT-Bereich, was genau, erschloss sich mir nicht. Es gibt heutzutage Berufe, die ich einfach nicht verstehe. Auch gute Freunde von mir haben Jobs irgendwo zwischen IT, Unternehmensberatung, BWL und Dienstleistung, und ich habe mir von ihnen schon oft erklären lassen, was sie genau machen, aber am Ende habe ich es doch nicht verstanden. Der Woid Woife, ein naturliebendes Original aus dem Bayerischen Wald, würde sie als »Zahlenschubser« bezeichnen. Der Schwede im Zug gehörte auch zu dieser Spezies, aber wir unterhielten uns über Fußball, der schönste kleinste gemeinsame Nenner, der rettende Anker.

Zlatan Ibrahimović geht immer. Zlatan, der Schwede aus Malmö mit bosnischen Wurzeln und diesen unfassbaren Toren und dem noch unfassbareren Ego und den noch unfassbareren Sprüchen. Ob bescheiden: »Zlatan ist auch nur ein Mensch. Genauso wie ein weißer Hai auch nur ein Fisch ist.« Oder demütig: »Wir suchen gerade nach einem Haus. Aber wenn wir nichts finden, mein Gott, dann kaufe ich halt einfach das Hotel.« Oder selbstkritisch: »Ich bin nichts Besonderes. Es ist nur so, dass ich in dem, was ich mache, der Beste bin. Das ist der einzige Unterschied.« Als Zlatan zwischendurch bei einem Club in Los Angeles anheuerte, hatte ihm Basketball-Superstar LeBron James als Willkommensgruß eines seiner Trikots zukommen lassen. Jeder andere hätte es sich eingerahmt, Zlatan schickte es ihm angeblich unterschrieben zurück.

Vor einem Monat, so erzählte mir der Schwede im Zug, sei in Malmö die gerade erst für den berühmtesten Sohn der Stadt errichtete Zlatan-Statue umgekippt worden, nachdem Unbekannte schon vorher der Statue einen Zeh und die Nase abgesägt und ihr einen Klodeckel umgehängt hatten. Der

Grund, warum die Menschen in Malmö »ihren« Zlatan auf einmal so hassten und als Judas und Satan bezeichneten, sei die Tatsache, dass er kürzlich Teileigentümer von Hammarby IF in Stockholm geworden war, einem großen Fußballrivalen von Malmö FF. Vermutlich hätte Zlatan auch hierzu den passenden Spruch auf Lager: »Ich bin als König gekommen, und ich gehe als Legende.« Der Schwede im Zug und ich wärmten uns an den schönen Anekdoten auf, die beste von allen kannten wir beide und mussten trotzdem lachen, als wir sie uns abwechselnd erzählten. Wir kicherten schon konspirativ los bei der bloßen Erwähnung des Namens Gunnar.

Es ging um die Fußball-WM 1950 in Brasilien. Gewissermaßen die Geburtsstunde von Gunnar Göransson. Er war als Techniker für das schwedische Radio mit nach Brasilien gefahren, es war noch vor der Ära des Fernsehens. Schweden galt damals als eine der besten Mannschaften der Welt, war amtierender Olympiasieger. Umso größer war die Spannung vor dem Spiel am 9. Juli 1950 gegen die Gastgeber Brasilien vor 138 000 Zuschauern im Maracaña-Stadion in Rio. Von Göteborg bis Luleå saßen die Schweden vor ihren Radiogeräten und lauschten gespannt, wie es ihrer Nationalelf in der Ferne erging. Das Problem: Die beiden Reporter des schwedischen Radios hatten sich am Vorabend mit Caipirinha weggeschossen. Es war noch die Zeit der strengen Alkoholrationierung daheim in Schweden, und kaum am Zuckerhut angekommen, hatten sich die beiden losgelassenen Reporter nach allen Regeln der Kunst besoffen und obendrein massive Magenprobleme bekommen. Kurzum: Sie lagen halb tot im Bett und waren nicht imstande, das Spiel zu kommentieren. Es schlug die Stunde des namenlosen Technikers, der spontan die Radioreportage übernahm und damit in Schweden weltberühmt wurde. Aber nicht, weil er eine grandiose Reportage ablieferte, eher im Gegenteil. Der arme Gunnar Göransson wusste nicht, worauf es bei einer Livereportage im Radio ankommt. Dass es vielleicht hilfreich wäre, den Hörerinnen und Hörern mitzuteilen, WER gerade im Ballbesitz ist und WO ungefähr auf dem Spielfeld sich das Geschehen zuträgt. Und WIE die Spieler heißen und ob es Schweden oder Brasilianer sind. Stattdessen saß Göransson am Mikrofon, sagte so gut wie nichts, und wenn er was sagte, dann nannte er stoisch die Rückennummern der jeweils ballführenden Spieler. Nur wenn sich ein Spieler dem Tor näherte, rief Gunnar laut:»Oj, oj, oj, oj, oj«. Es muss ungefähr so geklungen haben: »Drei – – – (Pause) – – – Sieben – – – (Pause) – – – Elf – – – Acht – – – Neun – – – Oj, oj, oj, oj, oj!«

Die Radiohörer in Schweden rauften sich die Haare. Wer war der Neuner? War der Ball im Tor? Wer griff da überhaupt an? Schweden oder Brasilien? Entsetzen packte die Nation, wer war der Irre, der da am Mikro saß? Das Ganze wurde nicht gerade dadurch besser, dass viele Tore fielen, vor allem viele Tore gegen die Schweden, die am Ende mit eins zu sieben verloren. Mehr als die Niederlage der Spieler blieb den Schweden aber der irre Kommentator in Erinnerung. Jeder alte Schwede, der sich für Fußball interessiert, kennt den Techniker unter dem Namen »Gunnar Oj Oj Göransson«, so auch mein Mitfahrer, der sich wie ein Kind freute, dass auch ich als Deutscher diese Geschichte kannte und liebte. Er erzählte mir noch vom damaligen schwedischen Fußball-Nationaltrainer Rudolf »Putte« Kock, der bereits als Spieler die Olympia-Bronzemedaille im Fußball gewonnen hatte und nebenbei auch Vize-Europameister im Eishockey wurde, schwedischer Meister im Bowling und zweimal Europameister im Kartenspiel Bridge. Was für eine Biografie! In Kassel mussten wir unseren Fußball-Talk leider beenden. Ich sagte zum Abschied leise »Oj, oj, oj« und stieg aus zum Gleis Richtung Münster/Paderborn.

Der Zug kam und kam nicht. Ich rechnete im Kopf aus, was das für meinen Anschlusszug in Warburg bedeuten würde, wo ich ohnehin nur zehn Minuten Zeit zum Umsteigen hatte. Meine Reiseverbindung ins Hochsauerland war auf Kante genäht, ich stellte mir vor, bei unserem verabredeten Termin würde Watzke niemanden antreffen. Wie würde er reagieren? Ich hatte ja noch nicht einmal seine Telefonnummer. Nach fünfzehn Minuten fuhr der Zug endlich ein.

Mir fiel auf, dass meine Umhängetasche ganz schön schwer war, eigentlich viel zu schwer für eine Bergwanderung, auch wenn es nur um den Langenberg in NRW ging. Ich schaute noch mal alles durch, räumte Stück für Stück aus. Die Autobiografie von Watzke fiel mir in die Hände. Sollte ich sie – gleich einem Ballonfahrer – als Ballast abwerfen, also einfach hier im Regionalexpress in den Abfallbehälter geben? Es ging nicht, ich bin so erzogen, dass ich Bücher nicht in den Müll schmeißen kann, ich habe da eine eingebaute Wegwerfsperre. Was noch? Meine 1,5-Liter-Wasserflasche? Würde ich noch beim Aufstieg brauchen. Das Essen. Dito. Das Mikrofon auch. Der Wollpulli gegen die Kälte. Ich hatte die Tasche fast ausgeräumt, warum zum Teufel war sie immer noch so schwer? Da fiel mir plötzlich die prall gefüllte Seitentasche auf: Ich öffnete den Reißverschluss und fand kiloweise Gesteinsproben von meinen anderen Wanderungen, vom Kutschenberg in Brandenburg, von der Wasserkuppe in Hessen, vom Wurmberg. Ich hatte sie vollkommen vergessen. Außer meinem Ritual, Schnaps am Gipfel zu verstecken oder zu vergraben, hatte ich mir vorgenommen, von jedem Berg ein paar Steine mitzunehmen, der Kindheitsgeologe in mir hatte gesiegt. Aber würde ich diese Steine nun wegwerfen, hätte ich zehn Berge lang all die Gesteinsproben umsonst eingesammelt und mitgeschleppt. Das kam nicht infrage, also ließ ich alles, wie es war. Kurz vor Warburg kam die Meldung des

Zugbegleiters, der Anschlusszug Richtung Hagen könne leider nicht warten, der nächste Zug ginge eine Stunde später. Verflucht. Ich war am Rande des Nervenzusammenbruchs, sah mich schon in einem Taxi hundert Kilometer über Land rasen, als ich in Warburg am gleichen Bahnsteig gegenüber den Zug nach Hagen sah, aufgrund einer Signalpanne hatte er nicht losfahren können. Ich sprang über den Bahnsteig, hinein in den Zug, ließ mich auf einen Platz fallen und lachte hysterisch auf.

Das Bahnsteigschild trug die Aufschrift »Warberg – Hansestadt«. Hier in Westfalen? Wo ist das Meer?, fragte ich mich. Aber ich irrte. Nicht nur Orte wie Hamburg, Rostock, Bremen sind Hansestädte. Zwischen dem 12. und 17. Jahrhundert schlossen sich norddeutsche Kaufleute zusammen und wurden mit ihrem Handelsbündnis sogar zu einer politischen Macht, fast wie eine mittelalterliche Proto-EU. Auch meeresferne Orte wie Lüneburg in Niedersachsen, Korbach in Hessen oder Herford und Breckerfeld in NRW waren Hansestädte. Seit 2012 darf Warburg den Zusatz »Hansestadt« ganz offiziell im Titel tragen, so wie vierunddreißig andere Städte in NRW auch einen Namenszusatz haben. Die Stadt Solingen hat den Beinamen Klingenstadt, weil hier immer schon viele Messer produziert wurden. Roetgen (die Stadt, nicht der CDU-Politiker) ist das Tor zur Eifel, Harsewinkel im Kreis Gütersloh ist die Mähdrescherstadt, weil die Firma Claas hier ihren Sitz hat, und Erkrath bei Mettmann ist der Fundort des Neanderthalers. Die Stadt Werther hat nicht etwa den Zusatz Werthers Echte – die Bonbonstadt, sondern Böckstiegelstadt, benannt nach dem expressionistischen Maler, der als Westfalens Antwort auf van Gogh galt.

Apropos: Aufgrund der erhaltenen Stadtmauer und der vielen alten Türme nennt man Warburg auch das Rothenburg Westfalens. Dafür, dass Rothenburg als das San Gimignano

Frankens gilt und San Gimignano als das mittelalterliche Manhattan der Toskana, ein Riesentitel! Warburg ist außerdem die Heimat des CDU-Politikers Franz-Josef Wuermeling, der als Bundesverkehrsminister einen Bahnausweis für kinderreiche Familien verabschiedete, welcher den Familien bis in die Neunzigerjahre fünfzig Prozent Rabatt bescherte. Dieser Ausweis wurde umgangssprachlich »Der Wuermeling« oder »Der Karnickelpass« genannt. Ich als Sandwich-Kind bin früher auch mit dem Wuermeling unterwegs gewesen. Als die Bundesbahn der Deutschen Bahn AG wich, hieß der Familienpass für kurze Zeit hochoffiziell BahnCard Wuermeling. Seit 1999 gibt es das Angebot nicht mehr. Für mich war die BahnCard 100 die persönliche Steigerung, quasi meine FlatrateWuermelingPro.

Der Zug verließ Warburg und ratterte dem Sauerland entgegen, die Dörfer wurden kleiner, die Wiesen grüner, es ging stetig leicht bergauf. Wir kamen durch Marsberg, zwanzigtausend Einwohner, in der Nähe ist die drittgrößte Klopapierfirma Europas zu Hause. Ohne das Hochsauerland hätten wir alle ein Problem. Aufsichtsratsvorsitzender dieser Firma war übrigens bis 2021 Friedrich Merz von der CDU. Marsberg wirkte wie eine Faller- oder Märklin-Modelleisenbahnwelt. Ein großes Fachwerkhaus neben dem Bahnhof namens »Deutsches Haus«, ein Tennisplatz mit älteren Herren, die alles gaben, vielleicht weil sie merkten, dass gerade der Zug vorbeifuhr und junge Frauen aus dem Fenster schauten, gepflegte Pferdeweiden, ein sanft mäandernder Fluss, eine graue Granitkirche, alles eng ins Tal gedrängt, es sah aus wie die Bretagne ohne Frankreich, aber im Mittelgebirge. Der Fluss, der die Bahnstrecke durch all die Kurven begleitete, hieß Hoppecke, und seine vielen kleinen Zuflüsse erinnerten mich an die Poesie eines Ernst Jandl:

Große Eimecke – Steinsiepen
Kleine Eimecke – Klußsiepen
Lüttmecke – Leimständersiepen
Hängemecke – Äskerfsiepen
Schwartmecke – Bremecke
Bernicker Bicke – Schmalah

Die Lok tutete. Das zweite Gleis verschwand unter Gras und wild wuchernden Birken- und Ahornbäumchen. Die Hänge säumten Einfamilienhäuser, die einst mit großer Einfallslosigkeit und ganz viel Glasklinker gebaut worden waren, in einer Zeit, als das Hoppecke-Tal noch zweigleisig befahren wurde. Ein Jägerstand mitten auf dem Acker, ohne jeden Sichtschutz, offensichtlicher ging es nicht. Ich fragte mich, wie blöd kann ein Reh sein. Oder ein Jäger. Je nachdem. Der nächste Halt hieß Brilon Wald.

In Olsberg musste ich in den Bus umsteigen. Und ausgerechnet hier begann es zu regnen, zu schütten. Ein Wolkenbruch kurz vor meinem Ziel. Der Bahnhofsvorplatz, eine Leistungsschau der Großflächen-Versiegelung, sah aus wie eine Seenplatte. Ich flüchtete mich in den Bus S30 Richtung Winterberg. Vorne beim Busfahrer stand ein Typ, der hektisch darüber verhandelte, ob dies der richtige Bus für ihn sei.»Wo wolln Se denn hin?«, fragte der Fahrer.»Dat kann ich nich sagen, ich bin eingefroren«, erwiderte der Mann. Wieso eingefroren? Der Mann wedelte mit seinem Smartphone herum, das offensichtlich kein Netz hatte und sich auf der Kartenseite aufgehängt hatte. Wie lustig, dass viele Menschen schon so symbiotisch mit ihren Handys geworden sind, dass sie sich selbst für ein Smartphone halten:»Ich habe kein Netz. Mein Akku ist leer.«

Der Bus fuhr bergab, Olsberg lag vor uns ausgebreitet und sah mit seinen vielen weißen Häusern mit ihren schwarzen

Dächern wie eine Schwarz-Weiß-Postkarte aus. Die Bushaltestellen bestachen durch Alliterationen: Olsberg/Oventrop-Straße, Bigge/Bahnhof, Medebach/Marktplatz. Wir fuhren entlang der Ruhr, die von hier im Hochsauerland bis hinunter in das nach ihr bekannte Gebiet fließt. Im Ruhrtal hingen überall Plakate für Konzerte der Bands Extrabreit und Nichts. Unglaublich, fast vierzig Jahre nach der Neuen Deutschen Welle sollten also zwei der Bands aus dem nahe gelegenen Hagen (wo auch Nena herkam) die Musik von damals spielen. War das wirklich eine gute Idee? Wie klingt»Hurra, hurra, die Schule brennt«, gesungen von Fünfundsechzigjährigen? Dazu passte irgendwie die Werbung für ein»60Plus Rentner-Bus-Abo«, die im Bus auf einem Fernsehbildschirm rotierte. Immer wieder tauchte eine Frau mit Sonnenbrille und weißblonden kurzen Haaren auf, die wie ein Wiedergänger von Heino aussah und das Victory-Zeichen machte. In einer Sprechblase stand:»Endlich alt genug …« Im Sauerland herrschte offenbar im Gegensatz zum Rest der Republik kein Jugendkult, hier kann man es gar nicht erwarten, Rentner zu sein.

Ich kam in Niedersfeld an, einem Dorf mit tausenddreihundert Einwohnern am Fuße des Langenbergs, nun musste ich nur noch zum vereinbarten Treffpunkt, dem Touristenbüro. Vorher kaufte ich in einer Bäckerei ein Fläschchen Kümmerling für fünfundsiebzig Cent, um es später am Gipfel des Langenbergs zu verstecken. Ich wartete vor dem Tourismusamt, einem kleinen Haus in einer Bullerbü-artigen Nebenstraße. Weil es schon wieder zu regnen begann, flüchtete ich mich hinein und setzte mich in einen kleinen Leseraum, der aussah wie eine Dorfbibliothek in Småland. Zeitschriften über das Sauerland lagen aus, und man konnte T-Shirts kaufen mit der Aufschrift»Ich mache Urlaub in Niedersfeld«. Als Antwort auf all die»I love New York«- Hemden. Die Frau an der Rezeption wunderte sich über meinen

Besuch, und ich erzählte ihr von meiner Tour auf die sechzehn höchsten Berge der Bundesländer. Sie strahlte und erzählte mir stolz, sie habe schon fünf der sechzehn bestiegen, den Brocken, die Zugspitze, die Wasserkuppe, den Fichtelberg und, natürlich, den Langenberg. Ich war fast ein bisschen neidisch, sie hatte drei Berge in ihrer Sammlung, die mir noch fehlten. Wir konnten wunderbar fachsimpeln.

Und dann kam Watzke. Ganz in Schwarz. »Dat is ja 'n schönes Mistwetter heute«, rief er und lachte. Sehr gut, er hatte seinen Humor trotz des Regens nicht verloren. Wir tasteten uns erst mal verbal ab, sprachen über Janni, meinen V-Mann aus Dortmund, lästerten über das Wetter, freuten uns, dass es wenigstens nicht schneite. Und versuchten, uns zu orientieren. Aki Watzke kannte Niedersfeld, war aber noch nie auf dem Langenberg gewesen. Wir mussten zunächst eine steile kerzengerade Teerstraße am Ortsrand hinaufwandern. Watzke trug eine schwarze Daunenjacke, die sich bereits voll Wasser gesaugt hatte, dazu ein graues Basecap, einen kleinen Rucksack und schwarze Sneakers, die mir ehrlich gesagt ein bisschen optimistisch vorkamen, angesichts unserer Bergwanderung im Regen. Wäre ich als Wanderer diesem Man in Black unterwegs im Wald begegnet, ich wäre nie auf die Idee gekommen, das könnte der Boss von Borussia Dortmund sein.

Dortmund, »das ist die letzte Mannschaft, die Deutscher Meister geworden ist, bevor Bayern München beschlossen hat, immer Deutscher Meister zu werden«, stellte Watzke gleich zu Beginn unserer Wanderung fest. In seinem schönen Singsang aus Ruhrpott- und Sauerland-Dialekt. Wenn er Langenberg sagte, dann wurde daraus ein Langenbeeerrch, der Tag war bei ihm Tach, und beim Hirsch wurde aus dem R ein A, also Hiasch. Die Wetterbedingungen schätzte er ziemlich realistisch ein, nämlich »saumäßich«, aber »wenn man wie ich im Sauerland geboren wurde, ist man es gewohnt. Als ich Kind war, hat es hier zweihundert Tage im Jahr geregnet.«Wir befanden uns auf 616 Höhenmetern, wie ein Schild am Straßenrand zeigte, es blieben also noch über zweihundert Höhenmeter bis zum Gipfel. Aus alpiner Sicht läppisch, Watzke dagegen glaubte, dass »noch einiges vor uns liegt«. Er würde recht behalten. Der Mann hatte den Vergleich. Sein Heimatort Erlinghausen liegt zweihundert Höhenmeter über Marsberg (dem Klopapierort), seine Grundmuskulatur hat er von den vielen Fahrradtouren bergauf und vom Fußballspielen beim SV Rot-Weiß Erlinghausen.

Er erzählte mir, dass er das Wandern erst durch Corona für sich entdeckt hatte.»Vorher, da war mein Tag immer ausgefüllt, und ich hatte auch nicht den Eindruck, dass mir langweilig war, insofern hat sich das nie ergeben. Dann kam Corona, und auf einmal lagen die Tage wie ein weißes Blatt Papier vor mir, was ich so noch nicht kannte.« Sein Leben hatte sich immer weitgehend über Fußball definiert. Und dann fragte er sich:»Verdammt, was machste denn jetzt? Die Antwort war: Wandern. Versuch mal.« Und so fing Hans-Joachim Watzke in Zeiten des Lockdowns an, erst den Ruhrpott, dann auch die westlichen Ränder des Sauerlands zu erwandern.»Das war 'ne schöne Zeit. Du hattest vier, fünf Stunden rum, du hattest das Gefühl, du bist ein bisschen kaputt, und du hast auch die Natur schätzen gelernt.« Ich fragte ihn, ob er denn nicht erkannt wurde auf seinen Wanderungen.»Ich habe mich natürlich getarnt«, antwortete er, so wie heute, mit Basecap, Sonnenbrille und Rucksack.»Und das ging dann. Einige haben geguckt und gezuckt und gedacht, das kann er nicht sein, der rennt doch hier nicht allein durch die Gegend.« Man muss vielleicht an dieser Stelle erwähnen, dass Watzke in NRW berühmter ist als jeder Landesminister, es ist vielleicht so, als wäre im Jahr 780 Karl der Große inkognito mit einem Rucksack am Rhein entlanggewandert, ein kleines Weltwunder.

Einmal wurde Aki Watzke bei seinen Wanderungen tatsächlich erkannt, er hatte sich verlaufen und musste nach dem Weg fragen. »Und da war ein Junge, vielleicht achtzehn, neunzehn Jahre, der war beim Rasenmähen, und der hörte meine Stimme, und dann war es passiert. Der alarmierte sofort seine drei Geschwister und Mama und Papa, und dann kamen alle in den Garten. Da war was los! Die waren Riesen-BVB-Fans, das ganze Gartenhaus war voller Wimpel. Im Umfeld von Dortmund auch nicht ánders zu erwarten.« Da war sie wieder, diese Mischung aus Demut und dem Wissen um die eigene Popularität, aber immer mit einem sympathischen Augenzwinkern. Ob Karl-Heinz Rummenigge, Oliver Kahn oder Uli Hoeneß mit mir oder ohne mich auf eine Wanderung durch ihre alte Heimat gegangen wären? Ich weiß es nicht. Ich weiß nur, ich wäre auf gar keinen Fall mitgegangen.

Wir wanderten weiter Richtung Gipfel und auch Richtung Hoppecke-Quelle, die sich hier am Berg befand. Es wurde am Horizont ein bisschen heller, Watzke erinnerte das an seine Kindheit, wenn sein Vater Hans bei der Fahrt durch das graue, völlig verrußte Ruhrgebiet irgendwo Blau am Himmel ausgemacht haben wollte und dessen aus dem Sauerland stammende Ehefrau vehement dagegenhielt: »Hier im Ruhrpott gibt es keine blauen Himmel.« Das sei aber noch in der Hoch-Zeit von Kohle und Stahl gewesen, das könne man nicht mit dem Ruhrgebiet von heute vergleichen. Watzke erinnerte mich als Bayer daran, dass der Ruhrpott in den Fünfzigerjahren durch die Industrialisierung mit dazu beigetragen hatte, dass der Freistaat anschließend so wohlhabend wurde. »Mittlerweile ist es ja eher umgekehrt. Bayern hat sich fantastisch entwickelt, aber das Ruhrgebiet kommt jetzt auch wieder. Der Ruhrpott ist großartig, vielfältig auch in der Kultur. Die Menschen sind sehr positiv.«

Ich musste an meine Fahrt zum Auswärtsspiel meiner Münchner Löwen gegen Uerdingen im Jahr zuvor denken, das in Duisburg stattfand. Als ich mit der Straßenbahn durch die Innenstadt fuhr, hatte ich den Eindruck, dass im Zuge der Verschrottungsprämie 2009 die meisten Schrottautos aus ganz Deutschland in Duisburg gelandet waren. Vor allem südkoreanische und japanische Pkw aus den frühen Neunzigern waren unterwegs, während man in München oft den Eindruck hat, die örtliche BMW-Niederlassung ließe für einen Aktionstag ihren kompletten Neuwagen-Fuhrpark durch die Innenstadt fahren.

Ich erinnerte mich außerdem an eine Szene in der Duisburger Straßenbahn. Im Gang stand ein Opa mit Kunstlederhütchen, daneben seine Frau mit Dutt und Krückstock. Er nahm ihr freies Handgelenk und führte ihre Hand mit entschlossenem Griff zur Haltestange, kurz bevor der Zug mit einem Ruck losfuhr. Sie fragte vorwurfsvoll:»Wat machste denn da, Eawin?!« Und er antwortete liebevoll:»Datte nich hinfällst.« Das hat sich mir nachhaltig eingeprägt. Genauso wie die Duisburger Vororte, in denen gefühlt die Hälfte der Gebäude halb verfallen war oder leer stand und die andere Hälfte Handyläden, Döner-Imbisse und kleine Geschäfte mit kyrillischen Ladenschildern beheimatete. Es glich einer Trambahnfahrt durch Sofia. Was mir auffiel, war die Freundlichkeit und Offenheit der Menschen. Innerhalb von ein paar Minuten Straßenbahnfahrt führte ich zwei sehr nette Unterhaltungen, eine mit dem Fahrkartenkontrolleur und eine mit einem Schichtarbeiter von Thyssen. Beide interessierten sich mit großer Neugierde dafür, warum jemand»Servus« zur Begrüßung sagte und den weiten Weg aus dem Süden zu ihnen nach Duisburg gefunden hatte.

Aki Watzke plauderte weiter über das Ruhrgebiet, seine Wahlheimat: »Dass ich vielleicht nicht der Schweigsamste bin auf diesem Planeten, das hab ich dem Ruhrgebiets-Gen zu verdanken. Aber dass ich dann wieder sehr viel Realismus habe, das hat dann sicherlich mit dem Sauerland zu tun. Der Sauerländer ist in einer extremen Form geerdet, das ist manchmal schon ein bisschen anstrengend.« Ich warf ein, dass beispielsweise Menschen aus Gelsenkirchen sehr ungeerdet wirkten, wenn sie von der Meisterschaft mit Schalke träumten. Watzke fügte hinzu, dass die letzte Meisterschaft von Dortmunds Erzrivalen Schalke 04 im Jahr 1958 gewesen sei, er dagegen sei erst 1959 geboren, könne sich also nicht daran erinnern. Er lachte in sich hinein. Hinter uns quälte sich ein Opel aus den Niederlanden mit jaulendem Motor den steilen Berg hinauf, das gelbe Kennzeichen besagte, dass der Fahrer in Holland dreimal durch die Führerscheinprüfung gefallen war. Für die Niederländer ist das Sauerland quasi das Österreich vor der Haustür, sobald hier Schnee liegt, kommen die Oranjes mit der gleichen Beharrlichkeit hierher, wie Sinterklaas und der Zwarte Piet jedes Jahr Anfang Dezember aus Spanien mit dem Schiff nach Holland kommen.

Wir sprachen über Watzkes Kindheit. Ich wollte wissen, ob er als Kind schon mal in den Bergen gewesen war. »Nee. So was haben wir nicht gemacht, weil mein Vater ganz überwiegend gearbeitet hat und sehr fleißig war.« Sein Vater musste sich »alles härtestens erarbeiten«. Und seine Mutter musste vier Kinder großziehen, »die war auch beschäftigt«. Sein Vater Hans war Vollwaise, kam 1944 mit der Kinderlandverschickung ins damalige Sudetenland, heute Tschechien. Als die Russen näher rückten, machte er sich als gerade mal Dreizehnjähriger in den letzten Kriegstagen ganz alleine auf den Weg zurück in seine Geburtsstadt Bochum, durch ein völlig zerstörtes Land, auf Güterzügen und zu Fuß.

Er schlug sich dann zu Verwandten ins Sauerland durch. Und dort, in Erlinghausen, machte Hans Watzke eine Maurerlehre, lernte seine Frau, eine Sauerländerin kennen, studierte auf dem zweiten Bildungsweg, gründete eine Baufirma, trat in die CDU ein und wurde schließlich Landtagsabgeordneter für den Wahlkreis Brilon, später Hochsauerlandkreis II, den er fünfzehn Jahre lang vertrat. Eine märchenhafte Aufstiegsgeschichte, allerdings auch eine voller Arbeit, Mühen und Entbehrungen.

Als Watzke über seinen Vater Hans sprach, spürte ich die große Bewunderung und Liebe.»Mein Vater ist erst spät in die Politik gegangen. 1975 war er im Landtag, und wenn wir da zu Familientreffen zu seinem Bruder nach Dortmund fuhren, war mein Vater tödlich beleidigt, weil alle ›Da kommt der Verräter!‹ riefen.« Es war die Zeit von Willy Brandt, es waren die Tage, in denen die SPD im Ruhrpott gut und gerne mal sechzig Prozent in Wahlkreisen wie Bottrop, Herne oder Wanne-Eickel bekam.»Herzkammer der Sozialdemokratie«, wie Watzke sagte.»Die SPD ist ja auch zu Recht eine sehr stolze Partei, weil sie nicht nur die älteste ist, sondern auch sehr vieles in früheren Zeiten richtig gemacht hat. Meine Verwandten väterlicherseits waren alle eingeschworene Sozialdemokraten.« Hans-Joachim Watzkes Weg führte dagegen in die CDU, 1976 trat er in die Junge Union ein.»Das war voll gegen den Trend, ich war total auf Oppositionskurs, traut man mir heute nicht mehr zu, war aber so.« Er schmunzelte, ihn hätten damals die ideologischen Lehrer gestört, die sehr links gewesen seien.»Ich hab mit meiner Meinung nicht hinterm Berg gehalten, das hat mich sicher ein paar Punkte gekostet beim Abitur.« Bis heute ist Watzke überzeugtes CDU-Mitglied, und er erzählte mir am Rande, dass er die letzten Tage mit Armin Laschet (zu diesem Zeitpunkt noch Ministerpräsident in NRW und Kanzlerkandidat in spe), mit

Friedrich Merz (seinem alten Junge-Union-Kumpel aus dem Kreisvorstand Hochsauerland) und auch mit Markus Söder telefoniert habe. Watzke ist bestens vernetzt.

Wir legten eine kleine Wanderpause ein, vom vielen Bergsteigen und Reden schnauften wir wie zwei Schuljungen nach dem Fünfzig-Meter-Lauf bei den Bundesjugendspielen. Immerhin hatten wir kein Seitenstechen. Also ich nicht. Wir unterhielten uns über den ehemaligen Dortmunder Stürmer Robert Lewandowski, der grundsätzlich immer erst das Dessert, dann die Hauptspeise, dann den Salat isst, also quasi rückwärts aus ernährungstechnischer Sicht, und der immer punktgenau um die gleiche Zeit schlafen geht. Vielleicht fehlte uns diese Disziplin, vielleicht wären Watzke und ich schon längst Bundesliga-Torschützenkönige, wenn wir uns akribisch an solche Regeln gehalten hätten. Wir gingen weiter, das Wetter wurde gerade wieder schlechter, dünne Nebelbänke waberten durch regennasse Wiesen, der schmale Hohlweg glänzte schlammig, es schmatzte beim Gehen unter unseren Schuhen. Watzke ließ sich die Stimmung nicht rauben, lachte laut auf, denn er glaubte für einen Moment, wir seien schon kurz unterhalb des Gipfels. Ich wusste es besser, aber traute es mich nicht zu sagen.

Wir befanden uns im Rothaargebirge, einem echten Gebirge. Immerhin fünfzehn Berge über achthundert Meter, es ist die Bonsai-Antwort NRWs auf die vielen Achttausender im Himalaja. Außer dass hier die Berge so ulkige Namen tragen wie Saukopf, Gebrannter Rücken und Sackpfeife, Spreizkopf, Donnerhain oder Hinterster Hoher Knochen. Es klang wie Beschimpfungen am Ende eines missglückten Skatabends. Den Langenberg kennt in Nordrhein-Westfalen kaum ein Mensch, fast alle hier sind der Meinung, der Kahle Asten sei der höchste Berg des Bundeslandes. Das liegt daran, dass der Kahle Asten gar nicht so kahl ist, sondern bebaut mit Liften, Lokalen, einer Wetterwarte, einem Turm, einem Museum, es gibt Aussicht, Sport und Pommes Schranke, das funktioniert immer. Über eine Million Menschen kommen jedes Jahr zum Kahlen Asten. An seinem Fuß befindet sich die berühmte Bobbahn von Winterberg, auf der schon viele Deutsche Meisterschaften im Bobfahren und auch die Wok-WM von Stefan Raab stattgefunden haben, wenn man mal nicht wie sonst üblich am Königssee Bob oder Wok fuhr. Und es gibt sogar ein Skiliftkarussell, man kann vom Kahlen Asten in mehrere Richtungen abfahren, auch nach Hessen. Der Kahle Asten ist nur 1,30 Meter kleiner als der Langenberg, aber wesentlich beliebter. Der höchste Berg Nordrhein-Westfalens hat dagegen nichts von seinem Ehrentitel, er fristet noch weniger als ein Schneewittchendasein, denn er wird vermutlich nie wach geküsst werden.

Wir kamen an meterhohen Stapeln aus abgeschlagenem Holz vorbei. Auch hier im Sauerland hat man viel zu lange auf Fichten-Monokulturen gesetzt, jetzt wüteten Borkenkäfer und die Trockenheit aufgrund der Erderwärmung, von der man allerdings an diesem kalten Dauerregentag nicht viel merkte. Wir hatten schon ein bisschen Höhe gewonnen und blickten durch den Regen über das Hochsauerland. Watzke erzählte mir von all den Ortschaften drumrum, »Niedersfeld, Assinghausen, Wulmeringhausen, Wiemeringhausen, ich war mit meinem Vater im Wahlkampf in jedem Ort, weil das extreme CDU-Hochburgen waren. Ich kenne hier jede Kneipe, und ich habe in jedem Ort Fußball gespielt in meiner Kindheit.« Heute seien die Fußballvereine in der Gegend fast alle zu Spielgemeinschaften fusioniert, sonst wären nicht genug Spieler da. »Es gibt heute einfach viel mehr Alternativen, Netflix, Internet, Computerspiele, jede Menge Möglichkeiten in der Freizeit, und außerdem gehen viele junge Leute nach dem Abitur weg von hier«, erklärte Watzke.

Wie war er denn damals so, in seiner Jugend, hatte er mal etwas Verbotenes gemacht, einen Kaugummiautomaten geknackt oder angezündet oder dergleichen?»Nee, dazu war ich immer zu ordnungspolitisch unterwegs, ich habe auch nie Rauschgift genommen oder gekifft«, sagte er. Narben? »Jede Menge«, zweimal als Kind »eine ganz extrem steile Treppe runtergestürzt«, mit den entsprechenden Narben am Kopf, auch heute noch zu sehen. Ansonsten »mal vom Baum runtergefallen, mal in den Stacheldraht rein, aber das ist normal, wenn du auf dem Land groß wurdest. Es gab ja nichts. Es gab genau gar nichts«, sagte er wörtlich. »Du konntest durch die Wälder ziehen, was mich nicht so interessiert hat, oder du konntest Fußball spielen, mehr war nicht.« Aki Watzke entschied sich für Fußball. SV Rot-Weiß Erlinghausen hieß der Club, für den er dreißig Jahre lang kickte, als Kind, als Jugendlicher, als Amateur. Hans Watzke, sein Vater, war früher der Vereinspräsident, inzwischen ist Aki Watzke seit vielen Jahren Präsident, als Nachfolger seines Vaters.

Mittlerweile spielt der Verein im Hans-Watzke-Stadion. Aki Watzke hatte sich um die Namensrechte gekümmert und das Ganze vor seinem Vater geheim gehalten. Am Sterbebett des Vaters, drei Tage vor dessen Tod 2014, erzählte ihm Aki Watzke davon. »Das war mein letztes Geschenk an meinen Vater. Es war ein Dienstag, der letzte Tag, an dem er noch bei Bewusstsein war. Mein Vater vertraute mir an, dass es jetzt mit ihm zu Ende geht. Und da hab ich ihm gesagt, dass das Stadion demnächst in Hans-Watzke-Stadion umbenannt wird. Diesen Moment, den werd ich nie vergessen. Er hat so gestrahlt, obwohl er schon den Tod im Antlitz hatte, er hat so gestrahlt, das kann man nicht beschreiben.« Ich war ganz angerührt, in diesem Moment im Wald. Wir waren für einen langen Moment still, man hörte nur ein paar Regentropfen auf die Blätter der Bäume fallen.

Auf einem der vielen Hinweisschilder stand ein grünes »T« als Symbol für unsere Wanderroute – Themenweg Niedersfeld –, ansonsten jede Menge Plaketten und Schilder für den Uplandsteig, Sauerländer Skiwanderweg, Rothaarsteig, wahrscheinlich auch den Jakobsweg. Mittlerweile frage ich mich, wie viele Zehntausende von Kilometer Jakobsweg seit Kerkelings Erfolgsbuch *Ich bin dann mal weg* schon von örtlichen Tourismusverbänden von Flensburg bis Passau, vom Nordkap bis zum Peloponnes ausgeschildert wurden, um ein bisschen zu partizipieren an der kollektiven Pilgerei.

Der Wald lichtete sich, und wir kamen zu einer großen dunkelbraunen Blockhütte, die ausah wie die Bonanza-Ranch. Außer uns waren noch zwei Tische besetzt in der Hochheide Hütte, wir bestellten Kaffee zum Aufwärmen, und es dauerte keine fünf Minuten, bis sich der Besitzer als Mitglied in einem BVB-Fanclub outete und wilde Fußballdiskussionen losgingen. Ein Selfie noch vom Wirt mit Watzke vor den apricotfarbenen Tüll-Vorhängen, und dann ging es weiter.

Wir redeten über Dortmund und den Fußball. Sein Erweckungserlebnis in Sachen Borussia Dortmund hatte indirekt mit meinem Lieblingsverein 1860 zu tun, Watzke war zarte sechs Jahre jung. »Im Mai 1966 war mein erstes Spiel in der Roten Erde«, also dem damaligen Stadion, »Vatter hatte Karten besorgt gegen Sechzig.« Dann ging es nach Dortmund mit dem Auto, hundertfünfzehn Kilometer über die Landstraße, »die Autobahn gab es noch nicht, das dauerte zwei Stunden«. Es war der vorletzte Spieltag, Dortmund war Tabellenführer vor den punktgleichen Löwen, hätte Meister werden können, aber »leider zwei zu null verloren«, sagte Watzke. An diesem Punkt, bei »leider« oder »zum Glück« gingen unsere Meinungen diametral auseinander. Sechzig wurde so zum ersten und einzigen Mal Deutscher Meister, der BVB nur Vizemeister. 1972 stiegen die Dortmunder ab, da war Aki Watzke dreizehn, und dann spielten die Borussen vier Jahre lang in der Zweiten Liga. Watzke ist mit siebzehn sogar zum Auswärtsspiel nach Nürnberg mit dem Zug gefahren, der BVB ist seine große, seine »echte Liebe«, so heißt auch seine Autobiografie.

»Dortmund, der Verein und die Stadt, das ist eine Symbiose«, meinte Watzke. »Da wird die ganze Woche über nichts anderes als Fußball geredet. Und ganz ehrlich, wenn man im Ausland ist und dich irgendjemand fragt, wo kommst du her, und du sagst Dortmund, ruft er sofort: Borussia! Das wird in der Stadt gelebt.« Und er hatte recht, bei den meisten deutschen Städten fallen einem als erste Assoziation Bauwerke ein, Berlin – das Brandenburger Tor, Hamburg – die Elbphilharmonie, Köln – der Dom, Frankfurt – die Hochhäuser. Nur bei Dortmund ist es sofort die Borussia, oder wenn nicht die, dann das Westfalenstadion, die gelbe Wand, die größte durchgehende Stehplatztribüne der Welt. »Von da geht eine solche Kraft aus, das ist Wahnsinn. Ich bin ja selber viele Jahre dringestanden. Wenn da fünfundzwanzigtausend Menschen ekstatisch sind, da geht eine Energie aus, das ist unbeschreiblich.« Der BVB-Boss erzählte vom Champions-League-Viertelfinal-Rückspiel gegen Málaga im Jahr 2013. »Da werden die Leute in Dortmund noch zweihundert Jahre davon reden.« Dortmund musste dieses Spiel gewinnen, um weiterzukommen. Aber in der letzten Spielminute ging Málaga zwei zu eins in Führung, das hieß, der BVB hätte noch zwei Tore in der kurzen Nachspielzeit schießen müssen, um weiterzukommen. »Keiner hat mehr an den Sieg geglaubt, die Leute gingen schon aus dem Stadion, weil es sehr spät war, auch mein Sohn, der hatte am nächsten Tag Schule. Dann fiel der Ausgleich in der 92., dann kam der wieder zurück.« Und dann fiel in der 94. Minute ein unfassbares Stochertor für den BVB durch Santana. »Was dann passiert ist? Da sprangen mir zehn, zwölf Menschen, die große Konzerne führen, Respektspersonen, auf den Rücken, das war wie im Irrenhaus, drei, vier Minuten ging gar nichts mehr, ein Urknall war das, unfassbar!« Watzke hatte glänzende Augen, als er das erzählte.

Unser Weg war mittlerweile ein Hindernispfad. Drum herum eine Art Hochheidelandschaft, der Wanderweg wurde rechts und links eingefasst von Hecken und Büschen und ähnelte frappierend der mecklenburgischen Seenplatte. Wir hüpften, wir wateten.»Da müssen wir jetzt durch«, sagte Watzke. Er hatte den Glauben nicht verloren. Die Sache zog sich hin, noch immer drei Kilometer.

Aki Watzke hat vor dreißig Jahren im Sauerland eine erfolgreiche Firma für Schutzkleidung und Feuerwehruniformen gegründet und kam einst als Quereinsteiger, als unbekannter Mittelständler aus dem Sauerland, zu Borussia Dortmund, als ehrenamtlicher Schatzmeister. Als der BVB finanziell total am Boden war und kurz vor der Insolvenz stand, wurde er 2005 Geschäftsführer. Und dann hatte er zusammen mit Sportdirektor Michael Zorc den glorreichen Einfall, Jürgen Klopp als Trainer nach Dortmund zu holen, der Rest ist Geschichte. Mit Klopp teilte er große Erfolge und viele unglaubliche Geschichten.

Zum Beispiel diese: Die Dortmunder waren Meister geworden, die ganze Stadt war auf den Beinen, um zu feiern. Die Mannschaft fuhr mit einem Doppeldecker durch die Stadt, und Jürgen Klopp und Aki Watzke schliefen irgendwann siegestrunken im Bus ein. Sie wachten später völlig desorientiert in einem leeren Busdepot am Rande der Stadt wieder auf, man hatte sie im Bus vergessen.»Alle anderen waren weg. Wir hatten kein Taxi und nichts. Das hat dann dazu geführt, dass wir irgendwann versucht haben, per Anhalter auf der Straße weiterzukommen. Und irgendwann hielt dann ein Transporter, so ein Ford Transit, der hat uns mitgenommen. Was mich aber schon stutzig machte: Die Sitzbänke waren alle so mit weißen Laken bespannt. Und da flogen lauter Hühner rum in der Kiste, das war total verrückt.« Ich wollte wissen, ob denn der Fahrer wusste, wen er da im Auto hatte? »Na klar. Da waren auch immer wieder Straßensperren von der Polizei wegen der Meisterfeier, da bin ich ausgestiegen und habe die Lage geklärt. Und dann hat der Fahrer noch zum Schluss gesagt, wenn ich das heute Abend meiner Frau erzähle und ihr sage, dass ich euch beide durch die ganze Stadt gefahren habe, dann sagt die: Was hast du denn heute geraucht?«

Und dann kamen wir oben auf 843 Meter Höhe an. Das Gipfelkreuz war beeindruckend groß, aber kaum ein Mensch hat es vermutlich je zu Gesicht bekommen. Der Gipfel des Langenbergs befindet sich auf einer Waldlichtung, umgeben von Nadelbäumen, die einem jede Sicht rauben. Mit anderen Worten, du bist ganz oben in NRW und hast überhaupt nichts davon. Die hessische Landesgrenze liegt nur zehn Meter entfernt, und die Nachbarberge heißen Hoppernkopf, Hopperkopf und Hegekopf. Es gab ein Gipfelbuch, vier Leute waren heute schon hier gewesen, Lea und Luan laut ihrem Eintrag um 11:35 Uhr sowie Robert und Pia um 14:32 Uhr, die hatten wir knapp verpasst. Im Regen machten wir eine kurze Gipfelrast, Aki Watzke hatte extra für mich in Dortmund ein belegtes Baguette mit Käse besorgt, ich verschlang es, bevor der Regen das Brot durchtränkte.

Wir ließen den Langenberg hinter uns, gingen auf direktem Weg ins Tal und sprachen über Dortmunds neuen Stürmerstar Erling Haaland, und ich fragte mich, ob Watzke bei seinem Heimatort Erlinghausen immer automatisch an den Norweger denken musste. Watzke erzählte mir außerdem von einem sechzehnjährigen Engländer, den er gerade unter

Vertrag nehmen wollte, Jude Bellingham aus Birmingham. »Merken Sie sich den Namen, von dem werden Sie noch hören, jede Wette.«

Beim Abstieg passierte dann ein kleines Malheur, an der wahrscheinlich steilsten Stelle war unter dem Matsch glitschiger Lehm, und Watzkes Sneakers konnten der Logik der Physik nichts entgegensetzen. Es zog ihm die Beine weg, und er landete mitten in einer Pfütze. Er sah aus wie ein Erdhörnchen, wie ein Amateurfußballer nach einem hart umkämpften Regenspiel in der Kreisklasse. Mir war das Ganze äußerst peinlich, ich hatte ihn ja überhaupt erst auf diese Regenwanderung gelotst. Zum Glück nahm er es mit Humor, denn als er unten ankam, fiel seine Bilanz so aus: »Klatschnass, aber hat sehr viel Spaß gemacht. Und beim Weg runter hab ich das erste Mal Abstiegskampf erlebt, das kannte ich ja vorher nicht.«

Jürgen Klopp hat mal gesagt: »Aki ist keine Liebe auf den ersten Blick. Die will er auch nicht sein. Aki kommt nicht in einen Raum, und alle fallen ihm um den Hals. Er mag gerne dieses Sauerländische, dieses Knochige.« Das stimmte, und es stimmte auch nicht. Den ganzen Tag über hatten wir uns gesiezt, aber zum Abschied sagte Watzke zu mir, wir seien »ein gutes Team gewesen« und da sei »direkt so etwas wie Bergkameradschaft entstanden«. Und dann lud er mich ein, zu einem Bundesligaspiel meiner Wahl zu kommen und mir die Gelbe Wand in Dortmund mal mit eigenen Augen anzuschauen, wenn das mit Corona rum sei. Weil es immer noch regnete, fuhr er mich höchstpersönlich mit seinem Mercedes zum Bahnhof nach Olsberg, ich musste allerdings vor dem Einsteigen meine völlig durchgeweichten und verschlammten Bergstiefel ausziehen, die er im Kofferraum verstaute, damit ich nicht den cremefarbenen Innenraum verdreckte. Ich fühlte mich wie ein Kind. Mir war ganz warm ums Herz. Und dann trennten sich unsere Wege, Watzke fuhr davon, um am nächsten Tag Erling Haaland zu treffen. Und ich ging zum Bahnsteig von Olsberg.

Dort trafen sich zwei alte Bekannte offenbar nach langer Zeit durch Zufall wieder, und ihr Dialog klang wie ein Kurzhörspiel von Helge Schneider:

»Mensch, Matthias, wat machst DU denn hier?«

»Hallo, Meinrad, ja ich warte auf'n Zuch.«

»Ja und dann?«

»Ja, dann fahr ich mit'm Zuch nach Hause.«

»Ja, wohnste denn noch da, wo du gewohnt hast, bei deinen Eltern?«

»Ja, da wohn ich noch.«

»Ja, Mensch.«

(Pause)

»Ja, Meinrad und du? Wat machste?«

»Ja, ich hab heut gut malocht auf Arbeit.«

»Ja und wohnst du noch da, wo du wohnst?«

»Jaja. Da wohn ich noch.«

»Ja, und fährste denn mit'm Bus?«

»Nee, der fährt nur einmal am Tach.«

»Ja, und wat machste dann hier auf'm Bahnhof?«

»Ja, ich fahr auch mit'm Zuch. Und dann mit'm Rad.«

(Pause)

»Na, so 'n Zufall aber auch.«

»Ja, so 'n Zufall. Dat is nich mehr normal.«

Ich musste noch lange grinsen. Ich trocknete im Zug und freute mich auf zu Hause.

12

Der Große Müggelberg/Berlin (114,7 Meter)
Mit Judith Holofernes (Künstlerin)

8. Juli 2020
Die Corona- oder Allergie-Oase im Köpenicker Wald

Der Tag ging nicht gut los. In der Lebendfalle auf meinem
Balkon lag eine tote Maus. Sie sah aus, als hätte sie einen
Stromschlag erlitten. Ihre kleinen graubraunen Haare standen
in alle Richtungen ab. Ihre schwarzen Knopfaugen schauten
mich anklagend an. Sie war so süß. Ich hätte Mund-zu-Mund-
Beatmung erwogen, wenn es noch etwas bewirkt hätte. Aber
die Erfolgsaussichten waren in etwa so groß wie ein Defibril-
lator-Einsatz bei einer Moorleiche. Woran war sie gestorben?
Hunger? Husten? Herzinfarkt? Ich wollte, dass sie lebt, sonst
hätte ich die klassische Bügelfalle gekauft, die mit einem einzigen Genickschlag ihr Leben kurz und schmerzhaft beendet
hätte. Nun musste ich mir den Vorwurf machen, dass die
Maus möglicherweise stundenlang gelitten hatte. Wie ein
Vorwurf lag ein wenig Mäusekack in der Falle, sie hatte kurz
vor ihrem Tod noch etwas von sich gegeben. Eine letzte an-
klagende Botschaft: »Scheiße!« Ich war mit den Nerven am
Ende.

Dem Kauf der Lebendfalle waren lange Diskussionen mit
meinem ganzen Umfeld vorangegangen. Als ich ein paar
Wochen zuvor eine Maus auf meinem Balkon gesichtet hatte,
war ich zunächst erschrocken gewesen, weil da etwas Kleines

durchs Bild geflitzt war, ein Huschen, eine Idee, ein Wimpernschlag, ein Hauch von einem Schatten am Boden. Ich hoffte auf eine Sinnestäuschung, aber die Täuschung kam wieder – mit langen Barthaaren und zwei Knopfaugen. Wie war die Maus dorthin gekommen? Gut, mein Balkon ist mit anderen Balkons verbunden und befindet sich im ersten Stock, also musste sich die Maus nicht groß abseilen oder mühsam mit Saugnäpfen in den zwanzigsten Stock eines Hochhauses hinaufklettern. Trotzdem hätte ich hier nicht mit ihr gerechnet. Die Vorstellung, die Maus würde allein friedlich auf meinem Balkon wohnen, störte mich eigentlich nicht weiter, eine friedliche Koexistenz schien möglich. Doch dann dachte ich an mögliche Sexualpartner der Maus, an Vermehrung, unter Umständen sogar exponentiell. Ich dachte an Sommertage, an denen meine Balkontür durchgehend offen steht, an den Geruch von Lebensmitteln, der hinausweht und magnetische Wirkung auf die Mäusepopulation haben könnte. Ich dachte an Mäuse, die in Zukunft vielleicht in den Hohlräumen unter meinem Kühlschrank leben und sich dort vermehren würden, angesichts der Absenz eines Mäuseklos überall ihren Kot hinterließen, ich dachte an das Coronavirus, das möglicherweise auf einem Wildtiermarkt in Wuhan von Fledermäusen auf den Menschen übergesprungen war.

Und ich beschloss: So kann es nicht weitergehen. Kurz darauf stand ich im Baumarkt meines Vertrauens und suchte lange nach Mausefallen. Ich traute mich nicht, einen Mitarbeiter zu fragen, weil ich nicht wie ein potenzieller Kleintiermörder dastehen wollte. Ich fand die Mausefallen auf der einen Seite der Hochregale, auf der anderen war Tierfutter. Man konnte also entweder Nagetierfutter für Hamster, Meerschweinchen und Zier- oder Rennmäuse kaufen oder sich um hundertachtzig Grad drehen und Guillotinen für stinknormale Mäuse erwerben. Selten waren sich Leben und Tod so nah. Es gab die klassische Holzfalle mit der metallenen Sprungfeder, unter die man ein Stück Käse legt. Dieses Modell sah sehr ästhetisch aus, fast handgemacht, es hätte wunderbar in einen dieser Läden wie zu Omas Zeiten gepasst, wo es sie noch gab, die guten Dinge: Spaten, Brotkästen, Lederwürfelbecher, Leinenhandtücher für die Küche, alles Made in Germany. Nur wich hier die Frage nach der Form der nach der Funktion. Und vor allem der Intention.

Es ging ums Ganze. Ich entschied mich schließlich für eine Lebendfalle, eine kleine Gitterbox mit einer Falltür, die mich mit ihrer klugen Mechanik an die Gimmicks in YPS-Heften erinnerte. Man musste bloß ein Stück Speck oder Schokolade (Mäuse LIEBEN Schokolade!) am einen Ende der Box einspannen, und sobald eine Maus an dem Köder zog, fiel am anderen Ende das kleine Garagentor zu, eine saubere Sache, wie ich fand. Für den Fall, dass es doch schon zwei Mäuse auf meinem Balkon geben sollte, griff ich sicherheitshalber zum Doppelpack; es gab auch einen Zehnerpack, das hätte mir zu denken geben sollen. Der Plan war: Maus einfangen und in ein anderes Stadtviertel tragen oder wenigstens ein, zwei Häuserblocks weiter. Denn ich wusste nicht, ob Mäuse so wie Katzen oder Brieftauben diesen außergewöhnlichen Orientierungssinn haben, der sie auch von Orten, die viele Kilometer entfernt sind, wie durch einen geheimen Mechanismus nach Hause navigiert. Denn dieses »nach Hause« war ja ich, mein Balkon, meine Wohnung. Und nun lag die Maus, die ich eigentlich nur umsiedeln wollte, tot in der Gitterbox. War es Mord oder fahrlässige Tötung? Oder hatte die Maus eine Vorerkrankung, von der ich nichts wissen konnte? Ich hatte ihr extra dreißig Monate lang gereiften Parmigiano aus der Feinkostabteilung in die Falle gelegt, um ihr die Gefangenschaft so angenehm wie möglich zu gestalten. Vielleicht hatte sie eine lebensgefährliche Laktose-Intoleranz?

Gehabt. Gedanken fluteten mein Gehirn, dabei musste ich dringend los zu meiner Wanderung nach Berlin.

Was ich mit der toten Maus gemacht habe? Vielleicht erzähle ich es später.

Es ging also mit dem Zug nach Berlin. Berlin, Berlin, wir fahren nach Berlin – wie oft hatte ich das im Fußballstadion schon gesungen, geschrien, davon geträumt? Und dann war doch spätestens im Viertelfinale des DFB-Pokals Endstation. Nach Berlin bin ich trotzdem oft gefahren, auch ohne meinen Fußballverein im Finale. Berlin ist magnetisch, Berlin lässt keinen kalt. Jeder kennt irgendwen, der nach Berlin gegangen ist, zum Studieren oder um arbeitslos zu sein oder in früheren Zeiten der Bundeswehr zu entkommen oder eine Band zu gründen oder behaupten zu können, Bloggerin oder Journalist oder Schauspielerin in der Hauptstadt zu sein, oder um irgendein Projekt zu haben, das dann zwar nicht klappt, sich aber wahnsinnig interessant anhört. Und vermutlich jeder von diesen Neuberlinern hat in der Hauptstadt grenzenlose Freiheit und deprimierende Winter erlebt, Silvester-Raketen, die nicht vertikal, sondern horizontal durchs Bild geflogen sind und deren Überreste dann bis in den März oder April auf der Straße liegen blieben, bis sich die Jungs von der BSR in ihren orangen Schutzanzügen erbarmten.

Jeder Neo-Berliner kennt sagenhaft gute Falafel- und Dönerläden, sagenhaft schlechte Schrippen, illegale Clubs, in denen man sich tastend durch den Nikotinnebel fortbewegt, Kampfhunde, die nicht angeleint sind, weil der Besitzer auf der Parkbank besoffen eingeschlafen ist, Bettelansprachen in der U-Bahn, teilnahmslos runtergeleiert von Menschen, die den Glauben an sich verloren haben, teilnahmslos hingenommen von Menschen, die den Glauben an den Rest der Welt verloren haben. Jeder kennt die tiefergelegten Mercedes AMGs, gesteuert von Männern mit zu viel Testosteron und riesigen Rolex-Fälschungen an muskulösen Unterarmen, welche betont beiläufig aus dem Seitenfenster hängen, Würfelspiele am Straßenrand oder »Du-mir-sagen-wo-ist-Kugel«-Hütchenspielertricks mit drei herumwirbelnden Zündholzschachteln samt Touristen aus dem Siegerland, die ganz sicher zu wissen glauben, wo sich die Kugel befindet, ultimative Toleranz bis grenzenlose Wurschtigkeit. Da sind seltsame Läden, in denen ausschließlich Ukulelen, Wasserpfeifen, Austern oder irgendein anderer Kladderadatsch verkauft wird, völlig überteuerte Edelgriechen, in denen Christian Lindner oder Lars Windhorst sitzen und Pläne schmieden, U-Bahn-Stationen, die Onkel Toms Hütte oder Krumme Lanke heißen, Etepetete-Muttis auf dem Spielplatz am Kollwitzplatz, die zu ihren kleinen Töchtern sagen: »Wenn dir ein fremder Mann Bonbons anbietet, dann achte darauf, dass sie zuckerfrei sind« (danke OL für diese Karikatur!).

Berlin, das sind Kleingärtner in Lichtenrade oder Lichterfelde und rechte Kleingeister in Lichtenberg, Berlin, das sind die letzten überlebenden Maoisten außerhalb Chinas, Graffiti im letzten Winkel des Treppenhauses, Tattoos auf den letzten freien Flächen des Körpers, überraschend günstige oder haarsträubend hohe Mieten, geniale Kiezkultur und übelste Gentrifizierung, überdrehte Schulklassen aus Westdeutschland vor dem Primark am Alex, die Eisernen von Union, deren Stadion man über Waldwege erreicht, und die alte Hertha, aus der vermutlich nie etwas wird, schon gar kein »Big City Club«.

Berlin, das sind die letzten Provinzgurken, die sich so urbanpunkig verkleiden, damit sie nach Berlin-Mitte aussehen und nicht nach Villingen-Schwenningen, wo sie eigentlich herkommen. Berlin, das heißt: Alles, was man in der Hand hält und nicht mehr braucht, einfach fallen lassen – Bierflasche, Plastiktasche, Dönerbaatz, irgendwer wird's schon wegräumen.

Berlin, das ist der 1. Mai, an dem man immer ganz spontan ganz wütend wird und Autos anzündet oder ganz spontan Demonstrierenden einen Schlagstock über den Schädel zimmert, abrufbare Folklore wie das Maibaumaufstellen in Oberbayern. Berlin, das sind Kanzleramt, Reichstag und Ministerien, Zweitwelten, sauber und sicher und genauso aufgebläht wie der hässliche Hauptbahnhof mit seinen achthundert Ebenen, diese kranke Sinfonie aus Stahl und Beton.

Berlin, das sind aber vor allem ganz viele ganz tolle Menschen, die dem Wahnsinn trotzen, sich nicht entmutigen lassen und Liebe, Nächstenliebe und Offenheit leben. Judith Holofernes ist genau so ein Mensch.

Quasi aus dem Nichts tauchte sie 2002 mit ihrer Band Wir sind Helden auf und sang mit dieser schönen, etwas rotzigen Stimme »Guten Tag, ich will mein Leben zurück«. Das war Konsumkritik, Ironie, Elektropop, das war: cool. Oder der Song »Denkmal« mit diesem einen Moment im Refrain, in dem Judith »und jeder Vollidiot weiß« herausschreit und ihre Stimme bricht wie ein Gletscher, der kalbt. Ich habe Wir sind Helden eine Stunde lang live im Radio interviewt, 2003 oder 2004 muss das gewesen sein, im Colos-Saal in Aschaffenburg und auch später öfters auf Festivals getroffen. Ich erinnere mich noch an eine etwas blasse, vollkommen in sich ruhende junge Frau, die völlig erstaunt auf das Wunder blickte, das sich gerade vor ihr entfaltete. Dass da eine Sängerin und drei Männer auf einer Sympathiewelle durch die Clubs des Landes surften, die ein Jahr zuvor noch niemand gekannt hatte. Wir sind Helden wurden Helden – und wollten es dabei in aller Konsequenz eigentlich nie sein.

Lange ist das alles her. Judith ist immer noch Künstlerin, heute wahrscheinlich mehr denn je, und sie sagte mir ohne große Umstände für meine Bergtour in Berlin zu. Es wurde trotzdem kompliziert, und schuld daran war die Pandemie.

Denn zunächst wollten wir Anfang März 2020 bergsteigen gehen, ausgerechnet in jener Woche, als das mit Corona richtig losging in Deutschland. In Berlin war es in einem Szeneclub namens Trompete passiert, in dem ein Partygänger vierundsiebzig weitere mit dem Virus ansteckte. Corona raste also durchs Land, der Rest ist ja Geschichte. Danach ging erst mal nichts, ein Lockdown lähmte das Land, selbst eine Zugfahrt war zwischendurch verboten. Und so nutzten wir das Zeitfenster zwischen erstem und zweitem Lockdown, von dem wir da noch nichts ahnen konnten.

Judith wollte aus Angst vor Corona unter gar keinen Umständen mit U-Bahn, Bus oder Taxi zum Müggelberg fahren. Ich wiederum wollte unter keinen Umständen knapp sechshundert Kilometer mit meinem Auto von München nach Berlin fahren, nur um Judith Holofernes von Kreuzberg nach Köpenick zu bringen. Stattdessen beschloss ich, klimafreundlich mit dem Zug zu reisen und vor Ort ein Auto zu mieten, auch wenn sich bald herausstellte, dass es wesentlich kostengünstiger ist, in Berlin einen Kleinlaster oder einen 7,5-Tonner zu mieten als einen Pkw, warum auch immer. Wer weiß, vielleicht wäre ein Sattelschlepper sogar noch günstiger gewesen? Ich erwog es ernsthaft und stellte mir dabei Judiths Gesicht vor, wenn ich mit einem zehn Meter langen und vier Meter hohen Lkw vor ihrer Tür in einer engen Nebenstraße im Kreuzberger Kiez aufkreuzte. Im Laderaum achttausend Kubikmeter Luft, im Führerhaus ein Reporter aus München. Zugleich stellte ich mir mein Gesicht vor, wenn ich einen riesigen Lkw von Neukölln bis Köpenick durch den Berliner Berufsverkehr zu manövrieren versuchte. Beim bloßen Gedanken daran bekam ich bereits Schweißflecken so groß wie Langspielplatten unter den Armen. Statt also für fünfzig Euro einen Lastwagen mietete ich für über hundertzwanzig Euro einen winzigen Fiat 500. Ich wusste nicht, wie Judith auf ein fahrbares Osterei reagieren würde, aber irgendwie hoffte ich, sie fände es charmant. In Steglitz, im Süden der Stadt, sollte ich das kleine runde Gefährt bei einem Autoverleih abholen. Auf dem Weg dorthin kam ich in der Schloßstraße am Bierpinsel vorbei, dem vielleicht verrücktesten Gebäude, das ich je in meinem Leben gesehen habe. Wer es nicht kennt, es ist eine Art Betonturm aus der Bauphase des Brutalismus in den 1970ern, in der Beton gar nicht roh und unbehandelt genug sein konnte. In einer Mischung aus Futurismus und Rigorismus gebaut, ruht dieser siebenundvierzig Meter hohe Turm auf einem schmalen Fundament und wird nach oben hin immer größer und größer. Im Berliner Jargon nennt man den Steglitzer Bierpinsel deshalb auch kurz und knapp »Baum«. In der Netflix-Serie *Dogs of Berlin* diente das Gebäude als Sitz des Berliner Landeskriminalamtes, im echten Leben versuchten sich schon diverse Cafés, Kneipen, Schnitzellokale darin, die aber alle irgendwann pleitegingen. Vielleicht, weil das Gebäude von außen viel spektakulärer aussieht, als wenn man von innen aus den Fenstern des Bierpinsels nach draußen schaut. Immer wieder sollte das Gebäude verkauft, vermietet, geleast, gesprengt werden, inzwischen steht es unter Denkmalschutz. Science-Fiction in Steglitz! Ich ging entlang einer breiten Vorstadtstraße, die bedeckt war mit irgendwelchen Baumsamen, welche sich wie Pusteblumen oder Zuckerwatte großflächig am Boden verteilten. Man watete geradezu durch hellbraunen Fluff.

Der kleine unscheinbare Autoverleih war umgeben von Shisha-Bars und Fingernagel-Studios, von einem Kartoffelpufferladen namens Die dollen Knollen, der Ersten Berliner Kinderschwimmschule und einer Kita namens Kleine Zwergenparade. In diesem Umfeld fehlte eigentlich nur noch der obligatorische KreHaarTiv-Friseur namens Mata Haari oder Hin und Hair. Hair je!

Der kleine runde Fiat 500 parkte in einer Nebenstraße und stellte sich als kleiner eckiger Škoda heraus, dem die Radkäppchen bereits abhandengekommen waren. Er sah ein wenig traurig aus, aber Gas, Bremse und Blinker funktionierten einwandfrei, und darauf kam es an. Nahezu sämtliche Autos in dieser Wohnstraße hatten als Kennzeichen EU wie Euskirchen oder HH wie Hamburg. Es war aber nicht so, dass Hunderte von Euskirchnern und Hamburgern Urlaub in Steglitz machten, die Karren gehörten alle zu zwei Autovermietern im Viertel. Parkplatzsuche hier war jedenfalls ein Fulltime-Job. In Berlin leben einfach zu viele Menschen.

Alsbald kurvten Václav (so nannte ich das Auto) und ich durch Berlin, ohne Navi, aber ich hatte mir alles vorher ganz genau eingeprägt. Wir schafften es überpünktlich in den Kreuzberger Kiez, wo Judith Holofernes wohnte. Ich stellte Václav ab, trank noch einen Espresso in einem Café, wo man aus irgendwelchen Gründen auf Englisch bestellen musste, und klingelte dann bei Judith. Es dauerte fast eine Viertelstunde, bis sie herunterkam. Des Rätsels Lösung: Sie hatte seit ein paar Tagen einen Familienhund, der sich noch in der Eingewöhnungsphase befand. Judith hatte Angst, dass ihr Sohn den Hundewelpen in seiner allzu großen Euphorie zu lange streicheln und liebkosen würde, quasi bis zum Biss, also musste sie noch letzte Instruktionen geben. Die Kinder waren zum allerersten Mal alleine mit dem Hund. Ich musste in dieser Sekunde wieder an die tote Maus auf meinem Balkon denken, und meine Brust fühlte sich an, als läge eine Röntgenschürze darauf.

Judith setzte sich schließlich ins Auto, nach hinten, ich nach vorne, Türe zu, Fenster auf, Motor an, Maske auf. Coronagerecht machten wir uns auf den Weg zum Müggelberg.

Judith hatte zwar einen Führerschein, aber »ich fahre spektakulär schlecht Auto«, sagte sie, das letzte Mal habe sie vor achtundzwanzig Jahren am Steuer gesessen. Dafür war jetzt ich zuständig. Ein Mann schob einen Einkaufswagen über die Straße, der bis zum Rand mit gelben Paprika gefüllt war. Was hatte er bloß vor? Ein tiefergelegter Benz nahm uns die Vorfahrt, zum Dank hupte er wie bekloppt, der Schalldruck presste mich in den Sitz, das machte mich nervös. Václav blieb unbeeindruckt, hatte er überhaupt eine Hupe? Am Kottbusser Damm kamen wir an einem Laden für voluminöse Hochzeitskleider in glitzerndem Gold und Silber vorbei, die aussahen, als würden Rondo Veneziano darin ins All fliegen. Wir mussten einmal quer durch ganz Berlin in den Südosten. Auch diese Route hatte ich mir mangels Navi vorher eingeprägt, aber Berlin ist groß und ein bisschen stressiger als – sagen wir – Bad Tölz. Am Hermannplatz brüllte mich ein Fußgänger an, warum auch immer, und benutzte dabei Worte, die ich hier nicht wiederholen möchte. War das schon Tourette oder nur Berliner Schnauze? Diese viel beschworene Eigenart der Berliner ist eigentlich nur eine lauwarme Umschreibung für gnadenlose Unfreundlichkeit. Der österreichische Schriftsteller Thomas Glavinic hat mir einmal von einem Berlin-Besuch berichtet. Als er sein Ziel nicht fand, ging er in einen Lottoladen und fragte ganz freundlich: »Entschuldigung, ich suche die Oranienstraße.« Da sagte die Besitzerin: »Na denn, viel Glück!«

Auf Höhe der Baumschulenstraße in Treptow-Köpenick erzählte mir Judith von dem neuen Hund, der aus Niedersachsen in die Hauptstadt geholt worden und jetzt vom Großstadtleben so ermüdet war, dass er nach jedem Gassigang vier Stunden lang erschöpft durchschlief. Und sie sprach von der Isolation während der Coronazeit, in der sie lediglich ein paar Spaziergänge gemacht hatte. Konzerte, Kinobesuche, eigene Auftritte, das alles war seit Monaten eine immer fernere Erinnerung. »Ich bin Allergikerin, Asthmatikerin, und vor allem bin ich sehr vorsichtig«, sagte sie. Umso schöner, dass wir nun unterwegs waren in die Natur, viele Bäume, gute Luft, wenig Menschen. Wir fuhren vorbei an Adlershof, wo sich ab 1952 das Fernsehzentrum der DDR befand, hier wurde vom Deutschen Fernsehfunk (DFF) *Unser Sandmännchen* erdacht, ich musste an Pittiplatsch und Schnatterinchen denken, die beiden kultigen Puppenfiguren. Nicht zu vergessen die SED-Propagandasendung *Der Schwarze Kanal*. Wir kamen durch Köpenick, das merkte man, weil an den Ampelmasten die Zahl der »Eisern Union«-Aufkleber beträchtlich stieg. Kurz vor dem Müggelsee ging es nach rechts weg, auf eine lange Gerade durch den Wald. Ich war stolz, dass ich mir alles richtig gemerkt hatte, und stellte Václav auf einem Parkplatz ab.

Unsere Wanderung begann am Kleinen Müggelberg (88 Meter). Der Große Müggelberg konnte also nicht weit sein. Zwischen den Bäumen erhob sich ein Aussichtsturm aus den Sechzigerjahren mit angegliedertem Café, das in mir sofort die Assoziation eines gepflegten Familienausflugs 1967 mit Eierlikör-Torte und Kännchen Kaffee weckte. Das Café besaß laut Beschilderung eine »Haustierterrasse«. Judith und ich blickten uns fragend an, was das wohl sei. Die einmalige Möglichkeit, gemeinsam mit Hamster, Wellensittich, Schildkröte und Katze einen Kaffee oder ein Bierchen trinken zu gehen und sich übers Füttern hinaus tiefergehend miteinander zu unterhalten? Die Frage blieb ungeklärt.

Judith merkte an, dass unser Wanderziel nicht gerade sehr hoch sei. Sie hatte vollkommen recht, 114 Meter waren nicht eben der Himalaja. Daraufhin lieferte ich die Information, dass es sogar mehrere höchste Berge in Berlin gab. »Wusstest du das?«, fragte ich sie.

»Nein, streiten die untereinander? Oder gibt's da Ost und West?«

»Na ja, wir besteigen heute die höchste natürliche Erhebung, aber es gibt auch Müllberge.«

»Ach ja, das hab ich mir gedacht, der Teufelsberg.«

Der ist 120,1 Meter hoch und galt lange als Berlins höchster Berg, bevor die Arkenberge in Nord-Pankow aufgeschüttet wurden, 121,9 Meter. »Aber das sind beides Schutt- oder Deponieberge«, sagte ich.

»Nee, nee, wir nehmen einen echten Berg«, meinte Judith sehr bestimmt und wanderte los. »Ich würde ja am liebsten alle meine Interviews im Laufen machen, aber in den allerseltensten Fällen sind die Leute dazu bereit.« Ein unterschätztes Genre also, das gepflegte Flanier- und Wanderinterview?

»Ich finde, man kann beim Laufen im Wald besser denken«, sagte sie. Und dieser Wald hier war besonders schön. Birken wechselten sich ab mit Kiefern, ein paar Eichen waren auch dabei. Berlin schien schon nach ein paar Meter Fußweg Lichtjahre von uns entfernt. Das tat uns beiden richtig gut.

Judith war seit Corona kein einziges Mal mehr Bus und Bahn gefahren, stattdessen viel mit dem Fahrrad unterwegs. »Ich genieße die Vereinfachung des Lebens, das Schlichte daran, dass alles gerade nicht so komplex ist, das bekommt mir ganz gut. Was bei mir dazukommt, ist, dass ich gerade sowieso mein Leben seit letztem November auf den Kopf gestellt habe. Und zwar, indem ich mein ganzes Kunstgemache auf Patreon verlagert habe.« Patreon, das ist eine Crowdfunding-Plattform im Netz, bei der man einen Kunstschaffenden seiner Wahl als Minimäzen unterstützt, quasi seinen Lieblingskreativen mit einem Abo fördert und im Gegenzug exklusive Kunst erhält. »Das ist gemütlich, denn jetzt habe ich die Situation, die ich mir immer gewünscht habe, dass ich zu Hause mein Ding machen kann und meine Fans mich dafür regelmäßig unterstützen.« Judith erhält nun jeden Monat Geld von ihren »hardcoresten Hardcore-Fans« überwiesen, und im Gegenzug bespaßt sie die Leute ausgiebig. »Ich schreibe autobiografische Texte für die und mache Extra-Podcast-Folgen und Buchclubs, ich empfehle Bücher, und meine Patrons empfehlen mir Bücher zurück.« Es klang himmlisch.

Judith hat sich mit Wir sind Helden und auch solo über die Jahre eine eingeschworene Fangemeinde erspielt, die bereit ist, den Weg auch weiterhin mit ihr zu gehen. »Es macht total Spaß und ist kuschelig«, sagte Judith. Wir legten eine kleine Rast an einer hölzernen Schutzhütte ein, sie trank Kakao, ich Wasser. Die körperliche Anstrengung hielt sich in Grenzen, von den zu überwindenden sechsundzwanzig Höhenmetern ab dem Parkplatz bis zum Gipfel hatten wir jetzt schon etwa die Hälfte hinter uns. Die Stadt war fern, die Sonne schien, das Leben war gut zu uns. Warum waren nicht alle Berge so wie der Große Müggelberg? Kein Regen, kein Nebel, kein Stau, kein Stress, alles war, wie es sein soll. (O Gott, die Maus in München!)

Plötzlich ein ungewohntes Dröhnen, am Himmel flog ein Flugzeug. Man muss sich die ersten Coronamonate in Erinnerung rufen, in dieser Zeit flog kein einziges Flugzeug mehr, wieso auch, mit wem, wohin? Kein Kondensstreifen am Himmel, das war Konsens für eine Weile. Alle blieben, wo sie waren. In Paris versammelten sich in diesen Wochen viele Menschen abends rund um den Flughafen Orly, weil man dort Tag für Tag einem Naturspektakel beiwohnen konnte. Auf einmal waren Vogelkonzerte zu hören, Stimmen, die jahrzehntelang geschwiegen hatten, weil sie vom lauten Gedröhne der Düsenflugzeuge akustisch niedergewalzt wurden und lieber gar nicht mehr sangen; ihr wiedererwachtes Pfeifkonzert muss spektakulär gewesen sein, ein Franzose hatte mir davon erzählt. Auch hier waren in diesem Moment Amsel, Drossel, Fink und Star zu hören, die irgendwo in den Bäumen saßen und zwitscherten. Einfach so.

Wir wanderten ein Stück weiter, als auf einmal zwei Mountainbiker von links durchs Unterholz geschossen kamen. Die beiden Downhillfahrer blieben die einzigen Menschen, die uns während unserer gesamten Wanderung begegneten, bis auf einen geheimnisvollen rothaarigen Jogger, der nur Hotpants und Sneakers trug, sonst nichts. Wir kamen zurück auf Patreon, zu Judiths Abo-Bezahlsystem. Sie erzählte von ihrer Freundin Amanda Palmer, der ehemaligen Sängerin der Dresden Dolls, die sich irgendwann im Zwist von ihrer Plattenfirma getrennt hatte. 2012 machte sie sich selbstständig und sammelte über Crowdfunding Geld für ihre nächste Soloplatte. Über eine Million Dollar kamen so zusammen, fast fünfundzwanzigtausend Fans hatten gespendet. Palmer schrieb später ein Buch darüber mit dem Titel *The Art of Asking*. Judith erzählte mir, wie sie vor sechs Jahren dieses Buch im Garten ihres Vaters gelesen hatte.»Ich habe Tränen vergossen, weil es genau das war, wie ich Kunst empfinde: Weit jenseits von Kommerz ist das eine Beziehung zwischen Künstlern und Kunstverliebten.« Lange Jahre gärte dieser Gedanke in ihr, bevor sie den Schritt wagte und diese neue Form der Unterstützung wählte.»Vielleicht ist das die Zukunft der Popkultur«, meinte sie.»Warum soll nicht jemand zwei, drei Künstler haben, die er sehr liebt und denen er seine Kohle direkt zukommen lässt, um größtmögliche Freiheit zu schaffen, jenseits von Plattenfirmen, die reinreden?« Wie sie über all das sprach, der weiche Klang ihrer Stimme, das leise Lächeln in ihrem Gesicht, das zeigte mir: Sie hatte ihr Glück gefunden. Besonders treue Förderer bekommen übrigens auch mal eine persönliche Postkarte oder ein selbst gebasteltes Puzzle, in jedem Fall mehr als nur Musik.

Vor uns strahlte es hinter einer Kastanie in hellem Weiß. Judith und ich dachten, das müsse der Himmel sein, der grell durch die Bäume schimmerte, es war aber bloß die Wand eines mittelhohen Turms, der wie eine Fata Morgana hier im Wald herumstand. Er sah ein wenig aus wie der Geldspeicher von Dagobert Duck, nur in Kaltweiß statt in Rot. Was war das bloß mal gewesen?

Ein paar Meter weiter stand ein Hinweisschild aus Holz, etwas vermoost und verwittert, und zeigte nach links zum »höchsten Punkt Berlins«, dabei ging es bergab. Berliner Logik. Wir machten ein Selfie, und Judith fragte sich, ob sie noch Kakao von der Rast im Gesicht hatte. Nun sprachen wir über Bergerlebnisse in ihrem Leben. »Wir sind mit den Helden auf hohe Berge hochgefahren, weil die Schweizer und die Österreicher die seltsame Angewohnheit hatten, ihre Festivals oft auf absurden Bergspitzen zu veranstalten. Ich weiß nicht, welcher der höchste war, aber ich weiß, dass ich beim Singen oft Höhenluft-Probleme hatte. Ich habe dann immer mein Asthma gemerkt.«

Unser kleiner Waldweg stieg jetzt wieder an, und das Beste war: die Bodenbeschaffenheit. Der Waldboden war hier so dick und weich und flauschig, als bestünde er nur aus Moos und Torf und Tannennadeln, es war ein großes Vergnügen, hier zu laufen. Mit jedem Schritt federten wir, als hätten wir Schaumstoff unter den Füßen. Ich fing an, leise zu jodeln. Müggelberg, du Oase im Wahnsinn Berlins. »Fump. Fump. Fump«, machten unsere Schritte, und es duftete nach Harz und Holz. Mit Berlin hatte das NÜSCHT zu tun, das hier war die viel zitierte Berliner Luft, die man sich eigentlich dort wünschte. Zwischen den Kiefernstämmen sah ich schon das Gipfelkreuz: Großer Müggelberg, 114,8 Meter. Das Kreuz stand auf einer kleinen Waldlichtung, umgeben von Nadelbäumen, sodass man von hier oben keinen Fernblick hatte, obwohl der Große Müggelsee so nahe lag. Der Müggelberg ist der einzige höchste Berg Deutschlands, der auch mit dem Schiff zu erreichen ist. Von 1904 bis 1945 stand hier oben die

Bismarckwarte, die noch mal vierzig Meter hoch war, sie wurde aber in den letzten Kriegstagen von den Nazis gesprengt, denn sie war wie eine Landmarke, aus der Luft sofort zu erkennen, und man wollte den alliierten Flugzeugen nicht die Orientierung erleichtern. Im Wald lagen vermutlich noch Bismarck-Brocken herum, die uns aber verborgen blieben. Was wir dagegen entdeckten, war ein ausgeweideter Plüschhase, der wie gepfählt auf einem Baumstamm neben dem Gipfelkreuz lag. Moos wuchs dem Hasen um die Schnauze. Es sah aus wie im Film »Der Exorzist«, maximal gruselig, wie eine Kryptonachricht von einem Massenmörder in einem schwedischen TV-Krimi, die nur Kommissar Beck entschlüsseln konnte und die nichts Gutes verhieß. Aber Beck war nicht da.

Ganz in der Nähe versteckte ich meinen Gipfelschnaps, einen Fläminger Jagdlikör mit einem Fuchs darauf, und nahm auch ein paar Gipfelsteine mit, wie bei allen anderen Bergtouren auch. Judith sagte mir, sie habe vage Vertrautheitsgefühle, was diesen Ort angehe, konnte aber nicht sicher sagen, ob sie schon mal hier oben gewesen war, früher, in ihrer Kindheit. Vermutlich nicht, denn sie wuchs ja im Westen Berlins auf, der Müggelberg in Ost-Berlin war zu Mauerzeiten unerreichbar. Auch wenn viele das nicht wissen, Judith stammt aus Berlin, hat die ersten sechs Jahre ihres Lebens in Kreuzberg verbracht, wo sie jetzt auch schon wieder lange Zeit lebt. Und sie liebt ihre Geburtsstadt, »für Freiheit, für das Gefühl, dass man mehr Möglichkeiten hat, zu sein, wer man sein möchte, als in allen anderen Weltstädten und Kleinstädten der Welt. Das Einzige, was mich nervt, ist, dass man nicht schnell genug in den Wald kommt.« Was wir zum Glück geschafft hatten.

Judith erinnerte sich aus Kindheitstagen an die Mauer, die sie damals »irgendwie beeindruckend« fand, aber nicht genau wusste, warum, und an ihren Kinderladen in der Urbanstraße. »Die Erinnerungen sind schon harsch, ich erinnere mich an viel mehr Hundekacke als heute, Berlin war streugebombt mit Hundescheiße, und alle Häuser hatten diese rauen Fassaden, an denen man sich als Kind immer aufschrabbte und mit Fleischwunden nach Hause kam. Aber ich habe Berlin total geliebt.« Mit sechs ist sie mit der Mutter nach Freiburg gezogen, nachdem sich die Eltern getrennt hatten; die Kinder im Breisgau machten sich lange Zeit lustig über Judith Holofernes und ihren Berliner Slang, vielleicht hatte sie auch die Berliner Schnauze durchschimmern lassen, wer weiß. »Du bist nicht getauft, du heißt Niemand«, hänselte man sie, beim »Schrippenkauf« in Freiburg fuhr sie gegen die Wand, und alle sagten, sie sei ein Punker, »dabei war ich nur ein zerzaustes Hippiemädchen, ein Mehlwurmkind mit Augenringen, ein schwächliches Montagsmodell. Ich bin immer total schnell müde geworden zwischen all den rotwangigen Freiburger Cornflakes-Kindern und bin immer zehn Meter hinter ihnen hergeschlurft.« Der Umzug war hart für sie, ein echter Kulturschock, aber sie hat Freiburg dann doch lieben gelernt. »Teenager zu sein in Freiburg, war dann doch geil, denn es gab ja genug von allem.«

In ihrem Fall war es die Musik, die ihr alles eröffnete. Judiths erste Platte war nicht DIE EINE erste Platte, sondern die komplette Plattensammlung ihrer Mutter, »von Ton Steine Scherben über France Gall zu den Ramones und Patti Smith. Und dazwischen gehobener Schlager der Sechzigerjahre.« Ihr erstes musikalisches Geburtstagsgeschenk war kurioserweise *Coming Back Hard Again* von den Fat Boys, Achtzigerjahre-Hip-Hop aus Brooklyn. Das erste Konzert, auf das sie ging – jenseits von feministisch-politischen Konzertbesuchen mit der Mutter –, war das von Nena in Freiburg. »Da gibt es Kinderfotos von mir, wie ich an dem Tag mit Stirnband auf der

Kommode tanze.« Im Wald war jetzt aus der Ferne eine Alarmanlage zu hören, vielleicht die von dem weißen Geldspeicher ein Stück bergab, es pfiff ganz schrill. Von der anderen Seite des Waldes hörten wir Vögel, die spontan die Alarmanlage nachmachten mit ihrem Gezwitscher.

Zurück zur Musik. Judith fing irgendwann an, Gitarre zu spielen und zu singen. Sie stellte sich in die Freiburger Fußgängerzone und verdiente dort ihr erstes Geld als Straßenmusikerin. »Ich habe kürzlich die Playlist wiedergefunden, die ist wirklich absurd, ich hatte offenbar überhaupt keinen Geschäftssinn. Ich habe nur B-Seiten gespielt, ich habe alles gesungen, was keiner hören wollte. Nicht ›Knocking on Heaven's Door‹ von Bob Dylan, sondern ›Going, Going, Gone‹ und ›Masters of War‹. Michelle Shocked habe ich gespielt, die in Freiburg natürlich kein Schwein kannte.« Ein paar Crowdpleaser waren dann aber doch auch dabei, »Venus« oder »Dancing in the Dark« oder ein Song von Bowie. Von ihrem vierzehnten bis zu ihrem achtzehnten Lebensjahr hat sie das gemacht und dabei gar nicht schlecht verdient, »sechzig bis achtzig Mark in der Stunde«. Mehr als ihre Mutter, denn die ist literarische Übersetzerin.»Ein Beruf, der unsäglich schlecht bezahlt wird«, wie Judith sagte.»Die kommen auf eine Bezahlung unter dem Mindestlohn, weil die müssen ja recherchieren wie bescheuert.« Auch wenn Judith Holofernes später im Leben, während ihrer Zeit mit Wir sind Helden weitaus mehr Geld verdiente, den größten Spaß hatte sie, wenn sie mit den Münzen aus der Fußgängerzone heimkam und später mit den Münzrollen auf die Bank ging.»Weil es so direkt war.«

Wir waren beim Abstieg und kamen gerade wieder an dem vermoosten Holzhinweisschild von vorher vorbei. Judith erzählte weiter von ihrem Werdegang. Von Freiburg aus wollte sie eigentlich nach Liverpool, auf die dortige Musikschule, schied aber in der letzten Bewerbungsrunde aus und war »herzgebrochen«, wie sie sagte. Stattdessen ging sie aus Trotz nach Berlin und studierte Gesellschafts- und Wirtschaftskommunikation, weil sie gehört hatte, dass man da nebenbei ganz gut Musik machen konnte. Auf einem Popseminar in Hamburg lernte sie schließlich ihre Bandkollegen und auch ihren späteren Ehemann kennen. Sie hatte aber nicht bedacht, dass Musiker, die man in Hamburg kennenlernt, nicht unbedingt in Berlin wohnen. Und so haben die Mitglieder von Wir sind Helden bis zuletzt in verschiedenen Städten gewohnt. Man traf sich immer reihum in Hannover, Hamburg und Berlin.»Später war es egal, wo wir lebten, wir waren sowieso nur noch im Tourbus.«

Der Karrierestart gestaltete sich »magisch, es war, als wären wir getragen von riesigen Flügeln oder so, als wäre uns das Universum wohlgesinnt«. Zu den großen Momenten gehörten der,»als ich mit vierundzwanzig bei Harald Schmidt in der Show auf dem Sofa saß. Und als unser erstes Video bei MTV lief, da war das MTV-Logo noch absolut magisch, da saßen wir in meiner kleinen Studentenwohnung, sahen uns auf dem Bildschirm und sind völlig ausgeflippt. Haben uns immer hysterisch angerufen, wenn wir im Radio liefen. Sind auf erste Konzerte gefahren, auch nach Bayern, und konnten nicht verstehen, dass alle ausverkauft waren.« Judith war mittendrin im Auge des Hurrikans. Zum Beispiel vor achtzigtausend Menschen als Hauptact bei Rock am Ring, weil Limp Bizkit kurzfristig abgesagt hatten. Statt der Nu-Metal-Band aus Jacksonville kamen die Elektropopper Wir sind Helden, das war nicht ohne Risiko, aber Judith gewann mit ihrer Band die Herzen, am Ende tanzten Rocker mit Metal-Kutten in der ersten Reihe.

All das hatte aber auch seine Kehrseite. Der Druck auf die Band wurde immer größer, die erste Platte 2003 verkaufte sich eine halbe Million Mal, fünffach Gold, die nächste Platte schon Doppelplatin. Mit dem Erfolg stieg auch die Erwartungshaltung von außen. »Es war wie bei einem Rennfahrer. Es macht Spaß, aber du weißt, wenn du das Steuer verziehst, endest du an der Wand.« Die Leute bei der Plattenfirma sagten Judith, dass Arbeitsplätze von ihr abhingen und »dass ich mal aufhören soll mit dem ganzen Meta-Scheiß«. Die Band war wie gefangen in einer Mühle. »Wir haben den ganzen Sommer Festivals gespielt, neben den Konzert-Touren haben wir dann noch Extra-Promotion-Touren gemacht, wo man nichts als Interviews gibt den ganzen Tag. Dann kam irgendwer und sagte, man hätte das Album ›am besten vor drei Monaten‹ rausgebracht, eine typische Wendung aus der Plattenindustrie: Das Artwork hätte man am besten vor zwei Wochen abgegeben, das Tracklisting hätte man am besten …«, so erzählte sie das. Es war immer alles zu spät, und es hätte immer alles schneller gehen müssen. Von allen Seiten hieß es: »Man muss das Eisen schmieden, solange es heiß ist, und immer nachlegen, nachlegen.« Bei ihren Erzählungen bekam ich schon vom Zuhören schwitzige Hände und ungute Gefühle. Mit Kreativität hatte das jedenfalls nicht mehr viel zu tun.

Dann legte sich Judith auch noch mit der BILD-Zeitung an. Die hatte nämlich nachgefragt, ob Judith Holofernes nicht bei einer Anzeigenkampagne als Testimonial, als prominentes Gesicht dabei sein wolle mit einem netten Sprüchlein zur BILD-Zeitung. Philipp Lahm machte mit, Thomas Gottschalk auch, Judith und ihre Band nicht. Sie schrieb damals einen offenen Brief, in dem stand: »Werben für BILD? Ich glaube, es hackt!«, und begründete darin ihre Ablehnung. Sie schrieb, für wie »perfide« sie die Kampagne halte und dass BILD »ein gefährliches politisches Instrument und ein bösartiges Wesen« sei, sie ließ richtig Dampf ab, und auch jetzt, viele Jahre später, war sie stolz auf ihren Widerstand, der ihr viel Zustimmung einbrachte. Weil da mal jemand nicht nur dagegen war, sondern sich regelrecht verwahrte gegen die Umarmung der auflagenstärksten deutschen Tageszeitung. Und die Geschichte ging noch weiter: Die BILD-Zeitung buchte eine ganze Anzeigenseite in der taz und druckte darin kommentarlos Judiths Antwortbrief ab. Klingt vermeintlich lässig, war am Ende aber ein Eigentor, weil alle lesen konnten, was Judith Holofernes geschrieben hatte. Und es hat mit Sicherheit keinen einzigen taz-Abonnenten oder Wir-sind-Helden-Fan zum BILD-Stammleser gemacht. »In dem Moment bin ich ein bisschen vom Glauben abgefallen, nicht, weil die BILD-Zeitung das versucht hat, sondern, weil die taz da mitgemacht hat.«

Wieder dröhnte ein Flugzeug über dem Wald. Der kleine Müggelberg war schon in Sicht. Wir sind Helden gibt es schon lange nicht mehr, man hat sich im Frieden getrennt, rückblickend war es für Judith eine Erfahrung von »totaler Überforderung und zugleich wunderbarem Ausnahmezustand, so ähnlich wie bei Bergsteigern«, und damit schloss sich der Kreis zu unserer kleinen Mittagswanderung. Seit dem Ende der Band hat Judith zwei Soloalben aufgenommen und einen Gedichtband über Tiere mit dem Titel Du bellst vor dem falschen Baum herausgebracht, benannt nach einem Hundegedicht. Apropos Hunde. Judith musste jetzt heim zu ihrem Hund und ich nach München zu meiner toten Maus. Wir beendeten unsere Bergtour auf den Großen Müggelberg mit dem Titel des allerletzten Helden-Albums: Bring mich nach Hause.

Wieder fuhr ich mit Václav durch die große Stadt Berlin, erst einmal von Südost nach Nordwest, um Judith heim zu Familie und Hund zu bringen. Und dann nach Südwest, um Václav wieder zu seinem Herrchen zu bringen, dem Autoverleiher in Steglitz. Von dort nach Nordost, zum Südkreuz, zu meinem ICE.

Später, beim Telefonieren auf dem Gang, hörte ich aus dem benachbarten Großraumwaggon eine alles durchdringende Kinderstimme. Ein kleines Mädchen forderte »Tic Tac!«. Erst leise, dann immer lauter und drängender. Die Eltern wollten ihrer Tochter aber offenbar keine Pfefferminz-Bonbons kaufen, und das Mädchen hielt dagegen: »Tic Tac!« So ging das über Minuten, die Kleine steigerte sich in ein irres Stakkato: »Tic! Tac! Tic! Tac! Tic! Tac!« Es klang wie eine außer Kontrolle geratene Standuhr. Nur die Eltern blieben bemerkenswert standhaft. Sie schienen den Kauf von Süßigkeiten aus pädagogischen Prinzipien oder aus Gründen der Zahnhygiene abzulehnen, aber für uns alle hier im Zug hätten sie heute gerne mal eine Ausnahme machen können. »Tiiiic! Taaaac!« Ich glaube, alle im Waggon dachten über Crowdfunding nach und über die Frage, wer ins Bordbistro geht und die gottverdammten Tic Tacs kauft und wer es den Eltern sagen soll. »Tiiic Taaac! Tic Tac! Tic Tac!« Die Taktik war klar: Revolution durch Repetition. Oder, falls es etwas länger dauerte: Evolution.

Mich erinnerte das alles fatal an eine Zugfahrt im Sommer zuvor. Im Regionalzug von Nürnberg nach München kam es zu einer Begegnung, die sich mir auf alle Zeiten eingebrannt hat – ich traf DIE KOPFWEH-FAMILIE. Wobei nicht die Familie Kopfweh hatte, sondern Kopfweh auslöste, bei allen, die dabei waren. Vorhang auf für sechs Personen aus Duisburg: Mutter, Oma und vier Kinder. Eddin, zweite Klasse Grundschule. Seine Schwester Aldina, dritte Klasse. Ihr großer Bruder Murat, etwa zwölf Jahre alt. Und Benjamin, genauso alt, offenbar ein Freund der Familie. Die sechs waren auf dem langen Weg vom Ruhrgebiet nach München und dann weiter mit dem Bus nach Bosnien auf Heimaturlaub, ich weiß das alles so genau, denn ich konnte es den Gesprächen entnehmen, die wurden nämlich eher laut als leise geführt. Das galt auch für alles andere, was in den nächsten knapp anderthalb Stunden passierte. Ich habe irgendwann angefangen zu protokollieren, um kein Detail dieser wertvollen Begegnung zu vergessen. Es fing eigentlich recht harmlos an. Oma schlief, Mutter döste, die Kinder spielten ganz leise auf diversen Handys diverse Spiele, man hörte nur ab und zu ein »Scheiße!« oder »Ich töte dich«, aber irgendwann waren die Akkus leer, und die Mutter kassierte die Handys ein. Schnell brach Streit aus.

»Eddin hat mich gezwickt.«

»Hör auf, Eddin.«

»Aldina hat mich davor gezwickt!«

»Schluss damit, Aldina.«

»Wann sind wir da?«

»Bald, Murat!«

»Ich hab's dir doch gesagt, Digga.«

»Du sollst nicht Digga sagen, Benjamin.«

Wir fuhren in den Augsburger Vorort-Bahnhof Oberhausen ein. Benjamin sah das Schild und rief erstaunt: »Krass! Wir sind erst in Oberhausen!« Eddin rief glücklich: »Wir sind wieder zu Hause.« Mutter irritiert: »Das muss ein anderes Oberhausen sein. Das ist ja unmöglich.« Mutter packte Capri-Sonne für alle aus, Eddin pikte Murat mit dem spitzen Strohhalm, Murat haute Eddin ins Gesicht, Mutter haute Murat auf die Hand, Murat schrie, Aldina blies mit dem Strohhalm Capri-Sonne durch die Luft, Benjamin lachte, der Boden klebte, Mutter schimpfte, Oma wachte auf, erste Fahrgäste verließen fluchtartig ihre Plätze und suchten sich neue.

Eddin lief aufs Klo und wusch sich die Hände, die wegen der Capri-Sonne klebten, Murat lief hinterher und stellte ihm ein Bein, Eddin flog hin und weinte. Oma fragte: »Was ist mit meine Kleine?« Aldina fing plötzlich laut zu jaulen an wie eine kaputte ABC-Sirene. Ein älterer Herr schräg gegenüber

wedelte mit der flachen Hand vor der Stirn wie ein Scheibenwischer und verließ die Szenerie mit den Worten:»Sind
wir denn im Irrenhaus?« Schade für ihn. Das Beste verpasste er.

Jetzt defilierte ein Junggesellenabschied vorbei. Acht Jungs,
eine Polonaise, zusammengerechnet etwa zwanzig Promille.
Einer von ihnen trug eine bayerische Lederhose und dazu
ein T-Shirt mit dem Spruch»Highway to Helles«. Erbrochenes
klebte an seinen Haferlschuhen. Willenlos wurde er weiter-
geschubst von einem Typen mit beeindruckendem Bauch-
umfang und dem Motto-T-Shirt»Bier formte diesen wunderschönen Körper«. Selbstbewusstsein war vorhanden.

Eddin schrie:»Benjamin hat gefurzt«, und weil ihm das
selber wohl nicht laut genug vorkam, noch einmal:»Benjamin hat gefurzt!« Benjamin schrie daraufhin:»Eddin hat gefurzt!« Ein besserer Konter fiel ihm wohl nicht ein. Aber egal
ob Benjamin oder Eddin – es roch tatsächlich nach Verwe-
sung, vielleicht war dafür aber auch das»Team Bräutigam«
zuständig, wie es auf rosa Luftballons stand, die die volltrun-
kenen Gaudiburschen jetzt zu verkaufen versuchten. Wir fuhren an Hunderten von Solarpanels vorbei, die auf einer ab-
fallenden Wiese standen und in der Sonne funkelten.»Was
ist das?«, fragte Eddin.»Ein Solarium«, sagte Oma im Brust-
ton der Überzeugung. Ich musste an unsere ehemalige Putz-
frau in der evangelischen Kirchengemeinde denken, Frau
Fritsche aus Sachsen, die angesichts einer längeren Regen-
phase die Theorie entwickelt hatte:»Das liegt alles an den
Sandaletten am Himmel«. Ob die Satelliten tatsächlich einen
Einfluss auf das Mikroklima haben, ist bis heute nicht erwie-
sen. Die einen sagen so, die anderen so.

Oma sagte nun zu Murat:»Benimmst du!« Murat zu Oma:
»Verpiss dich!« Schaffner zu Murat:»Jetzt mal halblang!«
Benjamin rief aus dem Hintergrund:»WC! WC! WC!« Oma

äffte ihn nach:»Du bist sälbär eine Wäää Cäää!«Murat fing zu reimen an:»Ich sitze und schwitze: die Hitze.«Das hätte ich ihm gar nicht zugetraut. Nicht übel. Dann wurde er wieder frech:»Ich geh jetzt auch aufs Wäää Cäää.«Oma schubste ihn weg.»Du jetzt nix auf Klo!«Aldina hatte mittlerweile einen ihrer lila Glitzer-Sneakers ausgezogen und machte damit stupide den Metalldeckel des kleinen goldfarbenen Mülleimers auf und zu. Auf und zu. Es klapperte enervierend, und wer bis zu diesem Zeitpunkt in diesem heißen Regionalzug nicht die Nerven verloren hatte, musste jetzt sehr stark sein. Oma:»Aldina, ich hasse dich.«Öha. Der Ton wurde rauer.

Murat rüttelte währenddessen am Türgriff im Gang, die Mutter rief:»Dann fällst du halt aus dem Zug und brichst dir die Knochen. Nicht mein Problem.«Sie hatte offenbar resigniert.»Du hast mir ins Auge gepikt!«, schrie jetzt Benjamin. Eddin hatte ihn ins Auge gepikt.»Du Lügner! Hab ich nicht.« Eddin warf sich melodramatisch auf den Boden – im Fußball würde man Schwalbe dazu sagen – und wälzte sich hin und her. Mutter zu Oma:»Er baut nur Scheiße!«Aldina war merkwürdig still, aus dem Augenwinkel sah ich, dass sie mehrere Babybel-Minikäse in sich hineinstopfte, das sind diese holländischen Bonsai-Käsekugeln, die mit der roten Wachsschicht, die sich wie eine Hülle um den Gouda schließt. Aldina fing an, aus den vielen Wachskäsehüllen einen großen roten Wachspopel zu kneten, mit dem sie großflächig die Fenster der Regionalbahn bemalte, ein kreatives Meisterstück, wie ich fand, allerdings ohne Rücksichtnahme auf die DB-Putzkräfte, die diese Sauerei später wieder entfernen durften. Oma und Mutter hatten davon nichts bemerkt. Erst als Aldina auch ihre Brillengläser mit dem roten Wachs bemalt hatte, durch die Fettschicht nichts mehr sah und orientierungslos über den Gang stolperte, fragte Oma:»Aldina, was hast du gemacht mit Brille?«Aldina antwortete:»Käse«, woraufhin die Mutter ausflippte. »Wir fahren mit dir nicht ans Meer, so wie du dich aufführst!«

»Dann kann ich meinen Badeanzug nicht anziehen, den ihr mir geschenkt habt«, jammerte Aldina. Die Mutter, zur Oma gewandt: »Mama, können wir nicht ein Reisespiel spielen? Ich sehe was, was du nicht siehst?« Aldina verzweifelt: »Ich sehe aber nichts«, die Brillengläser waren immer noch rot verschmiert. Nun zog Eddin seine Schuhe aus und warf sie im hohen Bogen durch den Zug, vom anderen Ende des Waggons hörte man eine Stimme: »He! Was soll das?!« Mutter schrie: »Eddin, zieh die Schuhe wieder an! Bei allem Verständnis, das ist eine lange Fahrt, das ist eine Scheiße, Oma hilft mir nicht, und ihr seid zu viert!« Oma (eingeschnappt): »Es sind nicht meine Kinder.« Aldina: »Mama, ich bin reisekrank.« Mutter: »Das nächste Mal bleiben wir in Marxloh.« So ging das über eine Stunde lang. Und als der Zug schließlich München erreichte, laut bremste und ich das Gefühl hatte, mein Schädel würde bersten wie eine Wassermelone, die man aus dem dritten Stock wirft, da war die Kopfweh-Familie auf einmal wieder ganz vergnügt und versöhnt, und die Kinder riefen: »Wir freuen uns so auf die Busfahrt!«

Während ich aus meiner Gedankenreise an diese Horrorfahrt vom Vorjahr wieder in die Gegenwart meines ICE zurückkam, hörte ich zwei vertraute Silben in Dauerschleife: Tic. Tac. Das Kind hatte nicht aufgegeben. Respekt.

13

Der Feldberg/Baden-Württemberg (1493 Meter)
Mit Mehmet Scholl (Ex-Fußballer)

»Halt!«, schrie plötzlich eine Stimme, schrill und laut. Wir blieben erschrocken stehen, schauten uns um, wussten für einen kurzen Moment nicht, wer oder was gemeint war. Hatte einer von uns etwas verloren? Gab es vor uns ein Loch im Boden, das wir übersehen hatten? Kam ein Fahrradfahrer lautlos den Berg herunter und kreuzte unseren Weg? Nichts von alledem. Ein paar Meter neben uns stand ein älterer Mann, starrte meinen Mitwanderer an und rief: »Isch werd verrückt, er isses wirklisch.« Der Mann hatte etwas unangenehm Teigiges an sich, er sah aus wie ein Marshmallow mit Strohhut und kam – wie man unschwer hören konnte – aus Hessen. Offenbar hatte er einfach mal »Halt« gerufen, um den Moment einzufrieren, um Zeit zu gewinnen. Seine Backen glühten, vielleicht wegen des heißen Sommertags, vielleicht wegen der Begegnung mit dem Fußballstar. Er sei »glühender Bayern-Fan« (möglicherweise erklärte das seine ungesunde Gesichtsfarbe) und Mehmet Scholl sei immer sein »absoluter Lieblingsspieler« gewesen.

Der fidele Hesse hatte eine unnatürlich hohe Stimme und lachte hysterisch, so als habe er gerade einen großen Tonkrug mit Äbbelwoi in sich hineingeschüttet. Er ließ nicht locker. Das würde ihm »niemand von seiner Familie in Frankfurt glauben«, dass er jetzt hier auf seiner Wanderung auf den Feldberg »ausgerechnet Mehmet Scholl« getroffen hätte, und er sei ja schon »auf vielen herrlichen Bergen gewesen«, aber so etwas sei ihm wirklich noch nie passiert, und er könne sein Glück gar nicht glauben. »Ein echter Weltmeister hier im Schwarzwald, ich kann's nicht fassen.« Der Mann war etwas faktenschwach, Mehmet hatte nie die Weltmeisterschaft gewonnen, aber der Frohsinn quoll aus dem Hessen wie der Senf aus der Tube. »Du schaust ja original aus wie im Fernsehen«, duzte der Dicke munter drauflos. Als er ein gemeinsames Selfie mit Mehmet machen wollte, lehnte Mehmet sehr freundlich, aber auch sehr bestimmt ab. Er gebe sehr gerne ein Autogramm und schreibe auch eine persönliche Widmung für die Verwandtschaft in Hessen, aber er mache grundsätzlich keine Fotos mit Fremden und bitte um Verständnis. Der dicke Wandersmann aus Hessen verlor schlagartig seinen Humor, wirkte erst konsterniert, dann beleidigt und sagte dann etwas gönnerhaft: »Na gut« (als ob Scholl ihn bedrängt hatte und nicht umgekehrt). Während Mehmet das Autogramm gab, machte der Hesse ein Gesicht, als hätte er gerade eine Limo mit Schimmelpilz getrunken. Ich glaube, er bedankte sich nicht einmal. Er stapfte beleidigt Richtung Feldberg davon und ließ Mehmet und mich ratlos zurück. In diesem Moment war ich froh, der Unbekannte von uns beiden zu sein.

Mehmet Scholl ist ein Roter. Ich bin ein Blauer. Er hat fünfzehn Jahre lang beim FC Bayern gespielt. Ich verehre seit Kindertagen den TSV 1860 München. Eigentlich sind wir wie die blaue und die rote Seite des Magnets. Und trotzdem haben wir auf schicksalhafte Weise zusammengefunden und – solange man uns ließ – eine gemeinsame Radiosendung gemacht: *Mehmets Schollplatten* basierte auf seinen Lieblingssongs von Indiebands wie The War on Drugs, Hidden Cameras, Arcade Fire. Weil er sie gerne im Radio spielen wollte, aber nicht wusste, wie das geht, wünschte er sich mich an seine Seite; wir kannten uns flüchtig vom Sehen aus dem legendären Münchner Club Atomic Café, die Sportfreunde Stiller waren gemeinsame Freunde. Und so haben wir uns zwölf Jahre lang gemeinsam im Spätprogramm von Bayern 2 ausgetobt und wurden »Gute-Freunde-kann-niemand-trennen« (Franz Beckenbauer). Die Sendung war pure Anarchie. Es gab kein Skript, keinen Plan, einfach nur Mehmets Musik, dazu Gespräche über Gott und die Welt.

Wir sendeten von obskuren Orten und luden uns interessante Gäste ein. Campino von den Toten Hosen war bei uns, Late-Night-Legende Harald Schmidt oder Marius Müller-Westernhagen. Wir sind eine Stunde lang gemeinsam mit Sportreporter Waldi Hartmann auf dem Münchner Oktoberfest Riesenrad gefahren, während ganz normale Wiesn-Besucher zustiegen und plötzlich Teil der Sendung waren. Wir hatten Besuch von der kanadischen Band Alvvays, von Frightened Rabbit aus Schottland, von Mehmets Ex-Fußball-Kollegen Holger Badstuber oder Giovane Elber, wir waren am geografischen Mittelpunkt Bayerns, in einem Frauen-Fitness-Center, an der Copacabana in Rio bei der WM 2014, im Grünwalder Stadion bei einem Regionalliga-Spiel der Löwen oder auf der Isle of Wight bei der Band Champs, wo ich Mehmet durch meine Linksfahrweise an den Rande des Nervenzusammenbruchs brachte (und den Stau hinter mir ebenfalls) und er von den Briten abends im Pub so nachhaltig mit Lager, Bitter, Guinness und Shandy abgefüllt wurde, dass er tags darauf in Winchester auf dem Heimweg nichts Festes mehr zu sich nehmen konnte. Kurzum: Wir haben viele gemeinsame Schlachten geschlagen, und nun war der Feldberg dran, der höchste Berg von Mehmets alter

Heimat Baden, zugleich der höchste deutsche Berg nördlich der Alpen.

Zunächst ging es mit dem ICE von München in Mehmets Geburtsstadt Karlsruhe. Hier wurde er 1970 als Mehmet Yüksel geboren. Weil sich sein »biologischer Erzeuger« in die Türkei verabschiedete, wuchs er mit seiner Mutter bei seinem Stiefvater Hermann Scholl (»meinem Vater«, wie er immer sagte) auf, einem urgemütlichen Badenser Lehrer, den Mehmet von ganzem Herzen liebte und umgekehrt. Ganz viele Kindheitserinnerungen kamen auf, als wir im Karlsruher Hauptbahnhof einfuhren und auf einmal ein Hauch von Karlsruherisch in Mehmets Sprachduktus zum Vorschein kam, alles wurde weicher, aus »weißt du« wurde »waisch«, aus »ist« wurde »isch«, aus »Trinkwasser aus der Leitung« wurde »Hahnewasser« und aus dem ehemaligen Fußballprofi Scholl ein kleiner Karlsruher Junge mit Träumen von der großen weiten Welt. Es war irgendwie rührend. Wir ratterten mit dem Zug weiter Richtung Freiburg, am Horizont zeichneten sich schon die hohen Berge des Schwarzwalds ab, wie ein riesiges dunkles Schlauchboot, das sich in der Ferne über die Rheinebene wölbte.

Freiburg empfing uns mit einer Wand aus Hitze, die Gleise, die Bürgersteige, die Häuser, alles schien zu glühen an diesem Hochsommerabend. Wir fühlten uns wie Pizzateig, der auf den heißen Schamottstein im Inneren eines Holzofens geschoben wird. In einem Studentenviertel auf der anderen Seite der Gleise tranken wir viel Wasser und Kaffee, im Freien vor einem Café, das zugleich ein Buchantiquariat beherbergte. Mehmet war etwas angeschlagen, ein paar Tage zuvor war er mit dem Fahrrad gestürzt, hatte sich die Nase mehrfach gebrochen und eine leichte Gehirnerschütterung davongetragen. Er zeigte mir auf seinem Handy ein Foto von sich – direkt nach dem Unfall –, auf dem er wie ein Jahrmarktbesucher aussah, der versucht hatte, tausend Dollar zu gewinnen, indem er zum Kampf gegen Mike Tyson antritt. Nun gingen ihm langsam die Kräfte aus, die lange Bahnfahrt, das Kopfweh, die Verletzung, die Hitzewelle im Breisgau; im Fußball hätte man ihn an dieser Stelle ausgewechselt. Wir trennten uns, denn Mehmet schlief im Hotel, während ich meiner Linie treu blieb und privat übernachtete, in diesem Fall bei einer Frau namens Janine und ihrer Familie.

Einige Monate zuvor hatte ich sie auf einer unvergesslichen Zugfahrt von Berlin nach München kennengelernt. Die damals brandneue ICE-Ausbaustrecke, wegen der die Fahrtdauer von sechs auf vier Stunden reduziert wurde, hatte ihre Wirkung nicht verfehlt, und alle wollten mit diesem Zug fahren. Mit dem Resultat, dass der ICE grotesk überfüllt war. In Berlin-Westkreuz hatte die Bahnpolizei den Zug bereits teilevakuiert, was aber letztlich nur dazu geführt hatte, dass die Menschen ausgestiegen waren, die zuvor auf den Schultern von Mitreisenden gesessen hatten. Die verbliebenen Leute im Zug hockten oder standen nach wie vor eng aneinandergepresst, quasi U-Bahn-Fahrt/Tokio/Rushhour. Ich hatte einen Sitzplatz auf dem Boden ergattert, und zwar in der kleinen Abstellnische zwischen den Rückenlehnen der Sitze, wo normalerweise Koffer hineingequetscht werden. Dort saß ich eingezwängt wie ein krankes Nagetier in seiner Höhle, die Sitzlehnen fügten sich über mir zum Dach, und ich konnte mich keinen Zentimeter bewegen, aber ich saß. Immerhin. Es muss beklemmend ausgesehen haben.

Das hatte eine Frau bemerkt, und als ihr Sitznachbar in Halle den Zug verließ, zischte sie mir leise zu und dirigierte mich auf den Fensterplatz neben sich. Janine, so hieß sie, kam ursprünglich aus Sachsen und hatte Karriere gemacht, sie war mittlerweile Pressechefin eines Energieerzeugers in Freiburg. Wir hatten eine wunderbare Zugfahrt miteinander, wir redeten und lachten, und ein Thema führte immer automatisch zum nächsten, so wie Billardkugeln, die sich anstupsen und gegenseitig weiter über das Spielfeld treiben. Weil ich ihr damals schon von meinem Bergprojekt erzählte, lud mich Janine ein, bei ihr und ihrer Familie zu übernachten, für den Fall, dass ich auf den Feldberg ginge.

Jetzt war es so weit. Mit der Straßenbahn und dem Bus fuhr ich vor die Tore der Stadt und war im Nu in einer anderen Welt. Zwischen Schwarzwald im Osten und dem Kaiserstuhl im Westen lagen goldglänzende Weizenfelder, Weinberge und dazwischen ein kleines Neubaudorf mit Reihenhäusern. Hier wohnte Janine mit ihrem Mann, der achtzehnjährigen Stieftochter und einem kleinen Sohn, der mich sofort in sein Herz schloss und mit mir unbedingt und auf der Stelle mit einem Luftballon Fußball spielen wollte. Es war die perfekte Familienidylle, wir saßen im Garten in der Abendsonne unter einer großen alten Palme, tatsächlich, so etwas wuchs hier. Man hätte jederzeit die Szenerie filmen und für Werbung für vegetarischen Wurstaufstrich verwenden können. Janines Nachbarin Hanna war auch mit dabei. Sie arbeitete bei der Polizei in Freiburg, nahm dort die Anrufe über 110 entgegen und musste in Sekunden entscheiden, wie darauf zu reagieren sei, es war hochinteressant. Freiburg sei ganz weit vorne in der Verbrechensstatistik, erzählte sie, ich konnte es gar nicht glauben. Für mich war Freiburg grüne Musterstadt, mit ganz viel Sonnenschein und diesem unkaputtbaren SC Freiburg mit dessen Trainer Christian Streich, dessen Interviews nur aus Kehlkopfgeräuschen bestanden; der Mann sprach Alemannisch. Janines Mann wiederum sagte nicht viel, aber er war wie ich Sechzger-Fan, und da muss man nicht viel reden, man versteht sich. Blind. Es wurde ein langer, schöner Sommerabend, ein Abend, der einen in der Erinnerung wärmt wie eine Tasse Glühwein im Advent.

Am nächsten Morgen verließ ich das Haus wie ein Junge, der am letzten Schultag vor den großen Ferien mit dem Bus in die Schule fährt, beschwingt, erleichtert, voller Hoffnungen und Pläne. Die Sonne strahlte schon wieder, und ich hatte ausnehmend gute Laune. Am Hauptbahnhof in Freiburg traf ich Mehmet, der mittlerweile ausgeschlafen und wiederhergestellt war, er hatte gerade Jogi Löw gesehen, der zufällig in einem Mercedes-Oldtimer-Cabriolet vorbeigefahren war, aber ihn nicht bemerkt hatte, es wäre bestimmt eine schöne Begegnung geworden. Löw hatte 2014 den Weltmeistertitel in Brasilien gewonnen, und Mehmet hatte für die ARD die Spiele kommentiert und analysiert, es war gewissermaßen ihr gemeinsamer Titel.

Im Zug von Freiburg Richtung Feldberg waren wir umgeben von Rentnern mit eierschalenfarbenen Mephisto-Schuhen und Nordic-Walking-Stöcken, die kurz vor der Abfahrt hineingestürmt waren wie die Hunnen auf einem ihrer Feldzüge. Es waren bestimmt fünfzehn Damen und Herren, die Lärm für dreißig machten, wie ein aufgeregter Teenager-Ausflug in alt. Quer über die Sitzreihen hinweg unterhielten sich die agilen Senioren über das Fernsehprogramm. Insbesondere die Nonnenserie *Um Himmels Willen* hatte es ihnen angetan. Und so mussten alle anderen Fahrgäste en detail mit anhören, was denn nun Fritz Wepper als Bürgermeister Wöller mal wieder gesagt und getan hatte und ob Jutta Speidel nun die bessere Obernonne sei oder ihre Nachfolgerin Janina Hartwig. Im Speziellen ging es um eine bestimmte Folge, die auf einer Wallfahrt nach Fatima in Portugal spielte und um eine reiche Witwe und einen Mann namens Breitner, da wurde Mehmet kurz hellhörig, aber es ging nicht um Paul Breitner, sondern um einen deutschstämmigen Fischer und dessen Sohn, der krank ist und der dem Vater aus irgendeinem Grund Schmuck klaut. Die Nonne, der Bürgermeister und die Witwe bekommen das mit, und dann landet die Nonne gemeinsam mit Elmar Wepper im Knast, weil sie Breitner senior den geklauten Schmuck zurückgeben will, aber mit den Diamanten von der portugiesischen Polizei erwischt wird, und es dauert, bis sich das Missverständnis auflöst, natürlich, und dann habe ich irgendetwas nicht verstanden, weil der Schaffner eine Ansage machte, aber am Ende kriegt Breitner junior eine lebenswichtige Operation, und Wepper bekommt kein Geld von der Witwe, wie er eigentlich hoffte, sondern nur einen alten Brief, aber durch einen Mega-Zufall ist eine superseltene Briefmarke darauf, und die kann er für fünfzigtausend Euro verkaufen und irgendwelche Altschulden zurückzahlen, und Obdachlose haben auch mitgespielt.

Man musste diese Folge von *Um Himmels Willen* gar nicht gesehen haben, sie war schon in der Echtzeit-Erzählung ein Martyrium, insbesondere für Mehmet Scholl, der nicht so oft Regionalzüge benutzte, vielleicht sogar nie. Vielleicht sogar nie wieder. Ich konnte wegen seiner Coronamaske nur seine Augenpartie sehen, aber die sprach Bände. Vor ihm fing nun ein Rentner an zu pupsen, wir dachten zunächst an ein Bremsgeräusch des Zuges, aber es bestand irgendwann kein Zweifel mehr. Der Pupser war hartnäckig. Mehmet und ich konnten es gar nicht fassen, Mehmet hatte einen Opa im Flanellhemd im Verdacht, ich einen Pensionär in einem hautengen Polyester-Fahrradtrikot, das sich wie eine Wurstpelle um seinen beachtlichen Bauch spannte. Aber wir konnten die Quelle nicht genau lokalisieren. Eine Frau aus der Seniorentruppe öffnete eine Tupper-Box voller geschälter hart gekochter Eier. Der Geruchseffekt war im Grunde genommen derselbe. Es war heiß, die Sonne schien wie durch ein Brennglas, alle schwitzten, der Zug saß mittlerweile auf dem Bahnhof von Titisee fest und wartete auf den Gegenzug, der nicht kam.

Mehmet war ein bisschen gereizt, und ich konnte ihn verstehen. Immerhin, der Ausblick entschädigte uns. Der Zug fuhr nun steil nach oben durch Bergwälder, die aussahen wie in Kanada, der Titisee lag tintenblau im Tal, und um ihn herum standen Blockhütten wie auf Vancouver Island. An einem alpin anmutenden Minibahnhof mussten wir in einen Bus umsteigen, die Rentner blieben zurück und pupsten vermutlich weiter. Als wir endlich beim Feldberg ankamen, merkten wir, wir waren nicht die Einzigen, die an diesem wolkenlosen Sommertag die Idee mit dem Hochschwarzwald hatten. Eine etwa fünfhundert Meter lange Schlange zog sich vom Liftgebäude vorbei an Souvenirläden, rustikalen Ausflugslokalen und Skiverleih-Geschäften ohne Skiverleih.

Die Sonne brannte heiß, ich saß mit Mehmet auf ein Getränk im Freien, und wir wurden gegrillt. Mein Kopf fing an zu dröhnen, ich brauchte dringend eine Sonnencreme. Ich ging in eine Boutique für Outdoor-Jacken in allen Farbvarianten der Neonpalette (Indoor-Jacken gab es keine) und kaufte mir eine Sonnencreme, die teuerste meines Lebens. Waren 50 ml darin, waren es 20? Vielleicht auch nur 10? Eigentlich war es das, was man gemeinhin als »Pröbchen« bezeichnet, die Sorte, die einem freundliche Parfümverkäuferinnen mit den Worten »Ein kleines Geschenk für Sie! Zum Testen!« in die Einkaufstüte werfen. Hier kostete dieses Geschenk fünfzehn Euro und nein, es war nicht von Chanel, die Creme hatte gar kein Niveau, es war ein No-Name-Produkt, das aussah wie geronnener Eidotter. Ich rieb mich trotzdem damit ein, und es rettete mich. Um uns rum waren Familien, die ich als »Gore-Tex-Familien« bezeichnen würde, Papa, Mama und die beiden Kinder Oscar und Hanna oder wahlweise Leon und Anna oder Luca und Lea, sie alle trugen Funktionsjacken und Funktionshosen in unguten Farbkombinationen, wobei die Kleinkinder eigentlich immer sandfarbene Caps mit einer Art Lappen am Hinterkopf trugen, um die Nacken-partie vor der Sonne zu schützen. Sie sahen damit aus wie die Fremdenlegion bei ihrem Marokko-Feldzug 1914.

Mehmet und ich beschlossen, die Sache auszusitzen, wir wollten warten, bis der Lift all die kleinen Fremdenlegionäre und ihre Eltern nach oben geschaufelt hatte, und sprachen über die Zeit, als er selbst noch ein Kind gewesen war:»Ich bin geboren in Karlsruhe, groß geworden in Karlsruhe, hab mit einundzwanzig Jahren den Sprung zum FC Bayern ge-wagt, bin jetzt seit achtundzwanzig Jahren in München und fühle mich als eingetürkter Deutsch-Bayer.« Sein vollständi-ger Geburtsname: Mehmet Tobias Yüksel.»Was sich meine Eltern dabei gedacht haben? Keine Ahnung. Mein Bruder heißt Boskurt Joachim Yüksel.« Seinen leiblichen Vater Ergin hat Mehmet vor drei Jahren angerufen und zum allerersten Mal nach vierzig Jahren wiedergesehen.»Es war nett, und du weißt, was nett bedeutet.« Mehmet war mit achtundzwanzig Jahren das erste Mal in der Türkei, bei einem Spiel der Bayern gegen Besiktas Istanbul.»Normalerweise stürzten sich da-mals immer alle auf Olli Kahn oder Lothar Matthäus, in die-sem Fall war es ganz anders. Es war wie: Der verlorene Sohn ist heimgekehrt, und alle wollten was von mir.« Er konnte es gar nicht glauben, bis ihm einfiel, dass es mit seinem»Mehmet« zu tun hatte.»Mir war das gar nicht bewusst, das war sur-real.« Umgekehrt war sein Vorname in Karlsruhe ein Dauer-thema. Man nannte ihn»Mechmet« oder»Achmet«, und er wurde viel gehänselt, aber er hatte ein»dickes Fell. Mich hat das nicht berührt.«

Sein Traum vom Fußball begann schon früh, mit sechs Jahren fing er beim SV Nordwest Karlsruhe an. Mit acht Jah-ren saß er eines Abends daheim im Wohnzimmer, sah in der Ferne, wie das Flutlicht im Wildparkstadion anging, da schlich er sich von zu Hause weg, und weil er kein Geld für eine Karte hatte, aber »so dünn und dürr« war, zwängte er sich einfach durch die Eisenstangen am Zaun vor dem Stadion, und dann war er drin. »Ich stand da hinter dem Tor auf der Tribüne, schaute auf das Spielfeld und wusste, ich will einmal auf diesem Rasen stehen.« Aber es gab noch eine zweite Sportart, die Mehmet damals faszinierte. »Ich habe auch gekegelt, und ich weiß, das hört sich jetzt total scheiße an, weil es so kneipenmäßig klingt, aber es ist wirklich ein wahnsinnig ästhetischer Sport. Es ist wie beim Golf der Kampf gegen sich selber, aber mit Herzrhythmus und mit Muskelkater an ungewöhnlichen Stellen. Das ist echter Leistungssport.« Am Ende entschied er sich für Fußball, nachdem sein Vater zu ihm auf Karlsruherisch gesagt hatte: »Kegle kannsch hinterher immer noch.«

Das hat Mehmet dann auch gemacht, war nach seiner Fußball-Profikarriere in der Kegelabteilung beim FC Bayern aktiv, welche Liga, weiß er gar nicht mehr, vermutlich Verbandsliga. Kegel-Champions-League war es jedenfalls nicht. Einer seiner ersten Einsätze als Fußballprofi für den Karlsruher SC fand mit neunzehn statt und hatte es in sich. Sein Gegenspieler war Jürgen Kohler, Weltmeister von 1990, Weltstar und bekannt für seine Blutgrätschen und kompromisslose Spielweise. Scholl lief hinter ihm her und touchierte leicht seinen Fuß, sodass sich Kohler spektakulär überschlug. Als er wieder stand, baute er sich mit seinen fast 1,90 Meter vor Mehmet auf und fragte: »Junge, wie alt bist du?« Mehmet lächelte verlegen und sagte: »Neunzehn.« Kohler: »Willst du noch länger Profi bleiben?« Mehmet (fröhlich): »Ja, klar!« Kohler (laut und total sauer): »Dann mach das NIE WIEDER!«

Eine Familie lief gerade an uns vorbei. Zwei Kinder mit Sonnenschutzlappen an ihren Caps nervten, nörgelten, nölten rum, und wir wünschten ihnen insgeheim einen klitzekleinen Sonnenbrand. Ich fragte Mehmet, wohin er mit seiner

Familie als Kind in den Urlaub gefahren war. Die Antwort verblüffte mich:»Nirgendwohin. Wir sind gar nicht in Urlaub gefahren. Überhaupt nicht, wir hatten kein Geld. Urlaub war bei uns im Schlafanzug Canasta oder Schach spielen, den ganzen Tag.« Nicht mal in den Schwarzwald sind die Scholls gefahren, obwohl der ja von Karlsruhe recht nahe gewesen wäre. Es hatte wohl auch mit Mehmets Neigungen zu tun. »Ich habe gelernt: Ich gehöre nicht aufs offene Meer und nicht auf die höchsten Berge, ich gehöre nicht in die wildeste Natur, ich gehöre nicht in die Sahara, ich gehöre nicht auf den Mond.«

Ich hatte mittlerweile fast ein schlechtes Gewissen, dass ich ihn so artfremd in die Berge Badens geschleppt hatte. Zumal es ein traumatisches Bergerlebnis in seinem Leben gab. Mehmet erzählte von Felix – genannt »Quälix« – Magath, seinen ehemaligen Trainer beim FC Bayern, der bekannt war für seine Trainingsspiele mit kiloschweren Medizinbällen, für stundenlange Dauerläufe ohne Wasser und für bundeswehrartige Gewaltmärsche. Der norwegische Fußballprofi Jan Åge Fjørtoft hat über ihn einmal gesagt:»Ich weiß nicht, ob Felix Magath die *Titanic* gerettet hätte. Aber die Überlebenden wären topfit gewesen.« Mehmet erinnerte sich mit Blick auf den Feldberg an einen unvergessenen Trainingslauf unter Magath auf den Wallberg am Tegernsee, 1722 Meter hoch. »Da sind wir innerhalb von einer Stunde hochgelaufen. Nicht gemütlich gegangen, sondern marschiert. Und als ich oben ankam, hatte ich anderthalb Stunden lang gefühlt einen Puls über zweihundert. Mir war kotzübel, und Magath hat zu mir gesagt, ich solle die Aussicht genießen. Da hab ich ihm gesagt: Du kannst mich mal!« Mit auf dem Wallberg waren Spieler wie Hasan Salihamidžić, Jens Jeremies oder Bastian Schweinsteiger. Olli Kahn blieb aus irgendwelchen Gründen im Tal.

Und da wir gerade schon bei Erinnerungen aus seiner Zeit beim FC Bayern waren, erzählte mir Mehmet eine seiner absoluten Lieblingsgeschichten aus seiner Karriere: Die Sache mit Horst Mohammed. Als Mehmet noch bei Bayern war, wurde immer wieder mal ein Spieler zum Probetraining eingeladen, man wollte potenzielle Neuzugänge testen. In diesem Fall brachte Bayerns Co-Trainer Michael Henke einen Testspieler aus Katar mit und stellte ihn der Mannschaft als Horst Mohammed vor. Ein bisschen wunderten sich alle über den in der arabischen Welt eher seltenen Namen, aber dachten sich, vielleicht hatte er deutsche Wurzeln, oder seine Eltern waren Fans von Horst Hrubesch oder so. Das Training begann, und die Bayern-Spieler versuchten, den neuen Mann miteinzubinden, schlugen Flanken, riefen immer wieder »Horst!«, aber Horst Mohammed reagierte nicht. Null. War er ein Phlegmatiker, hörte er schlecht?

»Horst, come on!«»Horst, pour toi!«»Los, Horst, der Pass ist für dich!« Mehmet und seine Kollegen versuchten ihr Bestes – aber es kam keine Reaktion. Horst Mohammed blieb ein Mysterium, und Mehmet versuchte nach dem Training das Rätsel zu lösen. Er fand Folgendes heraus: Co-Trainer Henke, ein Westfale und Preuße durch und durch, hatte vor dem Training einen Anruf vom bairisch sprechenden Vizepräsidenten des Vereins, Karl Hopfner, erhalten, der ihm wörtlich mitgeteilt hatte: »Du, mia schickn dia an Gastspieler vorbei, der hoaßt Mohammed« (der heißt Mohammed). Horst Mohammed heißt übrigens mit bürgerlichem Namen Mohammed Salem Marzouq Ghani Al Sebaie Al Enazi. Die Beflockung hätte ohnehin auf kein Trikot gepasst. Mohammed machte trotzdem Karriere, er spielte bei Al Rayya, Al Nasr, Al Quadsia, Al Wahda, Al Jazira, Al Wasi und bei Yimpas Yozgatspor und ist bis heute der drittbeste katarische Torschütze aller Zeiten.

Ich sprach mit Mehmet Scholl über seine zu kurze Nationalmannschaftskarriere, die letztlich an vielen Verletzungen und auch an Berti Vogts scheiterte. Immerhin wurde Mehmet 1996 in London Europameister, na ja, er wurde im Finale ausgewechselt und durch Oliver Bierhoff ersetzt, der dann das entscheidende Golden Goal erzielte. Aber Mehmet war Teil des Teams und hatte auch im Halbfinale gegen die Engländer gespielt, die – wie immer – im Elfmeterschießen gegen Deutschland verloren. Während des Spiels stand der berühmt-berüchtigte Paul Gascoigne im Mittelfeld Mehmet gegenüber, und weil der Engländer die Beine etwas zu weit geöffnet hatte, versuchte Mehmet, ihn zu tunneln. Ohne Erfolg. Ein paar Minuten später stand Mehmet wieder mit dem Ball Paul Gascoigne gegenüber, der ihn kurz angrinste und sagte: »Come on, try again!« Das sind die wunderbaren kleinen Fußballgeschichten, die man zu Hause am Fernseher nicht mitbekommt.

Mehmet und ich unterhielten uns angeregt über Olli Kahn, den Ex-Torwart-Titan und inzwischen Vorstand der FC Bayern AG. Der kam einst, genau wie Mehmet, aus Karlsruhe nach München, und eigentlich möchte man annehmen, das hätte die beiden auf Lebenszeit miteinander verbunden. Mitnichten. Zwischendurch saßen sie ein Jahr lang nebeneinander in der Kabine und sprachen kein Wort miteinander. Hatte Mehmet einen Gucci-Slipper von Olli versteckt? Oder hatte sich Olli an Mehmets Musikgeschmack verschluckt? Sprach Kahn überhaupt mit irgendwem?

Ich fragte Mehmet, wie es aktuell um seine Fitness bestellt sei, jenseits des Fahrradsturzes und der Folgen. Die Antwort war desillusionierend für alle, die an Gesundheit durch Sport glauben: »Eigentlich tut es überall weh. Linkes Sprunggelenk außen kaputt, innen kaputt, rechtes Sprunggelenk außen kaputt, rechtes Knie Knorpelschaden, achtmal operiert,

Jochbeinbruch, Augenhöhlenbruch, Rücken-OP, was willst du noch wissen?« Nichts. Das also ist der Preis für eine Profikarriere. Ich überlegte, was mir in meiner Radiokarriere schon passiert war. Stimmbänderausfall bei der WM 2014 in Brasilien, Cut im Unterarm wegen eines scharfkantigen Regals im Gang des Funkhauses, Fast-erstickt-an-einem-Snickers kurz vor Sendungsbeginn, Handgelenk verstaucht nach Sturz auf Eis beim Abstieg vom Brocken, Nasenprellung, weil mich ein Türsteher nicht vorbeilassen wollte zu meinem Interview mit einer australischen ABBA-Coverband und mir einen Fausthieb verpasste. Alles harmlos, kein Vergleich.

Die Schlange am Lift hatte sich gelichtet, also brachen wir auf. Als Mehmet und ich zur Talstation kamen, waren die Betreiber so freundlich und ließen uns ohne Gore-Tex-Familie in einer Einzelkabine den Berg hinauffahren. Die Seilbahngondel bildete möglicherweise einen faradayschen Käfig, in jedem Fall aber einen Resonanzkörper, und so erzeugte das Schnurren über das Antriebsseil ein sich verstärkendes Brummen, das sich anhörte, als befänden wir uns im Inneren eines Didgeridoos. Wir schaukelten langsam nach oben, unter uns Grashänge, auf denen im Winter Ski gefahren wurde, und immer wenn wir an einem Liftmast über die kleinen Rädchen ratterten, klangen unsere Worte wie ein Schluckauf. Als wir an der Bergstation ankamen, begrüßte uns der Liftmann schon mit FC-Bayern-Gesängen, er war offenbar über Funk von dem prominenten Fahrgast in Kenntnis gesetzt worden.

Nun ergab sich folgende Situation: An der Bergstation, auf dem sogenannten Seebuck, einem Vorgipfel des Feldbergs, etwa tausendvierhundert Meter hoch und ohne jeden Baumbewuchs, war es ungleich kälter als im Tal, ein kühler Wind fegte, von Westen kommend, über die Grasflächen. Scholl hatte – ganz Optimist – in der Hitze des Freiburger Kessels in der Früh ein dünnes T-Shirt, Shorts, die relativ short waren, und Sneakers angezogen, mehr nicht. Innerhalb von wenigen Minuten war er im frischen Bergwind abgekühlt, ausgekühlt, in seinen eigenen Worten hatte er schon fast eine »Gänsehautentzündung«. Mir ging es wie einem dieser amerikanischen Siedler in den Fernseh-Western, wenn eins seiner Pferde mit den Hufen in eine Bärenjägerfalle gestiegen war und er mit Tränen in den Augen verkündet: »Es hilft nichts, Brauner. Ich muss dich hier zurücklassen.« Mehmet blieb also schweren Herzens, wo er war, den Feldberg in Sichtweite, so nah, so fern, und nahm die Kabinenbahn ins Tal, vermutlich begleitet von den FC-Bayern-Fangesängen des oberen Liftmanns. Ich hingegen folgte meiner Mission, alle sechzehn höchsten Gipfel des Landes zu besteigen, zumal ich noch eine Verabredung auf dem Feldberg hatte.

Im Fernsehen war ich einige Monate zuvor bei einer mehrteiligen Dokumentation des SWR hängen geblieben, *Die Retter vom Feldberg*, einer Real-Life-Soap über die Arbeit der Bergwacht im Hochschwarzwald. Hier wurde über Touristen berichtet, die beim Pilzesammeln die falsche Wahl treffen, auf der Sommerrodelbahn das Bremsen vergessen und auf den Vordermann auffahren, beim Paragliden im Baumgipfel statt im Tal landen oder beim Mountainbiken mit dem Gesicht bremsen. Groteske Unfälle, menschliche Dramen am Feldberg. Zugleich wurde, mit dynamischer Filmmusik untermalt, das Team der Bergwacht vorgestellt: junge hoch motivierte Medizinstudentinnen, äußerst sympathische Handwerker, Idealisten.

Einer davon war der Chef der Bergwacht, Adrian Probst, einunddreißig Jahre jung, im wahren Leben Bürgermeister der Gemeinde St. Blasien am Fuße des Feldbergs. Mit achtundzwanzig wurde er ins Amt gewählt, schon zwei Jahre zuvor war er Vorsitzender der Bergwacht im Schwarzwald geworden. Mit diesem smarten badischen Real-Life-Fernsehstar hatte ich Kontakt aufgenommen und verabredet, ein gemeinsames Gipfelinterview mit Mehmet Scholl zu führen. Seine Vorfreude war groß, er hatte eine Sondergenehmigung der Bergwacht und kam mit einem Allradfahrzeug bis hoch auf den Gipfel gefahren, sah mich, suchte betont beiläufig mit den Augen meine Umgebung ab und stellte fest: Mehmet war nicht da. Die Enttäuschung war ihm sichtlich anzumerken. Als ich ihm allerdings von Mehmets Bekleidungsproblem erzählte, entspannte sich sein Gesicht, aha, Unterkühlung im Wind und die Folgen, das kannte er aus der Bergwacht-Praxis zur Genüge. »Besser so«, meinte er. Der Feldberg werde andauernd unterschätzt, weil er im Schwarzwald liege, und da dächten die Menschen eher an Tannenzäpfle-Bier in der putzigen Flasche mit dem niedlichen Etikett, an Frauen mit Bollerhüten und Krüppelwalmdachhäuser mit ganz viel Geranien am Balkon, dafür weniger an Unwetter, Unfälle, Wettersturz und Eis. Sogar tödliche Lawinenabgänge gab es hier schon.

Adrian Probst erzählte mir, dass er einen Winter zuvor am Feldberg abends privat Ski gefahren war und zufällig Zeuge wurde, wie zwei Skifahrer ineinanderrasten und buchstäblich in seinen Armen starben. Ein Hubschrauber flog in diesem Moment über uns, es war aber nicht die Bergwacht, sondern die Bundespolizei. Der Bergwacht-Chef erzählte mir von anderen Einsätzen, die von »beginnender Geburt auf der Skipiste« über »abgestürzte Segelflieger« bis zu »Hunden, die aus der Seilbahn abgeseilt werden mussten« reichten. Besonders spannend war für ihn ein Gleitschirmflieger, der hoch oben in einem Baum notgelandet war und gerettet werden musste, der Mann war fünfundneunzig Jahre alt.

Der Feldberg ist mit fast tausendfünfhundert Metern der höchste Mittelgebirgsgipfel Deutschlands und befindet sich oberhalb der Baumvegetation, was einen 360-Grad-Blick ermöglicht; keine Tanne, kein Tannenzäpfle verstellt den Blick, und der reichte heute von den Allgäuer Bergen im Südosten über Vorarlberg und das Silvretta bis in die Schweiz, zum Kaiserstuhl bei Freiburg und bis ins Elsass. Es war fast wie in einem Fesselballon, wenn nicht die vielen bunt gekleideten Touristen um uns herum gewesen wären. Da war ein ordentliches Remmidemmi, Volksfeststimmung, Selfie-Party, Holländer, Dänen, Schwaben, Mountainbiker, Reisegruppen, Kindergeburtstag. Etwa eine Million Menschen zieht es jährlich hier hinauf, und es war für mich nach den vielen einsamen Außenseiterhügelchen wie dem Hasselbrack, dem Bungsberg oder dem Müggelberg fast wie ein Kulturschock, so viele Menschen auf einem Berg zu treffen. Für den Bergwachtmann Probst war der Feldberg schon seit seiner Kindheit ein »Sehnsuchtsort«, jede freie Minute hatte er am Berg verbracht, Skifahren im Winter – »die Hausaufgaben habe ich mit zum Skilift genommen« – und Bergsteigen im Sommer.

Er erzählte mir von einem Bergwachtkollegen, der kürzlich mit dem Mountainbike in Schleife aus dem Tal bis auf den Berg gefahren war, nonstop, immer wieder hintereinander, achtzehn Stunden lang, bis er schließlich 8 848 Höhenmeter überwunden hatte, exakt die Höhe des Mount Everest. So einfach kann man sich den Himalaja nach Baden holen. »Der Mythos Feldberg hat ganz viel mit dem Skifahren zu tun«, sagte Adrian, denn hier in Todtnau sei 1891 einst der allererste Skiclub Deutschlands gegründet worden. Todtnau ist außerdem eine Bürstenhochburg, hier gibt es das erste und einzige Bürstenmuseum Deutschlands. Mit den Museen haben es die Hochschwarzwälder irgendwie. Wir hätten hier auch noch das Deutsche Phonomuseum mit all seinen Plattenspielern besuchen können oder das Schwarzwälder Schinkenmuseum, das sich auf einem Nebengipfel im Feldbergturm befand, aber das schenkten wir uns. Eigentlich schade, es hätte neben dem MoMa New York, Rijksmuseum in Amsterdam und den Uffizi in Florenz meine persönliche Besuchsliste großer Museen der Welt komplettiert. Ich wäre auch auf die Exponate neugierig gewesen. Echte Schweine? Schwarte? Rinde? Rauch?

Noch viel lieber hätte ich ehrlich gesagt jedoch die größte Kuckucksuhr der Welt gesehen, sie befindet sich in der Fassade eines Hauses nicht weit vom Feldberg, an der Bundesstraße B33 in Triberg-Schonachbach, der Kuckuck ist 4,50 Meter groß, wiegt hundertfünfzig Kilo und springt jede Viertelstunde aus seinem Kästchen, unter dem acht Meter lange Pendel hängen. Und apropos Superlative: Man findet den Feldberg nicht nur im Schwarzwald, sondern auch im Weltraum. Seit 2003 ist ein Innerer Hauptgürtelasteroid im All nach dem Feldberg benannt, in der Nähe befindet sich ein Asteroid des äußeren Hauptgürtels namens »Schwarzwald«.

Adrian und ich stiegen in seinen Bergwacht-Geländewagen und fuhren hinab, wobei wir mehrfach von Downhill-Mountainbikern überholt und von Paraglidern überflogen wurden. Der Blick übers Land war fantastisch, und der Schwarzwald zeigte sich heute von seiner besten Seite. Im Tal trafen wir auf Mehmet. Der hatte sich längst wieder von der Kälte erholt, saß in einem Biergarten in der Sonne und hatte sich inzwischen mit einem italienischen Lokalbesitzer angefreundet. Die beiden tranken Kaffee und Grappa und lachten laut. Der Wirt hörte sich eins zu eins wie Giovanni Trapattoni an, passend dazu war die Flasche auf dem Tisch leer. »Ah, äh, Trapattoni, ich äh 'abe ihn äh getroffä, als ähr äh in Freiburgä gespieltä hatä.«

Mehmet konnte sich an jenes Auswärtsspiel der Bayern erinnern. Und auch an den Golfball, den Olli Kahn ein paar Jahre später in Freiburg an den Kopf geworfen bekam und trotzdem blutüberströmt zu Ende spielte. »Wir sollten stolz sein, so einen Torwart zu haben«, sagte Mehmet damals nach dem Spiel. »Der hält sogar Golfbälle.« Außerdem erinnerte sich Mehmet an Freiburg, weil der Platz in seiner Erinnerung fast quadratisch war. »Normalerweise ist ein Spielfeld 120 mal 80 Meter, in Freiburg waren es 120 mal 110 Meter. Das heißt, ich bin mit den Eckbällen gar nicht vors Tor gekommen. Am Ende haben wir eins zu fünf verloren.« Der italienische Wirt lächelte verzückt. Irgendein Hotelbetreiber vom Feldberg stand plötzlich mit seiner Presseassistentin neben unserem Tisch, wollte Werbeprospekte übergeben und »einen kleinen Schnappschuss für unsere Homepage«, aber darauf hatte niemand Lust. Es ist schon kurios, wie schnell es sich herumspricht, wenn ein Prominenter privat in einem Café herumsitzt.

Irgendwann hatten wir genug Espresso getrunken, hatten ausreichend Pasta und Kuchen gegessen und machten uns auf den Rückweg. Wieder mit dem Bus, wieder mit dem Zug, zum Glück diesmal ohne pupsende Rentner, aber wieder mit längerem Zwangshalt am Titisee. Wir sprachen kaum mehr, hatten uns ein bisschen den Nacken durch die Sonne verbrannt und ärgerten uns insgeheim, dass wir keine sandfarbenen Fremdenlegionärshüte mitgenommen hatten. Ich schlief ein, Mehmet sah das und schlief ebenfalls ein. Ich wachte kurz auf, sah ihn schlafen, wurde müde und schlief wieder ein. So ging das mit unserem Schlaf-Pingpong bis Freiburg. Dort musste ich umsteigen.

Am Bahnsteig verabschiedeten wir uns. Mehmet wollte noch ein bisschen bleiben, ich musste nach Hause. »Ich verabscheue mich«, sagte ich zum Abschied, und Mehmet konterte: »Bleib so, wie ich bin.«

14

Der Fichtelberg/Sachsen (1214,7 Meter)
Mit Lars Riedel (Diskuslegende)
und Jens Weißflog (Skisprunglegende)

3. Oktober 2020

Der höchste Berg der DDR am Tag der Deutschen Einheit
mit zwei Olympialegenden aus dem Osten

Wer wissen will, wie es dreißig Jahre nach der deutschen Wiedervereinigung um die deutsche Wiedervereinigung steht, muss nur mit dem Zug von München ins Erzgebirge fahren. Für die dreihundertfünfzig Kilometer braucht man elf Stunden, ist also umgerechnet etwa zweiunddreißig Stundenkilometer schnell. Zum Vergleich: Bei der Tour de France kommen die Radfahrer selbst bei schweren Bergetappen auf einen Tagesschnitt von rund 40 km/h. Aber es kann nicht nur die schlechte Zugverbindung sein, die viele Menschen aus der alten Bundesrepublik von einem Besuch in Sachsen abhält. Was ist es noch? Sind es die nie enden wollenden Vorurteile vom Ossi? Oder ist es der sächsische Dialekt, der in den aktuellen deutschen Dialekt-Charts nicht gerade auf Platz 1 steht? Ich persönlich schätze das Sächsische sehr. Nichts auf der Welt könnte so ernst sein, als dass es durch dieses sympathische Kinn-nach-vorne-Schieben und Grundlos-zu-knödeln-Anfangen nicht eine heitere Note bekäme. Der Tod erhält akustische ö-Pünktchen, ganz subtil, aber entwaffnend, der Töd, ebenso Corona, das als »Göhröhno«

schon gar nicht mehr so bedrohlich wirkt, aus der Institution Kirche wird ein Obst, nämlich die Kirsche. Und aus der DDR ein döhdolidährer Stoodt. Viele Sachsen haben die DDR einfach teflonartig an sich abperlen lassen, und »die do öben im Zendroolkömitee in Öst-Berlin« haben wiederum die Sachsen erst gar nicht verstanden. Nachzuhören in dem DDR-Song »Sing, mei Sachse, sing«, der eigentlich ein als Satire getarntes Oppositions-Protestlied war, aber als heitere Dialekt-Folklore durchging, die Zensur überstand und daher nicht verboten wurde. Zweihunderttausendmal verkaufte sich der Tonträger in der DDR im Jahr 1979; gesungen wurde das Lied von dem Kabarettisten Jürgen Hart, mittlerweile ist es längst die heimliche Sachsenhymne. Im Text heißt es unter anderem: »Doch gommt der Sachse nach Berlin, da gönn'se ihn nich leiden. Da wollnse ihm eene drieberziehn, da wollnse mit ihm streiten. Doch dud mern och verscheißern, sein Liedchen singt er eisern, ne wor?« Im März 2002 bekam Jürgen Hart für seinen Geniestreich den sächsischen Verdienstorden, einen Monat später verstarb er im Alter von neunundfünfzig Jahren.

Von all den Sachsen, die man so kennt, ist Lars Riedel definitiv einer der sympathischsten. Er war mal in meiner Talksendung beim Bayerischen Rundfunk zu Gast, wir verstanden uns auf Anhieb, tauschten unsere Nummern aus und blieben in Kontakt. Und so war es sonnenklar, dass er mein Begleiter bei meiner Wanderung auf den Fichtelberg sein sollte. Ich musste nur auf einen geeigneten Moment warten, an dem Lars daheim im Erzgebirge sein würde, denn er lebte inzwischen in den bayerischen Alpen. Leider machte uns Corona einen Strich durch die Rechnung. Als wir im Mai 2020 zum ersten Mal verabredet waren – Lars wollte eigentlich in Chemnitz sein, wo ein Sportpreis namens Sport Chemmy verliehen werden sollte –, herrschte ein ultrastrenger Lockdown. An Zugfahrten, gemeinsames Autofahren oder Einkehren in

Lokale war nicht zu denken, es herrschte Kontakt- und Reiseverbot. Zum Glück tat sich im Herbst ein kleines Zeitfenster auf; die Inzidenzwerte waren in Deutschland noch moderat, während sie europaweit auf Rekordhöhen stiegen. Die viel beschworene »zweite Welle« war in Europa angekommen, und die Nachrichten vermeldeten an diesem Tag die echte oder vermeintliche COVID-19-Infektion von Präsident Trump. Es war der 3. Oktober, der dreißigste Jahrestag der deutschen Einheit.

Um Samstag Mittag in Oberwiesenthal zu sein, musste ich am Vorabend um 23 Uhr in München mit dem Zug losfahren. Es fühlte sich an wie eine Atlantiküberquerung. Vor mir lag eine äußerst merkwürdige Nacht, ich war aufgeregt, hatte nichts gegessen. Und ich trug eine Atemmaske, so wie es Vorschrift war.

Ich fuhr mit dem ICE nach Nürnberg und musste dort umsteigen, um nicht aus Versehen weiter nach Norddeich-Mole oder sonst wohin zu gelangen. Bei dieser Vorstellung musste ich an meine Radiokollegin und Freundin Bärbel Wossagk denken, die vor langer Zeit mal in Frankreich gelebt hat und eines Abends in Lyon bei Freunden zum Abendessen eingeladen war. Nun gibt es in Lyon, wie in vielen anderen Großstädten Frankreichs, mehrere Bahnhöfe, die von den TGV-Hochgeschwindigkeitszügen angefahren werden. Bärbel kam mit dem TGV vom zentralen Bahnhof Lyon-Perrache und wollte acht Minuten später in Lyon Part-Dieu wieder aussteigen. Leider wurde der Zug schneller und schneller, und im Gegensatz zu allen anderen Zügen hielt er nicht an diesem Bahnhof, er flog geradezu hindurch. Und was noch viel gravierender war: Der Zug hielt überhaupt nicht mehr, nahm Anlauf und rauschte ohne jeden Zwischenhalt quer durch Frankreich, vom Süden durch das Burgund an Paris vorbei mit Ziel Rouen in der Normandie, ganz im Norden des Landes.

Bärbel setzte sich unter Schock in die Bordbar und trank erst mal einen Martini, der Kellner lud sie gleich darauf zu einem zweiten ein, als er ihre Geschichte hörte. Zum Glück hielt der Zug nach ein paar Stunden dann doch irgendwo auf freiem Feld, wo die beiden Zugteile voneinander abgekoppelt wurden. Meine Kollegin durfte unter Anteilnahme des Kellners und des restlichen Zugpersonals höchst illegal in den anderen Zugteil umsteigen, mit dem sie dann nach Versailles fuhr. Erst von dort konnte sie ihre Freunde in Lyon aus einer Telefonzelle anrufen und ihnen mitteilen, dass sie gerade fast fünfhundert Kilometer entfernt sei und dass das mit dem Abendessen wohl eher nichts mehr werde. Von Versailles nahm sie einen Vorortzug nach Paris, von dort ging es mit der Metro einmal komplett durch die Stadt, und als sich am Gare de Lyon herausstellte, dass ein Streik den gesamten Personennahverkehr lahmlegte, fing sie zu weinen an. Die Rettung war ein Postzug, mit dem sie ausnahmsweise mitfahren durfte und der am nächsten Morgen wieder in Lyon/Part-Dieu ankam: vierzehn Stunden nachdem sie dort schon einmal durchgefahren war. Mon dieu.

Bei mir ging dagegen alles klar.

Fast fünf lange Stunden würde der Zug nach Leipzig unterwegs sein, fünf Stunden Schlaf am Stück also, die Aussicht darauf entspannte mich, und ich malte mir ein leeres abgedunkeltes Abteil aus. Ich würde meine Schuhe ausziehen, die Beine auf die gegenüberliegende Sitzbank legen und genüsslich dösen, schlafen, schlummern, träumen und mir meinen Wecker auf 4:50 Uhr stellen, die Ankunftszeit in Leipzig.

Beim Umsteigen in Nürnberg traf mich fast der Schlag. Da stand ein kurzer, doppelstöckiger Zug, der mehr nach Schienenbus als nach Intercity aussah, der Bahnsteig war grotesk überfüllt, und die Menschen quetschten sich in die Wagen.

Der Zug war mit billigen Plastiksitzen mit unguten psyche-
delischen Mustern ausgestattet und wurde von gleißend hellem Neonlicht geflutet. Es war der Highway to HELL. Mit
Mühe bekam ich einen Sitzplatz im Obergeschoss und saß
eingepfercht zwischen Hunderten von Leidensgenossen ohne
jeden Abstand und mit nur ein paar Kubikmeter Luft, die wir
uns nun über viele Stunden würden teilen müssen, und das
in Coronazeiten.

Meine Mitreisenden waren: Bundeswehrsoldaten im Tarn-
anzug, Interrailer mit turmartigen Rucksäcken, eine betrun-
kene Rentnerin mit großporiger, geröteter Haut, die mit dem
Kopf auf der Tischplatte zwischen leeren Schnapsfläschchen
schlief. Dann waren da noch zwei Chinesinnen, eine davon trug ein schwarzes T-Shirt mit der Aufschrift »Swiss Ice
Hockey üse chübu Meister SC Langenthal«. Ich verbrachte
bestimmt eine halbe Stunde damit, dieses sudokuartige Sprach-
rätsel zu lösen. Was bedeutete »Üse Chübu«? Immer wieder
sagte ich es mir leise vor: »Üse Chübu«. War das Schwizerdütsch? Oder der Name eines usbekischen Eishockeyspielers
in Diensten des SC Langenthal? Üse Chübu. Ich kam nicht
dahinter. Ich ließ meinen Blick schweifen. Zwei etwa sech-
zehnjährige Mädchen mit Batikhosen schliefen auf der Ge-
päckablage, ein paar Fußballfans würgten die letzten Schlucke
Bier aus Plastikflaschen in sich hinein, vermutlich warm und
schal, ich bekam schon vom Zuschauen Kopfweh. Eine rothaarige Frau um die vierzig hustete Stakkato und machte
alle nervös. Das Szenario wirkte wie Truppentransport, Flucht,
Evakuierung, Schlussverkauf bei C&A, grell ausgeleuchtet in
Kaltneon, mit Hartplastiksitzen im Farbton Granny Smith,
ich fühlte mich wie in einer unangenehmen Playmobilwelt.
Der Zug hielt ungefähr alle fünfzehn Minuten. Fürth, Erlangen,
Bamberg, Lichtenfels – Franken ist groß. Und vor jedem Halt
dröhnte eine zweisprachige Automatenstimme mit 130 dB

aus den Lautsprechern an der Decke: »Welcome on the train to Warnemünde«. Dieser grelle Neonzug würde über Nacht die komplette Republik durchqueren, als Lumpensammler für alle, die sich kein Auto leisten konnten oder sich das Geld für ein Hotel sparen wollten auf dem Weg zur Ostsee.

Es war nach Mitternacht, als der Zug den steilen Anstieg auf den Rennsteig bewältigte und zwischen dem oberfränkischen Ludwigsstadt und dem thüringischen Probstzella die ehemalige Zonengrenze passierte, es fühlte sich unwirklich an, aber auch ein bisschen feierlich in diesen ersten Stunden des 3. Oktober. Eine der Automatiktüren im Zug war defekt und öffnete und schloss sich unkontrolliert. Abwechselnd zischte die Druckluft wie ein Fahrradreifen, dessen Ventil kaputt ist: Pfffttt, dann ertönte ein kurzes Sssittt, so wie im Raumschiff Enterprise, wenn sich die Türen zur Beam-Schleuse öffnen. Dann klemmte irgendetwas, ein unangenehmes lautes Schleifgeräusch war zu hören, krrrk, gefolgt von dem Druckluft-Pfffttt und dem Enterprise-Sssittt. Diese Kadenz begleitete uns durch die Nacht. Es war wie eine akustische Tropfstein-Folter. Kurz vor Saalfeld verließen mich die Kräfte, meine Augenlider fielen zu wie der Deckel einer alten schweren Schatztruhe, und dann machte es wieder krrrk, pfffttt, sssittt, die Rothaarige bekam einen Hustenanfall, und ich schreckte hoch wie nach einem Sekundenschlaf am Steuer.

Andere waren schmerzbefreiter. Die Eishockey-Chinesin aus der Schweiz war in einen beneidenswerten Tiefschlaf gefallen, ihr Mund stand offen und bot im Neonlicht den Blick auf Zahnplomben im dritten und vierten Quadranten, langsam tröpfelte Spucke aus der Mundhöhle und landete mit einem dünnen langen Faden auf »üse chübu«. Was könnte das nur bedeuten? Ich hatte das Gefühl, langsam durchzudrehen. Aus den Lautsprechern über mir kam zum etwa dreizehnten Mal die überraschende Info, dass wir uns im

Zug nach Warnemünde befänden. Die Rothaarige telefonierte, sagte, warum auch immer: »Mein Kopf geht in eine andere Richtung als meine Beine.« Dazu rhythmisch krrrk, pfffttt, ssssittt, es klang wie ein Experimental-Stück von Aphex Twin. Eine Asiatin ging vorbei, sie trug eine John-Lennon-Nickelbrille und einen weißen Hoodie, auf dem etwa zweitausendmal in Frakturschrift »Fear Of God« stand, sie hatte die Kapuze ins Gesicht gezogen wie ein Mönch. War sie eine Prophetin? Eine Nonne aus Fernost? Die Menschen versuchten verzweifelt zu schlafen, einige, denen es gelang, ragten in unglaublichen Winkeln in den Gang. Ein junger Typ war zugestiegen, an seinem Rucksack baumelte eine leere Aluflasche und traf einen der Schlafenden am Kopf, ein ungutes hohles Geräusch, eine Art »Boing«, ein kurzer Schmerzensschrei, eine Beule, eine Entschuldigung. Eine Frau am Ende des Großraumabteils hatte sich ein Bandana-Tuch um die Augen gebunden, und über Nase und Mund trug sie ihre Coronamaske, sie sah aus wie eine Mumie oder eine Geisel.

Drei Uhr früh. Zwei Polizisten mit schusssicheren Westen betraten in Jena-Göschwitz den Zug und fanden in der Sitzreihe hinter mir zwei Asylbewerber aus Afghanistan ohne Fahrkarten. Nur mit ein paar Papieren der Asylbehörde, die ich im Augenwinkel sehen konnte. Es begann eine langatmige Diskussion. Der eine Polizist hieß Stefan und hatte ein Funkgerät, das unentwegt quakte. Der andere Polizist hieß nicht Stefan und sprach allerbestes Oxford-Englisch, Stefan staunte und überließ Nicht-Stefan die Verhandlung. Nicht-Stefan erklärte das System Deutsche Bahn. »You have to purchase a ticket before you board a train, it's mandatory, obligatory, do you understand me?« Die Afghanen verstanden nur Bahnhof, die meisten Deutschen auch, Stefan quakte ins Funkgerät. Es endete damit, dass die beiden Geflüchteten am nächsten Bahnhof, ausgerechnet in Jena Paradies, von zehn Polizisten erwartet wurden, Stefan und Nicht-Stefan führten die beiden ab, freundlich, aber bestimmt, und es fühlte sich für niemanden gut an. Die Plomben-Chinesin wachte auf, ihre Freundin sagte im tiefsten Schwizerdütsch:»Isch voll krass gsi. War ün Polizi-Insatz, do hosch du gschlafe.«

In Leipzig musste ich umsteigen, der riesige Hauptbahnhof mit seiner Stahlbogenkonstruktion wirkte jetzt, menschenleer um 4:50 Uhr in der Früh, noch viel größer als sonst, wie eine Art technische Kathedrale. Im Tiefgeschoss bestieg ich meinen Anschlusszug nach Zwickau. Die Fahrt ging an mir vorbei, ich schlief tief und fest wie ein Koalabär im Astwinkel eines Eukalyptusbaums an einem heißen Tag. In Zwickau ging langsam die Sonne auf und tauchte den Bahnhof in rosa Pastellfarben, ich fühlte mich wie im Inneren eines Bob-Ross-Gemäldes mit »fluffy little clouds«. Der Zwickauer Bahnhof war 1936 eröffnet worden und sah aus wie ein Kachelmuseum. In schwarzen Lettern wies ein Schild den Weg »Nach den Bahnsteigen«. Mein nächster Zug fuhr sanft bergauf Richtung Erzgebirge.

Hier aus der Gegend stammt ein Typ, der mich mal mit seinem Auto als Anhalter von Oberammergau nach Augsburg mitgenommen hat, Udo, so hieß er. Er erzählte mir damals von seiner DDR-Vergangenheit, und zwei Dinge sind mir ganz besonders in Erinnerung geblieben: Zum einen war Udo vor dem Mauerfall Polizist, und zwar mit Spezialgebiet Fußball. Regelmäßig gab es Sachsen-Derbys unter Beteiligung von Dynamo Dresden, Lok Leipzig, Sachsenring Zwickau oder dem FC Karl-Marx-Stadt. Die Anhänger dieser Mannschaften hassten einander in unterschiedlicher Graduierung, aber Randale gab es meistens. Wenn jedoch Mannschaften aus Thüringen kamen, Rot-Weiß Erfurt oder Carl Zeiss Jena, dann waren alle Sachsen vereint gegen die Thüringer. Und wenn der verhasste Stasi-Club BFC Dynamo Berlin aus der

Hauptstadt kam, dann waren sich alle, aber wirklich alle einig in der Totalablehnung. Im Stadion gab es regelmäßig Ausschreitungen, und alle Sachsen, Thüringer und Berliner waren solidarisch im Hass auf die Volkspolizei, die man betrachtete wie Schnittlauch: außen grün, innen hohl. Oft habe er von allen Seiten Prügel bekommen, sagte mir Udo. Hooligans im Osten, ein bislang unterschätztes Kapitel deutsch-deutscher Geschichte.

Zum anderen erzählte mir Udo von seiner DJ-Vergangenheit. Zu DDR-Zeiten legte er – mit siebzehn, achtzehn – regelmäßig als DJ (damals sagte man: Plattenunterhalter) in einem Jugendclub auf. Nun gab es damals die Pflicht, einen relativ hohen Prozentanteil von Liedgut aus der DDR und befreundeten sozialistischen Staaten zu spielen. Und nicht die »Monotonie des Yeah Yeah Yeah« (Walter Ulbricht). Allerdings wollten die Jungs und Mädchen im Jugendclub Mitte der Siebzigerjahre keine Puhdys hören, kein City, Karat oder Frank Schöbel. Oder breiigen Progrock aus Ungarn. Udo wurde am DJ-Pult geradezu körperlich genötigt, nur Bands aus dem Westen wie The Sweet, Slade, Suzi Quatro, David Bowie oder ABBA zu spielen. Also gab er nach und riskierte damit Ärger mit der Stasi und ein Auflegeverbot. Als er vierzig Jahre später zu einem Klassentreffen heim nach Sachsen kam und all seine Freunde aus dem Jugendclub wiedertraf, hatte sich Udo etwas überlegt: Er besaß noch die Originalmusiklisten von 1976 und wollte den Leuten eine Riesenfreude machen, also legte er die Musik von damals auf: The Sweet, Slade, Suzi Quatro, David Bowie und ABBA. Und was passierte? Die Leute bedrängten ihn, die »Musik ihrer Jugend« zu spielen, und wollten ausschließlich die Puhdys hören, City, Karat und Frank Schöbel. So viel zum Thema Ostalgie.

Der Zug fuhr in Aue ein, wo ich schon mal bei einem Auswärtsspiel des TSV 1860 gewesen war. Man konnte das Stadion vom Zug aus sehen, es lag unten im Tal, umgeben von Wald und Bergen. Aue ist geprägt von seiner Bergbauvergangenheit, hier in der Gegend wurde einst Uran abgebaut und so getan, als sei es Kupfer oder Granit oder meinetwegen Terrakotta, also völlig harmlos. Tausende vergifteten sich, wurden verstrahlt, starben an den Folgen von Lungenkrebs oder Silikose, also Quarzstaublunge. Und trotz allem sind die Auer stolz auf die Wismut-Werke, die früher auch Namensgeber für den Fußballclub waren. Bis heute ruft die eine Stadionhälfte »Aue!«, die andere antwortet »Wismut!«. Und alle kreuzen die Fäuste wie zwei Hammer, quasi Bergbausymbol. Wismut förderte das Uran und lieferte es in die Sowjetunion, gleich nach dem Krieg ging es los, und zwar zunächst konspirativ. Die Bergleute wurden mit Geld geködert und lebten abgeschieden wie in einem Staat im Staate. Sie mussten ihren Personalausweis abgeben, erhielten stattdessen Schachtausweise als offizielle Ausweisdokumente. In dieser Wismut-Welt gab es Wismut-Kaufhäuser, -Kinos und -Krankenhäuser. Wismut war der Motor für die sowjetische Atomindustrie. Später wurde offiziell geschürft, und zeitweise lebten über hunderttausend Menschen im Erzgebirge vom Uranabbau. Mit der deutschen Einheit endete alles, der deutsche Bundestag verabschiedete ein »Wismut-Gesetz« zur Abwicklung dieser Problemindustrie. Seitdem wurden Milliarden für die Entsorgung von Abraumhalden und radioaktivem Müll ausgegeben. Die Strahlung wird die Erinnerung überdauern.

Nun rollte der Zug bergauf Richtung Johanngeorgenstadt, mit dem Lokführer, dem Schaffner und mir, wir waren die einzigen Fahrgäste an diesem frühen Samstagmorgen. Ich zeigte dem Schaffner meine Bahncard 100, und er wollte wissen, wo ich denn hinwolle. War das nicht vielleicht ein bisschen indiskret? Datenschutz? Egal. Ich verriet es ihm: »Nach Oberwiesenthal.« Er sagte: »Aha.« Dann verschwand er im vorderen Teil des Zuges und machte auf Sächsisch eine Durchsage über die Lautsprecher:»Isch begrieße olle Fohrgäste« – er meinte mich, ich war ja der einzige Passagier –»im Züg noch Jöhonngeorgenstoodt, Foohrgäste noch Öberwiesenthol bitte ümsteigen in Schworzenbärg.« Es war ein bisschen so wie beim Kaufladenspiel von Kindern, die einander imaginär etwas verkaufen, so tun als ob. Aber irgendwie auch sympathisch. Ich wäre gerne nach vorne zum Mikrofon gegangen und hätte ihm über die Lautsprecheranlage für seine persönlichen Worte gedankt. Das Spiel ging noch weiter: Kurz vor Schwarzenberg – ich war immer noch allein im Zug – sagte der Schaffner über Lautsprecher:»Wir verobschiedn üns nün von ollen Fohrgästen, die in Schworzenbärg aussteign.« Also von mir.

Der Zug fuhr weiter, mit dem Lokführer und dem Schaffner, ich winkte ihnen nach, doch der Spaß hörte nicht auf: Ich musste das letzte Stück mit einem Bus zurücklegen, und auch der Busfahrer hatte den Schalk im Nacken. Vor mir stieg eine Frau ein und sagte:»Nach Donnersfeld, bitte.« Der Fahrer schaute sie gespielt empört an und fragte:»Muss denn das sein? Wer will denn da hin?« Sie:»Na, ich.« Er:»Also gut, ausnahmsweise.« Dann kam ich dran:»Ich muss bitte nach Oberwiesenthal.« Er entrüstet:»Ja, um Gottes willen, ich dachte, ich könnte in Donnersfeld wenden.« Er ließ den Motor an, drehte sich zu uns Fahrgästen um und rief uns zu:»Jetzte fahren wir erst mal tanken zusammen.« Was er natürlich nicht machte. Als wir später auf einer besonders schmalen Landstraße an sechs Wanderern vorbeirollten, die am linken Straßenrand gingen, öffnete der Fahrer sein Seitenfenster und rief:»Ich kann euch alle mitnehmen, dann müsst ihr nicht so viel latschen.«

»Aber wir sind doch extra zum Wandern hier, wir wollen das so.«

»Kein Problem, dann zeig ich euch jetzt mal meinen Auspuff«, rief er ihnen freundlich zu. Dann gab er Gas und murmelte was von »Wandern soll'n mal lieber die andern« und fuhr vorbei an einem Haus mit der Aufschrift Holzmichl Transporte. Ja, lebten denn die alten Randfichtn noch? Die nächste Haltestation hieß Ehrenzipfel, wie die Leuchtschrift im Bus anzeigte, vielleicht hatte die aber auch nur der Spaßvogel am Steuer manipuliert.

Je weiter nach oben im Erzgebirge wir kamen, desto grauer und diesiger wurde es. Nebel stieg auf. Der Bus quälte sich hochtourig fast im Schritttempo eine letzte steile Steigung hinauf auf eine Kuppe, da blitzte für einen ganz kurzen Moment die Sonne auf, wie das grelle Licht eines Leuchtturms, und ich konnte das benachbarte Tschechien sehen. Als der Bus allerdings die steile Abfahrt nach Oberwiesenthal hinein nahm, versank wieder alles in einem weißen wabernden Nebel. War der Ort nun klein oder groß? Standen da noch Häuser in hundert Meter Entfernung? Wo war der Fichtelberg?

Ich verließ den Bus, stand mutterseelenallein auf dem Platz vor dem Rathaus und hatte Hunger. Wo könnte ich ein Frühstück bekommen? Selbst an Feiertagen hat – egal wo in Deutschland – immer irgendwo eine Bäckerei auf, eine Tankstelle mit Back-Shop, ein Café. Hier nicht. Ich ging erst mal einen Kilometer in die eine Richtung. Dann zwei in die andere. Vergeblich. Die kleine Stadt war wie ausgestorben, die wenigen Läden hermetisch verriegelt. Eine Bäckerei lag laut Internet am Stadtrand, in einer kleinen Wohnstraße. Doch da war nichts. Alles zu. Vorhänge wurden unauffällig zur Seite geschoben. Misstrauische Blicke trafen mich. Was macht der Typ mit Rucksack am Feiertag um acht Uhr früh in unserer Straße? Ich kehrte enttäuscht zum Rathausplatz zurück und versuchte mein Glück in einem Hotel.

»Wennse hier nisch 'n Zimmer gebüchd hobn, donn griegense och nüschd«, sagte eine Frau mit Dutt an der Rezeption. »Ich würde selbstverständlich auch gut bezahlen, ich bräuchte einfach nur dringend einen Kaffee«, meinte ich. »Tüt mir leid. Hausbolitig.« Das schmerzte sehr, zumal ich hörte, wie im Frühstückszimmer nebenan die Kaffeetassen klapperten. Ich war verzweifelt. Ein tschechisches Zimmermädchen im Gang flüsterte mir komplizenhaft zu: »Prrobiieerän meglicherweisä in andära Chotel.« Aber im anderen Hotel gab es gar keine Rezeption, nur andere tschechische Reinigungskräfte, die sich fröhlich unterhielten und mit Putzeimern im Seiteneingang des Hauses verschwanden.

Oberwiesenthal zeigte mir seine kalte Schulter, ich war zurück auf der Straße, der Nebel kroch mir feucht in die Kleidung, und ich begann zu frieren. Es waberte grau durch die Sträßchen, so als hätten sich alle geschnitzten Erzgebirger Holzräuchermännchen vereinigt, die hier in vielen Traditionsläden im Schaufenster standen und auf Weihnachten warteten. Es waren noch drei Stunden bis zum Treffen mit Lars Riedel, und ich fror und war obdachlos. An einem Straßenschild hing ein Aufkleber »Nacktrodeln – ich war dabei«, auf dem Foto saß eine besonders blonde Frau mit melonengroßen Brüsten und einer Ananas auf einem Schlitten. An einer grauen Häuserfassade dahinter hing ein Transparent mit der Aufschrift »Der SC Traktor Oberwiesenthal grüßt die Gäste der Junioren WM«, wann immer das gewesen sein mochte in dieser Geisterstadt. Ich kam an Heikes Kerzenstübl vorbei und an einem heruntergekommenen Nachtclub namens Blaue Banane, ein Gorilla war auf die Eingangstür gemalt. Durch den zähen Nebel wirkte alles wie durch Milchglas betrachtet, etwas unscharf, es war eigentlich wie im Film *Bilitis*, nur ohne die Darstellerinnen.

Ich unternahm einen letzten Versuch, etwas zu essen zu

bekommen, wanderte weiter talabwärts zu einem Supermarkt, der allerdings auch geschlossen war. Zum Glück war
der Wartesaal des kleinen Bahnhofs geöffnet und ofenwarm
geheizt, er wurde zu meiner rettenden sächsischen Oase.
Von draußen hörte ich auf einmal Getute und Gepfeife, eine
riesige schwarze Dampflokomotive fuhr ein, der Bahnhof
war die Endstation der Fichtelbergbahn, einer historischen
Schmalspurbahn, die schon seit über hundert Jahren in Betrieb ist. Ich legte mich auf die Holzbank im Wartebereich
und schlief kurz ein. Mein Hunger weckte mich wieder. Im
Bahnhofsgebäude befand sich ein Bahnhofslokal, auch das
hatte zu, aber die Tür war nicht verschlossen. Ich öffnete sie
vorsichtig und blickte auf einen kleinen Saal, auf den Tischen
befanden sich dreckige Teller, Tassen, Besteck, bunte Girlan-
den hingen von der Decke. Sogar ein paar Kuchenreste standen auf einem Buffet, vielleicht hatte am Vortag jemand Geburtstag gefeiert. Da stand ich nun, ganz alleine im leeren
Lokal, wie ein Einbrecher. Einen Moment lang überlegte ich
mir, ob ich mir nicht einfach ein Stück Kuchen nehmen
könnte, als ich Stimmen aus der Küche hörte. Ich schlich
hinaus und flüchtete zurück in den Wartesaal zu meiner
Holzbank, tat so, als ob ich schlief. Zum Glück fand ich später in den Untiefen meines Rucksacks noch eine Brezn und
einen Apfel, ich konnte mich nicht daran erinnern, beides
eingepackt zu haben, und diese Brotzeit war alles andere als
frisch, aber sie rettete mich.

Pünktlich um 12 Uhr stand wie verabredet mein Mitwanderer mit seinem schwarzen Kleinbus auf dem Bahnhofsvorplatz vor der Tür. Lars Riedel: Olympiasieger, Diskuslegende
und ein außerordentlich netter Mensch, unkompliziert, optimistisch, offen. Es brauchte keine Aufwärm- oder Dehnphase,
wie im Sport, wir waren sofort mitten im Gespräch und fuhren mit seinem Wagen ein Stück bergauf, zur Talstation der

Fichtelberg-Seilbahn. Trotz des Nebels war schon überraschend viel los, es war Feiertag, die Parkplätze wurden langsam rar. Lars hatte seine Mutter im Erzgebirge besucht und steckte nun voller Tatendrang, er lachte und gluckste, und ich freute mich, diesen Zwei-Meter-Mann mit seiner ansteckenden guten Laune an der Seite zu haben.

Wir standen vor einer großen Landkarte, auf der mit bunten Linien alle möglichen Wander- und Trekkingrouten rund um den Fichtelberg markiert waren. Die Sylke-Otto-Tour, beispielsweise, einundzwanzig Kilometer lang und als »top schwer« eingestuft, die Eric-Frenzel-Tour, der Jens-Weißflog-Weg, vielen Ost-Sportlegenden waren hier Wanderwege gewidmet worden, auch Menschen, die im Westen fast keiner kennt wie Ulrich Wehling, der bei drei Olympischen Spielen hintereinander Gold für die DDR in der Nordischen Kombination geholt hat. Nach Lars Riedel war allerdings noch kein Wanderweg benannt, möglicherweise war er als Diskusmann einfach nicht berg- und wintersportkompatibel genug. Aber vielleicht ändert sich das ja noch. Denn er stammt aus der Gegend, war Olympiasieger, fünfmaliger Weltmeister, Europameister, elffacher Deutscher Meister und der einzige Deutsche, der je in seiner Disziplin die »Golden Four« gewann, die vier größten Leichtathletikturniere der Welt in einem Jahr. Der Sportler, dem das gelang, wurde Mitte der 90er-Jahre mit einem zwanzig Kilogramm schweren Goldbarren ausgezeichnet. Leider schafften das 1996 außer ihm noch drei weitere ausländische Athleten in anderen Disziplinen, und so musste die Metallsäge her, jeder bekam fünf Kilo Gold (aktueller Gegenwert: ca. zweihundertfünfzigtausend Euro).

Wir machten uns auf den Weg Richtung Fichtelberg, der mit 1 214 Metern höchste Berg der ehemaligen DDR und höchste Berg Sachsens. Oberwiesenthal wiederum ist mit 915 Metern die höchstgelegene Stadt Deutschlands, was mich überraschte, ich hätte viel eher einen Alpenort wie Mittenwald oder Oberstdorf oder Reit im Winkl erwartet. Wir wählten die Direttissima für unseren Aufstieg. Wie eine riesige grüne Mauer bauten sich vor uns steile Grashänge auf, die eingerahmt wurden von den Skischanzen von Oberwiesenthal zur Linken und von den eigelbfarbenen Stützpfeilern der Fichtelberg-Schwebebahn zur Rechten. Trotz ihres Namens ist sie nicht mit der Wuppertaler Schwebebahn zu vergleichen. Sie ist vielmehr eine Luftseilbahn, und zwar die älteste Deutschlands. Schon 1924 wurde sie in Betrieb genommen, der Bau kostete 354 000 Reichsmark statt der ursprünglich veranschlagten 70 000 – die Seilbahn ist also offizielle Vorgängerin der Elbphilharmonie und der Gorch Fock. Und sie hat schon vieles erlebt: Sie ging pleite, ein Besitzer gab sie als Hochzeitsgeschenk an seine Tochter weiter, sie war ein VEB, ist eine GmbH. Als im Winter 1963 das Fichtelberghaus brannte und die Straße hoch zum Gipfel durch Schneewehen unpassierbar war, fuhr die Feuerwehr mit der Fichtelberg-Schwebebahn hinauf, hundertachtzig Feuerwehrleute aus dem Landkreis Annaberg wurden mitsamt Gerät auf den Berg transportiert. Leider gelang es nicht, das Feuer zu löschen, das Gipfelhaus brannte bis auf die Grundmauern nieder. Zwei Jahre später wurde der Grundstein für ein neues Gebäude gelegt.

Oben auf dem Fichtelberg herrscht fast immer Nebel, im Rekordjahr 1951 war es an dreihundertfünfzehn Tagen des Jahres diesig. Und auch heute war vom Gipfel nichts zu sehen, der Blick hinauf ähnelte einem Bild, auf dem die obere Hälfte ausradiert ist. Während des Aufstiegs sprachen Lars und ich über den Tag der Deutschen Einheit. Er erinnerte sich an die Fernsehbilder vom 9. November 1989, als die Mauer fiel, eigentlich ja nur durch einen Zufall, weil ein gewisser Günter Schabowski vom Zentralkomitee der SED auf einer Pressekonferenz eine lausig formulierte Bestimmung zu den neuen Reiseregelungen in der DDR vorlas und eigenmächtig interpretierte. Die Regelung trete »sofort, unverzüglich« in Kraft, sagte er, woraufhin sich Hunderttausende zu den Grenzübergängen aufmachten, »sofort, unverzüglich« in den Westen wollten und damit die Maueröffnung erzwangen. Lars saß damals in Sachsen mit seiner Mutter vor dem Fernseher und rätselte, was Schabowski da gesagt hatte. »Das war 'ne ganz verzwickte Situation, ich konnte das gar nicht begreifen, das war für mich unwirklich, ich dachte, wie soll denn die Grenze aufgehen, die war doch immer zu.« Viele haben damals die Maueröffnung buchstäblich verschlafen, in Ost und West, weil sie sich die Öffnung einfach nicht vorstellen konnten und nach der Meldung zu Bett gingen.

Wir liefen vorbei an der Auslaufzone der großen Fichtelberg-Skischanze, der Heimschanze von Skisprunglegende Jens Weißflog, den wir später noch in seiner Berghütte besuchen wollten. Der Weg wurde noch steiler, wie zur Bestätigung sagte ein grünes Schild »Steilaufstieg«, ein Hohlweg führte an einem Bachbett entlang nach oben, der Boden war durchzogen von Baumwurzeln, aus dem Wasser wuchs Farn, es sah aus wie in den Alpen. »Ich bin ja kein Ausdauersportler, also fahre ich lieber mit der Bahn auf so 'nen hohen Berg«, sagte Lars mit leicht sächsischem Unterton. Ihm taten die Knie und die Hüfte weh, das kannte ich ja schon von Mehmet Scholl vom Feldberg. Eine Profisportlerkarriere endet oft in der Welt des Schmerzes. Im Fall von Lars Riedel muss man bedenken, was für eine irrwitzige Fliehkraft bei der schnellen Drehung mit dem Diskus im Wurfkreis entsteht, in den Fußgelenken, den Knien, in der Hüfte. »Das sind so Dinge, dafür ist unser Körper eigentlich gar nicht gemacht«, sagte er, da spüre man als ehemaliger Spitzensportler tagtäglich die Abnutzung. Lars hat einen Sponsor, der durch irgendeine Methode ein

Mittelchen entwickelt hat, das aus Eigenblut ein entzündungshemmendes Proteinserum gewinnt, als Alternative zu Kortisonspritzen, und das alles wieder heile macht, sagte Lars, der als Markenbotschafter für diese Firma arbeitete und zugleich ihr Kunde war.

Ich fragte ihn nach seinen Körpermaßen. »Zwei Meter groß, hundertfünfzehn Kilo schwer und wahnsinnig gut aussehend«, sagte er und prustete los. Er trug ein kurzärmeliges Hemd und kurze Hosen, war braun gebrannt und ein echter Blickfang. Selbst jene, die ihn nicht kannten, schauten diesem Modellathleten nach. »Glück auf«, sagte Lars zum Gruß. Über uns verdeckte immer noch die dicke Nebelwand den Blick auf den Fichtelberg, sie stieg mit dem talaufwärts blasenden Wind nach oben, weswegen Lars auch vorschlug, wir sollten langsam gehen, damit wir am Gipfel gute Sicht hätten.

In unserem Gespräch über schwindende Körperkräfte bei mittelalten Männern waren wir mittlerweile bei den Augen angekommen. Lars vertrat eine sehr eigenwillige Theorie bezüglich der Wirkung von Blaubeeren auf die Sehkraft des Menschen. Es habe eine Untersuchung beim kanadischen Militär gegeben, warum die Tieffliegerpiloten immer nur an einem ganz bestimmten Tag besonders treffsicher waren. Und exakt an diesem Tag habe es immer Blaubeermarmelade zum Frühstück gegeben. Und zwar die natürlichen Blaubeeren aus dem Wald, bei denen sich die Zunge blau verfärbt, also nicht die Kulturheidelbeeren aus dem Supermarkt. Ich wusste ja schon vieles über die Blaubeere, meine Lieblingsfrucht, beispielsweise über ihre natürliche antibiotische Wirkung. Aber das mit den Augen hatte ich noch nie gehört oder gelesen, vielleicht stand es ja irgendwo im Kleingedruckten, und ich konnte es nicht entziffern. Lars jedenfalls glaubte fest daran.

Lars wurde 1967 in Zwickau geboren, erinnerte sich an seine Kindheit in Thurm, einem kleinen Ort mit Hühnern, Schafen und viel Natur, er spielte Indianer und imitierte Gojko Mitic, den Ost-Winnetou. Später sammelte Lars wie ein Besessener Kakteen. »Da gab es in Erfurt Samen zu kaufen, und meine Kumpels und ich haben selber gepfropft und gezüchtet. Ich habe nächtelang im Bett Kataloge und Bücher durchgewälzt, meine Mutter durfte das nicht wissen.« Und so kannte er Jahrzehnte später noch aus dem Kopf die lateinischen Namen von Kakteen: »Mammilaria pennispinosa, Aylostera heliosa, wie hieß denn der Kleine, den ich immer hatte, Rebutia, dann natürlich Carnegiea gigantea, das sind diese Riesen-Kandelaber-Kakteen, die sie in Arizona immer haben.« Übrigens auch Kaktus des Jahres 2017. »Dann den schönen großen sogenannten Schwiegermutterstuhl Echinocactus grusonii.« Das Ganze war ein bisschen surreal, im Hintergrund plätscherte ein Bergbach, und ein zwei Meter großer Olympiasieger hielt ein Spontanreferat über Kakteen.

Er erinnerte sich an Reisen in die Berge im Thüringer Wald, in den Harz, auf den Brocken und auch hier auf den Fichtelberg, auch im Winter. »Wir waren aber drei Kinder, und unsere Eltern hatten nicht so viel Geld, um Skikarten und Skiausrüstung zu bezahlen.« Warum die DDR in nahezu allen Sportarten so gut gewesen war, aber nicht im Alpinski, fragte ich ihn. »Weil das nicht gefördert wurde«, meinte Lars. »Ich nehme mal an, weil es zu teuer geworden wäre. Und du hättest auch nicht die richtigen Trainingsgebiete gehabt, nur der Fichtelberg mit seinen Liften hätte nicht für den Erfolg gereicht.« Auch im Tennis hatte die DDR nie den großen Erfolg, es gab zwar einen Sportler namens Thomas Emmrich, der mangels Konkurrenz sechsundvierzigmal DDR-Tennis-Meister wurde, aber ein Zverev oder Boris Becker wurde er nie. Auch Golf war der DDR zu viel Bourgeoisie, zu teuer, zu aufwendig. »Und selbst im Eishockey gab es nur zwei Mannschaften, Dynamo Weißwasser und Dynamo Ost-Berlin, die zu zweit ihre Liga ausgespielt haben.« Es war die kleinste Liga der Welt. »Einer ist immer mindestens Vizemeister geworden«, erzählte Lars.

Seine eigene Karriere als Diskuswerfer nahm erst nach dem Ende der DDR so richtig Fahrt auf. Seinen Olympiasieg von Atlanta 1996 hat Lars Riedel übrigens einem Klobesuch zu verdanken. Nachdem nur noch ein gültiger Versuch möglich war, gab er den Kampfrichtern vor, ganz dringend auf die Toilette zu müssen. Diese Auszeit schärfte seine Sinne und brachte ihm den Siegwurf ein, weswegen er heute in Vorträgen immer den Rat gibt, sich ein bisschen Zeit zu nehmen vor großen Entscheidungen oder in Extremsituationen.

Wir waren jetzt bei der 1 000-Meter-Höhenmarke angelangt, wie ein Schild anzeigte, die Luft wurde langsam dünn. Wir blieben in einem besonders steilen Steilstück stehen, schnauften wie die Brauereipferde und ließen eine Gruppe von Männern mit schweren Rucksäcken passieren. Zwei Kurven weiter warteten die fünf auf uns und fragten mich ganz schüchtern, ob mein Mitwanderer mit den kurzen Hosen tatsächlich Lars Riedel sei. Und als ich es bejahte, brandete lauter Jubel durch diesen Flusscanyon, die Männer waren außer Rand und Band. Wir erfuhren, dass sie alte Freunde und für den heutigen Feiertag aus ganz Deutschland zusammengekommen waren, um den Tag gemeinsam zu verbringen. Einer kam aus Eisenhüttenstadt, »der ersten sozialistischen Stadt der DDR«, wie der Wortführer Michael sagte. Er selbst sei ein Preuße im Erzgebirge, einer kam aus Potsdam, einer aus Ulm, und »das hier ist der hässlichste Typ von uns, der stammt aus dem Mansfeld«. Und wie um das Klischee vom Buddy-Ausflug zu bestätigen, öffnete einer der Männer seinen Rucksack, der randvoll mit Bierflaschen der Marke Fiedler

Orgelpfeifenbräu aus dem Erzgebirge war. Lars und ich bekamen sofort eine in die Hand gedrückt, Lars sagte noch: »Wir können euch doch nicht jetzt das Bier wegsaufen.« Und dann ging ein fröhliches Geproste und Getrinke los. Mit großer Geschwindigkeit verschwand das Bier in den Kehlen, und die Männer konnten es nicht glauben, mit Lars Riedel zu wandern, zu plaudern und Bier zu trinken, mit einem Idol ihrer Jugend. Sie waren von nun an unsere Geleiteskorte auf dem Weg hinauf.

Und ich glaube, wenn irgendjemand aus irgendeinem Grund dem großen Lars Riedel auch nur eine Feder hätte krümmen wollen, unsere Männer hier hätten für ihn getötet. Lars stand im Mittelpunkt, musste von seinen Auftritten beim Promiboxen und Promibacken und *Let's Dance* und bei Hirschhausen erzählen und wie er Weltmeister wurde. Schön war seine Geschichte von einem Trainingslager in Portugal. Dort waren auch die Fußballer von Darmstadt 98 untergebracht und spielten länger als vorgesehen auf dem Rasen. Lars Riedel hatte sie vorgewarnt, dass jetzt bald der Diskus fliege. Es kam, wie es kommen musste, Lars warf die Scheibe ein Stück zu weit nach rechts, und sie schlitterte zwischen die Fußballer hindurch auf den Platz. Zwei Spieler kamen daraufhin wutentbrannt in Richtung des Wurfkreises gerannt. »Aber umso weiter die auf mich zugerannt kamen, desto langsamer wurden sie, weil sie merkten, der wird ja immer größer und breiter, der Typ.« Lars lachte wieder dieses schöne laute Lars-Riedel-Lachen.

Wir befanden uns nun auf gleicher Höhe mit dem größten Turm der Skischanze, der auf einmal wie ein Gespenst aus dem Nebel auftauchte. Die Herrenrunde schlug vor, ob es nicht auch ein Promi-Skispringen geben könne, genau wie das Star-Biathlon, aber Lars winkte ab. Nicht mal Jens Weißflog traue sich noch auf die Großschanze, wüsste, dieser eine

Sprung wäre der letzte seines Lebens. Ein Oh und Ah ging durch die Wandergruppe, wie bei allem, was Lars sagte. Würden sie eine Riedel-Religion gründen? Sie hingen an seinen Lippen, und er ließ sich auf Augenhöhe mit den Jungs ein. Sie wollten mir inzwischen Erzgebirger-Sächsisch beibringen, einen Satz, der in etwa so klang:»Midm Hidragbraddl di Permed herbringe«. Auf Hochdeutsch:»Mit dem Hintrage-Tablett die Pyramide herbringen«. Mit der Pyramide war die traditionelle Erzgebirger Holzpyramide für Weihnachten gemeint.

Wir betraten eine Schneise, die steil über Gras und Geröll durch Tannen hindurch den Berg hinabführte, es sah aus wie ein Kar in den Alpen. Alles versank in waberndem Nebel, der getrieben von einem eiskalten Sturm aufzog.»Ihr in Bayern habt den Föhn und wir den Böhmischen Wind«, erklärte Michael dieses Wetterphänomen.»Wo warme Luft vom Böhmischen Becken auf das Erzgebirge knallt, aufsteigt, sich abkühlt und kalte neblige Fallwinde erzeugt.« Heute beispielsweise sei es im fünfzehn Kilometer entfernten Karlsbad fünfundzwanzig Grad warm, hier am Fichtelberg nur elf Grad. Um nicht auszukühlen, zog Lars ein Thermojäckchen über sein Shirt, wir alle marschierten weiter, und plötzlich ragten aus dem Nebel ein gelber Stützpfeiler der Seilbahn auf und dahinter das riesige Fichtelberghaus, das auf dem Gipfel thronte. Es sah aus wie eine gigantische Getreidescheune mit Fenstern, an der rechten Seite des Gebäudes befand sich ein über dreißig Meter hoher Aussichtsturm, der mit seinem Doppelfaltdach fast chinesisch anmutete. Als wir uns dem mächtigen Gipfelplateau näherten, tauchten aus dem dichten Nebel Menschen auf. Immer mehr Menschen, Hunderte von Menschen. Sie standen um die Friedensglocke herum und nahmen an einem ökumenischen Freiluft-Gottesdienst zum Tag der Deutschen Einheit teil. Und genau in diesem Moment, als die Menschenmenge, begleitet von einem Posaunenchor, christliche Choräle sang und die Gipfelglocke läutete, riss der Himmel auf, aus Grau wurde Blau, die Sonne schien auf den Fichtelberg und die Festgemeinde, und in der Ferne war der um knapp dreißig Meter höhere Keilberg, das tschechische Gegenstück zum Fichtelberg, zu sehen. Ich hatte nicht viele Epiphanien in meinem Leben, aber dies war definitiv eine davon. Lars und ich schauten uns fassungslos an und hatten glänzende Augen. Ich versteckte – wie immer – meine traditionelle Flasche Gipfelschnaps, diesmal war es Der bekömmliche Oberberg Kräuterbitter aus dem Erzgebirge. Lars geriet ins Schwärmen über sein Bundesland Sachsen, empfahl mir irgendwelche Teiche, die größte Ziegelbrücke der Welt, eine Schifffahrt in Dresden, das Elbsandsteingebirge, und der Posaunenchor spielte im Hintergrund dazu, es klang wie ein Werbelied. Und dann fuhren Lars und ich mit der Seilbahn ins Tal zurück, knieschonend wegen seiner Diskus-Spätfolgen. Der letzte Teil unseres Ausflugs stand noch bevor.

Wir besuchten Jens Weißflog, die Skisprunglegende, in seiner »Berghütte«, wie Lars vorab immer gesagt hatte. Die Berghütte entpuppte sich als ein ziemlich beeindruckendes Hotel mit Spa und Restaurant, ein sehr geschmackvoll errichtetes Chalet mit dem Motto »Absprung vom Alltag«. Direkt vor der Anlage stand ein lebensgroßer Jens-Weißflog-Pappaufsteller mit zitronengelben Sprungskiern und ausgestanztem Gesicht, Besucher konnten sich dahinterstellen und Scherzfotos machen. Der echte Jens Weißflog kam zur Tür heraus und sah aus wie eh und je. Laut Internet war er »ca. 1,70 Meter« groß, also mutmaßlich 1,69, und etwa fünfundfünfzig Kilo schwer. Neben dem mehr als doppelt so schweren Lars Riedel wirkte er tatsächlich wie »der Floh vom Fichtelberg«, so sein früherer Spitzname. Jens und Lars kannten sich aus ihrer aktiven Zeit als Sportler und vom Golfen in der Zeit danach. Als die beiden vor mir her durch das Restaurant schritten, verstummten schlagartig die Gespräche an den Tischen. Es war, als träten der Papst und die Queen gemeinsam auf, und durch das allgemeine Tuscheln hörte ich die ehrfürchtigen Worte eines Gastes: »Zwei leibhaftige Olympiasieger uff eenem Fleck, so was erlebt man ooch nicht alle Tage.«

Das Lokal war mit viel Holz modern rustikal eingerichtet und gut besucht, an sämtlichen Tischen saßen Gäste und hielten wegen Corona Abstand, aber nur ein bisschen. Kuchengabeln klimperten metallisch, viele ältere Herrschaften genossen die Aussicht über die Weiten des Erzgebirges und tranken Kaffee aus Kännchen. Die grauen Kissen auf den Sitzbänken waren mit dem Motiv eines Skispringers bestickt, ein hellblauer Kachelofen bullerte Hitze in die Gaststube, es fühlte sich an wie auf einer Alpenhütte. Die Ehefrau von Jens Weißflog setzte sich zu uns, und dann wurde erst mal besprochen, wie unsere Bergtour lief, was es beim Golf Neues gab, wie es den Kindern ging, es war wie auf einem Familienfest. Ein Kellner kam und brachte uns die Speisekarte, in der die Gerichte nach »Absprung, Flugphase und Landung« benannt waren und es vom Elchbraten bis zum Lavendel-Pannacotta viel Edles gab. Er servierte uns dann eines der Signature-Gerichte des Hauses, die Fichtelberg-Torte, bei der Kalorien kein Fremdwort war. In diesem Moment kam ein älterer Herr mit Vollbart zielstrebig auf Lars Riedel zugeschossen, hielt für einen kurzen Moment inne, dann umarmte er den Diskuswerfer stürmisch und rief mit sich überschlagender Stimme: »SCHEISS AUF CORONA!! LARS RIEDEL! OLYMPIASIEGER!!!« Lars konnte sich der Umarmung nicht entziehen und musste laut lachen. (Ein paar Wochen später waren übrigens die Coronazahlen ausgerechnet im Erzgebirge mit Abstand die höchsten in ganz Deutschland.)

Jens Weißflog und seine Frau unterhielten sich nun lange mit mir, wollten alles über meine Wanderungen wissen, ich konnte im Gegenzug alles übers Skispringen fragen, was ich immer schon mal wissen wollte. Wir sprachen über Matti Nykänen, DIE finnische Skisprungikone der Achtzigerjahre. Nach dem Karriereende startete er zunächst recht erfolgreich als Popsänger durch, für sein erstes Album *Yllätysten yö* (Nacht der Überraschungen) mit der Single »V-Tyyli« (V-Stil) bekam er sogar die Goldene Schallplatte. Unvergessen sein Schlager »Yy kaa koo nee – vauhti kovenee« (Eins, zwei, drei, vier – das Tempo erhöht sich), vielleicht antizipierte er hier schon seine kommenden vier Scheidungen und seine Tätigkeit als Stripper. Autobiografisch wurde es in der Comeback-Nummer »Ehkä otin, ehkä en« (Vielleicht hatte ich einen Drink, vielleicht nicht). Da hatte er bereits zweieinhalb Jahre im Gefängnis verbracht, weil er einen Freund im Alkoholrausch nach einem Streit ums Fingerhakeln (!) in einer Waldhütte in Nokia (!) niedergestochen hatte. Nykänens Autobiografie hieß übrigens *Huipulla ja Montussa* – auf Deutsch »Grüße aus der Hölle«. 2019 starb er, und Jens Weißflog, der fast auf den Tag genau ein Jahr jünger als der irre Finne war, erinnerte sich an viele gemeinsam bestrittene Wettkämpfe, zum Beispiel bei Olympia 1984 in Sarajewo, als er Gold gewann und Nykänen Silber. Jens hat ein Buch über seine eigene Karriere geschrieben und schenkte mir ein Exemplar mit einer sehr netten persönlichen Widmung.

Es war spät geworden, wir mussten uns verabschieden, Lars fuhr mich noch bis zum Bahnhof, dort nahm ich den Bus nach Chemnitz und fuhr dann durch die untergehende Sonne mit dem Regionalzug nach Leipzig, wo ich wieder umsteigen musste.

Dort, am Leipziger Bahnhof, stand am Nachbargleis ein Regionalexpress namens Abellio. Klang eher nach Hundefutter.

Oder nach einer unveröffentlichten Verdi-Oper. Mit Regionalzugnamen ist es ein bisschen wie mit Hedgefonds. Hoch bezahlte Agenturen werden beauftragt, einen Namen zu finden, der gleichermaßen modern und vertrauenerweckend klingt. Gerne ein bisschen lateinisch, aber doch auch zukunftsgewandt. Am Ende entsteht idealerweise ein sogenanntes Logatom, ein Nichtwort, das mit seiner Silbenstruktur der menschlichen Lautäußerung nahekommt, ohne eine festgelegte Bedeutung zu haben. Thalys zum Beispiel, der Name des Schnellzugs von Köln nach Brüssel, erfunden von einer niederländischen Agentur. Oder es kommen Sachen raus wie Trilex (ehemals: Die Vogtlandbahn), Netinera, die Tochter von Arriva, die nicht der altgriechischen Mythologie entstammt, sondern als GmbH die Regentalbahn im Bayerischen Wald betreibt. Es gibt die Taschenspielertricks mit den zwei »X«, zum Beispiel in Erixx (Untertitel: Der Heidesprinter) in Niedersachsen, oder Züge mit dem Namen Agilis, mit denen man sich im DING bewegen kann, dem Donau-Iller-Nahverkehrsverbund, oder im NALDO (Neckar-Alb-Donau) oder im BODO (Bodensee-Oberschwaben). In Nordhessen fährt eine Regionalbahn namens Cantus, deren FLIRT-Triebzug (sic!) von Baunatal nach Bebra fährt. Und es gab Rhenus Veniro (vormals Rhenus Keolis), was keine anatomische Bezeichnung für einen Knorpel im Bereich der hinteren Nasennebenhöhlen ist und auch keine ausgestorbene Nashornart, sondern das Transportunternehmen, das die Moselweinbahn nach Traben-Trarbach betreibt. Mittlerweile heißt Rhenus Veniro Transdev. Raider heißt jetzt Twix. Sonst ändert sich nix. Balisto.

Ich nahm einen ICE nach München, kam spätnachts an und wollte nur noch heim, und weil die U-Bahn schon nicht mehr fuhr, nahm ich ein Taxi. Am Münchner Hauptbahnhof standen die Taxis in zwei Reihen, und in einer davon fand ich ein hochmodernes Elektroauto, das ich unbedingt nehmen wollte. Aber der Fahrer war noch nicht an der Reihe, und ich wurde auf die andere Taxi-Reihe verwiesen. Dort stand auf der Poleposition ein Mercedes, Baujahr circa 1981, aber viel zu verbeult und heruntergekommen, um als Oldtimer durchzugehen. Der Taxifahrer lehnte sich an eine Laterne und kam langsam auf Krücken herangehumpelt, er musste an die neunzig Jahre alt sein und hörte schlecht. Auf seinem Beifahrersitz lagen lauter Plastiktüten mit Pfandflaschen, und er legte umständlich seine Krücken dazu, mehr als zwei Leute hätte dieses Autowrack nicht transportieren können. Der Greis stöhnte über Corona und die Reiseverbote, er persönlich liebe Tunesien und sei in den letzten fünf Jahren bestimmt »hundertzwanzigmal hingeflogen«, das koste normal einen »Apfel und ein Ei«. Jetzt aber müsse man erst nach Oslo und über Moskau nach Tunis, um Corona-Einreiseverbote zu umgehen, und zugleich müsse man jeweils eine Woche beim Umsteigen in Quarantäne, das lohne sich doch gar nicht mehr. Er redete, als wäre der Fernflug nach Afrika ein Menschenrecht. Er fuhr wie ein Bruchpilot, und ich wunderte mich, wie dieser Mann am Steuer seines Taxis so alt werden konnte, ganz ohne Unfalltod. Ich war so erleichtert, zu Hause anzukommen, dass ich ihm reichlich Trinkgeld gab. Ich wünschte ihm eine gute Nacht, und mit röhrendem Auspuff verschwand der Mercedes im Nebel, der nun auch München erreicht hatte.

15

Die Helpter Berge/Mecklenburg-Vorpommern
(179,2 Meter)
Mit Devid Striesow (Schauspieler)

2. Mai 2021

Ich bin dann mal weg.
Von Sie zum Du am Ende der Welt

Es gibt Schauspielerinnen und Schauspieler, bei denen man
sofort weiß, wann man sie das erste Mal auf einer Leinwand
gesehen hat. Frances MacDormand ist so ein Fall. Auf einmal war sie da, als schwangere Dorfpolizistin in *Fargo*, und
musste sich mit seltsamen Mordfällen und gehäckselten Menschen im Schnee auseinandersetzen. »Jessas«, sagte sie immer wieder. Seitdem hat sie dreimal den Oscar gewonnen,
völlig verdient. Oder Ryan Gosling, der mir schon vor *Drive*
in dem Film *Lars und die Frauen* aufgefallen war. Darin spielte
er einen verklemmten Kleinstadt-Typen, der sich im Netz
eine lebensechte Puppe bestellt, die er als seine Internet-Be-
kanntschaft Bianca vorstellt und die ihn von nun an über-
allhin begleitet. Alle Freunde spielen das Spiel mit und behan-
deln ihn und seine Puppenfrau wie ein ganz normales Pärchen.

Devid Striesow ist mir zum ersten Mal im Film *Lichter* von
Hans-Christian Schmid auf der Leinwand begegnet, als er
einen traurigen Matratzenverkäufer in Frankfurt an der Oder
spielte. Er machte das so, wie er es immer macht: ganz subtil, unauffällig, aber absolut glaubwürdig und mit bleibender

Wirkung. Devid Striesow ist einer der größten deutschen Schauspieler der Gegenwart, völlig zweifelsfrei. Denn er schafft es, gleichermaßen überzeugend Gewinner und Verlierer, charmante Träumer und zynische Kapitalisten, Opfer der Verhältnisse und grausame Nazis zu spielen, und wenn es sein muss, auch einen verspulten *Tatort*-Kommissar mit Vespa im Saarland. Das Letztere musste er zum Glück nicht sehr lange. Aber wen auch immer er spielt, irgendwie verschwindet sein Gesicht in dieser Rolle, geht darin auf. Ich sehe keinen Menschen, der einen Menschen spielt, ich sehe einen Menschen. Sehr gerne wäre ich mit Devid Striesow bergwandern gegangen, aber ich hatte ihn nie einem bestimmten Bundesland zuordnen können. Ich war bloß sicher: Ein Bajuware ist er nicht. Ich hätte nicht mal gewusst, ob er nun ursprünglich aus dem Osten oder Westen Deutschlands stammt. Deswegen hatte ich ihn bei meinen Recherchen zunächst überhaupt nicht auf dem Radar.

Ursprünglich wollte ich in Mecklenburg-Vorpommern jemanden finden, der ganz aus der Nähe des höchsten Berges kommt, also aus der Gegend rund um Neustrelitz oder Neubrandenburg. Ich stieß auf den Namen Katrin Krabbe. Sie war mal die schnellste Frau der Welt, 1991 sogar Weltsportlerin des Jahres. Sie galt als die »Grace Kelly der Tartanbahn«, sie stand sogar in Wachs bei Madame Tussauds, bevor sie 1992 eingeschmolzen wurde. Denn da endete ihre Karriere mit einem großen Durcheinander. Sie wurde positiv auf Doping mit dem verbotenen Mittel Clenbuterol getestet, das man sonst nur in der Tiermedizin bei kranken Kälbern oder als Erfrischungsgetränk bei der Tour de France einsetzt. Außerdem hatten drei Läuferinnen aus dem Osten ein und dieselbe Urinprobe abgegeben. Krabbe durfte fortan nicht mehr laufen, sie wurde vom Leichtathletikverband für drei Jahre gesperrt, bestritt aber alle Vorwürfe und erstritt sich später vor Gericht einen Schadensersatz von 1,2 Millionen D-Mark, weil die Sperre als unverhältnismäßiges Berufsverbot gewertet wurde. Es blieb ein Schatten auf ihrer Karriere, es blieben Zweifel, wie alles wirklich war. Gelaufen ist Katrin Krabbe nie wieder. Stattdessen ergaben meine Recherchen, dass sie ein Sportgeschäft in ihrer Heimatstadt Neubrandenburg betrieben hatte, bis sie Privatinsolvenz anmelden musste. Sie wurde anschließend Kundenberaterin in einem Toyota-Autohaus. Ihr Ehemann, mit dem sie mehr als zwanzig Jahre verheiratet gewesen war, beging Selbstmord. Krabbe arbeitet seit Längerem als ehrenamtliche Sterbebegleiterin in einem Hospiz. Ihr Sohn spielte vor ein paar Jahren in der Handballbundesliga. Leider versandeten sämtliche Versuche der Kontaktaufnahme ohne eine Antwort. Sie wollte wohl ihre Ruhe, und natürlich respektierte ich das.

Ich bestieg stattdessen erst mal andere Berge, ließ die Baustelle MeckPomm links liegen und versuchte, die Leerstelle zu ignorieren. Das ging aber irgendwann nicht mehr. Ich fragte beim Ex-Bundespräsidenten Joachim Gauck aus Rostock nach, den ich vor Jahren einmal interviewt und dessen Buchpräsentation ich moderiert hatte. Wir waren damals sogar noch zusammen Wein trinken. Er sagte mir ab, äußerst sympathisch und sogar handschriftlich, sein Terminkalender sei schon für die nächsten anderthalb Jahre voll. Selten hat mich eine Absage so gefreut wie diese, weil sie so charmant war.

Wer also könnte mich stattdessen auf die Helpter Berge begleiten? Charly Hübner fiel mir ein, ein Schauspieler, den ich gerne sehe und der immer auftaucht, wenn irgendetwas qualitativ Vernünftiges zwischen Rügen, Schwerin, Rostock und Greifswald spielt. Leider ist Charly Hübner so aktiv, dass es unmöglich war, einen Termin mit ihm zu bekommen, seine Agentur winkte ab, MfG. Hübner hat mal als Regisseur einen Dokumentarfilm über die linke Rostocker Politpunkband Feine

Sahne Fischfilet und deren Sänger Jan, genannt »Monchi«, Gorkow gedreht. FSF waren immer wieder Zielscheibe und Hassobjekt von Rechtsextremen und wurden von den eigenen Fans umso mehr gefeiert. Weil sie so radikal links waren, wurden sie andererseits vom Verfassungsschutz beobachtet. (Während man irgendwie hoffte, der rechten Szene würde eine ähnliche Aufmerksamkeit der Staatsschützer zukommen.) Der breiten Öffentlichkeit bekannt wurden Feine Sahne Fischfilet durch ihren geplanten Auftritt im Bauhaus in Dessau, den die Bauhaus-Stiftung aus Angst vor rechter Randale absagte, was als Kapitulation vor den Nazis gewertet wurde. Ich nahm Kontakt auf, denn über all das hätte ich liebend gerne mit Monchi auf einer Bergtour geredet, und das Management hatte mir große Hoffnungen gemacht. Nach über einem halben Jahr mit vielen Mails, Rückfragen und Vertröstungen sagte mir die Band ab, sie wollte in diesem Jahr grundsätzlich keine Interviews geben. Schade.

Wieder ließ ich frustriert ab von diesem seltsamen Bundesland rechts oben auf der Landkarte.

Doch irgendwann kam der Moment, als ich auf Wikipedia nach einem bestimmten Film suchte, über Devid Striesow stolperte und als Geburtsort Bergen auf Rügen in Mecklenburg-Vorpommern las. Mein Herz hüpfte. Mein Idealwanderer! Zum Glück hatte ich auf den Hofer Filmtagen Axel Ranisch kennengelernt, diesen genialisch irren und ursympathischen Regisseur, der meistens mit seiner inzwischen hundertjährigen Oma Ruth Bickelhaupt zusammen dreht, die ihn damals in Hof sogar noch anspornte, um Mitternacht nicht ins Hotel zu gehen, sondern weiterzufeiern. Ruth Bickelhaupt war auch als Darstellerin in dem Improvisations-Tatort *Waldlust* aus Ludwigshafen zu sehen, bei dem Ranisch die Regie führte, einem Krimi, der die deutsche Fernsehgemeinde spaltete und verstörte. Und just dieser Axel Ranisch hatte gemeinsam mit

Devid Striesow ein wunderbares Buch über klassische Musik geschrieben, eine Leidenschaft, die die beiden teilten und auch regelmäßig im Deutschlandfunk in einer gemeinsamen Podcast- und Sendungsserie namens *Klassik drastisch* pflegten. Mein V-Mann Axel Ranisch jedenfalls legte ein gutes Wort für mich ein und war so der Türöffner für Devid Striesow. Als dieser mich höchstpersönlich anrief – ich war gerade mit dem Rad unterwegs –, traf mich fast der Blitz. Nach vielen Irrungen und Wirrungen stand irgendwann der Wandertermin fest, ein Sonntag im Mai.

Das Wetter in München war beschissen, es schüttete aus Kübeln, und ich musste nachts mit dem Zug fahren, um vormittags in Mecklenburg-Vorpommern zu sein. Auf dem Weg zum Bahnhof kam mir ein einzelner E-Roller-Fahrer entgegen, der nüchtern wirkte. So etwas hatte ich, glaube ich, bis dahin noch nie gesehen. Normalerweise standen immer mindestens zwei Jugendliche im Vollsuff auf den Mietrollern und rasten in Schlangenlinien über den Gehweg, während einer garantiert die Arme ausgebreitet hatte wie Kate Winslet auf der *Titanic*. Hier nicht. Es waren ohnehin seltsame Zeiten.

In München waren die Coronazahlen so hoch, dass ab 22 Uhr eine strikte nächtliche Ausgangssperre bestand, Geldstrafe bei Missachtung: zweihundertfünfzig Euro, Minimum. Als ich also um 22:30 Uhr das Haus verließ, war ich schon eine halbe Stunde lang illegal. Was wohl die Polizisten sagen würden, wenn sie mich am Münchner Hauptbahnhof kontrollierten und ich als Grund meines nächtlichen Ausflugs angab, eben jetzt nach Mecklenburg-Vorpommern zu fahren, um dort mit einem ehemaligen *Tatort*-Kommissar auf einen 179 Meter hohen Berg zu steigen? (»Jaja, und den Rest können Sie dem Herrn Doktor erzählen.«) Zum Glück hatte die Polizei gerade anderweitig zu tun, weil sie den einzigen anderen Menschen, der um diese Zeit außer mir im Bahnhofsuntergeschoss unterwegs war, mit sechs Mann filzte, er sah definitiv mehr nach Drogen aus als ich.

Auf dem Bahnsteig ging ich am Zug entlang und schaute hinein, im kompletten ICE saßen ganze vier Menschen. Zwei junge Männer standen noch am Gleis, ein paar Schritte entfernt, und riefen mir zu:»Mister! Mister! Can you take a picture?!« Erwartungsfroh hielten sie mir ihr abgegriffenes Smartphone entgegen. Ich machte das Foto, und sie strahlten.»Thank you, Mister!« Im Zug saß später einer der beiden im gleichen Waggon wie ich und erzählte mir fröhlich, dass er vor zwei Tagen aus Indien gekommen sei. Indien war in diesen Tagen das absolute Schreckenswort in den Nachrichten, denn dort gab es täglich eine halbe Million COVID-Neuinfektionen und viertausend Tote, eine höchst ansteckende Virusvariante raste durchs Land. Ich unterhielt mich ein paar Minuten mit dem jungen Inder, dann ging ich auf die Zugtoilette, wusch mir die Handy-Hände und schämte mich zugleich dafür. Zu meiner Entschuldigung möchte ich sagen: Es waren die Zeiten der Coronapanik und -verunsicherung. Wir standen alle am Rande des Nervenzusammenbruchs, irgendwie.

Im Zug hatten wir fast Einzelbetreuung. Die Zugbegleiterin war überraschend jung, hatte kurze blau gefärbte Haare, Metallringe in der Nase und trug Doc-Martens-Stiefel. Die biedere Bahn-Uniform wirkte bei ihr wie ein Faschingskostüm. Bis Nürnberg raste der ICE in einer Stunde durch den Regen. Beim Zwischenstopp in Ingolstadt liefen die Regentropfen wie transparente Würmer über die Scheibe, das Fenster sah irgendwann aus wie ein Schnittmuster aus der *Brigitte*. In Nürnberg musste ich umsteigen. In den Nachtzug, den ich schon von meiner Sachsen-Wanderung kannte. Weil er das einzige Nachtangebot für eine Deutschlanddurchquerung darstellt, ist dieser Zug ein Magnet für

Nachtschwärmer, Alkoholiker, Interrail-Reisende und jede Menge obskure Gestalten.

Im Obergeschoss – der Zug ist ein Doppeldecker – suchte ich mir ein ruhiges Plätzchen und versuchte trotz des gleißenden Neonlichts ein bisschen im Sitzen zu schlafen; ich hatte über sechs Stunden Fahrt bis Berlin vor mir. Die Zugbegleiterin kam vorbei, eine fidele Mittvierzigerin mit praktischer Kurzhaarfrisur und Berliner Schnauze. Als sie meine Fahrkarte sah, meinte sie:»Jibt et och'n Strasburg in der Uckermark? Dit is ja witzich.« Auch sie hatte von meinem Zielbahnhof offensichtlich noch nie gehört. Ich dämmerte weg und döste bis Bamberg. Dort stieg ein Junkie-Pärchen zu, setzte sich auf die Plätze gegenüber dem Gang, keine zwei Meter von mir entfernt und fing an über befreundete Junkies zu reden. Und das in einer vollkommen unmodulierten Lautstärke, die es mir unmöglich machte, auch nur ein einziges Wort zu überhören. Es ging um»Jagger«, der ihr noch Geld schuldete, und um»Charly«, seinen Kumpel, der anscheinend Ärger mit den»Bullen« hatte, und um den»Park« und was man dort dürfe und vor allem was nicht, woran vor allem die Bullen schuld seien. Und wenn Charly erst mal wieder frei sei, dann würde er es den Bullen zeigen. Aber so richtig. Dazwischen hustete die Frau immer wieder, und zwar so laut, so bellend, so schleimig, so infektiös, dass ich den bevorstehenden Halt im fränkischen Lichtenfels nutzte, um so zu tun, als ob ich aussteigen würde. Fünf weitere Stunden bis Berlin hätte ich das nicht ertragen. Oder um mit der NASA zu sprechen:»Husten! Wir haben ein Problem.« Im Vorbeigehen sah ich, dass der Typ ein T-Shirt mit der Aufschrift»Prinz Arschloch« trug. War das noch Ironie oder schon Selbsterkenntnis?

Ich zog um, zwei Waggons weiter. Kaum hatte ich mich gesetzt, hörte ich einen Mann, der völlig wirr vor sich hin schwadronierte. Ich hörte ihn aber nur, ich sah ihn nicht. Er murmelte immer wieder »Ts – ts – ts. Unerträglich. Un-er-träg-lich! UM GOTTES WILLEN! Unerträglich. Ts – ts – ts.« Irgendwann kam Bewegung in die Sache, er stand auf, grunzte laut und torkelte durch den Gang Richtung Zug-toilette. Er war um die sechzig, Glatze, ganz in Schwarz ge-kleidet, trug Lederhose und T-Shirt. Er sah aus wie Gert Fröbe, der einen Rockerboss spielt, bewegte sich mit der Geschwin-digkeit einer Galapagos-Echse und raunte: »So eine Scheiße aber auch.« Als die automatische Gangtür nicht auf ihn re-agierte, rammte er mit seinen hundert Kilo Lebendgewicht dagegen. Dann hielt er kurz inne, blickte glasig ein spani-sches Pärchen an, das neben der Türe saß, und murmelte: »Habt ihr was zu rauchen für mich? Zigarette? Glimmstän-gel? Capito? Versteht mich denn keiner? So eine Scheiße, so eine gequirlte Scheiße!« Dann sackte er kurz in sich zusam-men, schüttelte den Kopf, zischte »Ts – ts – ts« und schau-kelte wieder zurück zu seinem Platz. Unterwegs beugte er sich über einen anderen Mitreisenden, zum Glück nicht über mich, und schrie auf einmal: »Schreib mal auf: null zu eins. Los, schreib auf!« Es erinnerte mich an den Studio-Braun-Telefongag, bei dem einer der Hamburger Humoristen je-mand Wildfremden anruft und völlig willkürlich eine Nach-richt für dessen Mitbewohner diktiert: »Schreiben Sie mal auf: Hund … Schuh … Flasche … Tatze!« Der Angerufene sagt immer brav »ja« und schreibt mit. So war das auch hier, nur in echt.

Erneut torkelte der alte Ledermann Richtung Zugtoilette und kam irgendwann mit einer prall gefüllten Plastiktüte zu-rück, wo auch immer er die jetzt herhatte. Man hörte das Geräusch von Glasflaschen, die gegeneinanderstießen und dumpf klirrten. Der Rocker tauchte ab auf seinen Sitz, es zischte kurz, und dann gluckerte es laut. Ich hörte, wie er leise und betrunken vor sich hin schwallte: »Man kann den jungen Leuten heute nichts mehr über den Musikladen erzählen.« Dann rief er laut: »Kennt ihr noch den Musikladen?!« Keiner traute sich, etwas zu sagen, alle hatten Angst. »Aus den Siebzigern!«, grölte er. »Uschi Nerke? Manfred Sexauer?!« Seine Stirn war über den Kopfstützen zu sehen, sie war knallrot, er hatte bestimmt einen Blutdruck von 200 zu 100. Es war zum Glück sein letztes Aufbäumen in dieser Nacht. Auf einmal wich die Energie aus dem Mann wie die Luft aus einem kaputten Schlauchboot, er sank in seinen Sitz, und innerhalb weniger Minuten fing er an, rhythmisch zu schnarchen. Nun fand auch ich endlich meine Ruhe.

Berlin empfing uns mit seinem schönsten Grau. Die Sonne war gerade aufgegangen und versteckte sich irgendwo tief im Nebel, wenigstens regnete es nicht. Der Hauptbahnhof war völlig leer gefegt, sechs Uhr früh am Sonntag ist der Zeitpunkt, an dem sich alle Hauptstädter im Bett befinden, außer Pfarrern, Ravern und der Stadtreinigung. Pfarrer waren nicht unterwegs. Die Clubs waren dicht, die Raver möglicherweise auch. Nur vor dem Intercity *Mecklenburgische Ostseeküste* stand ein einsamer Reinigungsmann in Orange mit Wischmopp und hielt ein entspanntes Pläuschchen mit dem Lokführer. Dass so etwas noch möglich war … Man hatte die beiden bei allen Arbeitsverdichtungs- und Optimierungsprogrammen der Deutschen Bahn ganz offensichtlich vergessen.

Über eine Stunde lang musste ich nun in diesem Glas- und Betonkoloss auf meinen nächsten Zug warten und spazierte umher. Ich empfehle an dieser Stelle den sehr lesenswerten Artikel über den Berliner Hauptbahnhof auf dem Blinden- und Sehbehindertenportal Nullbarriere.de, wo detailliert und über viele Seiten das komplette Bauwerk orientierungstechnisch analysiert wird und sich der ganze Wahnsinn entfaltet. Da gibt es »Riffelbleche«, »Noppenplatten«, »Aufmerksamkeitsfelder« und dazu »Blindenleitstreifen« von insgesamt 6,5 Kilometer Länge, sechzig Schilder mit »taktiler Schwarzschrift, sogenannter Prismenschrift«, alles sehr lobenswert. Aber da gibt es eben auch fünf Ebenen, zwei Untergeschosse, Zwischenebenen, eine Nord-Süd- und eine kreuzende Nord-West-Halle, Myriaden von Aufzügen, die gern auch mal im Nichts enden. Es ist ein Irrgarten, man muss nur die Augen schließen und sich vorstellen, wie man hier blind wieder lebend rausfinden will. Kafkaesk. Ich stand auf Ebene 3, außer mir war nur eine einsame Asiatin zu sehen, die neben mir verzweifelt versuchte, eine Orangensaftflasche zu öffnen, der Deckel war verkantet. Sie hatte daran gedreht, bis ihr die Adern aus dem Hals quollen, ein Schweizer Taschenmesser zum Einsatz gebracht, an der Metall-Sitzlehne einer Wartebank einen Hebel angesetzt, schließlich mit der Hand auf den Deckel eingedroschen, alles erfolglos. Ich konnte ihr leider auch nicht helfen, denn ich hatte Angst vor einem Unfall mit Glas, so kurz vor meiner Wanderung.

Ein Typ schlenderte vorbei, ganz in Schwarz gekleidet, er kam offenbar von den Mai-Demos vom Vortag, die traditionell wieder mal in Straßenschlachten geendet waren. Er trug einen Rucksack mit der Aufschrift »Ich hasse Menschen, Tiere und Pflanzen. Steine sind okay«. Meinte er Pflastersteine? Vor dem Zeitungsladen RELAY stand ein Flaschensammler neben seinem Mountainbike mitsamt Anhänger. Er führte lautstark ein Selbstgespräch. Obwohl in Berlin so viele Menschen wohnen, mit denen man sich prima unterhalten könnte, ist das Selbstgespräch in Berlin besonders weitverbreitet. »Mann, Mann, Mann«, schimpfte er. »Watt is'n ditte hier? Dit jibt's doch einfach nich! Watt is'n ditte für 'ne Scheiße? Jetze machn die um acht uff, und nich um siebn. Un' dann zahlen die ihrn Leutn nur zwei Mark fuffzich die Stunde, die Fotzen!« Irgendwie mag ich das, wie in Berlin

ansatzlos eskaliert wird, da gibt es keine langsame Steigerung der Empörung, da geht es immer gleich mit dem Vor-
schlaghammer zur Sache. Hat was.

Ich verließ Berlin mit einem Regionalzug und dem guten
Gefühl, nichts zu verpassen. In Fürstenberg an der Havel fiel
mir ein, dass hier ja Anke Domscheit-Berg wohnte, meine
Mitwanderin vom Kutschenberg, die im Bahnhofsgebäude
mit dem Verein Havel-Lab e. V. ehrenamtlich ein Maker Lab
betrieb, ihr Mann war Vorsitzender. Ich schickte ihr eine
kurze Nachricht von meinem Mobiltelefon, und sie antwortete sofort. Sie hielt sich gerade in Fürstenberg auf, und wir
freuten uns beide, dass wir uns kurz so nahe waren.

In Neubrandenburg musste ich wieder umsteigen. Neubrandenburg gehört übrigens trotz seines Namens bereits
zu Mecklenburg-Vorpommern. Ich staunte über die großen
Mengen von Plattenbausiedlungen, die hier an mehreren
Stellen aus dem Boden wuchsen wie Pfifferlinge auf einer
feuchtwarmen Waldlichtung. Der Plattenbau vom Typ WBS
70 (Wohnbauserie 70) kam hier DDR-weit zum allerersten
Mal 1973 zum Einsatz, bevor er landesweit in Serie ging, mit
der Folge, dass sich DDR-Bürger aus Neubrandenburg in Ber-
lin-Marzahn, in Leipzig-Grünau, in Jena-Lobeda, am Roten
Berg in Erfurt oder in Halle-Neustadt sofort in fremden Wohnungen zurechtfanden, denn die Grundrisse ihrer Zwei- oder
Drei- oder Vierraumwohnungen waren identisch. Da musste
niemand sagen »Hier geht's ins Wohnzimmer« oder »Wenn
du mal aufs Klo musst«, das wusste der Gast schon selbst.
Und weil auch viele Möbel, Teppiche und Tapeten in der DDR
genormt waren, gab es so manches Déjà-vu beim Besuch in
fremden Plattenbauwohnungen.

Ein letzter Zug noch, dann hatte ich es bis zu meinem
Zielbahnhof geschafft. Der Regionalexpress RE5355 fuhr
nach Szczecin Główny in Polen (auch bekannt als Stettin),

und in diesem Moment wurde mir bewusst, wie weit weg von zu Hause ich mich befand. Draußen vor dem Fenster reihte sich ein Biotop ans nächste, es war eine Leistungsschau des beginnenden Frühlings, viele Hecken, Büsche, Bäume, Blühstreifen am Ackerrand. Was anderswo Bürgerbegehren erst mühsam einklagen mussten, war hier in Mecklenburg-Vorpommern Realität.

In dem Örtchen Strasburg musste ich aussteigen, außer mir verließen nur zwei weitere Fahrgäste den Zug, die dann auch sogleich am Bahnhof mit dem Auto abgeholt wurden. Der Zug entfernte sich mit einem Pfeifen. Ich blieb ganz allein zurück. Die Bahnhofsuhr zeigte nicht 12 Uhr mittags an, sondern zwanzig nach zwölf. Um zehn Uhr früh. Das Bahnhofsgebäude stand leer, ein paar Scheiben waren zerschlagen, durch die Löcher konnte man erkennen, dass es mal eine recht ansehnliche Wartehalle gewesen sein musste. Es war wie beim Showdown in einem Spaghettiwestern, nur ohne Tumbleweed – auf der einen Seite lagen Gleise, auf der anderen Prärie und ein paar vereinzelte Häuser. Aber kein Mensch. Nur ein Hahn krähte alle paar Minuten aus dem Dickicht eines Gartens und ließ vermuten, dass es auch einen Hahnbesitzer gab. Ganz in der Nähe, so hatte ich recherchiert, befand sich ein See namens Demenzsee. Ursprünglich hieß der mal »Der Mentz-See«, und das verschwamm buchstäblich über die Jahre bis zu seinem heutigen offiziellen Namen.

Ich war nun also in der Uckermark. Die Uckermark, dieses unbekannte Wesen, zu dem einem eigentlich nur Angela Merkel einfällt. Strasburg ist der einzige Ort in Vorpommern, der zur Uckermark gehört, der komplette Rest befindet sich in Brandenburg. Die Uckermark ist flächenmäßig genauso groß wie das Saarland, um mal wieder diesen wunderbaren Vergleich heranzuziehen, hat aber nur ein Achtel der Einwohner, im Prinzip ist die Uckermark das Saarland ohne

Menschen. Dafür mit vielen Seen und Merkel statt Kramp-Karrenbauer.

Aber wo war eigentlich Devid Striesow? Musste ich mir Sorgen machen? Ich hatte keine Handynummer, nur ganz viel Gottvertrauen. Und so setzte ich mich aufs Kopfsteinpflaster und wartete. Nicht ungeduldig, eher so zenmäßig. *Zen und die Kunst, ein Motorrad zu warten,* ging mir durch den Kopf. Kultbuch des US-Amerikaners Robert M. Pirsig. Das erinnerte mich an den ehemaligen Abwehrspieler vom MSV Duisburg, Detlef Pirsig, Saison 1976/77. Duisburg wiederum hat den größten Binnenhafen Europas. Europa, sofort kam mir der angetrunkene Ex-EU-Kommissions-Chef Jean-Claude Juncker in den Sinn. Juncker, klang wie Klunkermus, ein geniales Mehlspeisegericht aus Ostpreußen. Mein Vater. Seine Flucht. Weltkrieg II, die Oder-Neiße-Linie. Pommern. Vorpommern. Strasburg. Da war ich wieder.

Ein schwarzer SUV bog in der Ferne in die Bahnhofsstraße ein, ratterte schnell über den holperigen Asphalt, blendete kurz auf, das musste er sein. Und tatsächlich, Devid Striesow stieg aus. Er wirkte wie ein Landadeliger, trug hohe Stiefel, Jagdklamotten, eine Art Schiebermütze und einen Mongolenbart der Marke Ion Tiriac, also quasi einen Schnauzer, der sich entlang der Labialfalten nach unten zog. Dadurch wirkte er fast ein wenig furchterregend, autoritär, nicht so verspielt-naiv wie beispielsweise als Saarländer *Tatort*-Kommissar.

Als er auf mich zukam, waren seine ersten Worte: »Es sah heute früh nach Regen aus, da hatte ich mir überlegt, ob wir es nicht vielleicht verschieben. Wo kommen Sie denn gerade her?« Als er »München« hörte, fiel er aus allen Wolken. Dieses Detail hatte ihm sein Management (seine Ehefrau) offenbar erspart. Striesow konnte es nicht fassen, dass ich vor vierzehn Stunden mit dem Zug losgefahren war, nur um mit ihm diesen Hundehügel in der Uckermark zu besteigen, den wir in ein paar Kilometer Entfernung schon sehen konnten. »Ist das bescheuert! Das gefällt mir.« Er lachte. »Sie nehmen die Sache ernst, oder?«

»Natürlich«, sagte ich. Seltsam. Er siezte mich. Ich hatte gedacht, gehofft, vielleicht ergibt sich das mit dem Du schnell, quasi Wanderkameraden. Das war nun nicht der Fall, und so blieb eine seltsame Distanz zwischen uns. Ich traute mich nicht, ihn zu duzen, aus Respekt vor seiner genialen Schauspielkunst. Und er war nicht der Typ, der sich Journalisten um den Hals wirft, das wusste ich schon von Interviews, die ich gelesen hatte.

Mir fiel auf, dass er seinen Hund Buddy nicht dabeihatte, der oft in diesen Interviews Erwähnung fand, worüber ich aber nicht so unglücklich war, denn es war wohl ein sehr großer Hund. Wir hielten an einer Dorftankstelle, Striesow wollte unbedingt einen Kaffee. »Um so richtig wach zu werden.« Es war komisch, seine vertraute Stimme, die ich schon so oft zusammen mit vielen anderen Menschen im Kino gehört hatte, in diesem Auto für mich ganz allein zu haben. Er hielt der älteren Angestellten seinen Berliner Recup-Kaffee-Pfandbecher hin, den sie anstarrte, als wäre er Falschgeld. Sie überreichte ihm seinen Filterkaffee stattdessen in einem Wegwerfbecher und sagte allen Ernstes: »Können'se ja später noch umfüllen für die Umwelt.« Striesow stutzte kurz und fragte im Gegenzug: »Haben Sie auch Kuhmilch?« Ich fand das sensationell komisch, denn die Option von Ziegen-, Soja- oder Hafermilch schien mir in dieser Dorftankstelle in etwa so groß wie die Möglichkeit, dass genau in diesem Moment ein Kunde hineinstürzte, um seinen Millionengewinn für den Lottoschein abzuholen, den er mit sechs Richtigen hier ausgefüllt und abgegeben hatte. Striesow füllte den Inhalt des Pappbechers in den Pfandbecher um, warf den Pappbecher weg, und wir fuhren weiter.

Statt der richtigen Abzweigung zum Helpter Berg fanden wir in dem Dörfchen Woldegk nur eine alte Windmühle, dann noch eine, dann noch eine; es fühlte sich an wie Striesow als Don Quixote und ich als sein Schildknappe auf dem Beifahrersitz, bis wir die kleine Dorfstraße entdeckten, die uns zu unserem Wanderziel führte. Wir befanden uns nun in einer vollkommenen Einöde, die Landstraße war so schmal, dass man bei Gegenverkehr an den ungeteerten Fahrbahnrand ausweichen musste. Ich fragte mich, was Striesow wohl denken mochte. Hatte er sich seinen freien Sonntag wirklich so vorgestellt? Aber er wirkte recht vergnügt, parkte das Auto, und wir gingen los.

Ein rostiges Schild, aus dem die Buchstaben »Helpter Berg« ausgestanzt waren, zeigte uns den Weg. Und schon nach fünfzig Metern kamen uns am Ackerrand zwei Menschen entgegen, Striesow dachte schon an eine »verspätete 1.-Mai-Demo in Helpt«, faktisch waren es aber bloß ein Einheimischer und sein kleiner Sohn, die zusammen vom Berggipfel kamen. Der Sohn war vielleicht drei oder vier Jahre jung und trug eine FC-Bayern-Mütze. Der arme Junge.

Jenseits des Ackers, nur ein paar Steinwürfe entfernt, befand sich ein gigantischer Fernsehturm, mit hundertsiebzig Metern fast exakt so hoch wie der Berg selbst. Dieser Sendeturm steht auf dem Nebengipfel des Helpter Bergs und versorgt den ganzen Nordosten der Republik mit Radio- und Fernsehprogrammen. Striesow sagte, das erinnere ihn an den Blick aus seiner Wohnung in Berlin-Mitte auf den Fernsehturm am Alex. In diesem Moment hörten wir einen Schuss aus dem Wald. Von einem Jäger, so hofften wir zumindest. Striesow kannte sich erstaunlich gut mit der Jagd aus. »Der 16. April ist der Tag, an dem das Schalenwild freigegeben ist. Da hört man es öfters mal knallen in der Uckermark.« Warum wusste er das? Hatte er schon mal einen Jäger gespielt? Nein, aber er hatte ein Häuschen im Grünen in der Süd-Uckermark und war ein »Freund der Natur«, wie er sagte. Und sein erster Berufswunsch mit sechzehn war tatsächlich Förster gewesen. Wir wanderten am Ackerrand weiter. Es war schön, die ersten weißen und gelben Blüten zu sehen, Giersch und Löwenzahn säumten den Boden, dort, wo der Acker ins Grasland überging. Eine Hummel flog an uns vorbei. Am Waldrand warteten Rotbuchen, Eichen und Haselnusssträucher auf die ersten warmen Frühsommertage, um ihre Blätter zu entfalten, es roch nach feuchter Erde und nach dem Laub vom letzten Herbst, das hier den Boden bedeckte wie ein riesiger rotbrauner Teppich.

»Wovon halte ich Sie gerade ab, Herr Striesow?«, wollte ich wissen. Und Herr Striesow sagte: »Eigentlich wollte ich heute den Rasen düngen. Da ist furchtbar viel Moos drin. Erst wollte ich düngen, dann vertikutieren.« Ich fragte mich, ob das die richtige Reihenfolge war, ob man nicht auf diese Weise noch viel größere Mengen Moos erzeugte, die man später vertikutieren musste, sagte aber lieber nichts. Zwei Birken und eine Blutbuche hatte er in diesem Jahr schon gepflanzt und berichtete mir stolz davon, um dann anzufügen: »Gärtner bin ich keiner.«

Ein Motocross-Motorrad röhrte über den Acker und holperte an uns vorbei. Vom bevölkerungsärmsten Bundesland war bislang noch nichts zu merken.

Devid Striesow stammt aus Mecklenburg-Vorpommern, dabei gab es Mecklenburg-Vorpommern noch gar nicht, als er klein war. Stattdessen dachte man damals in Bezirken: Rostock, Neubrandenburg, Schwerin, das waren die Verwaltungseinheiten, fünfzehn solcher Bezirke gab es DDR-weit. Geboren wurde Striesow auf der Insel Rügen in einem Ort – wie passend zu unserer Tour – namens Bergen. Es gibt zwar eine Mecklenburgische Schweiz in der Nähe von Rostock, der

Stadt, in der er groß wurde, aber Berge waren in seiner Kindheit und Jugend kein großes Thema. Außer in den Ferien. Da ging es in den Harz und in den Thüringer Wald, gemeinsam mit seinen Eltern, im Trabi mit Essenskorb, weil die Fahrt so lange dauerte. »Wo ging es denn hin, nach Suhl oder Zella-Mehlis?«, fragte ich ins Blaue hinein. »Zella-Mehlis, genau!« Herr Striesow fand verborgen geglaubte Kindheitserinnerungen wieder. »Das war wie eine kleine Weltreise damals, wir fuhren morgens los und waren erst abends da.« Aber sehr viel mehr als die Berge prägte ihn die See, daheim in Rostock. Viel Zeit hat er am Meer verbracht, »ganze Sommer lang am FKK-Strand, das war normal«.

Wir sprachen über das »E« in seinem Vornamen. Das hänge damit zusammen, dass seine Eltern nicht gerade kirchennah waren und nicht wollten, dass der Name ihres Sohnes in Wartezimmern alttestamentarisch als »David« ausgesprochen würde, sondern in englischer Sprechweise. Also entschieden sie sich für Devid, einen Vornamen, den es in Deutschland möglicherweise nur ein einziges Mal gibt. »In Russland gibt es noch welche«, sagte Devid Striesow, der sich an seinen ungewöhnlichen Vornamen »gewöhnt« hat.

Als er Kind war, lebte seine Familie zeitweise »mit fünf Personen in einer Achtundvierzig-Quadratmeter-Wohnung, das war so weitläufig, dass man sich manchmal tagelang nicht begegnet ist«. Ich mochte seinen Humor. Trotz der Enge gab es bei ihm zu Hause noch Haustiere, er hatte Tanzmäuse, Hamster, einen kleinen Langhaar-Teckel, in München würde man Rauhaardackel dazu sagen. Und eine Katze, die an Weihnachten mal das ganze Lametta auffraß und später spurlos verschwand.

Der Wald, der nun vor uns lag, sah märchenhaft aus. Unter den Bäumen stand ein Meer von Anemonen, hier hätte auch jederzeit ein Einhorn vorbeireiten können, ohne größer aufzufallen. In diesem Augenblick kamen uns schon wieder Wanderer entgegen, dahinter in der Ferne noch ein Pärchen mit Hund. »Das hatten wir uns aber einsamer vorgestellt«, sagte Herr Striesow. Er diagnostizierte aus der Ferne die Hundesorte: »Ein deutscher Wachtel, der kann stöbern, das könnte ein Hinweis auf jagdliche Aktivitäten sein.« Jagdlich? Die deutsche Sprache hat unfassbar viele Adjektive, die viel zu selten Verwendung finden. Striesow erzählte mir vom Gassigehen mit seinem Hund und von seinem Ehrgeiz, jeden Tag auf mindestens fünfzehntausend Schritte zu kommen. Er zog sein Smartphone heraus und lag im Schnitt bei über sechzehntausend. Respekt.

»Moin«, hieß es jetzt von rechts, das Paar mit Hund kam direkt vom Gipfel. Ich fragte gleich nach: »Und? Helpter Berg? Erste Eindrücke? Hat der was?«

»Nee, der hat nichts«, sagte der Mann trocken. »Der ist komplett bewachsen, aus der Ferne schaut der viel interessanter aus, als er ist.« Da mischte sich seine Frau ein: »Aber das war im Wanderführer auch nicht anders beschrieben.«

»Tja, der Berg ist halt wie Mecklenburg: versteckt«, sagte ihr Mann. »Wir sind mit Sonne im Herzen, aber nassen Füßen da angekommen«, meinte sie. »Aber ins Gipfelbuch haben wir uns trotzdem eingetragen.« Immerhin, ein Gipfelbuch hatten die wenigsten meiner vierzehn Vorgängerberge gehabt. Das Paar verabschiedete sich, ihr Hund quietschte dabei ganz komisch, und der Ehemann flüsterte zum Schluss Devid Striesow konspirativ zu: »Ich habe Sie erkannt.« Es fehlte bloß noch, dass er »Ion Tiriac« sagte.

Herr Striesow meldete nun leise Zweifel an unserer Wanderung an, schien gewarnt durch die Aussagen des Ehepaares. »Ich habe Angst bekommen nach den Beschreibungen, die sahen erschöpft und ausgemergelt aus, und man weiß auch nicht, wie viele Tage die jetzt schon da oben waren, abgeschnitten von der Welt, ohne Essen, ohne Trinken, nur mit so einem Schnüffelhund.«

Der Blick durch die vielen Baumstämme des Waldes zeigte, dass unser Weg nun kerzengerade auf den Gipfel zuführte, erst tief hinab in eine Senke und dann mit einer brutalen Steigung ganz nach oben, die mich in ihrer Radikalität an Tour-de-France-Giganten wie den Col du Tourmalet oder den Mont Ventoux erinnerte. In Mecklenburg-Vorpommern sind die Helpter Berge der Himalaja der Uckermark. Auf Platz vier der höchsten Gipfel rangiert dahinter ein Berg namens Vogelkirsche (166,6 m), knapp vor dem Petersilienberg (154 m) und schon auf Platz sieben eine »Namenlose Erhebung« bei Matzdorf (153,1 m).

»Woher kommt denn Ihre Faszination für Berge?«, fragte Herr Striesow, und ich erzählte ihm von den vielen Bergtouren wider Willen in meiner Kindheit und vom Brocken-Benno, der alles zum Guten gewendet hatte. »Tja. Andere kommen zum Baden an die Ostsee, Sie kommen zum Bergsteigen her«, sagte er. Seine ersten Bergerlebnisse in Rostock waren die »Todesbahnen«, die seine Freunde und er im alten Ostseestadion bauten, einfach die Tribünen mit dem Schlitten runter, sobald der erste Schnee lag. Mit Fußball hatte er es sonst eher nicht so. »Was war denn Ihre Sportart?«, wollte ich wissen. »Geige spielen«, antwortete er, »jeden Tag eine Stunde.« Fast wäre er Profimusiker geworden, durch Zufall verschlug es ihn an die Schauspielschule, für den Rest sorgten sein großes Talent und sein Fleiß.

In diesem Moment fiel wieder ein Schuss und hallte durch den Wald. »Herr Bogdahn, ich habe Angst, wollen wir zurückgehen?«, sagte Herr Striesow, meinte es aber nicht so. »HELPT! I need somebody«, zitierte ich die Beatles. Herr Striesow musste lachen und fragte: »Kamen die Beatles nicht sogar aus Helpt, hatten die nicht hier eine Dependance?«

»Die Luft am Helpter Berg macht uns übermütig«, sagte ich. Wir sprachen über Corona, ich fragte ihn, wie sein Lockdown aussah. »Ich hatte viel mehr Zeit auf dem Land«, sagte er, alle Drehs hätten sich nach hinten verschoben, zum Beispiel der Fernsehfilm *Für immer Eltern*, der in München entstand. Oder *Nahschuss*, ein Film über den letzten hingerichteten DDR-Bürger im Jahr 1981, bei dem Striesow an der Seite von Lars Eidinger spielte. Ein Film, der ihn auch persönlich packte, denn ein Teil seiner eigenen Biografie spielte sich zu DDR-Zeiten ab.

Als die Mauer fiel, war er sechzehn Jahre alt. Montagabends ging er öfters zu Joachim Gauck in die Kirche, der damals als Pfarrer in Rostock tätig war. »Und danach ging man gemeinschaftlich durch die Innenstadt auf die Montagsdemos.« An den Mauerfall 1989 selbst hat er keine Erinnerung mehr, aber an das Wochenende danach, als er mit vier Freunden in einem sowjetischen Auto der Marke Moskwitsch nach Hamburg fuhr. »Das war für uns, als ob wir auf den Mond fliegen. Wir haben an der Raststätte eine Klempnerfamilie kennengelernt, die uns dann in ihre Wohnung in Hamburg eingeladen hat.« Striesows Augenbrauen standen ganz weit oben, als er das erzählte. »Wir sind dann natürlich die Reeperbahn runter, all diese Lichter und Farben, im Osten war es ja immer grau, und wenn es dunkel war, war es dunkel. Das war schon wirklich irre.«

Auch die Zeit nach der Wende blieb turbulent. In Rostock gab es 1992 pogromartige Ausschreitungen gegen Vietnamesen im Stadtteil Lichtenhagen, als ein Hochhaus brannte und ein Mob die Brandstifter sogar noch anfeuerte, im wahrsten Sinne des Wortes. Striesow hat 2014 in dem Spielfilm *Wir sind jung, wir sind stark* einen Rostocker Lokalpolitiker gespielt, dessen Sohn sich radikalisiert und bei den Krawallen mitmischt. Striesow lebte zu der Zeit, als es passierte, noch in Rostock. »Ich erinnere mich noch gut an diese Zeit, an die Hooligans ums Stadion rum, an Schlägereien, an Gewalt, die latent in der Luft lag. Es war meine Abiturzeit, ich hatte lange Haare und Parka, und da musste man aufpassen, dass an der Ampel keine Leute mit Baseballschlägern aus einem Auto stürmen.« Nach dem Abitur machte Striesow Zivildienst beim Roten Kreuz, er gehörte zum ersten Jahrgang, der nicht mehr zur Nationalen Volksarmee musste.

Die Menschenströme hatten jetzt nachgelassen, wir waren allein am Berg. Ein schwarzer Mistkäfer kreuzte unseren Weg. Das Gipfelkreuz lag zum Greifen nahe. Ich versteckte meinen Gipfelschnaps, einen Fläminger Jagd Kräuterlikör mit einem Fuchs auf dem Etikett, und Herr Striesow spekulierte schon darauf, am nächsten Tag wieder herzukommen, um sich die Flasche zu holen.

Zwischen dem Laub auf dem Boden lag eine lange Holzlatte mit einem goldenen Schild und der Gravur »Parkbank. Aufgestellt von der Evangelischen Kirchengemeinde Woldegk 2009«, die von Vandalen offenbar in ihre Bestandteile zerlegt worden war. Striesow tippte auf Fußballhooligans auf Gruppenausflug.

Und dann waren wir da. Ein großes schwarzes Gipfelkreuz markierte den Helpter Berg, daran befestigt war ein schmiedeeiserner Briefkasten mit dem Gipfelbuch. Herr Striesow nestelte mit so großer Ungeduld an ihm herum, dass dessen Deckel abbrach und scheppernd auf den Boden fiel. Er war nun mit der Reparatur beschäftigt, renkte den Deckel mühsam wieder ein, es klapperte metallisch und Herr Striesow sagte: »Jetzt bin ich fertig, jetzt darfst du mal ran.« Waren wir jetzt wirklich beim Du? »Na klar, ich bin Devid.«

»Ich bin Achim.« Devid holte zu einer feierlichen Rede aus. »Pass auf. Es ist ein erhabenes Gefühl, hier oben zu sein. Und es ist auf jeden Fall zehn Grad kälter als unten.«

Neben dem Gipfelkreuz befand sich eine Art Unterstand aus Holz mit Dach obendrauf, darin ein Tisch und eine Bank, das Ganze sah ein bisschen aus wie eine morsche Futterkrippe. Devid behauptete steif und fest, er habe vorab Requisiteure vom Film beauftragt, diesen Windfang extra für uns zu errichten. Mitsamt Moosspray und künstlicher Patina. »Ist gut geworden.« Nun fehlte nur noch die Brotzeit. Ich bot Devid ein paar Semmeln aus München an, er lehnte ab, wegen einer Filmrolle musste er schon wieder Diät halten. Devid Striesow ist Experte fürs Ab- und Zunehmen. Für seine Rolle als Luther musste er mächtig zunehmen, für seine Rolle in Tom Tykwers *Drei* extrem viel abnehmen, für die Hauptrolle in *Ich bin dann mal weg* als pilgernder Hape Kerkeling wieder zunehmen. »Ist furchtbar. Macht keinen Spaß.«

Wir trugen uns in das Gipfelbuch ein und sahen, dass es sogar die Möglichkeit gab, per QR-Code ein digitales Gipfelbuch zu benutzen, modernes MeckPomm. Was wir in das analoge Gipfelbuch hineingeschrieben haben, kann jeder vor Ort selbst nachlesen. Aber Vorsicht: der Briefkastendeckel.

Der Abstieg ging sehr schnell. Es ging ja auch steil bergab. Als wir wieder am Auto ankamen, hätte mich Devid einfach die fünf Kilometer nach Strasburg zurückfahren können, aber er sagte:»Nichts da, ich fahr dich näher ran an Berlin, nach Templin.« Das waren etwa sechzig Kilometer auf der Landstraße, eine Stunde Fahrt. Jetzt kamen wir so richtig ins Plaudern, aber was im SUV besprochen wurde, bleibt im SUV. Außer, dass das Prominentsein für ihn das Schlimmste an seinem Beruf als Schauspieler ist und dass Devid ein eher forscher Autofahrer ist, besonders angesichts der winzigen Staatsstraßen und Wege durch die Uckermark, die vom Solidaritätszuschlag Ost nicht profitiert haben können. Ein Storchenpaar flog plötzlich ganz knapp vor unserer

Windschutzscheibe vorbei, kurz darauf standen bestimmt fünfzehn Rehe direkt neben der Straße am Waldrand und starrten dem schwarzen Auto hinterher, das an ihnen vorbeiflog wie ein TGV.

Striesow raste, und ich stellte mir vor, wir würden uns gemeinsam im Auto um einen Alleebaum wickeln, so James-Dean-mäßig. Oder um mit einem Song der Smiths zu sprechen: »To die by your side, well, the pleasure and the privilege is mine«. Man würde mein Mikrofon mit den Tonaufnahmen finden, und ganz am Ende wären da die letzten Worte von Devid Striesow und mir zu hören, wie ein Vermächtnis. Ich versuchte, mich zu erinnern: Was hatte ich zuletzt gesagt? Ich glaube »Danke, das war's, alles im Kasten«, was ja auch irgendwie prophetisch gewesen wäre, bei der Vorstellung von uns beiden, tot im Sarg. Ich traute mich nicht, diesen Gedanken laut auszusprechen, wollte Striesow nicht hineinreden beim Fahren, und es ging ja am Ende auch alles gut.

Wir fuhren durch Boitzenburg, wo ein Schloss aus der Renaissance steht, das mit all seinen Türmchen wie ein nordöstliches Gegenstück zu Schloss Neuschwanstein aussieht. Wir fuhren durch einen Wald, und als der sich lichtete, tauchten links und rechts Badeseen mit Bootsstegen auf, für einen kurzen Moment hatte ich das Gefühl, wir seien in Schweden.

Wir kamen in Templin an, einem alten Erholungsort, der am Ufer eines Sees liegt. Hier sah es aus wie in Minnesota. Ein altes Schloss am Seeufer wurde gerade zu einer Europäischen Schule umgebaut. Templin ist nach Städten wie Berlin, Hamburg oder Köln die Stadt mit der achtgrößten Fläche in ganz Deutschland, das gesamte Saarland ist nur siebenmal so groß wie die Templin City Limits. Walter Ulbricht hat hier früher gelebt, der langjährige Staatsratsvorsitzende der DDR, der im Sommer 1961 standhaft behauptete: »Niemand hat die Absicht, eine Mauer zu bauen.« Während bereits der Mörtel angerührt wurde und die Stacheldrahtrollen ausgeliefert waren.

Auch Angela Merkel ist in Templin groß geworden. Mit drei Jahren kam sie als Angela Kasner hierher, ging später auf die Polytechnische Oberschule POS und legte 1973 an der Erweiterten Oberschule EOS in Templin ihr Abitur ab, da nannten sie alle nur »Kasi«. Eine Angela-Merkel-Straße gibt es in Templin nicht, dafür fand ich eine Ernst-Thälmann-Straße und einen Weg der Solidarität. In Templin befand sich auch der Endbahnhof einer Zugstrecke von Berlin, früher konnte man noch nach Fürstenberg an der Havel weiterfahren, inzwischen geht das nur noch per Draisine als Tourist. Alles muss man heutzutage selbst machen.

Devid Striesow ließ mich hier aussteigen. Wir sagten uns Auf Wiedersehen, und ich wusste, es würde nicht lange dauern und wir würden uns wiedersehen, zumindest einseitig, auf der Leinwand. Er hupte einmal kurz, dann bog er ab und war weg.

Von Templin ging es mit einem Schienenbus nach Oranienburg, wo es zwar nur vier Bahnsteige gibt, die heißen aber Bahnsteig 26, 28, 30 und 32. Klingt nach mehr. Dort bestieg ich einen Zug nach Berlin. Eine Sitzreihe weiter saßen drei Jungs und ein Mädchen, alle um die zwanzig, die gerade von einem illegalen Wochenend-Rave kamen und irgendwelche Drogen genommen hatten, von denen nicht klar war, ob sie bewusstseinserweiternd oder -einschränkend wirkten. Angesichts ihrer Dialoge vermutete ich Letzteres. Immerhin bekam ich lautstark sämtliche Details des Wochenendes mit, auch wenn ich sie gar nicht hören wollte. Und obwohl sie so betont hip gekleidet waren – Bärte, wo sie sein mussten, Wollmützen, die schlapp am Hinterkopf hingen, ohne jegliche Funktion außer der Optik, Siebzigerjahre-Brillen – und die Jungs immer »Alder« und »Digger« und »Diggi« sagten und betont gefährlich klingen wollten, erfuhr ich am Rande, dass sie aus Balingen und Hechingen stammten, also alles halb so wild.

In Berlin musste ich noch einmal umsteigen. Der Hauptbahnhof hatte sich seit dem Morgen wie von Zauberhand mit Menschenmassen gefüllt. Vor dem REWE standen die Leute in einer mindestens hundert Meter langen Schlange. Durch den Feiertag am 1. Mai hatten sich offenbar die Kühlschränke der Berliner geleert, und nun war überraschenderweise Sonntag und die regulären Supermärkte geschlossen. Wie hatte der Typ in der Früh an ebendieser Stelle gesagt? »Mann, Mann, Mann. Watt is'n ditte hier?«

Mein ICE nach München war total überfüllt. Ich ergatterte den vermutlich letzten freien Platz und holte mir beseelt einen Kaffee im Bordbistro. Die junge Frau an der Bar sagte zu mir: »Ich schenke Milch ein, bis Sie Stopp sagen.« Ich keck: »Und wenn ich nicht Stopp sage?« Sie staubtrocken: »Dann läuft's über.« Sie hatte gewonnen, ich gab klein bei und sagte brav »stopp«. Sie lächelte triumphierend. Und ich ärgerte mich hinterher, als ich mir wieder mal am Bahnkaffee die Zunge verbrannte. Ich hatte mich ablenken lassen.

Der Zug war, warum auch immer, vor allem mit uniformierten Bundeswehrsoldaten gefüllt und wirkte wie ein Truppentransport zu einem Manöver, das ganze Großraumabteil trug Tarn, es sah aus wie im Wald. An den braun-grünen Uniformen waren mit Klettverschluss die Namen der Feldwebel und Gefreiten befestigt, ein Sanitäter hieß Mengele, was in mir unschöne Assoziationen weckte. Kam eine Umbenennung nicht infrage?

Ab Erfurt saß der langweiligste Mensch der Welt hinter mir. Das wäre nicht weiter schlimm gewesen, hätte er einfach geschwiegen, aber unangenehmerweise fand dieser

Mann eine Gesprächspartnerin, oder sollen wir vielleicht lieber »Opfer« sagen, sodass ich (und die arme Frau) die restliche Fahrt bis München in Dauerschleife von dem monotonsten Monolog beschallt wurden, den ich je gehört habe. Es war wie eine kaputte Drehleier, die immer wieder »The Final Countdown« spielt. Wie die achtzigstündige Hörbuchversion von *Der Mann ohne Eigenschaften*. Es fing harmlos an. Ich hörte bruchstückhaft, dass ER SIE fragte, ob SIE denn auch gratis Zug fahren dürfe, weil sie auch eine Uniform anhabe. Nach umständlichem, ausschweifenden Hin und Her stellte sich heraus, dass ER ein Bundeswehroffizier aus Sachsen war und sie eine angehende Streifenpolizistin aus der fränkischen Provinz, die in München ihren Einsatzort hatte. Im Folgenden fing er an, Dienstpläne und Aufstiegschancen zu vergleichen, er erklärte langatmig Dienstgrade und Zuständigkeiten, und das in einem stimmlosen Leierton ohne Höhen und Tiefen. Es klang, als ob er das Telefonbuch von Wuppertal vorlas.

Die arme Frau sagte eigentlich gar nichts. Ab und zu fiepste sie ein schüchternes »Ach ja?« oder »Wirklich?«, aber sie stellte keine richtigen Fragen. Das war auch gar nicht nötig. Der Offizier setzte zu einem Impulsreferat zum Thema Fortbildungschancen bei der Bundeswehr an. Es war akustisches Blei, es raubte einem die Kräfte und den Verstand. War der Mann in Wirklichkeit Anästhesist? Wie sah der langweiligste Mensch der Welt wohl aus? Ich hätte nur einmal kurz aufstehen und mich umdrehen müssen, aber meine Augen fielen zu. In Nürnberg wachte ich kurz auf, weil über Lautsprecher die Anschlusszüge durchgegeben wurden, doch als ich von hinten in breiigem Monolog Stichworte wie Besoldung, CAT-Test und BFT-Test hörte, wankten meine Synapsen, fielen hintenüber und versetzten mich umgehend in einen tonnenschweren Tiefschlaf.

Die Polizistin hielt überraschenderweise wacker durch, das qualifizierte sie in meinen Augen für Führungsaufgaben; das hier war mit Sicherheit härter als mancher Einsatz im Rockermilieu. Ich wachte wieder auf. Die Nervensäge von der Bundeswehr referierte nun mäandernd über Besoldungsstufen, über die Grundsatzfrage, wieso Oberstabsfeldwebel viel besser als Oberfeldwebel und Hauptfeldwebel sei, vom Stabsunteroffizier mal ganz zu schweigen, »Kameradschaft hin oder her«, und warum Gehaltsgruppe A14 zum Immobilienkauf besser geeignet sei als A13. »Ich bin Soldat auf Zeit für zwanzig Jahre, und wenn ich nicht vom Auto überfahren werde, werde ich sowieso Stabshauptmann, also A13.« Aber das Gute sei, »dass wir für jeden Mist Zulagen bekommen«. Andererseits beklagte er jetzt bitter, dass er bei der einen oder anderen Beförderung »sträflich übersehen wurde«, und das, obwohl er doch »alles so gemacht« habe, wie man es von ihm gefordert hatte. Wahrscheinlich hatte er die verantwortlichen Generäle einfach in ein Gespräch verwickelt. In weinerlichem Ton quallte er jetzt von »Lehrgängen im Münsterland und deren Evaluierung« und ob die Polizistin den »Unterschied von Verfassungsrecht und Beschwerderecht« kenne?

Sie sagte nichts mehr, aber sie atmete noch, ich konnte es schwach hören. Er berichtete stolz, dass er gleich am Münchner Bahnhof »extra von einem Fahrer der Kaserne aus dem Allgäu abgeholt« und dort hingefahren werde. Dieser Fahrer tat mir jetzt schon leid. Ob er die Polizistin denn noch irgendwohin in München mitnehmen könne. Sie erwachte schlagartig aus der Teilnarkose und sagte ganz schnell: »Nein, nein, nicht nötig.« Ihr Freund hole sie ab, der sei auch Polizist. Was der denn für einen Dienstgrad habe, wollte der Schreckensmann sofort wissen. An dieser Stelle stieg ich aus, buchstäblich, ich packte meine Tasche und ging Richtung

Tür. Aber nicht, ohne mir im Augenwinkel den langweiligsten Menschen der Welt anzuschauen. Er war erstaunlich jung, daran erinnere ich mich noch. Und er hatte etwas völlig Unmarkantes, Milbenhaftes an sich.

Den Rest habe ich vergessen.

16

Die Zugspitze/Bayern (2 962 m)
Mit Felix Neureuther (Skilegende)

Die Zeiten der Hundehügel waren vorbei. Fünfzehn Berge lagen hinter mir, all die Hasselbracks und Bungsberge, wo man stundenlang keinen Menschen traf, all die Berge im Wald ohne Aussicht, all das war passé, nun kam das große Finale. In meinem A bis Z der Berge war ich bei Z wie Zugspitze angekommen, dem Gipfel dahoam.

Schon oft habe ich mich gefragt, was wohl der Rest der Republik über uns Bayern denkt. Glauben wirklich alle, wir wählen unisono die CSU, sind allesamt Erzkatholiken, praktizieren Exorzismus, kiffen Weihrauch, lieben den FC Bayern, trinken Milch direkt aus dem Euter, und wenn wir uns verlieben, steigen wir auf wacklige Holzleitern und fensterln bei Nacht, bevor wir am nächsten Morgen im Biergarten ein Paulaner Weißbier exen, unseren Laptop auf die Lederhose legen und die neuesten Audis und BMWs designen? Von all den Klischees, die es über die deutschen Bundesländer gibt, bekommt Bayern möglicherweise die meisten ab, vermutlich zehnmal so viele wie das Saarland. Und natürlich, klar sind unsere Wiesen grüner, unsere Autos schneller, ist unsere Gülle nahrhafter, unser Abitur schwerer und somit mehr wert, das Oktoberfest unvergleichlicher als alle anderen Oktoberfeste, der Cannstatter Wasen, die Cranger Kirmes oder der Hamburger Dom. Gut, vielleicht nervt unser Größenwahn ein bisschen, wir sollten wirklich bescheidener sein, ich gebe es zu.

Und damit kommen wir zum höchsten Berg Bayerns, der zugleich mit Abstand der höchste aller deutschen Berge ist, dazu höher als alle Berge der Beneluxstaaten, der Britischen Inseln, des Baltikums und von ganz Skandinavien inklusive Island und der Färöer-Inseln. Außer man nimmt es ganz genau: Denn der Berg Jøkulkyrkia, die höchste Erhebung des Mühlig-Hofmann-Gebirges in Neuschwabenland im Königin-Maud-Land, gelegen zwischen der Kronprinz-Olav-Küste und der Prinzessin-Ragnhild-Küste, einem Territorium, das seit 1939 von Norwegen beansprucht wird, aber international nicht anerkannt wird, dieser Berg ist 3148 Meter hoch. Aber der liegt nicht in Norwegen, sondern in der Antarktis, am Südpol, und somit verstellt nichts und niemand unseren Blick vom Gipfel der Zugspitze Richtung Norden auf Tausende von Kilometern. Das muss uns erst mal jemand nachmachen.

Bayern, das sollte man noch wissen, ist kein Bundesland, Bayern ist ein Ausnahmezustand. Und die Franken dürfen wir bitte nicht vergessen, ich bin ja selbst einer, die Franken sagen zwar nicht viel, aber sie sind der stille Motor, der das Bayernland am Laufen hält. Und die Oberpfälzer klingen ganzjährig wie der Weihnachtsmann. Ho, ho, ho.

Doch jenseits aller Klischees war und ist Bayern auch Gerhard Polt und Fredl Fesl, The Notwist, der ZÜNDFUNK, Irgendwie und Sowieso, Olympia 72, das allseits beliebte Getränk Club Mate aus einem Kaff namens Münchsteinach mit tausenddreihundert Einwohnern, das Punkrock-Bier PAX aus der Rhön, das Magazin *MUH*, Augustiner Hell, das Lichtspiel Kino in Bamberg und das Werkstattkino in München, der wunderbare Föhnblick auf die Alpen, das Weingut am Stein in Würzburg, die Mainschleife bei Volkach, die Brezn, die Krapfen, die Semmeln, die Weggla, die Fossilien im Altmühltal, mein Freund Wolfram aus Schweinfurt und sein irres Fanzine *Der kosmische Penis*, die Kinokneipe in Regensburg, das Libella im Chiemgau, der Bebop-Plattenladen in Rosenheim, der irre Punkrock von Else Admire & The Breitengüßbach Dolls, das Grünwalder Stadion, die Hofer Filmtage, der Wärschtla Mo, die Oldschdod-Fans in Bayreuth, die Lach und Schieß, der Nürnberger Z-Bau, der Ladenbergen, das leider verblichene Atomic Café oder einst das Strich 8 in Dingolfing, der unkaputtbare Starnberger See, egal, wie viel Millionäre dort wohnen, das Nördlinger Ries, in das einst ein Meteorit einschlug, der positiv Wahnsinnige Christian Stückl vom Passionstheater Oberammergau.

Bayern, das ist für immer Rainer Werner Fassbinder, der in Bad Wörishofen geboren wurde, woher auch Sebastian Kneipp, der Eiswasserkurpfarrer stammt, Karl Valentin (»War das jetzt gestern oder im zweiten Stock?«), das Puch-Festival bei Jetzendorf auf einer Waldlichtung, wo den Rest des Jahres Ökoschweinchen rumlaufen. Das Allgäu, wo man »it« sagt, wenn man »nicht« meint, und man an Weihnachten grundlos gegenseitig die Weihnachtsbäume lobt und dafür mit Schnaps abgefüllt wird, außer man sagt »it«. Konrad Abeltshauser, der unglaublich nette Eishockeyspieler, der sich in Kanada die Silhouette seines Heimatdorfes im Tölzer Land auf seinen Oberarm tätowieren ließ. Bayern, das ist Frammersbach im Spessart, wo man nicht »Brot«, sondern »Broit« sagt und nicht »gut«, sondern »guit« und wo man im Suff vollgepieselte Sessel einfach im Wald verbrennt. Bayern – das ist die Isar, die Iller, die Alz und die Ilz, der Inn und die Vils, die Aisch und die Regnitz, die Wörnitz, die Pegnitz und alle Flussbäder, die an ihren Ufern liegen.

Bayern, das ist auch Anarchie: der Bierbrauer Georg Tscheuschner aus einem Ort namens Gunzenhausen-Oberasbach in Mittelfranken, der mit seiner Miniwuzzibrauerei Schorschbräu den Rekord für das stärkste Bier der Welt hielt und vielleicht sogar noch hält. Als er von einem Berliner Rekordbier mit 27 Prozent Alkohol erfuhr, experimentierte er mit der sogenannten Eisbockmethode: Bockbier wird eingefroren, und weil Wasser schneller gefriert als Alkohol, können die Eiskristalle entfernt werden. Je häufiger dieser Vorgang wiederholt wird, desto höher der Alkoholgehalt. Tscheuschner kam auf ein Bockbier mit 31 Prozent. In Bierblogs wurde er für seinen Weltrekord gefeiert. Das hörten zwei junge schottische Nerds namens Martin und James, die eine Brauerei namens Brewdog betrieben (Eigenwerbung:»Brewdog is a post punk apocalyptic motherfucker of a craft brewery«), und brauten ein 32-prozentiges Bier namens Tactical Nuclear Penguin. Der fränkische Brauer konterte mit einem 40-prozentigen Schorschbräu, quasi brutale Kampfansage, Schottland übertrumpfte mit dem 41-prozentigen Sink The Bismarck, also das gute alte Krautbashing. Zu diesem Zeitpunkt hatte Schorsch aber bereits ein 43-prozentiges Bier in der Hinterhand, und als er postwendend das Schorschbock 43 präsentierte, ächzte die englische Boulevard-Presse:»Schorsch blitzkriegs the Scottish Beerdrinkers«. Das war aber noch nicht das Ende. Der Bierkrieg kulminierte, als die Schotten der erstaunten Öffentlichkeit ein Bier mit 55 Prozent Alkoholgehalt vorstellten. Sie nannten es End of History und dachten, der Wettstreit wäre damit für immer beendet. Sie hatten nicht mit dem Franken gerechnet.»Aus isses erschd, wenn der Schorsch es sagt«, sagte Schorsch. Er konterte erneut, und zwar mit 57 Prozent, was schon stark Richtung Reinigungsbenzin geht. Plötzlich traten Holländer auf den Plan und schufen mit ihrer Brauerei t'Koelschip das 60-prozentige

Start the future, als auf einmal neue Schotten hinzukamen: Brewmeister brachten Armageddon auf den Markt, ein Bier mit 65 Prozent Alkohol. Aktuell steht der Rekord bei 70 Prozent, die Holländer haben Mistery of Beer erfunden, aber Zweifel sind angebracht. Eine zolltechnische Lehr- und Prüfstation sieht immer noch unseren bayerischen/fränkischen Braumeister Schorsch vorne. War nicht anders zu erwarten. Prost.

Zurück zum Rekordberg, zur Zugspitze. Eigentlich möchte man meinen, ein Mensch wie ich, der schon sein ganzes Leben in München lebt, hätte ausreichend Zeit gehabt, irgendwann mal den höchsten Berg Deutschlands zu besuchen. So oft sah ich die Zugspitze von meinem Arbeitsplatz im sechzehnten Stock, die Alpensilhouette mit diesem markant gezackten grauen Riesen ganz rechts lag vor mir ausgebreitet wie ein Riesenorigami. Meine Mutter hat die Zugspitze mal zu Fuß bestiegen, nach zwei Tagen kräfteraubender Wanderung kam sie oben an und war total entsetzt, als sie dort eine Rolltreppe vorfand. Vielleicht hat mich ihre Erzählung abgeschreckt, faktisch hatte ich es einfach noch nie geschafft, diesen Gipfel zu besteigen oder hinaufzufahren, immer kam etwas dazwischen.

Dabei ist die Zugspitze nicht einmal der höchste Berg Bayerns. Wie bitte? Jaja, richtig gehört. Manuel Andrack hat mir das auf unserer Wanderung auf den Dollberg im Saarland verraten. Weil zwei Drittel des Zugspitzmassivs auf österreichischem Territorium liegen, ist die Zugspitze zwar der höchste GIPFEL Bayerns und Deutschlands, aber der höchste BERG ist nach dieser Logik der Watzmann. Aber mit derlei Spitzfindigkeiten wollte ich mich nicht aufhalten.

Zumal die Österreicher ohnehin ein sehr gespaltenes Verhältnis zur Zugspitze haben. 2013 haben ein paar Österreicher versucht, die Zugspitze abzutragen. Sie machten ein Video mit dem Titel *Ösis klauen Zugspitze*, auf dem man sieht, wie sie konspirativ mit Hammer und Meißel einen großen Brocken vom Gipfel abhacken, in einem Rucksack verstauen und später in Tirol mit folgenden Worten präsentieren:»Am 21. Oktober 2013 haben wir den Deutschen die Zugspitze geklaut, sie befindet sich jetzt in Österreich.« Die aktuelle Höhe des Berges betrage nun 2 961 Meter, also einen Meter weniger als bisher. Die Empörung in Bayern war riesengroß. Letztlich stellte sich das Ganze als Marketingaktion einer Modellbaumesse in Wien heraus. Schöne Idee. Mit wenig Aufwand hätten die Modellbau-Österreicher auch die Erhebung im Friedehorstpark in Bremen mit ihren 32,5 Metern komplett abtragen können. Das hätte allerdings keiner gemerkt.

Ich wollte von vornherein die Zugspitze ganz zum Schluss besteigen. Als großes Finale, als alpines Crescendo, ein Gipfel, der einundneunzigmal so hoch ist wie der höchste Berg Bremens, ein Gigant, quasi der letzte Böller des Feuerwerks zum Schluss. Ein Berg, den jeder kennt, den man also nicht groß vorstellen muss. Ein Berg, der eine eigene Postleitzahl nur für sich hat: 82 475. Eine Anreise aus München, die im Vergleich zu der Fahrt nach Mecklenburg-Vorpommern wie ein Spaziergang um den Häuserblock anmuten würde. Der eigentliche Grund, warum die Zugspitze bis zum Ende warten musste, hieß aber Felix Neureuther.

Felix Neureuther ist der Sohn der Skilegende Rosi Mittermaier und der Skilegende Christian Neureuther. Felix Neureuther ist in Bayern weltberühmt. Alle lieben ihn. Weil er so unglaublich sympathisch rüberkommt, weil er so treuherzig schauen kann, weil er das Skifahren genauso gut erklären kann, wie er früher gefahren ist. Weil er so schöne Augen hat, so einen angenehm unterschwelligen bayerischen Dialekt, der leise mitschwingt und eine Sehnsucht nach den Bergen erzeugt. Man liebt ihn, weil er während seiner Karriere auch oft stürzte, verletzt war, Pech hatte, immer wieder Zweiter hinter Marcel Hirscher aus Österreich war, der alle Konkurrenten einfach abperlen ließ wie die Teflonpfanne das Öl. »Bist du Moped!«, riefen die Reporter des ORF immer. Oder: »Da hängt's dir glatt des Ketterl aus!« Felix Neureuther war anders als sein Konkurrent aus dem Salzburger Land, fehlbar, verwundbar, zutiefst menschlich, er konnte verlieren, und das sogar mit Grandesse und Humor, dadurch wirkte er nahbarer als sein Freund Teflon-Hirscher.

Und seit seinem Karriereende hat sich Felix Neureuthers Karriere noch mal beschleunigt, verstärkt, multipliziert: FELIX ist überall. Neben HEINO, ANGELA, OTTO und KAISER FRANZ ist er einer der wenigen Deutschen, die man schon am Vornamen erkennt. Kinder haben ihn in der Fernsehshow *Klein gegen Groß* gesehen oder bei der Skigymnastik oder in der *Sendung mit der Maus*, und alle anderen kennen ihn als ARD-Ski-Experten oder aus *Inas Nacht* oder *Verstehen Sie Spaß?* oder aus der großformatigen Plakatwerbung für nachhaltige Bankfonds, die gut für die Natur sein sollen, oder von seinen Büchern oder von Golfturnieren oder als Freund von Basti Schweinsteiger oder als Ehemann der Top-Biathletin Miriam Gössner. So oder so, Felix, der Glückliche, der Sympathieträger, war und ist heiß begehrt auf allen Kanälen. Umso glücklicher war ich, als ich sehr schnell und völlig überraschenderweise eine reizende Zusage für die Zugspitz-Tour mit ihm bekam, von seinem Vater und Manager Christian. Weil aber Felix Everybody's Darling ist, dauerte es dann noch anderthalb Jahre, bis sich ein Termin für mich fand. Dieser Termin war heute. Ich gebe zu, ich war ein bisschen aufgeregt, fast schon ein Nervenbündel. Ich würde IHN treffen. Höchstpersönlich.

Es war vereinbart, dass wir nicht gemeinsam zu Fuß aufsteigen, sondern stattdessen die Seilbahn benutzen würden.

Denn anders als beim Kutschenberg oder dem Helpter Berg braucht man bei der Zugspitze Zeit. Wer nicht ganz schwindelfrei und trittsicher ist (und das galt in diesem Fall für 50 Prozent der beiden involvierten Wanderer), wählt eine Route, die eine Hüttenübernachtung beinhaltet, unter zwei Tagen ist für Amateure nichts zu machen. Das ließ Felix' Terminkalender nicht zu, und ganz nebenbei konnte ich mir auch beim besten Willen nicht vorstellen, dass der deutsche Skisuperstar in einem Dreißig-Mann-Bettenlager mit schnarchenden und pupsenden Wanderern übernachtet, völlig undenkbar. Also hatten wir uns an diesem Samstagmorgen um acht Uhr an der Talstation der Zugspitzseilbahn am Eibsee verabredet.

Um das pünktlich mit Zug und Bus zu schaffen, musste ich in München um vier Uhr früh aufstehen. Auf den Straßen war nicht ein einziger Mensch unterwegs, es fühlte sich an wie in Herbert Rosendorfers Roman *Großes Solo für Anton* oder im gleichermaßen dystopischen wie genialen Buch *Der aufrechte Mann* des italienischen Schriftstellers Davide Longo, in denen sich die Protagonisten in einer menschenleeren Welt wiederfinden, in der die Städte verlassen sind und vor allem die Hunde überlebt haben, die nun hungrig und voller Furor durch die Straßen ziehen und Futter suchen. Ich begegnete weder Hund noch Mensch.

In der U-Bahn waren dagegen schon ein paar Extremfrühaufsteher unterwegs, tatsächlich sogar viel mehr Menschen als erwartet, und schräg hinter mir saß jemand, den ich beim Einsteigen nur aus dem Augenwinkel wahrgenommen hatte. Ich hatte einen Rollator gesehen, an dem Dutzende von Plastiktüten hingen, und einen Mann mit grauem Mantel, Schal und Wollmütze (an diesem Hochsommertag) und ihn sublim unter »Obdachloser« abgespeichert. Während der U-Bahn-Fahrt hörte ich dann hinter mir eine leise Frauenstimme:

»Entschuldigens, kannt'n Sie mia helfn?« Und weil offenbar niemand um sie herum reagierte, kurz darauf noch einmal: »Kannt mia bittschee irgendjemand helfn?« Ich drehte mich um und sah, es war kein Mann, es war eine ältere Frau, nicht obdachlos, vielleicht eher Typ Messie oder Sammlerin. Sie hielt eine medizinische Maske, noch originalverpackt, in den Händen und schaffte es nicht, die Verpackung zu öffnen. In einem wunderbaren baierischen Dialekt, der in der Landeshauptstadt mittlerweile fast ausgestorben ist, sagte sie: »I kriag mei Maskn ned auf, i hob mia extra oana kafft.« Ich setzte mich neben die Frau und fing an, an der Plastikverpackung herumzuziehen, sie war ähnlich schwer zu öffnen wie früher die Einschweißfolien von CDs, die sich um die CD-Hülle legten wie eine zweite unzerstörbare Haut. Schließlich schaffte ich es, und die alte Frau konnte endlich regelkonform ihre Coronamaske tragen. Vier junge Raver schauten angewidert von der Nachbarbank zu mir herüber. Die alte Frau und ich sahen uns mit den Masken im Gesicht an und lächelten uns mit den Augen zu, nicht mit jedem Menschen geht das.

»Wo fahren's denn hin?«, fragte sie. »Auf die Zugspitze«, sagte ich. »Wirklich? Mei, wie schee! Da war ich als Kind herobn. I hob in Huglfing gwohnt, und dann samma mit der Schulklassn da hi mit dem Bus. Da war mer am Schneefernerhaus, des is so schee, da hat mer an Wahnsinnsblick. Oiso, des is jetz so schee, dass du da hinfoahrst, quasi in mei oide Gegend. Griaß mia des Schneefernerhaus!«, sagte sie mit glänzenden Augen. »Wann war denn das?«, wollte ich wissen. »Mei, vor fuchzig Jahr wird des gwesn sein«, meinte sie. Und dann sagte sie noch zwei Sachen, die mich zutiefst anrührten. Sie sagte: »Hol dir scheene Erinnerungen!« Und: »Gott segne dich.«

Als sie eine Station vor dem Hauptbahnhof aussteigen wollte, verklemmten sich die Räder ihres Rollators zwischen

U-Bahn-Tür und Bahnsteigkante. Wir rüttelten und zogen, so fest wir konnten, nichts tat sich, die Tür schloss, klemmte, öffnete sich wieder, wir kämpften wie Seeleute gegen den Sturm, und keiner der Fahrgäste half uns, im Gegenteil, die Raver schauten mich an, als hätte ich Lepra, ich hatte die Frau berührt und ihren Rollator auch. Ich zog die Gehhilfe mit einem Ruck aus der Tür, und eine Station später konnten wir den Waggon verlassen. Beim Aussteigen erfuhr ich noch, dass die Frau Martha hieß, in einer Wohnung »wie einer Puppenstube« im Münchner Norden wohnte, aber allein war und deswegen so früh schon mit der U-Bahn fuhr, um in der Stadt spazieren zu gehen. »I bin noch ganz klar im Kopf«, sagte sie und tippte mit dem Zeigefinger gegen ihre Schläfe. »Auch wenn i ab und zu amoi was trink.« Hier trennten sich unsere Wege, sie ging mit ihrem Rollator zum Königsplatz und ich mit Felix Neureuther auf die Zugspitze.

Im Untergeschoss des Hauptbahnhofs kam mir ein älterer Typ mit weißblonden Haaren und grellbunten Klamotten entgegen, er sah eins zu eins aus wie H. P. Baxxter von Scooter, aus seiner Soundbox dröhnte Gabber Techno aus Rotterdam, seine Freundin neben ihm trug rosa Puschelhausschuhe, ich suchte nach der Begleitkamera von RTL 2. Eine Bäckerei hatte schon geöffnet, ich kaufte eine noch warme Quarktasche, eine Butterbrezn und einen Filterkaffee, alle Müdigkeit wich, und große Vorfreude und Euphorie breiteten sich aus. Leben kann so einfach sein.

Mein Zug, RB 60, stand schon am Starnberger Bahnhof bereit, einem Seitenarm des Münchner Hauptbahnhofs, und zeigte als Ziel »Vils Stadt« an. Ich hatte noch nie davon gehört. Es klang nach Niederbayern, wo sich der gleichnamige Nebenfluss der Donau und die Stadt Vilsbiburg befinden. »Vils liegt hinter Reutte«, sagte der Zugbegleiter, ein kleiner Mann mit Spiegelglatze und Ohrring, der österreichisch sprach.

Vils, die Stadt, das fand ich nun heraus, befindet sich in Tirol und ist mit tausendvierhundert Einwohnern eine der kleinsten Städte Österreichs, mit Sicherheit auch die kleinste Endhaltestelle aller Züge, die in München losfahren. Vils liegt gleich hinter der Grenze und neben dem geheimnisvollen Alatsee, einem See mit rot leuchtenden Algen in der Tiefe, in dem die Nazis einst Strömungsversuche mit Flugzeugprototypen durchführten und angeblich nach Kriegsende milliardenschwere Goldschätze der Deutschen Reichsbank versenkten, die sich zuvor im nahe gelegenen Schloss Neuschwanstein befunden hatten. Ich bin weder Schatzsucher noch Limnologe, aber ich hätte Lust gehabt, bis zur Endhaltestelle durchzufahren und mir diesen See mal genauer anzuschauen.

Etliche Bergwanderer mit Stöcken und Mountainbiker bevölkerten nun den Zug, was bewies, dass ich in der richtigen Bahn auf dem Weg in die Berge war. Der Zug nahm langsam Anlauf, passierte die Hackerbrücke, die mit ihren halbrunden Eisenträgern aussieht, als könnte sie auch den Mississippi oder den Ohio River überqueren, verließ mit Tempo die Stadt, und alles versank in grauen Nebelbänken. Als wir durch Starnberg fuhren, war vom gleichnamigen See nicht mal das Ufer zu sehen, da war nur weißes Rauschen. Bei Weilheim wich der Nebel schlagartig der Morgensonne, und auf einmal tauchten aus dem Grau das Voralpenland, der Pfaffenwinkel und der Alpenkamm auf und wurden von der Sonne angestrahlt. Kurz darauf gingen die blauen und grünen Farbtöne in Gelb und Orange über, wie bei einem Aquarell, wenn die Farben ineinanderlaufen. Die Gegend hier wird als das Blaue Land bezeichnet, benannt nach der Künstlergruppe Der Blaue Reiter. Die Expressionistin Gabriele Münter und der russische Künstler Wassily Kandinsky ließen sich hier 1908 nieder und schufen viele Gemälde, die die Landschaft zwischen Murnauer Moos und den Bergen zeigten, in einer

Art und Weise, die man in der damaligen gegenständlichen Kunst nicht kannte. Es war der Übergang zur Moderne und zur abstrakten Kunst, miteingeleitet von Weggefährten wie August Macke oder Franz Marc, die sich ebenfalls von den oberbayerischen Seen inspirieren ließen. Gabriele Münter blieb Murnau treu, sie starb 1962 im Alter von fünfundachtzig Jahren und liegt auf dem Murnauer Friedhof begraben. Der Zug fuhr vorbei an der Murnauer Unfallklinik, einem gigantischen Krankenhausbau aus den Achtzigerjahren. Die Klinik ist spezialisiert auf schwere Fälle, wann immer es in Süddeutschland um Rückenmarks- und Wirbelsäulenverletzungen geht, ist Murnau gefragt. Besonders an den sonnigen Wochenenden, wenn die Motorradfahrer die Alpenstraßen rauf und runter rasen, ist der gelbe Rettungshubschrauber im Dauereinsatz. Mir gefiel es ohnehin besser, nicht auf einem Motorrad zu sitzen oder in einem Auto, sondern in einem langen Metallgefährt mit vielen Rädern, in dem man während der Fahrt schlafen, lesen, essen, schauen, reden und, wenn es sein muss, sogar mal auf die Toilette gehen kann.

Ich möchte an dieser Stelle ausdrücklich eine Lanze für die Deutsche Bahn brechen. Auch wenn mich Nachtfahrten, ewige Umsteigerei und Verspätungen ärgerten; die Fahrten zu all den Gipfeln in der deutschen Provinz mit dem Zug machen zu können, das war schlichtweg genial. Ich LIEBE Zugfahren. Ich bin Fan der Bahn. Werde es immer sein.

In Untergrainau verließ ich den Zug und fuhr das letzte Stück mit einem Regionalbus. Die Haltestelle lag versteckt in einer kleinen Nebenstraße, deren Häuser mit dunkelbraun gestrichenen Jägerzäunen oder Thuja-Hecken umgeben waren. Der einzige Mensch, der außer mir wartete, war ein junger Mann aus Pakistan, mit dem ich mich kurz unterhielt. Er trug die Arbeitsjacke der Zugspitzbahn und musste denselben Bus wie ich auf seinem Weg zur Arbeit nehmen. Der Bus irrlichterte durch enge Dorfstraßen am Fuße der Zugspitze und sammelte Touristen ein. Jedes Klischee wurde bedient: Es gab ein Jägerstüberl, einen Jägerhof und einen Alpenhof, ein Romantikhotel, ein Gästehaus Hubertus, eine Käsealm, einen Zugspitzblick und das unvermeidliche Eiscafé Venezia. Eine letzte Steigung, und der Bus erreichte den Eibsee. Ein See, dessen Wasser an die Südsee erinnert, von Kobaltblau bis Helltürkis leuchtet er an Sonnentagen wie heute, und seine acht kleinen Inseln wirken wie das Bikini-Atoll auf Bayrisch. Entstanden sind der Eibsee und seine Inseln in der Würmeiszeit durch einen gigantischen Bergsturz, von dem Bergsturz-Experten behaupten, er habe etwa die zweihundertfache Energiefreisetzung der Atombombe von Hiroshima gehabt.

Am Eibsee befindet sich auch die Talstation der Zugspitzseilbahn, ein futuristisch anmutendes Gebäude mit einer riesigen Luke, aus der die großen Glaskabinen der Seilbahn an Drahtseilen Richtung Gipfel gezogen werden. Alternativ kann man mit der Zahnradbahn auf Schienen zum Zugspitzplatt fahren. Dann kommt man sogar durch einen 975 Meter langen Tunnel, der nach der Mutter von Felix, Rosi Mittermaier, benannt worden ist: der Rosi-Tunnel. In einem anderen Tunnel der Zahnradbahn kam es im Jahr 2000 zu einem schweren Unfall, einem Frontalzusammenstoß mit über fünfzig Verletzten. Seitdem hat man das Signal- und Stellwerksystem verändert, es sollte sich nicht wiederholen.

An der Seilbahntalstation war ich mit Felix verabredet, und ich musste nicht lange warten, er kam – oder soll ich sagen: erschien, aber ganz unauffällig – sehr bescheiden zusammen mit seiner Frau und den beiden kleinen Kindern. Sie wollten das schöne Wetter nutzen und nach unserem Gipfeltreffen den Tag in der Sonne gemeinsam verbringen. Felix begrüßte das komplette Liftpersonal, er kannte alle mit Namen. Besorgte unsere Liftkarten und stieg mit mir und seiner Familie in die große Glasgondel. Etwa hundert Menschen standen mit uns an diesem Samstagmorgen in der Gondel, den Gipfel wie eine riesige Mauer vor Augen. Die Zugspitzbahn ist erst vor ein paar Jahren wiedereröffnet worden, und sie ist ein technisches Wunderwerk: Zwischen Tal- und Bergstation gibt es eine einzige Seilbahnstütze, an der die Kabel aufgehängt sind. Die Stütze sieht aus wie ein übergroßer Hochspannungsmast, ist 127 Meter hoch und rot und weiß gestrichen, damit sie kein Paraglider oder Hubschrauberpilot übersieht. Felix erzählte mir später, dass er bei einer Testfahrt vor der offiziellen Eröffnung 2017 mit dem Gondelführer unterwegs war, der an dieser Stelle abbremste und ihn fragte, ob er auf den Mast steigen wolle. Felix bejahte, und ich kann dazu nur sagen, jeder, der diesen Metallturm gesehen hat, fast so hoch wie der Kölner Dom, dem stülpt sich beim Gedanken einer Besteigung dieser Stahlkonstruktion der Magen um. Als unsere Gondel den Mast passierte und danach leicht nach unten wegsackte, ging ein kollektives Stöhnen durch die Kabine, wie beim Achterbahnfahren eine Zehntelsekunde vor der großen Abfahrt.

Aus den Panoramafenstern der Gondel sah man die graue Felswand der Zugspitze mit ein paar winzigen bunten Farbtupfern – Bergsteiger, die in der Steilwand hingen und dasselbe Ziel hatten wie wir, das sie jedoch mit eigener Kraft erreichen wollten, und somit wesentlich langsamer, nicht in zehn Minuten wie wir.

Als wir oben ankamen und die Menschen ihre Coronamasken abnahmen, ging es los. Felix hier, Felix da. Eine Familie hatte ihn gesichtet und höflich nach Autogrammen und einem Erinnerungsfoto gefragt. Das hatte ein junges Paar bemerkt und sich seitlich angeschlichen. Als auch sie versorgt waren, kamen die nächsten. Felix war ein Perpetuum mobile der Generation Selfie. Als alle ihre Fotos bekommen hatten, betraten Felix, seine Familie und ich die Terrasse der Zugspitze, ein hochmodernes Gebäudelabyrinth, das wie ein modernes Parkhaus oder die Dachterrasse einer Shoppingmall aussieht. Da wir so früh dran waren, verteilten sich die Fahrgäste der Gondel schnell, diffundierten auf dem Sonnendeck. Über Hunderte von Quadratmetern standen vereinzelte Grüppchen an Balustraden und Zäunen und schauten fasziniert in die Ferne. Kein Nebel, keine Wolke trübte die Sicht, sämtliche Bergketten lagen im Sonnenlicht bis zum Horizont vor uns, es sah aus wie ein Titelbild des *National Geographic*. Felix' Frau Miriam verabschiedete sich und machte sich mit den Kindern auf den Weg hinunter zum Zugspitzplatt, um den Schnee zu genießen.

Kaum waren die drei weg, traten drei blondierte Damen mittleren Alters aus Kelheim auf den Plan, steuerten äußerst behände auf Neureuther zu und umzingelten ihn. »Des is doch der Sohn von der Gold-Rosi und dem Christian!«, rief eine von ihnen, die eine Art Duschvorhang als Jacke trug, schwarz mit weißen Blüten drauf. Die lange und enorm erfolgreiche Karriere von Felix schien sich noch nicht bis nach Kelheim an der Donau herumgesprochen zu haben. In dieser Damenrunde war er nicht der Star, er war der Sohn. Wie früher, ganz zu Beginn seiner Laufbahn. Andererseits war es erstaunlich, wie treu die Fans von Rosi Mittermaier und Christian Neureuther waren, nach all den vielen Jahren. Die Damen wünschten sich ein Gruppenselfie und hatten sogar eine Selfiestange dabei. Um später daheim in Niederbayern behaupten und beweisen zu können: »Stellt euch mal vor, wen wir auf der Zugspitze getroffen haben: den Sohn von Rosi Mittermaier und Christian Neureuther!«

Übrigens gibt es an zwei Stellen in Bayern Tempolimits auf der Autobahn, die wir der Familie Neureuther zu verdanken haben. In der Holledau ist in einer lang gezogenen Kurve der

A 9 nahe der dortigen Raststätte Tempo 120 Vorschrift, seitdem Christian Neureuther dort mit Tempo 180 in die Leitplanken raste, während er gerade per Autotelefon mit seiner Rosi telefonierte. Und beim Autobahndreieck Starnberg auf der A 96 wurde ein Tempolimit eingeführt, nachdem dort Felix gemeinsam mit seiner Frau Miriam bei Blitzeis einen Unfall hatte, als er auf dem Weg zum Flughafen war, um zu den Olympischen Winterspielen von Sotschi zu reisen. Die Neureuthers sind der beste Beitrag zur effektiven Verkehrsberuhigung.

Felix verabschiedete sich freundlich von den fidelen Kelheimerinnen und zog sein Basecap etwas tiefer ins Gesicht, er wollte nun auch mal die Aussicht genießen, möglichst ungestört. »Schau, wie schön der Eibsee von hier aussieht, und dahinten liegt München«, sagte er und zeigte zu einer Stelle, wo hinter dem Starnberger See, der wie ein Spiegelei flach in der Landschaft lag, der Horizont im Frühnebel verschwand.

Felix war schon unzählige Male in seinem Leben auf der Zugspitze gewesen, auch mehrmals zu Fuß. »Wenn man sehr schnell geht, schafft man es in viereinhalb Stunden«, meinte er, was viel über seine Fitness verriet. Der Alpenverein spricht von achteinhalb Stunden, Wanderer im Internet gehen von drei Tagen für Auf- und Abstieg aus. »Und du bist wirklich das erste Mal auf der Zugspitze?«, fragte mich Felix. Ich: »Richtig.«

»Und das als Münchner?«, fragte er weiter. Ich: »Ja.«

»Wie alt bist du denn?«, bohrte er nach. Das war mir nun wirklich unangenehm: »Lass uns bitte nicht drüber reden.«

»Aber dann ist das für dich ein sehr spezieller Moment«, fragte bzw. sagte Felix. Und er hatte natürlich recht, es kribbelte in mir. Weil ich es noch nie erlebt hatte, schilderte er mir den Aufstieg zu Fuß: »Am schönsten ist die Tour durch die Höllentalklamm und dann weiter über den Höllentalferner bis zum Einstieg in die Wände mit mehreren Klettersteigen.

Atemberaubend.« Felix war fit, hatte sich seit seinem Karriere-ende zwei Jahre zuvor bestens regeneriert. Die Verletzungs-liste aus seiner aktiven Zeit war beeindruckend bis bedrü-ckend. Schlüsselbeinbruch, Knorpel-OP, Kreuzbandriss, sieben Gehirnerschütterungen, Schulter ausgekugelt, Bänderrisse, Brüche, eine Herzbeutel-Entzündung, jede Menge Rücken-probleme.»Leider sind die part of the game. Und das Risiko wird immer größer. Aber es gibt ja viele schlimme Beispiele. Ich würd' den Weg aber immer wieder so gehen. Weil ich mei-nen Traum leben konnte, den ich als Kind schon hatte, und das ist dann eben sehr speziell«, sagte er in diesem typisch felixschen Entspannungs- und Gleichmut-Modus, der ihn auszeichnet und für den ihn die Menschen so mögen. Sein großes Idol als Kind war der italienische Slalom-Gott Alberto Tomba, der neben Felix' Eltern letztlich auch der Grund dafür war, dass er Skirennfahrer werden wollte:»So wie er wollte ich sein.«

Als Felix zehn Jahre alt war, nahm Alberto Tomba an einem Weltcup-Rennen in Garmisch-Partenkirchen teil, und Chris-tian Neureuther brachte ihn danach mit dem Auto zum Münch-ner Flughafen.»Er war mein Vorbild. Ich durfte hinten im Auto mit meinem Vater mitfahren. Alberto saß vorne und hat mir Süßigkeiten geschenkt. Unvergesslich.« Nun konnte Tomba weder Deutsch noch Englisch und Felix weder Eng-lisch noch Italienisch, und so unterhielten sich die beiden mit Händen und Füßen.»Er hat nur Quatsch mit mir ge-macht. Danach war ich ein noch viel größerer Fan. Beim Aussteigen hat er mir einen Kaugummi geschenkt. Und die-sen Kaugummi, den hab ich behandelt wie meinen größten Schatz. Er ist monatelang auf meinem Nachtkasterl gelegen. Irgendwann hat ihn meine Mutter leider weggeschmissen, und ich war stinksauer.« Am Anfang hatte Felix den Kau-gummi in der Verpackung aufgehoben, später hatte er ihn gekaut und danach wieder im Silberpapier abgelegt, immer und immer wieder. »Der war so grünlich, so einen Kaugummi hatte ich noch nie gesehen, ein italienisches Fabrikat, das gab's in Garmisch gar nicht.«

Zu der Zeit gab es Kinderskirennen, an denen Felix teilnahm, auch eins in Brixen in Südtirol, bei dem Alberto Tomba der Schirmherr war. Und bei diesem Rennen, dem größten Kinderskirennen der Welt, musste Felix Neureuther eine Niederlage einstecken, ein anderer Junge aus Deutschland gewann das Rennen in seiner Altersklasse. Sein Name: Basti Schweinsteiger. »Der Basti hat da einen Sahnetag erwischt, und sein Papa, der Fred, hat ihm ein Wunderwachs auf seine Skier aufgetragen. Für solche Ausgaben war mein Vater nicht zu haben. Und dann hat Basti tatsächlich dieses Rennen gewonnen.« Schon lange kennen und schätzen sich die beiden, sind bis heute befreundet. Felix hat es übrigens auch mit Fußball versucht, war allerdings nie so erfolgreich wie Schweinsteiger. Seine Karriere gipfelte beim TSV Farchant, einer Nachbargemeinde an der Loisach. Damals fuhr er schon im Ski-Weltcup und spielte heimlich Fußball, im Skiverband durfte das keiner wissen, denn Fußballspielen galt als zu verletzungsintensiv. Es kam vor, dass Felix beispielsweise in Sölden beim Weltcup fuhr, danach ins Auto stieg, um zur zweiten Halbzeit zu Hause auf dem Platz zu stehen. Damit überregional niemand etwas von seinem Fußball-Nebenjob erfuhr, nannte die Lokalzeitung immer einen fiktiven Namen als Torschützen, wenn Neureuther traf. Der Lokalreporter war eingeweiht in das Geheimnis.

Schon als Kind war Felix Neureuther oft auf der Zugspitze, zum Training mit seiner Skimannschaft Skiclub Partenkirchen. Mit der Zahnradbahn ging es rauf, unterwegs wurden Brotzeit und Tee ausgepackt, und bei den vielen gemeinsamen Fahrten und Trainingszeiten entstanden Freundschaften, die bis

heute gehalten haben. Es ist kein Wunder, dass Felix Neureuther nicht nach Hamburg, Berlin oder München gezogen
ist, sondern immer noch – mittlerweile mit seiner eigenen
Familie – am Fuße des Gipfels lebt. Einen der speziellsten
Momente oben auf der Zugspitze hatte er vor gar nicht allzu
langer Zeit, unmittelbar vor Corona. »Ich war zusammen mit
der Miri hier oben, wir standen auf dem Gipfel, es herrschte
dichtester Nebel. Man hat keinen Meter weit gesehen, es war
stürmisch, und auf einmal reißt es auf, und dann stehst du
da oben auf dem Gipfel und unter dir das Wolkenmeer. Solche unvergesslichen Momente können dir nur die Berge
schenken. Andere holen dann gleich ihr Handy raus, mir
reichen die Bilder in meinem Kopf.«

Eine seiner düstersten Erinnerungen an die Zugspitze hat
mit der Sendung *Verstehen Sie Spaß?* zu tun. »Des war wirklich brutal«, sagte er. »Halleluja. Des hat mich lange beschäftigt. Weil es auch eine Extremsituation war.« Er sollte damals
spontan eine fünfzehnköpfige Schulklasse aus Donaueschin-
gen bei der Bergfahrt in der Seilbahngondel beaufsichtigen.
Die Lehrerin litt angeblich unter Höhenangst und musste die
Zahnradbahn nehmen. »Die Schulklasse hat sich unglaublich
aufgeführt. Einer hat das Diensttelefon in der nagelneuen
Gondel rausgerissen und das Kabel zerstört, die Seilbahn hielt
plötzlich an, ein Kind hat Panik vorgespielt. Und die anderen
haben rumgeschrien. Einer hat über eine versteckte Vorrich-
tung in der Hose so getan, als würde er in die Kabine biseln.
Beim Ausstieg ist dann noch ein Kind verloren gegangen. Des
war echt heftig.« Und irgendwann betrat der unvermeidliche
Guido Cantz (dessen Charisma aus weißblond gefärbten Haaren besteht) die Szenerie und klärte alles auf. Felix war immer
noch sichtlich angespannt, als er mir davon erzählte.

2013 hat Felix eine Slackline gespannt vom Gipfelkreuz bis
zur Aussichtsplattform und ist darüber gegangen, unter ihm

die große Schlucht. Schon beim Gedanken daran wurde mir flau im Magen. Als ich es mir später auf Video angeschaut habe, war es auch nicht besser. Er erzählte mir von den Menschen, die hier oben arbeiten, von einem Hausmeister, der jedes Jahr den Sommer über sechs Monate am Stück auf fast dreitausend Meter Höhe lebt. Es gibt sogar ein eigenes Berufsprofil hier oben, das des »Übernachters«, ein Mann, der im Winter Nacht für Nacht allein die Stellung hält in der Bergstation. Und wir sprachen über Corona, darüber, wie monatelang der Betrieb der Seilbahnen und der Zahnradbahn eingestellt wurde und der Gipfel bis auf einige Mitarbeiter der Zugspitzbahn von niemandem betreten werden durfte. Das hätte ich gerne erlebt, den beliebtesten deutschen Berg ohne Besucher. »Es war eine Erholungsphase für die Natur, der Zugspitze hat das auch ganz gutgetan«, sagte Felix.

Jetzt war wieder viel los auf der Zugspitze. »Darf ich mal ganz kurz ein Foto machen?«, fragte ein Urlauber aus Norddeutschland. »Darf ich auch eins machen, Felix?«, sagte eine junge Frau mit Hund. Dann war eine Gruppe von jungen Kerlen aus der Nähe von Schwandorf in der Oberpfalz dran. Einer von den vieren sagte mir, sie hätten schon im Auto auf der Herfahrt spekuliert, ob sie nicht Felix Neureuther auf der Zugspitze treffen würden, irgendwie dachten sie wohl, er lebe hier oben, aber sie hatten ja recht behalten. »Garmisch ist Neureuther«, sagte der junge Oberpfälzer. Inzwischen wollten die Menschen keine Selfies mehr machen, ich war zum Fotografen aufgestiegen und bekam ein Handy nach dem anderen gereicht, um Felix Neureuther mit Gruppen von Gipfelbesuchern abzulichten. Es hatte sich schon eine Warteschlange gebildet. Wir flohen irgendwann, als wären wir John, Paul, George und Ringo im Film *A Hard Day's Night*.

Und dann fragte Felix mich: »Du willst doch auch noch auf den Gipfel?« Es war genau genommen keine Frage, eher eine Feststellung. »Natürlich«, sagte ich, denn ich dachte, das mit dem Gipfel sei nur noch eine Kleinigkeit, quasi pro forma, ich war ja noch nie hier oben gewesen. Für alle Zugspitz-Novizen: Ich war naiv der festen Annahme, der Gipfel sei mit einer Art Fußgängerautobahn begehbar für Mensch, Hund, Katze und zur Not auch für E-Roller-Fahrer. Doch es ist ganz anders: Das letzte kleine Stück auf die Zugspitze ist absolut hochalpin. Ein paar Schritte über Geröll, und dann geht es eine abgegriffene Stahlleiter senkrecht den Felsen hinauf, bestimmt zehn bis fünfzehn Meter. Das ist der Moment, wenn ein nicht-ganz-schwindelfreier Mensch besser nicht nach unten blickt, weil sich dort eine riesengroße pelzige Leere auftut und einem schlagartig die Kraft aus den Fingern weicht und sich Knie und Unterschenkel anfühlen, als wären sie aus Plastilin, und in den Ohren das Blut rauscht wie ein Wildbach. Um aber überhaupt an diesen Klettersteig zu gelangen, muss man zunächst durch ein wahres Labyrinth von Treppen, Restaurants, Wartebereichen für die Seilbahn und wieder neuen Treppen gehen. Selbst Felix, der schon so oft hier oben war, verlor kurzzeitig die Orientierung, und wir mussten an der Kasse des Selbstbedienungslokals nach dem Weg fragen. Es war komplett surreal. Schließlich fanden wir den richtigen Ausgang.

Am Klettersteig trafen wir auf einen jungen Typ, Anfang zwanzig, der am Boden kauerte und verzweifelt aussah. Felix fragte ihn, was los sei. »Ja, ich würd' ja gern auf den Gipfel, aber ich trau mich nicht auf die Leiter«, sagte er mit zitternder Stimme. Felix fragte nach seinem Namen. »Thomas«, sagte Thomas. »Freut mich, ich bin der Felix«, sagte Felix, und ich glaube, Thomas war so gefangen in seiner Angst, dass er in diesem Moment nicht die leiseste Ahnung hatte, wer da vor ihm stand. Felix lächelte und sagte forsch: »Auf geht's, Buam, jetzt pack ma's.« Und weder Thomas noch ich trauten uns zu widersprechen. Also folgten wir Felix in die Steilwand, hangelten uns die Stahlleiter hinauf und vermieden panisch den Blick nach unten. Doch oben wurde es nicht besser. Um das Gipfelkreuz zu erreichen, muss man einen schmalen Gipfelgrat passieren, der etwa zwanzig Meter lang ist. Der Grat ist durch ein Stahlseil gesichert, allerdings fällt linker Hand der Felsen fast senkrecht ab. Mit anderen Worten, wer hier ins Straucheln gerät, übt nahtlos die Sportart Basejumping aus, nur ohne Fallschirm, und endet in den ewigen Jagdgründen des Wettersteingebirges. Fast jedes Jahr sterben Menschen an der Zugspitze, über vierzig in den letzten fünfundzwanzig Jahren. Der Toten wird jährlich in der Gatterlmesse in der Kapelle Mariä Heimsuchung auf dem Zugspitzplatt gedacht, veranstaltet vom Polizeipräsidium Oberbayern, in Gedenken an vier Grenzpolizisten, die 1952 im Dienst ums Leben kamen.

Thomas und ich krabbelten mittlerweile auf allen vieren hinter Felix her. Ich musste an das Felix-Neureuther-Zitat denken:»I'm coming on the Zahnfleisch daher.«Felix war schon längst mit festem Tritt zum goldenen Gipfelkreuz vorgedrungen, drehte sich um und strahlte breit.»Ist das nicht schön hier!«Thomas und ich lächelten verkrampft, wollten uns keine Blöße geben, von wegen Flachlandtiroler. Tja, und dann gab ich mir einen Ruck, hangelte mich am Stahlseil entlang, vorbei an einem amerikanischen Pärchen, und berührte das Gipfelkreuz, zum ersten Mal in meinem Leben, mein höchster bayerischer Berg, mein sechzehnter, mein letzter Gipfel! Es war ein kleiner Schritt für die Menschheit, ein großer für mich.

Ich setzte mich neben Felix ein kleines Stück unterhalb des Gipfels auf den Felsen, deponierte meinen Gipfelschnaps in einer Felsspalte, diesmal war es ein knallroter Kirschlikör, der vermutlich nicht lange unentdeckt bleiben würde, und blickte in die Ferne. Nun war ich zum ersten Mal auf meiner langen Reise ÜBER DEN WOLKEN. Die kargen Gipfel aus dunklem Gneis und Granit waren umgeben von dünnen Schneefeldern, das organisch geformte Schwarz-Weiß-Muster unten auf dem Zugspitzplatt ähnelte einem gestrandeten Orca. Über alldem wölbte sich der Himmel, dessen Blau nach oben hin immer tiefer wurde, ein Panorama wie auf einer Fototapete. Ein kühler Wind blies vom Tal nach oben wie ein kalter Haarföhn, ein paar mutige Dohlen nutzten den Aufwind und schienen mit der Thermik zu spielen. Einige Minuten lang blieben wir still, während hinter uns am Gipfelkreuz ein hektisches Kommen und Gehen herrschte. Wir saßen da, atmeten tief durch und starrten selig in die Ferne. Ich glaube, Felix Neureuther genoss diesen Moment genauso wie ich. Dass einfach mal alles ruhte und keiner etwas wollte.

Ein Extremläufer mit kurzer Sporthose tauchte neben uns auf, er war aus dem Tal hinaufgelaufen und irgendwo gestolpert, eine lange Blutspur lief über sein braun gebranntes Schienbein. Ein Freund hat mir kürzlich stolz erzählt, er habe an einem sogenannten Spartan Race® teilgenommen, einem dieser Massenevents, bei dem sich die Teilnehmer körperlich komplett verausgaben und sich durch immer neue Hindernisse und Schikanen quälen lassen. Im Falle meines Freundes war es ein Lauf namens »The Beast« über dreißig Kilometer in den Alpen, zweitausend Höhenmeter waren zu überwinden, ein Teil davon mit einem Sandsack auf den Schultern, der vierzig Kilo wog und sinnfrei nach oben getragen werden musste. Auf dem Gipfelplateau angekommen, musste man zwei Stunden lang im Kreis laufen, immer wieder unter Stacheldraht durchkriechen und durch ein Wasserbecken robben, dessen Wasser minus ein Grad kalt war. »Eine Woche lang war ich tot«, klagte mein Freund. Und ich fragte mich, wer am Ende wohl die vielen schweren Sandsäcke wieder ins Tal gebracht hat.

Unser Rückweg vom Gipfel der Zugspitze war eine Art mentaler Sandsack für mich, auch für Thomas, den ich bleich und zittrig vor dem Einstieg in die Stahlleiter vorfand. Das Problem war: Unten am Fuß der Leiter wartete eine ungeduldige Menschenmenge, die endlich nach oben zum Gipfel wollte. Ich hielt die Luft an, suchte blind mit dem Fuß nach der ersten Stufe, dann nach der nächsten, bis ich unten war und befreit auflachte. Kurz nach mir kam Thomas, auch ihm war die Erleichterung anzusehen. »Schau, wenn du heute nach Hause fährst, dann hast du ein gutes Gefühl«, sagte Felix.

Wir blickten auf die Berge, die uns umgaben. Felix Neureuther kannte die meisten. »Alpspitze, Waxenstein, Kramer, Wank, Dreitorspitz, dann das ganze Karwendel-Gebirge«, es sprudelte nur so aus ihm heraus. »Jeder Berg hat etwas Besonderes«, sagte er, und das konnte ich nur bestätigen. Selbst der Wurmberg oder der Große Müggelberg waren auf ihre Art unverwechselbar, hatten ihren ganz eigenen Charakter.

Die Sonnenterrasse hatte sich mittlerweile gefüllt, die drei Seilbahnen, die vom Eibsee, vom Zugspitzplatt und aus Österreich die Menschen hier hinaufschaufelten, hatten ganze Arbeit geleistet. Die Terrasse war voller Menschen. Dickere, dünnere, ältere, jüngere, mit und ohne Turban, Frauen mit Pumps, Kinder mit Mumps oder zumindest dicken Backen, Mädchen in T-Shirts, Rentner in Jacken, Inländer, Ausländer, Holländer, alle flanierten über die weitläufige Aussichtsplattform, machten Selfies und sonnten sich. Oder sie standen in langen Schlangen an, um auf fast dreitausend Meter Höhe Pommes mit Mayo zu essen.

Es war Zeit zu gehen. »Zeit ist Liebe«, hatte Felix mal gesagt, und insofern dankte ich ihm, dass er mir seine Zeit geschenkt hatte. »Sehr gerne, Achim, schön, dass ich diesen Moment mit dir teilen durfte, dein erstes Mal auf der Zugspitze.« Bevor wir zwei uns trennten, gab er mir noch etwas mit: »Mach nicht so viele Fotos mit deinem Smartphone, mach Bilder in deinem Kopf, das würde mich freuen, hab schöne Erinnerungen.« Ich musste an die Worte der Frau aus der U-Bahn vom Morgen denken, an Martha, die mir Ähnliches gewünscht hatte. So ließ mich Felix dankbar und zufrieden zurück, begab sich zu seiner Familie, und ich ging ein bisschen umher, bis ich eine Bank fand, auf die ich mich setzte, mich entspannte und in die Mittagssonne dieses herrlichen Julitags blinzelte.

Auf einmal kamen die Erinnerungen der letzten zweieinhalb Jahre auf, an insgesamt 12 861 Höhenmeter, quasi anderthalbmal der Mount Everest. An den Brocken, mit dem alles begann, wo ich fror und litt und im Eissturm nichts sah außer meinen Bergmentor, den unverwüstlichen Brocken-Benno. Als ich noch keine Ahnung hatte, ob und wie mein Plan mit den sechzehn Bergen überhaupt funktionieren könnte. Als ich nicht wusste, wer mich alles begleiten würde. Als Corona nur eine Biersorte aus Mexiko war. Ich dachte an den Bungsberg im hohen Norden, wo ich das Meer vom Gipfel aus sehen konnte. An die Odyssee vom Dollberg, den Dauerregen vom Langenberg, Aki Watzke im Dreck, alles gegeben, alles erreicht. Ich hatte jedes Wetter erlebt und gemerkt, wie sehr ich die verschiedenen Jahreszeiten mag, nicht so wie in Südkalifornien, wo eigentlich jeden Tag Sommer ist. Die gelb leuchtenden Laubwälder im Herbst rund um die Wasserkuppe kamen mir in den Sinn, der Wintertag mit der Bischöfin im Schnee, der erwachende Frühling mit meinem neuen Duz-Freund Devid und die Hitzeschlacht am Hasselbrack in Hamburg. Im Saarland völlig verloren unter den Wolken, in Sachsen mitten in ihnen. Die kaputten Bäume überall in den Wäldern. Die Borkenkäfer und der Wolf. Sechzehnmal Deutschland von oben. Kleine Puzzlesteine, die sich zu einem

Bild fügten. Vom Zusammenhalt und der Trennung dieses Landes. Ost und West noch immer nicht geeint, nach dreißig Jahren, wie schade. Doch Züge fahren, und man sollte sie nehmen, irgendwohin und einfach ein bisschen mehr miteinander reden. Mein Motto: mehr Mut zum Zufall. Die Belohnung: viele wunderbare Begegnungen. Überhaupt: die Menschen. Man sagt den Deutschen vieles nach, dass sie geizig seien, penibel, überpünktlich, querulantisch. Manches mag zutreffen, zuallererst aber traf ich immer auf große Hilfsbereitschaft, wenn ich auf meiner Reise etwas brauchte oder fragte.

Und solange der Filterkaffee in einer Dorfbäckerei im Spessart oder im Taunus duftet und ein schwarzer VW Touran mit dem Aufkleber »Leon und Annika an Bord« auf dem Parkplatz hält, der Vater oder die Mutter der beiden aussteigt und einen Laden betritt, dessen Steinboden aussieht wie Sülze, die Regionalzeitung mitnimmt und »Mahlzeit« sagt, so lange ist die Welt in Deutschland in Ordnung. Ich habe Orte besucht, die die wenigsten Deutschen kennen. Und zwar nicht in Thailand, Südafrika oder Kambodscha. Stattdessen war ich in Eutin, Gersfeld in der Rhön, Nonnweiler, Templin oder Morbach im Hunsrück. Ich kann es nur empfehlen.

Und dann genoss ich diesen ganz besonderen Moment. In dem ich gedanklich weder in der Vergangenheit noch in der Zukunft verortet war, für einen Augenblick an nichts dachte, nicht daran, was als Nächstes zu tun war, was anstand, was mich beschäftigte oder vielleicht bedrückte; nicht daran, was gewesen war, was man gemacht hatte oder hätte anders oder besser machen können oder sollen. Nichts davon.

Jetzt war ich hier.

Ich saß auf der Terrasse der Zugspitze.

War ganz allein.

Ich kannte niemanden.

Ich musste nichts.
Alles war geschafft.
Ich hatte Zeit.
War federleicht.
Die Sonne schien mir ins Gesicht.
Ich war nur im Jetzt.
Und Hier.
Und alles war gut.

ENDE

Danke an:

Meine Eltern, Martin, Gunhild. Finn. Jim. Carl. Martina. Verena. Matthew. Tom. Til. Marcel. Volker. Andree. Michael. Birgit und Erika. Ebi. Mario. Flo. Matthias und Antje. Alex und Sebastian. Maika. Susanne Arlt. Daniel Becker. Marion Boesker. Kirsten Boie. Ian Fisher. Jan Gruszecki. Wolfram Hanke. Bernd Hartwich. Achim Hofbauer. Volker Keidel. Matthias Kiefersauer. Marion Knocke. Michael Köllner. Marc Liebscher. Stefan Maier. Simon Marchner. Mathias Meyer. Milena Moser. Christian Neureuther. Axel Ranisch. Kristin Redenz. Sarah Reichert. Franz Ringel. Eberhard Schellenberger. Harald Schmidt. Thees Uhlmann. Ernst Vogt. Säm Wagner. Bayern 2. Alle meine wunderbaren Mitwanderinnen und -wanderer. Alle meine Gastgeberinnen und Gastgeber. Die Polizei in Goslar und Braunlage. Die Kopfweh-Familie. Die Deutsche Bahn.

Viten

Manuel Andrack, geboren 1965 in Köln. War lange Jahre Redakteur im Fernsehen, wurde bekannt als Sidekick in der legendären Harald-Schmidt-Show. Schreibt seit 2005 Wanderbücher und gilt als DER deutsche Wanderbuchautor und Mittelgebirgsexperte. Ist Fan des 1. FC Köln und lebt seit vielen Jahren in seiner Wahlheimat, dem Saarland.

Anke Domscheit-Berg, geboren 1968 in Premnitz an der Havel in Brandenburg. Sie studierte vor der Wende Textilkunst, nach der Wende BWL und arbeitete u. a. bei McKinsey und Microsoft. Bekannt wurde sie als Netzaktivistin und durch ihr Engagement für die Piratenpartei. Seit 2017 sitzt sie für die Partei Die Linke im Deutschen Bundestag.

Dennis Gastmann, geboren 1978 in Osnabrück. Er ist Abenteurer und Schriftsteller. Reiste jahrelang für den NDR »mit 80 000 Fragen um die Welt« und wurde für seine Fernsehreportagen mehrfach für den Grimme-Preis nominiert. Hat für den *Atlas der unentdeckten Länder* die letzten Winkel der Welt erforscht. Er lebt in Hamburg und schreibt gerade an seinem ersten Roman.

Anna und Lisa Hahner sind die »Hahner-Twins« und wurden beide am 20. November 1989 geboren. Sie sind die bekanntesten Marathon-Zwillinge der Welt. Vom hessischen Nüsttal-Rimmels in der Rhön aus haben die beiden die Laufwelt erobert, Lisa war 2015 Deutsche Meisterin im Marathon, Anna viermal deutsche Vizemeisterin im Crosslauf. Gemeinsam gingen die beiden bei den Olympischen Spielen in Rio 2016 für Deutschland an den Start.

Judith Holofernes, geboren 1976 in West-Berlin, war Sängerin und Gitarristin der Band Wir sind Helden. Alle vier Alben der Band bekamen die Goldene oder die Platin-Schallplatte und waren in den Charts ganz oben. Seit 2012 pausiert die Band auf unbestimmte Zeit. Seitdem ist Judith Holofernes als Solo-Künstlerin aktiv, seit 2019 finanziert sie sich durch die Crowdfunding-Plattform Patreon.

Margot Käßmann, geboren 1958, ist evangelische Theologin. Sie war von 1999 bis 2010 Landesbischöfin der Evangelisch-Lutherischen Landeskirche Hannovers und als solche in ganz Niedersachsen unterwegs. Von 2009 bis 2010 war sie außerdem Ratsvorsitzende der EKD, bevor sie nach einer Alkoholfahrt mit dem Auto von allen Ämtern zurücktrat. Sie lebt in Hannover und auf Usedom und ist erfolgreiche Buchautorin.

Felix Neureuther, geboren 1984, ist einer der erfolgreichsten deutschen Skirennläufer. Der Sohn der Skilegenden Rosi Mittermaier und Christian Neureuther hat bei Weltmeisterschaften Gold, Silber und Bronze gewonnen, dazu dreizehn Weltcuprennen. Seit seinem Karriereende 2019 ist »Felix« als ARD-Fernsehexperte tätig. Er ist verheiratet mit der ehemaligen Biathletin Miriam Gössner.

Edgar Reitz, geboren 1932 in Morbach in Rheinland-Pfalz. Er ist Autor und Filmregisseur, war Professor für Film. Er wurde international berühmt durch die fast sechzigstündige Filmreihe *Heimat*, die in seiner Heimat, dem Hunsrück, spielt und mit Preisen überhäuft wurde. Reitz lebt mit seiner Frau, der Schauspielerin Salome Kammer, in München. In seinem Elternhaus in Morbach ist inzwischen ein Café eingerichtet und das kleinste Kino von Rheinland-Pfalz.

Lars Riedel, geboren 1967 in Zwickau in Sachsen, war erfolgreicher Diskuswerfer. Fünfmal wurde er Weltmeister, 1996 gewann er die Goldmedaille bei den Olympischen Spielen in Atlanta, vier Jahre später gewann er Silber in Sydney. Lars Riedel lebt am Tegernsee. Seine Autobiografie heißt *Meine Welt ist eine Scheibe*.

Rocko Schamoni, geboren 1966 in Kiel. Er ist Musiker, Schriftsteller, Schauspieler, Clubbetreiber, Schmuckdesigner (»Scheiße by Schamoni«), Multitalent. Sein Roman *Dorfpunks* über seine Jugend auf dem Land in Schleswig-Holstein war ein Bestseller. Zuletzt hat er ein Buch über den vergessenen Hamburger Humoristen Heino Jaeger veröffentlicht, *Der Jaeger und sein Meister*.

Henning Scherf, geboren 1938 in Bremen. Ist promovierter Jurist, wurde 1971 für die SPD in die Bremer Bürgerschaft gewählt, gehörte von 1978 bis 2005 dem Senat der Freien Hansestadt an. Zehn Jahre lang war er Bürgermeister von Bremen, bevor er 2005 in den Ruhestand ging. Er lebt mit seiner Frau und mehreren Freunden in einer Senioren-WG in der Bremer Innenstadt. Er liebt das Hochseesegeln und seine Enkelkinder.

Benno Schmidt alias »Brocken Benno«, geboren 1932, lebt in Wernigerode in Sachsen-Anhalt. Er liebt den Brocken und war schon über achttausendmal auf dem Gipfel des höchsten Berges seines Heimatlandes. Für seine Verdienste um den Harz wurde er 2018 mit dem Verdienstorden des Landes Sachsen-Anhalt ausgezeichnet, 2020 erhielt er das Bundesverdienstkreuz am Bande.

Mehmet Scholl, geboren 1970 in Karlsruhe als Mehmet Tobias Yüksel. Er war fünfzehn Jahre lang Profi beim FC Bayern München, gewann 2001 die Champions League und wurde achtmal Deutscher Meister. Nach seinem Karriereende wurde er Trainer, ARD-Fußballexperte (u.a. bei der WM in Rio 2014) und Radiomoderator *(Mehmets Schollplatten)* bei Bayern 2.

Devid Striesow, geboren 1973 in Bergen auf der Insel Rügen in Mecklenburg-Vorpommern. Er ist einer der produktivsten Schauspieler Deutschlands und hat u.a. die Hauptrolle in der Hape-Kerkeling-Verfilmung *Ich bin dann mal weg* gespielt, zuletzt war er mit Lars Eidinger in dem Drama *Nahschuss* zu sehen. Der breiten Öffentlichkeit wurde er bekannt als Saarbrücker Tatort-Kommissar Jens Stellbrink. Striesow hat unter anderem den Deutschen Filmpreis gewonnen.

Hans-Joachim Watzke, genannt »Aki«, wurde 1959 in Marsberg im Sauerland/NRW geboren. Sein Vater Hans war Landtagsabgeordneter für die CDU. Aki Watzke gründete erfolgreich eine Firma für Arbeitsschutzbekleidung und Feuerwehruniformen. Seit 2005 ist er Geschäftsführer von Borussia Dortmund. Seine Autobiografie heißt *Echte Liebe: Ein Leben mit dem BVB.*

Kati Wilhelm, geboren 1976 in Thüringen. Sie ist mit drei Goldmedaillen bei Olympischen Spielen und fünf Weltmeistertiteln eine der erfolgreichsten deutschen Biathletinnen aller Zeiten. Seit 2010 ist sie ARD-Sportexpertin, seit 2014 betreibt sie in Steinbach-Hallenberg im Thüringer Wald das Café Heimatlon. Ihr Markenzeichen sind die knallrot gefärbten Haare.

Soundtrack zum Buch

BADEN-WÜRTTEMBERG
Die Fantastischen Vier: »Troy«
Manfred Groove: »Sambaschlappen«
Advanced Chemistry: »Fremd im eigenen Land«
Get Well Soon: »Christmas in Adventure Parks«

BAYERN
The Notwist: »Boneless«
Sportfreunde Stiller: »Frühling«
La Brassbanda: »Autobahn«
Ibrahim Lässing: »Der erste heiße Tag im Jahr«

BERLIN
Wir sind Helden: »Denkmal«
Stereo Total: »Du bist schön von hinten«
Von wegen Lisbeth: »Westkreuz«
Isolation Berlin: »Enfant terrible«
Team 4: »Ich zeig den Weg«

BRANDENBURG
Gerhard Gundermann: »Gras«
Virginia Jetzt: »Fast wie Giganten«
Keimzeit: »Kling Klang«

BREMEN
Element Of Crime: »Dieselben Sterne«
Die Mimmis: »Deutscher Meister wird nur der SVW«

HAMBURG
Kettcar: »Landungsbrücken«
Fettes Brot: »Nordisch by Nature«
Tocotronic: »Jackpot«
Deichkind: »Bon Voyage«

HESSEN
Badesalz: »Gereizt«
Gisbert zu Knyphausen: »Sommertag«
Don Marco & Die kleine Freiheit: »Warten«
The Razorblades: »Take off your clothes«
Milky Chance: »Fado«

MECKLENBURG-VORPOMMERN
Marteria: »Endboss«
Feine Sahne Fischfilet: »Zurück in unserer Stadt«

NIEDERSACHSEN
Tomte: »Du bist den ganzen Weg gerannt«
Thees Uhlmann: »Was wird aus Hannover«
Bärchen und die Milchbubis: »Teddyboy«

NORDRHEIN-WESTFALEN
Klee: »Zwei Fragen«
Erdmöbel: »Krokusse«
Helge Schneider: »Meisenmann«
Die Toten Hosen: »Opel Gang«

RHEINLAND-PFALZ
Lusthansa: »Nix Neues in Poona«
Sizarr: »Boarding Time«
Blackmail: »Same again«
Frank Farian: »Nein, Du darfst nicht gehen«

SAARLAND
Cindy & Bert: »Immer wieder sonntags«
Nicole: »Ein bisschen Frieden«
Good Looking Wilson: »Empty«

SACHSEN
Shelter Boy: »Calm me down«
Amor & Die Kids: »Komm doch mit«
Kraftklub: »Karl-Marx-Stadt«
Theo Schumann Combo: »Glück und Musik«

SACHSEN-ANHALT
Tokio Hotel: »Durch den Monsun«
Scycs: »Next November«

SCHLESWIG-HOLSTEIN
Echt: »Du trägst keine Liebe in Dir«
Rocko Schamoni: »Gegen den Staat«
DJ Koze: »Pick up«

THÜRINGEN
Robag Wruhme: »Nata Alma«
Clueso: »Achterbahn«

Den Soundtrack zum Buch finden Sie als Spotify-Playlist unter nachfolgendem QR-Code.

Literatur

Manuel Andrack. *Gesammelte Wanderabenteuer: Warum Wandern glücklich macht.* Malik/NG, 2013.

Dennis Gastmann. *Mit 80000 Fragen um die Welt.* Rowohlt Verlag, 2011.

Joachim Jenrich. *Die Wasserkuppe.* Verlag Parzeller, 2007.

Margot Käßmann. *Freundschaft, die uns im Leben trägt.* Bene!, 2019.

Felix Neureuther. *Unsere Alpen.* NG Buchverlag, 2021.

Lars Riedel. *Meine Welt ist eine Scheibe.* Herbig, 2008.

Rocko Schamoni. *Dorfpunks.* Rowohlt Verlag, 2005.

Henning Scherf. *Wer nach vorne schaut, bleibt länger jung.* Herder, 2015.

Benno Schmidt. *Brocken Benno. Der einzige Achttausender im Harz.* JHM Verlag, 2018.

Devid Striesow/Axel Ranisch. *Klassik Drastisch.* Ullstein fünf, 2020.

»Was sie noch nie über Rheinland Pfalz wissen wollten«, Die Tageszeitung, 5. März 2021.

Hans-Joachim Watzke/Michael Horeni. *Echte Liebe.* C. Bertelsmann, 2019.

Roger Willemsen. *Deutschlandreise.* Fischer, 2004.

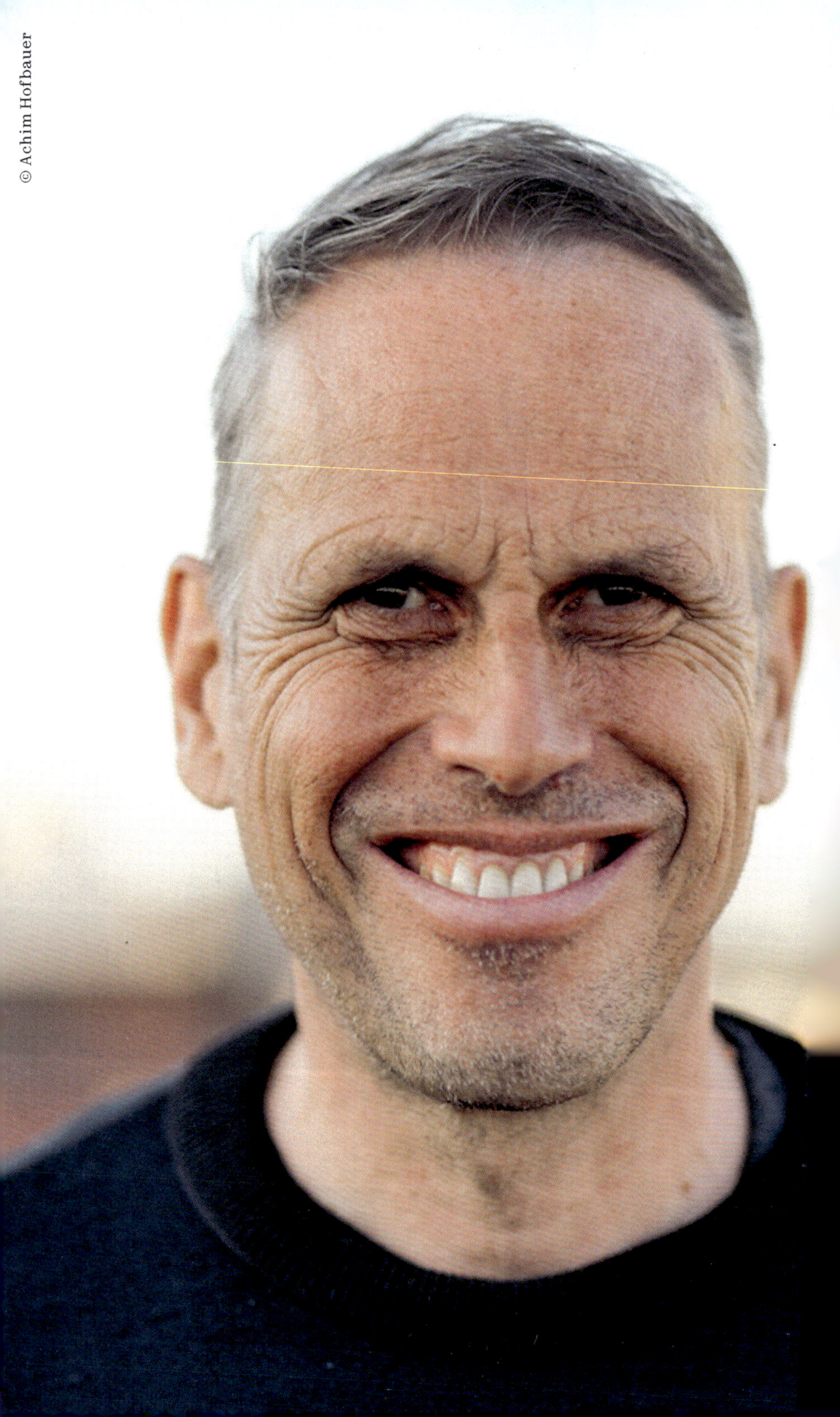